U0835270

曹予生／主　编
张家平／副主编

中国广告法律法规

选编与题典

上海科学技术文献出版社
Shanghai Scientific and Technological Literature Press

图书在版编目（CIP）数据

中国广告法律法规选编与题典 / 曹予生主编．—上海：上海科学技术文献出版社，2016.1

ISBN 978-7-5439-6914-8

Ⅰ．①中…　Ⅱ．①曹…　Ⅲ．①广告法—中国　Ⅳ．① D922.294

中国版本图书馆 CIP 数据核字 (2015) 第 290256 号

责任编辑：石　婧
特约编辑：张文忠
封面设计：周剑峰

中国广告法律法规选编与题典
曹予生　主编　张家平　副主编
出版发行：上海科学技术文献出版社
地　　址：上海市长乐路 746 号
邮政编码：200040
经　　销：全国新华书店
印　　刷：上海市印刷七厂有限公司
开　　本：720×1000　1/16
印　　张：24.25
字　　数：435 000
版　　次：2016 年 1 月第 1 版　2016 年 1 月第 1 次印刷
书　　号：ISBN 978-7-5439-6914-8
定　　价：48.00 元
http://www.sstlp.com

说　明

一、《中国广告法律法规选编与题典》是广告专业《广告法规与管理》课程的配套教学资料。它依据广告从业人员的相关专业法律知识结构进行选编。所选内容，既与广告从业人员的专业领域相关，又与广告从业人员的职业道德要求相关；既包含我国广告法律法规体系的核心主干内容，又顾及我国广告行业的发展趋势。

二、所谓广告法规管理，是指依据国家的法律法规，对广告活动的全过程进行监督、检查、控制或指导。我国的广告法规管理包含四个层次：一是政府的监管，二是行业的规范，三是企业的自律，四是社会的监督。其中，政府的监管占主导地位，因为它是国家机关依据国家的法律法规与国家的授权对广告活动的行政监管。国家关于广告的法律法规是进行广告监管的法律依据。学习并掌握我国广告法律法规知识体系及其实质，是提高广告从业人员专业法律素质的必要步骤与重要举措。《中国广告法律法规选编与题典》提供了我国广告法律法规体系文本的基本内容。

三、在我国广告实践中，“广告法”一词有广义与狭义之分。狭义的专指《中华人民共和国广告法》，广义的则指以《中华人民共和国广告法》为主干的广告法律法规体系。我国的广告法律法规体系由四部分组成：一是国家的法律，二是国务院的行政法规，三是国务院相关部委的行政法规，四是地方人大和地方政府的法律法规。此外，广告行业依法制订的自律规则是其有益补充。《中国广告法律法规选编与题典》包含了以上诸方面关于广告法律法规的主要内容。

四、《中国广告法律法规选编与题典》中的“法律法规选编”部分，按总论（中国广告的法规体系）、分论（包括四个专题，即广告与社会主义精神文明建设、广告与消费者权益保护、广告与反不正当竞争、广告与知识产权保护）、广告监管和法律责任选编。“法律法规选编”部分中，也选编了一些相关法律法规的征求意见稿，以供参考研究。《中国广告法律法规选编与题典》中的题典部分，按试题的基本题型编排，具体是名词解释、单项选择题、多项选择题、简答简析题和综合分析题。根据新《广告法》编制的题典，提供了广告专业在读学生或广告从业人员是否掌握相关广告法律知识与能力的系统测试。

目　录

法律法规选编

题　典

法律法规选编

中华人民共和国广告法

（1994年10月27日第八届全国人民代表大会常务委员会第十次会议通过；2015年4月24日第十二届全国人民代表大会常务委员会第十四次会议修订，自2015年9月1日起施行）

第一章　总　　则

第一条　为了规范广告活动，保护消费者的合法权益，促进广告业的健康发展，维护社会经济秩序，制定本法。

第二条　在中华人民共和国境内，商品经营者或者服务提供者通过一定媒介和形式直接或者间接地介绍自己所推销的商品或者服务的商业广告活动，适用本法。

本法所称广告主，是指为推销商品或者服务，自行或者委托他人设计、制作、发布广告的自然人、法人或者其他组织。

本法所称广告经营者，是指接受委托提供广告设计、制作、代理服务的自然人、法人或者其他组织。

本法所称广告发布者，是指为广告主或者广告主委托的广告经营者发布广告的自然人、法人或者其他组织。

本法所称广告代言人，是指广告主以外的，在广告中以自己的名义或者形象对商品、服务作推荐、证明的自然人、法人或者其他组织。

第三条　广告应当真实、合法，以健康的表现形式表达广告内容，符合社会主义精神文明建设和弘扬中华民族优秀传统文化的要求。

第四条　广告不得含有虚假或者引人误解的内容，不得欺骗、误导消费者。

广告主应当对广告内容的真实性负责。

第五条　广告主、广告经营者、广告发布者从事广告活动，应当遵守法律、法规，诚实信用，公平竞争。

第六条　国务院工商行政管理部门主管全国的广告监督管理工作，国务院有关部门在各自的职责范围内负责广告管理相关工作。

县级以上地方工商行政管理部门主管本行政区域的广告监督管理工作，县级以上地方人民政府有关部门在各自的职责范围内负责广告管理相关工作。

第七条　广告行业组织依照法律、法规和章程的规定，制定行业规范，加强行业自律，促进行业发展，引导会员依法从事广告活动，推动广告行业诚信建设。

第二章　广告内容准则

第八条　广告中对商品的性能、功能、产地、用途、质量、成分、价格、生产者、有效期限、允诺等或者对服务的内容、提供者、形式、质量、价格、允诺等有表示的，应当准确、清楚、明白。

广告中表明推销的商品或者服务附带赠送的，应当明示所附带赠送商品或者服务的品种、规格、数量、期限和方式。

法律、行政法规规定广告中应当明示的内容，应当显著、清晰表示。

第九条　广告不得有下列情形：

（一）使用或者变相使用中华人民共和国的国旗、国歌、国徽，军旗、军歌、军徽；

（二）使用或者变相使用国家机关、国家机关工作人员的名义或者形象；

（三）使用“国家级”、“最高级”、“最佳”等用语；

（四）损害国家的尊严或者利益，泄露国家秘密；

（五）妨碍社会安定，损害社会公共利益；

（六）危害人身、财产安全，泄露个人隐私；

（七）妨碍社会公共秩序或者违背社会良好风尚；

（八）含有淫秽、色情、赌博、迷信、恐怖、暴力的内容；

（九）含有民族、种族、宗教、性别歧视的内容；

（十）妨碍环境、自然资源或者文化遗产保护；

（十一）法律、行政法规规定禁止的其他情形。

第十条　广告不得损害未成年人和残疾人的身心健康。

第十一条　广告内容涉及的事项需要取得行政许可的，应当与许可的内容相符合。

广告使用数据、统计资料、调查结果、文摘、引用语等引证内容的，应当真实、准确，并表明出处。引证内容有适用范围和有效期限的，应当明确表示。

第十二条　广告中涉及专利产品或者专利方法的，应当标明专利号和专利种类。

未取得专利权的，不得在广告中谎称取得专利权。

禁止使用未授予专利权的专利申请和已经终止、撤销、无效的专利作广告。

第十三条　广告不得贬低其他生产经营者的商品或者服务。

第十四条 广告应当具有可识别性，能够使消费者辨明其为广告。

大众传播媒介不得以新闻报道形式变相发布广告。通过大众传播媒介发布的广告应当显著标明“广告”，与其他非广告信息相区别，不得使消费者产生误解。

广播电台、电视台发布广告，应当遵守国务院有关部门关于时长、方式的规定，并应当对广告时长作出明显提示。

第十五条 麻醉药品、精神药品、医疗用毒性药品、放射性药品等特殊药品，药品类易制毒化学品，以及戒毒治疗的药品、医疗器械和治疗方法，不得作广告。

前款规定以外的处方药，只能在国务院卫生行政部门和国务院药品监督管理部门共同指定的医学、药学专业刊物上作广告。

第十六条 医疗、药品、医疗器械广告不得含有下列内容：

（一）表示功效、安全性的断言或者保证；

（二）说明治愈率或者有效率；

（三）与其他药品、医疗器械的功效和安全性或者其他医疗机构比较；

（四）利用广告代言人作推荐、证明；

（五）法律、行政法规规定禁止的其他内容。

药品广告的内容不得与国务院药品监督管理部门批准的说明书不一致，并应当显著标明禁忌、不良反应。处方药广告应当显著标明“本广告仅供医学药学专业人士阅读”，非处方药广告应当显著标明“请按药品说明书或者在药师指导下购买和使用”。

推荐给个人自用的医疗器械的广告，应当显著标明“请仔细阅读产品说明书或者在医务人员的指导下购买和使用”。医疗器械产品注册证明文件中有禁忌内容、注意事项的，广告中应当显著标明“禁忌内容或者注意事项详见说明书”。

第十七条 除医疗、药品、医疗器械广告外，禁止其他任何广告涉及疾病治疗功能，并不得使用医疗用语或者易使推销的商品与药品、医疗器械相混淆的用语。

第十八条 保健食品广告不得含有下列内容：

（一）表示功效、安全性的断言或者保证；

（二）涉及疾病预防、治疗功能；

（三）声称或者暗示广告商品为保障健康所必需；

（四）与药品、其他保健食品进行比较；

（五）利用广告代言人作推荐、证明；

（六）法律、行政法规规定禁止的其他内容。

保健食品广告应当显著标明“本品不能代替药物”。

第十九条 广播电台、电视台、报刊音像出版单位、互联网信息服务提供者不得以介绍健康、养生知识等形式变相发布医疗、药品、医疗器械、保健食品广告。

第二十条 禁止在大众传播媒介或者公共场所发布声称全部或者部分替代母乳的婴儿乳制品、饮料和其他食品广告。

第二十一条 农药、兽药、饲料和饲料添加剂广告不得含有下列内容：

（一）表示功效、安全性的断言或者保证；

（二）利用科研单位、学术机构、技术推广机构、行业协会或者专业人士、用户的名义或者形象作推荐、证明；

（三）说明有效率；

（四）违反安全使用规程的文字、语言或者画面；

（五）法律、行政法规规定禁止的其他内容。

第二十二条 禁止在大众传播媒介或者公共场所、公共交通工具、户外发布烟草广告。禁止向未成年人发送任何形式的烟草广告。

禁止利用其他商品或者服务的广告、公益广告，宣传烟草制品名称、商标、包装、装潢以及类似内容。

烟草制品生产者或者销售者发布的迁址、更名、招聘等启事中，不得含有烟草制品名称、商标、包装、装潢以及类似内容。

第二十三条 酒类广告不得含有下列内容：

（一）诱导、怂恿饮酒或者宣传无节制饮酒；

（二）出现饮酒的动作；

（三）表现驾驶车、船、飞机等活动；

（四）明示或者暗示饮酒有消除紧张和焦虑、增加体力等功效。

第二十四条 教育、培训广告不得含有下列内容：

（一）对升学、通过考试、获得学位学历或者合格证书，或者对教育、培训的效果作出明示或者暗示的保证性承诺；

（二）明示或者暗示有相关考试机构或者其工作人员、考试命题人员参与教育、培训；

（三）利用科研单位、学术机构、教育机构、行业协会、专业人士、受益者的名义或者形象作推荐、证明。

第二十五条 招商等有投资回报预期的商品或者服务广告，应当对可能存在的风险以及风险责任承担有合理提示或者警示，并不得含有下列内容：

（一）对未来效果、收益或者与其相关的情况作出保证性承诺，明示或者暗示保本、无风险或者保收益等，国家另有规定的除外；

（二）利用学术机构、行业协会、专业人士、受益者的名义或者形象作推荐、证明。

第二十六条 房地产广告，房源信息应当真实，面积应当表明为建筑面积或者套内建筑面积，并不得含有下列内容：

（一）升值或者投资回报的承诺；

（二）以项目到达某一具体参照物的所需时间表示项目位置；

（三）违反国家有关价格管理的规定；

（四）对规划或者建设中的交通、商业、文化教育设施以及其他市政条件作误导宣传。

第二十七条 农作物种子、林木种子、草种子、种畜禽、水产苗种和种养殖广告关于品种名称、生产性能、生长量或者产量、品质、抗性、特殊使用价值、经济价值、适宜种植或者养殖的范围和条件等方面的表述应当真实、清楚、明白，并不得含有下列内容：

（一）作科学上无法验证的断言；

（二）表示功效的断言或者保证；

（三）对经济效益进行分析、预测或者作保证性承诺；

（四）利用科研单位、学术机构、技术推广机构、行业协会或者专业人士、用户的名义或者形象作推荐、证明。

第二十八条 广告以虚假或者引人误解的内容欺骗、误导消费者的，构成虚假广告。

广告有下列情形之一的，为虚假广告：

（一）商品或者服务不存在的；

（二）商品的性能、功能、产地、用途、质量、规格、成分、价格、生产者、有效期限、销售状况、曾获荣誉等信息，或者服务的内容、提供者、形式、质量、价格、销售状况、曾获荣誉等信息，以及与商品或者服务有关的允诺等信息与实际情况不符，对购买行为有实质性影响的；

（三）使用虚构、伪造或者无法验证的科研成果、统计资料、调查结果、文摘、引用语等信息作证明材料的；

（四）虚构使用商品或者接受服务的效果的；

（五）以虚假或者引人误解的内容欺骗、误导消费者的其他情形。

第三章　广告行为规范

第二十九条　广播电台、电视台、报刊出版单位从事广告发布业务的，应当设有专门从事广告业务的机构，配备必要的人员，具有与发布广告相适应的场所、设备，并向县级以上地方工商行政管理部门办理广告发布登记。

第三十条　广告主、广告经营者、广告发布者之间在广告活动中应当依法订立书面合同。

第三十一条　广告主、广告经营者、广告发布者不得在广告活动中进行任何形式的不正当竞争。

第三十二条　广告主委托设计、制作、发布广告，应当委托具有合法经营资格的广告经营者、广告发布者。

第三十三条　广告主或者广告经营者在广告中使用他人名义或者形象的，应当事先取得其书面同意；使用无民事行为能力人、限制民事行为能力人的名义或者形象的，应当事先取得其监护人的书面同意。

第三十四条　广告经营者、广告发布者应当按照国家有关规定，建立、健全广告业务的承接登记、审核、档案管理制度。

广告经营者、广告发布者依据法律、行政法规查验有关证明文件，核对广告内容。对内容不符或者证明文件不全的广告，广告经营者不得提供设计、制作、代理服务，广告发布者不得发布。

第三十五条　广告经营者、广告发布者应当公布其收费标准和收费办法。

第三十六条　广告发布者向广告主、广告经营者提供的覆盖率、收视率、点击率、发行量等资料应当真实。

第三十七条　法律、行政法规规定禁止生产、销售的产品或者提供的服务，以及禁止发布广告的商品或者服务，任何单位或者个人不得设计、制作、代理、发布广告。

第三十八条　广告代言人在广告中对商品、服务作推荐、证明，应当依据事实，符合本法和有关法律、行政法规规定，并不得为其未使用过的商品或者未接受过的服务作推荐、证明。

不得利用不满十周岁的未成年人作为广告代言人。

对在虚假广告中作推荐、证明受到行政处罚未满三年的自然人、法人或者其他组织，不得利用其作为广告代言人。

第三十九条　不得在中小学校、幼儿园内开展广告活动，不得利用中小学生和幼儿的教材、教辅材料、练习册、文具、教具、校服、校车等发布或者变相发布广告，但公益广告除外。

第四十条 在针对未成年人的大众传播媒介上不得发布医疗、药品、保健食品、医疗器械、化妆品、酒类、美容广告，以及不利于未成年人身心健康的网络游戏广告。

针对不满十四周岁的未成年人的商品或者服务的广告不得含有下列内容：

（一）劝诱其要求家长购买广告商品或者服务；

（二）可能引发其模仿不安全行为。

第四十一条 县级以上地方人民政府应当组织有关部门加强对利用户外场所、空间、设施等发布户外广告的监督管理，制定户外广告设置规划和安全要求。

户外广告的管理办法，由地方性法规、地方政府规章规定。

第四十二条 有下列情形之一的，不得设置户外广告：

（一）利用交通安全设施、交通标志的；

（二）影响市政公共设施、交通安全设施、交通标志、消防设施、消防安全标志使用的；

（三）妨碍生产或者人民生活，损害市容市貌的；

（四）在国家机关、文物保护单位、风景名胜区等的建筑控制地带，或者县级以上地方人民政府禁止设置户外广告的区域设置的。

第四十三条 任何单位或者个人未经当事人同意或者请求，不得向其住宅、交通工具等发送广告，也不得以电子信息方式向其发送广告。

以电子信息方式发送广告的，应当明示发送者的真实身份和联系方式，并向接收者提供拒绝继续接收的方式。

第四十四条 利用互联网从事广告活动，适用本法的各项规定。

利用互联网发布、发送广告，不得影响用户正常使用网络。在互联网页面以弹出等形式发布的广告，应当显著标明关闭标志，确保一键关闭。

第四十五条 公共场所的管理者或者电信业务经营者、互联网信息服务提供者对其明知或者应知的利用其场所或者信息传输、发布平台发送、发布违法广告的，应当予以制止。

第四章 监督管理

第四十六条 发布医疗、药品、医疗器械、农药、兽药和保健食品广告，以及法律、行政法规规定应当进行审查的其他广告，应当在发布前由有关部门（以下称广告审查机关）对广告内容进行审查；未经审查，不得发布。

第四十七条 广告主申请广告审查，应当依照法律、行政法规向广告审查机关提交有关证明文件。

广告审查机关应当依照法律、行政法规规定作出审查决定，并应当将审查批准文件抄送同级工商行政管理部门。广告审查机关应当及时向社会公布批准的广告。

第四十八条 任何单位或者个人不得伪造、变造或者转让广告审查批准文件。

第四十九条 工商行政管理部门履行广告监督管理职责，可以行使下列职权：

（一）对涉嫌从事违法广告活动的场所实施现场检查；

（二）询问涉嫌违法当事人或者其法定代表人、主要负责人和其他有关人员，对有关单位或者个人进行调查；

（三）要求涉嫌违法当事人限期提供有关证明文件；

（四）查阅、复制与涉嫌违法广告有关的合同、票据、账簿、广告作品和其他有关资料；

（五）查封、扣押与涉嫌违法广告直接相关的广告物品、经营工具、设备等财物；

（六）责令暂停发布可能造成严重后果的涉嫌违法广告；

（七）法律、行政法规规定的其他职权。

工商行政管理部门应当建立健全广告监测制度，完善监测措施，及时发现和依法查处违法广告行为。

第五十条 国务院工商行政管理部门会同国务院有关部门，制定大众传播媒介广告发布行为规范。

第五十一条 工商行政管理部门依照本法规定行使职权，当事人应当协助、配合，不得拒绝、阻挠。

第五十二条 工商行政管理部门和有关部门及其工作人员对其在广告监督管理活动中知悉的商业秘密负有保密义务。

第五十三条 任何单位或者个人有权向工商行政管理部门和有关部门投诉、举报违反本法的行为。工商行政管理部门和有关部门应当向社会公开受理投诉、举报的电话、信箱或者电子邮件地址，接到投诉、举报的部门应当自收到投诉之日起七个工作日内，予以处理并告知投诉、举报人。

工商行政管理部门和有关部门不依法履行职责的，任何单位或者个人有权向其上级机关或者监察机关举报。接到举报的机关应当依法作出处理，并将处理结果及时告知举报人。

有关部门应当为投诉、举报人保密。

第五十四条 消费者协会和其他消费者组织对违反本法规定，发布虚假广告侵害消费者合法权益，以及其他损害社会公共利益的行为，依法进行社会监督。

第五章 法律责任

第五十五条 违反本法规定，发布虚假广告的，由工商行政管理部门责令停止发布广告，责令广告主在相应范围内消除影响，处广告费用三倍以上五倍以下的罚款，广告费用无法计算或者明显偏低的，处二十万元以上一百万元以下的罚款；两年内有三次以上违法行为或者有其他严重情节的，处广告费用五倍以上十倍以下的罚款，广告费用无法计算或者明显偏低的，处一百万元以上二百万元以下的罚款，可以吊销营业执照，并由广告审查机关撤销广告审查批准文件、一年内不受理其广告审查申请。

医疗机构有前款规定违法行为，情节严重的，除由工商行政管理部门依照本法处罚外，卫生行政部门可以吊销诊疗科目或者吊销医疗机构执业许可证。

广告经营者、广告发布者明知或者应知广告虚假仍设计、制作、代理、发布的，由工商行政管理部门没收广告费用，并处广告费用三倍以上五倍以下的罚款，广告费用无法计算或者明显偏低的，处二十万元以上一百万元以下的罚款；两年内有三次以上违法行为或者有其他严重情节的，处广告费用五倍以上十倍以下的罚款，广告费用无法计算或者明显偏低的，处一百万元以上二百万元以下的罚款，并可以由有关部门暂停广告发布业务、吊销营业执照、吊销广告发布登记证件。

广告主、广告经营者、广告发布者有本条第一款、第三款规定行为，构成犯罪的，依法追究刑事责任。

第五十六条 违反本法规定，发布虚假广告，欺骗、误导消费者，使购买商品或者接受服务的消费者的合法权益受到损害的，由广告主依法承担民事责任。广告经营者、广告发布者不能提供广告主的真实名称、地址和有效联系方式的，消费者可以要求广告经营者、广告发布者先行赔偿。

关系消费者生命健康的商品或者服务的虚假广告，造成消费者损害的，其广告经营者、广告发布者、广告代言人应当与广告主承担连带责任。

前款规定以外的商品或者服务的虚假广告，造成消费者损害的，其广告经营者、广告发布者、广告代言人，明知或者应知广告虚假仍设计、制作、代理、发布或者作推荐、证明的，应当与广告主承担连带责任。

第五十七条 有下列行为之一的，由工商行政管理部门责令停止发布广告，对广告主处二十万元以上一百万元以下的罚款，情节严重的，并可以吊销营业执照，由广告审查机关撤销广告审查批准文件、一年内不受理其广告审查申请；对广告经营者、广告发布者，由工商行政管理部门没收广告费用，处二十万元以上一百万元以下的罚款，情节严重的，并可以吊销营业执照、吊销广告发布登记证件：

（一）发布有本法第九条、第十条规定的禁止情形的广告的；

（二）违反本法第十五条规定发布处方药广告、药品类易制毒化学品广告、戒毒治疗的医疗器械和治疗方法广告的；

（三）违反本法第二十条规定，发布声称全部或者部分替代母乳的婴儿乳制品、饮料和其他食品广告的；

（四）违反本法第二十二条规定发布烟草广告的；

（五）违反本法第三十七条规定，利用广告推销禁止生产、销售的产品或者提供的服务，或者禁止发布广告的商品或者服务的；

（六）违反本法第四十条第一款规定，在针对未成年人的大众传播媒介上发布医疗、药品、保健食品、医疗器械、化妆品、酒类、美容广告，以及不利于未成年人身心健康的网络游戏广告的。

第五十八条 有下列行为之一的，由工商行政管理部门责令停止发布广告，责令广告主在相应范围内消除影响，处广告费用一倍以上三倍以下的罚款，广告费用无法计算或者明显偏低的，处十万元以上二十万元以下的罚款；情节严重的，处广告费用三倍以上五倍以下的罚款，广告费用无法计算或者明显偏低的，处二十万元以上一百万元以下的罚款，可以吊销营业执照，并由广告审查机关撤销广告审查批准文件、一年内不受理其广告审查申请：

（一）违反本法第十六条规定发布医疗、药品、医疗器械广告的；

（二）违反本法第十七条规定，在广告中涉及疾病治疗功能，以及使用医疗用语或者易使推销的商品与药品、医疗器械相混淆的用语的；

（三）违反本法第十八条规定发布保健食品广告的；

（四）违反本法第二十一条规定发布农药、兽药、饲料和饲料添加剂广告的；

（五）违反本法第二十三条规定发布酒类广告的；

（六）违反本法第二十四条规定发布教育、培训广告的；

（七）违反本法第二十五条规定发布招商等有投资回报预期的商品或者服务广告的；

（八）违反本法第二十六条规定发布房地产广告的；

（九）违反本法第二十七条规定发布农作物种子、林木种子、草种子、种畜禽、水产苗种和种养殖广告的；

（十）违反本法第三十八条第二款规定，利用不满十周岁的未成年人作为广告代言人的；

（十一）违反本法第三十八条第三款规定，利用自然人、法人或者其他组织作为广告代言人的；

（十二）违反本法第三十九条规定，在中小学校、幼儿园内或者利用与中小学生、幼儿有关的物品发布广告的；

（十三）违反本法第四十条第二款规定，发布针对不满十四周岁的未成年人的商品或者服务的广告的；

（十四）违反本法第四十六条规定，未经审查发布广告的。

医疗机构有前款规定违法行为，情节严重的，除由工商行政管理部门依照本法处罚外，卫生行政部门可以吊销诊疗科目或者吊销医疗机构执业许可证。

广告经营者、广告发布者明知或者应知有本条第一款规定违法行为仍设计、制作、代理、发布的，由工商行政管理部门没收广告费用，并处广告费用一倍以上三倍以下的罚款，广告费用无法计算或者明显偏低的，处十万元以上二十万元以下的罚款；情节严重的，处广告费用三倍以上五倍以下的罚款，广告费用无法计算或者明显偏低的，处二十万元以上一百万元以下的罚款，并可以由有关部门暂停广告发布业务、吊销营业执照、吊销广告发布登记证件。

第五十九条　有下列行为之一的，由工商行政管理部门责令停止发布广告，对广告主处十万元以下的罚款：

（一）广告内容违反本法第八条规定的；

（二）广告引证内容违反本法第十一条规定的；

（三）涉及专利的广告违反本法第十二条规定的；

（四）违反本法第十三条规定，广告贬低其他生产经营者的商品或者服务的。

广告经营者、广告发布者明知或者应知有前款规定违法行为仍设计、制作、代理、发布的，由工商行政管理部门处十万元以下的罚款。

广告违反本法第十四条规定，不具有可识别性的，或者违反本法第十九条规定，变相发布医疗、药品、医疗器械、保健食品广告的，由工商行政管理部门责令改正，对广告发布者处十万元以下的罚款。

第六十条 违反本法第二十九条规定，广播电台、电视台、报刊出版单位未办理广告发布登记，擅自从事广告发布业务的，由工商行政管理部门责令改正，没收违法所得，违法所得一万元以上的，并处违法所得一倍以上三倍以下的罚款；违法所得不足一万元的，并处五千元以上三万元以下的罚款。

第六十一条 违反本法第三十四条规定，广告经营者、广告发布者未按照国家有关规定建立、健全广告业务管理制度的，或者未对广告内容进行核对的，由工商行政管理部门责令改正，可以处五万元以下的罚款。

违反本法第三十五条规定，广告经营者、广告发布者未公布其收费标准和收费办法的，由价格主管部门责令改正，可以处五万元以下的罚款。

第六十二条 广告代言人有下列情形之一的，由工商行政管理部门没收违法所得，并处违法所得一倍以上二倍以下的罚款：

（一）违反本法第十六条第一款第四项规定，在医疗、药品、医疗器械广告中作推荐、证明的；

（二）违反本法第十八条第一款第五项规定，在保健食品广告中作推荐、证明的；

（三）违反本法第三十八条第一款规定，为其未使用过的商品或者未接受过的服务作推荐、证明的；

（四）明知或者应知广告虚假仍在广告中对商品、服务作推荐、证明的。

第六十三条 违反本法第四十三条规定发送广告的，由有关部门责令停止违法行为，对广告主处五千元以上三万元以下的罚款。

违反本法第四十四条第二款规定，利用互联网发布广告，未显著标明关闭标志，确保一键关闭的，由工商行政管理部门责令改正，对广告主处五千元以上三万元以下的罚款。

第六十四条 违反本法第四十五条规定，公共场所的管理者和电信业务经营者、互联网信息服务提供者，明知或者应知广告活动违法不予制止的，由工商行政管理部门没收违法所得，违法所得五万元以上的，并处违法所得一倍以上三倍以下的罚款，违法所得不足五万元的，并处一万元以上五万元以下的罚款；情节严重的，由有关部门依法停止相关业务。

第六十五条 违反本法规定，隐瞒真实情况或者提供虚假材料申请广告审查的，广告审查机关不予受理或者不予批准，予以警告，一年内不受理该申请人的广告审查申请；以欺骗、贿赂等不正当手段取得广告审查批准的，广告审查机关予以撤销，处十万元以上二十万元以下的罚款，三年内不受理该申请人的广告审查申请。

第六十六条 违反本法规定，伪造、变造或者转让广告审查批准文件的，由工商行政管理部门没收违法所得，并处一万元以上十万元以下的罚款。

第六十七条 有本法规定的违法行为的，由工商行政管理部门记入信用档案，并依照有关法律、行政法规规定予以公示。

第六十八条 广播电台、电视台、报刊音像出版单位发布违法广告，或者以新闻报道形式变相发布广告，或者以介绍健康、养生知识等形式变相发布医疗、药品、医疗器械、保健食品广告，工商行政管理部门依照本法给予处罚的，应当通报新闻出版广电部门以及其他有关部门。新闻出版广电部门以及其他有关部门应当依法对负有责任的主管人员和直接责任人员给予处分；情节严重的，并可以暂停媒体的广告发布业务。

新闻出版广电部门以及其他有关部门未依照前款规定对广播电台、电视台、报刊音像出版单位进行处理的，对负有责任的主管人员和直接责任人员，依法给予处分。

第六十九条 广告主、广告经营者、广告发布者违反本法规定，有下列侵权行为之一的，依法承担民事责任：

（一）在广告中损害未成年人或者残疾人的身心健康的；

（二）假冒他人专利的；

（三）贬低其他生产经营者的商品、服务的；

（四）在广告中未经同意使用他人名义或者形象的；

（五）其他侵犯他人合法民事权益的。

第七十条 因发布虚假广告，或者有其他本法规定的违法行为，被吊销营业执照的公司、企业的法定代表人，对违法行为负有个人责任的，自该公司、企业被吊销营业执照之日起三年内不得担任公司、企业的董事、监事、高级管理人员。

第七十一条 违反本法规定，拒绝、阻挠工商行政管理部门监督检查，或者有其他构成违反治安管理行为的，依法给予治安管理处罚；构成犯罪的，依法追究刑事责任。

第七十二条 广告审查机关对违法的广告内容作出审查批准决定的，对负有责任的主管人员和直接责任人员，由任免机关或者监察机关依法给予处分；构成犯罪的，依法追究刑事责任。

第七十三条 工商行政管理部门对在履行广告监测职责中发现的违法广告行为或者对经投诉、举报的违法广告行为，不依法予以查处的，对负有责任的主管人员和直接责任人员，依法给予处分。

工商行政管理部门和负责广告管理相关工作的有关部门的工作人员玩忽职守、滥用职权、徇私舞弊的，依法给予处分。

有前两款行为，构成犯罪的，依法追究刑事责任。

第六章　附　　则

第七十四条　国家鼓励、支持开展公益广告宣传活动，传播社会主义核心价值观，倡导文明风尚。

大众传播媒介有义务发布公益广告。广播电台、电视台、报刊出版单位应当按照规定的版面、时段、时长发布公益广告。公益广告的管理办法，由国务院工商行政管理部门会同有关部门制定。

第七十五条　本法自 2015 年 9 月 1 日起施行。

广告管理条例

（国务院1987年10月26日发布，自1987年12月1日起施行）

第一条 为了加强广告管理，推动广告事业的发展，有效地利用广告媒介为社会主义建设服务，制定本条例。

第二条 凡通过报刊、广播、电视、电影、路牌、橱窗、印刷品、霓虹灯等媒介或者形式，在中华人民共和国境内刊播、设置、张贴广告，均属本条例管理范围。

第三条 广告内容必须真实、健康、清晰、明白，不得以任何形式欺骗用户和消费者。

第四条 在广告经营活动中，禁止垄断和不正当竞争行为。

第五条 广告的管理机关是国家工商行政管理机关和地方各级工商行政管理机关。

第六条 经营广告业务的单位和个体工商户（以下简称广告经营者），应当按照本条例和有关法规的规定，向工商行政管理机关申请，分别情况办理审批登记手续：

（一）专营广告业务的企业，发给《企业法人营业执照》；

（二）兼营广告业务的事业单位，发给《广告经营许可证》；

（三）具备经营广告业务能力的个体工商户，发给《营业执照》；

（四）兼营广告业务的企业，应当办理经营范围变更登记。

第七条 广告客户申请刊播、设备、张贴的广告，其内容应当在广告客户的经营范围或者国家许可的范围内。

第八条 广告有下列内容之一的，不得刊播、设置、张贴：

（一）违反我国法律、法规的；

（二）损害我国民族尊严的；

（三）有中国国旗、国徽、国歌标志、国歌音响的；

（四）有反动、淫秽、迷信、荒诞内容的；

（五）弄虚作假的；

（六）贬低同类产品的。

第九条 新闻单位刊播广告，应当有明确的标志。新闻单位不得以新闻报道形式刊播广告，收取费用；新闻记者不得借采访名义招揽广告。

第十条 禁止利用广播、电视、报刊为卷烟做广告。

获得国家级、部级、省级各类奖的优质名酒，经工商行政管理机关批准，可以做广告。

第十一条 申请刊播、设置、张贴下列广告，应当提交有关证明：

（一）标明质量标准的商品广告，应当提交省辖市以上标准化管理部门或者经计量认证合格的质量检验机构的证明；

（二）标明获奖的商品广告，应当提交本届、本年度或者数届、数年度连续获奖的证书，并在广告中注明获奖级别和颁奖部门；

（三）标明优质产品称号的商品广告，应当提交政府颁发的优质产品证书，并在广告中标明授予优质产品称号的时间和部门；

（四）标明专利权的商品广告，应当提交专利证书；

（五）标明注册商标的商品广告，应当提交商标注册证；

（六）实施生产许可证的产品广告，应当提交生产许可证；

（七）文化、教育、卫生广告，应当提交上级行政主管部门的证明；

（八）其他各类广告，需要提交证明的，应当提交政府有关部门或者其授权单位的证明。

第十二条 广告经营者承办或者代理广告业务，应当查验证明，审查广告内容。对违反本条例规定的广告，不得刊播、设置、张贴。

第十三条 户外广告的设置、张贴，由当地人民政府组织工商行政管理、城建、环保、公安等有关部门制订规划，工商行政管理机关负责监督实施。

在政府机关和文物保护单位周围的建筑控制地带以及当地人民政府禁止设置、张贴广告的区域，不得设置、张贴广告。

第十四条 广告收费标准，由广告经营者制订，报当地工商行政管理机关和物价管理机关备案。

第十五条 广告业务代理费标准，由国家工商行政管理机关会同国家物价管理机关制定。

户外广告场地费、建筑物占用费的收费标准，由当地工商行政管理机关会同物价、城建部门协商制订、报当地人民政府批准。

第十六条 广告经营者必须按照国家规定设置广告会计帐簿，依法纳税，并接受财政、审计、工商行政管理部门的监督检查。

第十七条 广告经营者承办或者代理广告业务，应当与客户或者被代理人签订书面合同，明确各方的责任。

第十八条 广告客户或者广告经营者违反本条例规定，由工商行政管理机关根据其情节轻重，分别给予下列处罚：

（一）停止发布广告；

（二）责令公开更正；

（三）通报批评；

（四）没收非法所得；

（五）罚款；

（六）停业整顿；

（七）吊销营业执照或者广告经营许可证。

违反本条例规定，情节严重，构成犯罪的，由司法机关依法追究刑事责任。

第十九条 广告客户和广告经营者对工商行政管理机关处罚决定不服的，可以在收到处罚通知之日起十五日内，向上一级工商行政管理机关申请复议。对复议决定仍不服的，可以在收到复议决定之日起三十日内，向人民法院起诉。

第二十条 广告客户和广告经营者违反本条例规定，使用户和消费者蒙受损失，或者有其他侵权行为的，应当承担赔偿责任。

损害赔偿，受害人可以请求县以上工商行政管理机关处理。当事人对工商行政管理机关处理不服的，可以向人民法院起诉。受害人也可以直接向人民法院起诉。

第二十一条 本条例由国家工商行政管理局负责解释；施行细则由国家工商行政管理局制定。

第二十二条 本条例自1987年12月1日起施行。1982年2月6日国务院发布的《广告管理暂行条例》同时废止。

广告管理条例施行细则

（国家工商行政管理总局令〔2004〕第18号公布，自2005年1月1日起施行）

第一条 根据《广告管理条例》（以下简称《条例》）第二十一条的规定，制定本细则。

第二条 《条例》第二条规定的管理范围包括：

（一）利用报纸、期刊、图书、名录等刊登广告。

（二）利用广播、电视、电影、录像、幻灯等播映广告。

（三）利用街道、广场、机场、车站、码头等的建筑物或空间设置路牌、霓虹灯、电子显示牌、橱窗、灯箱、墙壁等广告。

（四）利用影剧院、体育场（馆）、文化馆、展览馆、宾馆、饭店、游乐场、商场等场所内外设置、张贴广告。

（五）利用车、船、飞机等交通工具设置、绘制、张贴广告。

（六）通过邮局邮寄各类广告宣传品。

（七）利用馈赠实物进行广告宣传。

（八）利用其他媒介和形式刊播、设置、张贴广告。

第三条 申请经营广告业务的企业，除符合企业登记等条件外，还应具备下列条件：

（一）有负责市场调查的机构和专业人员。

（二）有熟悉广告管理法规的管理人员及广告设计、制作、编审人员。

（三）有专职的财会人员。

（四）申请承接或代理外商来华广告，应当具备经营外商来华广告的能力。

第四条 广播电台、电视台、报刊出版单位，事业单位以及法律、行政法规规定的其他单位办理广告经营许可登记，应当具备下列条件：

（一）具有直接发布广告的媒介或手段。

（二）设有专门的广告经营机构。

（三）有广告经营设备和经营场所。

（四）有广告专业人员和熟悉广告法规的广告审查员。

第五条 中外合资经营企业、中外合作经营企业以及外资企业申请经营广告业务，按照《外商投资广告企业管理规定》，参照《条例》、本细则和其他有关规定办理。

第六条 申请经营广告业务的个体工商户，除应具备《城乡个体工商户管理暂行条例》规定的条件外，本人还应具有广告专业技能，熟悉广告管理法规。

第七条 根据《条例》第六条的规定，按照下列程序办理广告经营者登记手续：

（一）设立经营广告业务的企业，向具有管辖权的工商行政管理局申请办理企业登记，发给营业执照。

（二）广播电台、电视台、报刊出版单位，事业单位以及其他法律、行政法规规定申请兼营广告业务应当办理广告经营许可登记的单位，向省、自治区、直辖市、计划单列市或其授权的县级以上工商行政管理局申请登记，发给《广告经营许可证》。

（三）经营广告业务的个体工商户，向所在地工商行政管理局申请，经所在地工商行政管理局依法登记，发给营业执照。

第八条 广告客户申请利用广播、电视、报刊以外的媒介为卷烟做广告，须经省、自治区、直辖市工商行政管理局或其授权的省辖市工商行政管理局批准。

第九条 根据《条例》第七条的规定，广告客户申请发布广告，应当出具相应的证明：

（一）企业和个体工商户应当交验营业执照。

（二）机关、团体、事业单位提交本单位的证明。

（三）个人提交乡、镇人民政府、街道办事处或所在单位的证明。

（四）外国企业常驻代表机构，应当交验国家工商行政管理总局颁发的《外国企业在中国常驻代表机构登记证》。

第十条 根据《条例》第十一条第（一）项的规定，申请发布商品广告，应当交验符合国家标准、部标准（专业标准）、企业标准的质量证明。

第十一条 根据《条例》第十一条第（七）项的规定，申请发布下列广告应当提交有关证明：

（一）报刊出版发行广告，应当交验省、自治区、直辖市新闻出版机关核发的登记证。

（二）图书出版发行广告，应当提交新闻出版机关批准成立出版社的证明。

（三）各类文艺演出广告，应当按照有关规定提交证明文件。

第十二条 根据《条例》第十一条第（八）项的规定，申请刊播下列内容的广告，应当提交有关证明：

（一）各类展销会、订货会、交易会等广告，应当提交主办单位主管部门批准的证明。

(二）个人启事、声明等广告，应当提交所在单位、乡（镇）人民政府或街道办事处出具的证明。

第十三条 广告客户申请刊播、设置、张贴广告，应当提交各类证明的原件或有效复制件。

第十四条 广告代理收费标准为广告费的15%。

第十五条 国内企业在境外发布广告，外国企业（组织）、外籍人员在境内承揽和发布广告，应当委托在中国注册的具有广告经营资格的企业代理。违反规定者，处以违法所得额三倍以下的罚款，但最高不超过三万元，没有违法所得的，处以一万元以下的罚款。

第十六条 根据《条例》第十二条的规定，代理和发布广告，代理者和发布者均应负责审查广告内容，查验有关证明，并有权要求广告客户提交其他必要的证明文件。对于无合法证明、证明不全或内容不实的广告，不得代理、发布。

广告经营者必须建立广告的承接登记、复审和业务档案制度。广告业务档案保存的时间不得少于一年。

第十七条 广告客户违反《条例》第三条、第八条第（五）项规定，利用广告弄虚作假欺骗用户和消费者的，责令其在相应的范围内发布更正广告，并视其情节予以通报批评、处以违法所得额三倍以下的罚款，但最高不超过三万元，没有违法所得的，处以一万元以下的罚款；给用户和消费者造成损害的，承担赔偿责任。

广告经营者帮助广告客户弄虚作假的，视其情节予以通报批评、没收非法所得、处以违法所得额三倍以下的罚款，但最高不超过三万元，没有违法所得的，处以一万元以下的罚款；情节严重的，可责令停业整顿，吊销营业执照或者《广告经营许可证》；给用户和消费者造成损害的，负连带赔偿责任。

发布更正广告的费用分别由广告客户和广告经营者承担。

第十八条 违反《条例》第四条、第八条第（六）项规定的，视其情节予以通报批评、没收非法所得、处五千元以下罚款或责令停业整顿。

第十九条 广告经营者违反《条例》第六条规定，无证照经营广告业务的，按照《无照经营查处取缔办法》有关规定予以处罚；超越经营范围经营广告业务的，按照企业登记管理法规有关规定予以处罚。

第二十条 广告客户违反《条例》第七条规定的，视其情节予以通报批评、处五千元以下罚款。

第二十一条 违反《条例》第八条第（一）（二）（三）（四）项规定的，对广告经营者予以通报批评、没收非法所得、处一万元以下罚款；对广告客户视其情节予以通报批评、处一万元以下罚款。

第二十二条 新闻单位违反《条例》第九条规定的，视其情节予以通报批评、没收非法所得、处一万元以下罚款。

第二十三条 广告经营者违反《条例》第十条规定的，视其情节予以通报批评、没收非法所得、处一万元以下罚款。

第二十四条 广告客户违反《条例》第十一条规定，伪造、涂改、盗用或者非法复制广告证明的，予以通报批评、处五千元以下罚款。

广告经营者违反《条例》第十一条第(三)项规定的，处一千元以下罚款。

为广告客户出具非法或虚假证明的，予以通报批评、处五千元以下罚款，并负连带责任。

第二十五条 广告经营者违反《条例》第十二条规定的，视其情节予以通报批评、没收非法所得、处三千元以下罚款；由此造成虚假广告的，必须负责发布更正广告，给用户和消费者造成损害的，负连带赔偿责任。

第二十六条 违反《条例》第十三条规定，非法设置、张贴广告的，没收非法所得、处五千元以下罚款，并限期拆除。逾期不拆除的，强制拆除，其费用由设置、张贴者承担。

第二十七条 违反《条例》第十四条、第十五条规定的，视其情节予以通报批评、责令限期改正、没收非法所得、处五千元以下罚款。

第二十八条 本细则自 2005 年 1 月 1 日起施行。

广告活动道德规范

（工商广字〔1997〕第310号，1997年12月16日颁布并施行）

一、总　　则

第一条　为维护广告市场秩序，促进广告业社会主义精神文明建设，增强广告主、广告经营者、广告发布者及其他参与广告活动的单位和个人的社会公德意识和职业道德观念，依据《中华人民共和国广告法》，制定本规范。

第二条　广告活动道德规范是广告活动的基本道德准则。凡在中华人民共和国境内从事广告活动的广告主、广告经营者、广告发布者以及其他参与广告活动的单位和个人，均应自觉遵守本规范。

第三条　各级工商行政管理机关在维护广告市场秩序，查处违法广告案件的同时，应当注重广告业职业道德建设，引导广告业树立良好风尚。

第四条　广告行业组织应当在工商行政管理机关指导下，积极开展行业自律，教育其成员单位自觉遵守和维护广告市场公平竞争、公平交易秩序，促进广告业职业道德建设。

二、广告主广告活动道德规范

第五条　广告主应当自觉维护消费者的合法权益，本着诚实信用的原则，真实科学地介绍自己的产品和服务。

第六条　广告主应当自觉遵守国家广告管理法律法规和其他有关规定，与其他广告主进行公平、正当的竞争，不得以不正当的方式和途径干扰、损害他人合法的广告活动。

第七条　广告主发布商业广告，应当自觉遵守和维护社会公共秩序和社会良好风尚，不应以哗众取宠、故弄玄虚、低级趣味等方式，片面追求广告的感官刺激和轰动效应，对社会造成不良影响。

第八条　广告主应当按照国家有关规定，积极参加各类公益事业，响应政府主管部门的号召，参与公益广告活动，树立良好的企业形象。

第九条　广告主应当在国家法律、法规的规范内，按照市场经济规律，根据服务质量，选择广告经营者的服务，自觉抵制各种损害企业利益的人情、关系广告业务。

第十条 广告主实行广告服务招标，应当尊重投标者的劳动成果，自觉履行招标承诺，自觉抵制和纠正以虚假招标形式引诱投标者投标，以及窃用投标者的广告策划和创意的不公平交易行为。

第十一条 广告主应当自觉抵制和纠正下列不正当的广告宣传：

（一）依据科学上没有定论的结论来否定他人的产品和服务，借以突出自己的产品和服务；

（二）片面宣传或夸大同类产品或服务的某种缺陷，以对比、联想等方式影射他人；

（三）未经有关部门认定假冒商标的情况下，在各种声明、启事中涉及他人的商标；

（四）擅自使用他人知名商品和服务标志作为陪衬宣传自己的产品和服务，不正当地利用和享用他人的商品声誉和商业信誉；

（五）使用不规范的行业用语或消费者无法熟知的专业术语表示商品的质量、制作成分、性能、用途、产地以及采用的技术、设备等；

（六）使用含糊不明，易使消费者产生歧义的承诺；

（七）使用不合法、不科学、不公正的评比结果和奖项；

（八）采用隐去主要事实、断章取义、偷换概念的手法使用有关数据、统计资料、调查结果、文摘和引用语，误导消费者。

三、广告经营者广告活动道德规范

第十二条 广告经营者在广告创意、设计、制作中应当依照有关广告管理法律、法规的要求，运用恰当的艺术表现形式表达广告内容，避免怪诞、离奇等不符合社会主义精神文明要求的广告创意。

第十三条 广告经营者在广告创意中使用妇女和儿童形象应当正确恰当，有利于树立健康文明的女性形象，有利于维护未成年人的身心健康和培养儿童良好的思想道德。

第十四条 广告经营者在广告创作中应当坚持创新与借鉴相结合，继承中华民族优秀传统文化，汲取其他国家和地区广告创作经验，自觉抵制和反对抄袭他人作品的行为。

第十五条 广告经营者为同类产品广告主同时或先后提供广告代理服务，应当保守各广告主的商业秘密，不得为自身业务发展的需要泄漏广告主的商业秘密。

第十六条 广告经营者应当注重广告在社会主义精神文明建设中的作用，坚持商业广告创意设计的社会主义思想文化导向，积极参与公益广告活动，倡导正确的道德观念和社会风尚。

第十七条 广告经营者应当注重提高经营管理水平和服务质量，依靠不断提高服务质量和商业信誉与广告主建立稳定的业务关系，自觉抵制和纠正下列不正当竞争行为：

（一）利用物质引诱或胁迫等不正当手段获取其他广告经营者的商业秘密；

（二）采用给予广告主经办人好处或竞相压价等手段争夺广告客户；

（三）采用暗中给予媒介经办人财物等不正当手段争取有利或紧俏的时间和版面。

四、广告发布者广告活动道德规范

第十八条 广告发布者发布商业广告应当考虑民族传统、群众消费习惯以及广告受众的区别等社会因素，合理安排发布时段、版面，依照各类广告的发布标准和社会主义精神文明建设的要求，认真履行广告审查义务。

第十九条 广告发布者应当严格遵守国家关于禁止有偿新闻的有关规定，坚持正确的经营观念，杜绝新闻形式的广告。

第二十条 广告发布者应当严格执行国家有关广告服务价格的管理规定，根据媒介的发行量、收视率等科学依据制订合理的收费方法和收费标准。广告经营者采用招标等特殊方式确定广告价格的，招标方案和办法应当合法、公正，不得利用不正当手段哄抬广告服务价格。

第二十一条 广告发布者应自觉执行国家关于公益广告宣传的有关规定，发挥公益广告宣传社会主义精神文明的积极作用，促进社会主义精神文明建设，树立良好的社会道德风尚。

第二十二条 广告发布者在经营活动中应自觉抵制和纠正下列行为：

（一）以不正当理由拒绝广告经营者正常客户代理业务，并强制该广告经营者必须通过与其有特殊利益关系的代理公司进行代理；

（二）违背广告主、广告经营者的意愿搭售时间、版面或附加其他不合理的交易条件；

（三）对不同客户实行不同的收费标准，强制要求客户预付广告费，不按规定的标准返还代理费。

五、各类市场中介机构参与广告活动的道德规范

第二十三条 从事各类广告出证活动的社会团体和商业调查、技术检测、标志认证等市场中介机构，必须具备合法资格，其广告出证行为必须遵循诚实信用原则，出证内容必须真实、合法，不得助长不正当竞争和不公平交易行为。

第二十四条 各类市场中介机构以广告形式公布其推荐、介绍、调查、检测、认证结果的，应将其从事该项活动的依据，采用的方法、方式等向社会公布，自觉接受社会监督。

第二十五条 各类市场中介机构应当保证广告出证行为的客观、公正性，自觉抵制和纠正以牟利为主要目的的广告出证活动，杜绝以收费多少排名、排序，并用于广告误导消费者的现象。

六、附　　则

第二十六条 违反本道德规范，情节严重、构成违法的，工商行政管理机关依照广告管理法律、法规和国家有关规定予以行政处罚；情节轻微的，工商行政管理机关应对其进行批评、教育，监督改正。

第二十七条 广告行业组织对违反本规范的成员，依照行业自律规则予以批评教育，直至取消其行业组织成员资格。

第二十八条 本规范自发布之日起施行。

广告宣传精神文明自律规则

（中国广告协会1997年制定，中国广告协会
第四届三次理事会议通过，并经国家工商局批准）

第一条 为加强广告行业的精神文明建设，提高各类广告的精神文明标准，根据《中国广告协会章程》总则第三条制定本规则，作为“中国广告协会自律规则”的单项规则，中国广告协会的会员应自觉遵守。

第二条 利用各种媒体和形式发布的各类广告，都应当遵守《中华人民共和国广告法》和有关政策、法规关于社会主义精神文明建设的规定，符合社会主义精神文明建设的要求。

第三条 广告作品应当体现社会主义思想道德风貌，积极倡导和反映爱祖国、爱人民、爱劳动、爱科学、爱社会主义的好风尚，广告创作应当体现下列原则：

（一）有利于引导消费者健康消费，反对奢靡；

（二）有利于弘扬中华民族精神和民族文化，增强民族自信心和自豪感；

（三）有利于普及推广科学知识、破除和反对封建迷信和伪科学；

（四）有利于促进国家各项建设事业的健康发展；

（五）有利于国家统一和各民族的团结和睦。

第四条 广告应维护国家尊严和利益，不得出现下列内容：

（一）危害国家统一，主权和领土完整；

（二）丑化、影射、诽谤、侮辱我国国家领导人和著名人物；

（三）使用禁止演唱的歌曲作为背景音乐；

（四）煽动民族分裂，破坏民族团结，伤害民族感情。

第五条 广告应当体现科学、真诚、善良，不得夸大、欺骗、宣传伪科学，不得出现带有封建迷信、鬼神、算命、相面、看风水及恐怖、暴力、丑恶的内容。

第六条 广告应有利于维护社会公共秩序和树立新的社会风尚，在广告中不得出现破坏公共设施、公共环境秩序的行为，以及吸烟、酗酒、虐待老人和儿童，纵容犯罪，以强凌弱等不文明举止以至违法的行为。

第七条 广告应当体现尊重妇女，男女平等。凡涉及妇女形象的，应当展示社会主义国家女性公民的独立地位和庄重形象、不得出现下列内容。

（一）歧视、侮辱妇女，宣扬男尊女卑，伤害、排斥女性；

（二）性行为、性挑逗的描述和过分地展现性特征；

（三）具体描写、形容与性行为有关的用品、药品、滋补品的特征、功能。

第八条　广告应有利于儿童身心健康。儿童使用的产品或者儿童参加演示的广告，必须注意儿童优秀思想品德的树立和培养。广告中出现的儿童和家长形象，应表现出良好的思想道德修养，不得出现下列内容：

（一）利用儿童给家长施加压力；

（二）儿童对长辈和他人不尊重、不友善或有不文明举止；

（三）以是否拥有某种商品而使儿童产生优越感或自卑感；

（四）利用超出儿童判断力的描述，使儿童误解或变相欺骗儿童或其他消费者；

（五）表现不应由儿童单独从事的某种活动；

（六）画面出现青少年及儿童吸烟、饮酒形象。

第九条　广告要正确引导大众消费，不得出现下列内容：

（一）直接或间接宣扬享乐主义、奢靡颓废的生活方式；

（二）使用封建帝王、贵族的名称、形象以衬托产品高贵特征；

（三）诱导人们在消费中可能采取不良行为。

第十条　广告内容要体现尊重和弘扬祖国优秀传统文化，要正确使用祖国的语言文字、大力推广普通话，不得出现下列内容：

（一）广告道白用地方语言代替普通话（地区性媒介除外）；

（二）贬低、丑化、否定祖国优秀传统文化；

（三）不恰当地编造谐音成语或使用文理不通的语句，引起误导；

（四）使用已被简化了的繁体字和不符合规定的各种简体字、异体字；

（五）单独使用汉语拼音而无汉字并用。

第十一条　不符合规范标准的广告用字，有下列情况之一的应被允许使用：

（一）新中国成立前书写并沿用至今的老字号牌匾用字；

（二）文物古迹中原有的文字；

（三）已注册商标定型字。

第十二条　广告要客观公正地宣传国内外商品，不得诱导消费者对外国商品盲目崇拜，对民族工业产品盲目贬低。

第十三条　会员单位在广告创作、设计制作过程中应自觉遵守本《规则》的规定，在发布广告前应当按照广告管理法律、法规的规定，并参照本《规则》严格审查广告内容。

第十四条　中广协各专业委员会应根据本专业实际情况，增补自律条款，并切实加强本专业的自律。

第十五条　对违反本《规则》的会员单位，中广协将视情节轻重给予批评、通报批评、除名等处分。

关于加强各类纪念章(品)以及人民币相关广告管理的通知

(工商广字〔2009〕第85号)

各省、自治区、直辖市及计划单列市工商行政管理局,中国人民银行上海总部,各分行、营业管理部,省会(首府)城市中心支行,副省级城市中心支行:

最近一段时间,一些媒体发布的人民币相关广告违反了《广告法》、《中国人民银行法》和《人民币管理条例》等有关规定,其中有的广告非法使用人民币图样,或者为非法含有人民币图样的收藏品以及非法装帧的流通人民币做宣传;有的广告偷换概念混淆产品实质,把纪念章宣称为纪念币,或者把含有人民币图样的收藏品宣称为人民币;有的广告虚构事实抬高产品身价,使用中国人民银行等国家机关及工作人员名义,宣称国家权威部门破例发行、特批;有的广告宣传臆造的一种货币,如"trade dollar",或者虚构销售情况,含有升值判断或承诺表示,夸大产品升值前景;有的广告擅自使用他人或其他机构名义做宣传等。这些行为,损害了国家法定货币的形象,严重侵害了消费者的合法权益。为维护人民币的严肃性和权威性,维护收藏品广告市场秩序,保护消费者合法权益,现就加强各类纪念章(品)以及人民币相关广告管理的有关问题通知如下:

一、人民币是国家法定货币,禁止发布伪造、变造的人民币广告,禁止在广告中或者其他商品上非法使用人民币图样。

发布的广告中使用人民币图样,或者发布含有人民币图样商品的广告,广告发布者应当查验中国人民银行人民币图样使用许可批准文件;发布宣传经营的流通人民币以及装帧的流通人民币广告,广告发布者应当查验中国人民银行经营流通人民币许可证、装帧流通人民币许可批准文件。

二、人民币纪念币(包括普通纪念币、贵金属纪念币)是限量发行、具有面值的国家法定货币,由中国人民银行统一发行并在发行时向社会公告。发布人民币纪念币广告,广告发布者应当查验中国人民银行相关公告文件。

发布以其他国家和地区名义发行的法定贵金属纪念币广告,广告发布者应当查验该纪念币经中国人民银行同意进口的审批文件和该纪念币海关报关凭证。

三、非法定货币发行机构发行的各类贵金属纪念章、纪念品以及经许可使用人民币图样的商品,不是法定货币,不得在广告中称为人民币和纪念币。

四、各类纪念章(品)以及人民币相关广告中,不得使用国家机关及其工作人员名义做宣传;使用他人或其他机构形象、名义的,要事先取得同意或授权,广告发布者应当查验相关证明材料。

五、各类纪念章(品)以及人民币相关广告中其他内容,应当清楚、明白,介绍当前市场行情、销售等情况应当客观、真实,不得在广告中发布有关升值预测和投资回报承诺等内容,不得以新闻报道形式发布上述广告。

各地工商行政管理机关要加强对本地媒体发布的各类纪念章(品)以及人民币相关广告的监测检查,发现虚假违法广告,要及时责令停止发布并依法查处。人民银行各级分支机构要加强行业管理和市场监管,对广告中涉及有关人民币虚假违法宣传内容的,要积极向当地工商行政管理机关提供认定依据,发现涉嫌违法犯罪的,及时移送司法机关处理,同时要加强有关人民币流通管理法律法规制度的宣传,维护国家法定货币的严肃性和权威性。

各级工商行政管理机关和人民银行分支机构要密切配合,依法履行各自监管职责,对执行本通知中遇到的疑难问题,要及时分别上报国家工商行政管理总局和中国人民银行。

国家工商行政管理总局　中国人民银行

二〇〇九年四月二十二日

广告语言文字管理暂行规定

（1998年1月15日国家工商行政管理局令第84号公布，
1998年12月3日国家工商行政管理局令第86号修订）

第一条 为促进广告语言文字使用的规范化、标准化，保证广告语言文字表述清晰、准确、完整，避免误导消费者，根据《中华人民共和国广告法》和国家有关法律、法规，制定本规定。

第二条 凡在中华人民共和国境内发布的广告中使用的语言文字，均适用本规定。

本规定中所称的语言文字，是指普通话和规范汉字、国家批准能用的少数民族语言文字，以及在中华人民共和国境内使用的外国语言文字。

第三条 广告使用的语言文字，用语应当清晰、准确，用字应当规范、标准。

第四条 广告使用的语言文字应当符合社会主义精神文明建设的要求，不得含有不良文化内容。

第五条 广告用语用字应当使用普通话和规范汉字。

根据国家规定，广播电台、电视台可以使用方言播音的节目，其广告中可以使用方言；广播电台、电视台使用少数民族语言播音的节目，其广告应当使用少数民族语言文字。

在民族自治地方，广告用语用字参照《民族自治地方语言文字单行条例》执行。

第六条 广告中不得单独使用汉语拼音。广告中如需使用汉语拼音时，应当正确、规范，并与规范汉字同时使用。

第七条 广告中数字、标点符号的用法和计量单位等，应当符合国家标准和有关规定。

第八条 广告中不得单独使用外国语言文字。

广告中如因特殊需要配合使用外国语言文字时，应当采用以普通话和规范汉字为主、外国语言文字为辅的形式，不得在同一广告语句中夹杂使用外国语言文字。广告中的外国语言文字所表达的意思，与中文意思不一致的，以中文意思为准。

第九条 在下列情况下，广告中使用的外国语言文字不适用第八条规定：

（一）商品、服务通用名称，已注册的商标，经国家有关部门认可的国际通用标志、专业技术标准等；

（二）经国家有关部门批准，以外国语言文字为主的媒介中的广告所使用的外国语言文字。

第十条 广告用语用字，不得出现下列情形：

（一）使用错别字；

（二）违反国家法律、法规规定使用繁体字；

（三）使用国家已废止的异体字和简化字；

（四）使用国家已废止的印刷字形；

（五）其他不规范使用的语言文字。

第十一条 广告中成语的使用必须符合国家有关规定，不得引起误导，对社会造成不良影响。

第十二条 广告中出现的注册商标定型字、文物古迹中原有的文字以及经国家有关部门认可的企业字号用字等，不适用本规定第十条规定，但应当与原形一致，不得引起误导。

第十三条 广告中因创意等需要使用的手书体字、美术字、变体字、古文字，应当易于辨认，不得引起误导。

第十四条 违反本规定第四条的，由广告监督管理机关责令停止发布广告，对负有责任的广告主、广告经营者、广告发布者视其情节予以通报批评，处以违法所得额三倍以下的罚款，但最高不超过三万元，没有违法所得的，处以一万元以下的罚款。

第十五条 违反本规定其他条款的，由广告监督管理机关责令限期改正，逾期未能改正的，对负有责任的广告主、广告经营者、广告发布者处以1万元以下罚款。

第十六条 本规定自公布之日起施行。

新华社规定媒体报道第一批禁用词

（来源：新华社　日期：2014 年 7 月 30 日）

一、社会生活类的禁用词

1. 对有身体伤疾的人士不使用“残废人”、“独眼龙”、“瞎子”、“聋子”、“傻子”、“呆子”、“弱智”等蔑称，而应使用“残疾人”、“盲人”、“聋人”、“智力障碍者”等词语。

2. 报道各种事实特别是产品、商品时不使用“最佳”、“最好”、“最著名”等具有强烈评价色彩的词语。

3. 医药报道中不得含有“疗效最佳”、“根治”、“安全预防”、“安全无副作用”等词语，药品报道中不得含有“药到病除”、“无效退款”、“保险公司保险”、“最新技术”、“最高技术”、“最先进制法”、“药之王”、“国家级新药”等词语。

4. 对文艺界人士，不使用“影帝”、“影后”、“巨星”、“天王”等词语，一般可使用“文艺界人士”或“著名演员”、“著名艺术家”等。

5. 对各级领导同志的各种活动报道，不使用“亲自”等形容词。

6. 作为国家通讯社，新华社通稿中不应使用“哇噻”、“妈的”等俚语、脏话、黑话等。如果在引语中不能不使用这类词语，均应用括号加注，表明其内涵。近年来网络用语中对脏语进行缩略后新造的“SB”、“TMD”、“NB”等，也不得在报道中使用。

二、法律类的禁用词

7. 在新闻稿件中涉及如下对象时不宜公开报道其真实姓名：

（1）犯罪嫌疑人家属；

（2）涉及案件的未成年人；

（3）涉及案件的妇女和儿童；

（4）采用人工受精等辅助生育手段的孕、产妇；

（5）严重传染病患者；

（6）精神病患者；

（7）被暴力胁迫卖淫的妇女；

(8) 艾滋病患者；

(9) 有吸毒史或被强制戒毒的人员。

涉及这些人时，稿件可使用其真实姓氏加“某”字的指代，如“张某”、“李某”，不宜使用化名。

8. 对刑事案件当事人，在法院宣判有罪之前，不使用“罪犯”，而应使用“犯罪嫌疑人”。

9. 在民事和行政案件中，原告和被告法律地位是平等的，原告可以起诉，被告也可以反诉。不要使用原告“将某某推上被告席”这样带有主观色彩的句子。

10. 不得使用“某某党委决定给某政府干部行政上撤职、开除等处分”，可使用“某某党委建议给予某某撤职、开除等处分”。

11. 不要将“全国人大常委会副委员长”称作“全国人大副委员长”，也不要将“省人大常委会副主任”称作“省人大副主任”。各级人大常委会的委员，不要称作“人大常委”。

12. “村民委员会主任”简称“村主任”，不得称“村长”。村干部不要称作“村官”。

13. 在案件报道中指称“小偷”、“强奸犯”等时，不要使用其社会身份作前缀。如：一个曾经是工人的小偷，不要写成“工人小偷”；一名教授作了案，不要写成“教授罪犯”。

14. 国务院机构中的审计署的正副行政首长称“审计长”、“副审计长”，不要称作“署长”、“副署长”。

15. 各级检察院的“检察长”不要写成“检察院院长”。

三、民族宗教类的禁用词

16. 对各民族，不得使用旧社会流传的带有污辱性的称呼。不能使用“回回”、“蛮子”等，而应使用“回族”等。也不能随意简称，如“蒙古族”不能简称为“蒙族”，“维吾尔族”不能简称为“维族”，“哈萨克族”不能简称为“哈萨”等。

17. 禁用口头语言或专业用语中含有民族名称的污辱性说法，不得使用“蒙古大夫”来指代“庸医”，不得使用“蒙古人”来指代“先天愚型”等。

18. 少数民族支系、部落不能称为民族，只能称为“XX人”。如“摩梭人”“撒尼人”“穿（川）青人”“人”，不能称为“摩梭族”“撒尼族”“穿（川）青族”“族”等。

19. 不要把古代民族名称与后世民族名称混淆，如不能将“高句丽”称为“高丽”，不能将“哈萨克族”、“乌孜别克族”等泛称为“突厥族”或“突厥人”。

20. “穆斯林”是伊斯兰教信徒的通称，不能把宗教和民族混为一谈。不能说“回族就是伊斯兰教”、“伊斯兰教就是回族”。报道中遇到“阿拉伯人”等提法，不要改称“穆斯林”。

21. 涉及信仰伊斯兰教的民族的报道，不要提“猪肉”。

22. 穆斯林宰牛羊及家禽，只说“宰”，不能写作“杀”。

四、涉及我领土、主权和港澳台的禁用词

23. 香港、澳门是中国的特别行政区，台湾是中国的一个省。在任何文字、地图、图表中都要特别注意不要将其称作“国家”。尤其是多个国家和地区名称连用时，应格外注意不要漏写“(国家)和地区”字样。

24. 对台湾当局“政权”系统和其他机构的名称，无法回避时应加引号，如台湾“立法院”、“行政院”、“监察院”、“选委会”、“行政院主计处”等。不得出现“中央”、“国立”、“中华台北”等字样，如不得不出现时应加引号，如台湾“中央银行”等。台湾“行政院长”、“立法委员”等均应加引号表述。台湾“清华大学”、“故宫博物院”等也应加引号。严禁用“中华民国总统(副总统)”称呼台湾地区领导人，即使加注引号也不得使用。

25. 对台湾地区施行的所谓“法律”，应表述为“台湾地区的有关规定”。涉及对台法律事务，一律不使用“文书验证”、“司法协助”、“引渡”等国际法上的用语。

26. 不得将海峡两岸和香港并称为“两岸三地”。

27. 不得说“港澳台游客来华旅游”，而应称“港澳台游客来大陆(或：内地)旅游”。

28. “台湾”与“祖国大陆(或‘大陆’)”为对应概念，“香港、澳门”与“内地”为对应概念，不得弄混。

29. 不得将台湾、香港、澳门与中国并列提及，如“中港”、“中台”、“中澳”等。可以使用“内地与香港”、“大陆与台湾”或“京港”、“沪港”、“闽台”等。

30. “台湾独立”或“台独”必须加引号使用。

31. 台湾的一些社会团体如“中华道教文化团体联合会”、“中华两岸婚姻协调促进会”等有“中国”、“中华”字样者，应加引号表述。

32. 不得将台湾称为“福摩萨”。如报道中需要转述时，一定要加引号。

33. 南沙群岛不得称为“斯普拉特利群岛”。

34. 钓鱼岛不得称为“尖阁群岛”。

35. 严禁将新疆称为“东突厥斯坦”。

五、国际关系类禁用词

36. 不得使用“北朝鲜(英文 North Korea)”来称呼“朝鲜民主主义人民共和国”,可直接使用简称“朝鲜”。英文应使用“the Democratic People’sRepublic of Korea”或使用缩写“DPRK”。

37. 有的国际组织的成员中,既包括一些既有国家,也包括一些地区。在涉及此类国际组织时,不得使用“成员国”,而应使用“成员”或“成员方”,如不能使用“世界贸易组织成员国”、“亚太经合组织成员国”,而应使用“世界贸易组织成员”、“世界贸易组织成员方”、“亚太经合组织成员”、“亚太经合组织成员方”(英文用 members)。

38. 不使用“穆斯林国家”或“穆斯林世界”,而要用“伊斯兰国家”或“伊斯兰世界”。

39. 在达尔富尔报道中不使用“阿拉伯民兵”,而应使用“武装民兵”或“部族武装”。

40. 在报道社会犯罪和武装冲突时,一般不要刻意突出犯罪嫌疑人和冲突参与者的肤色、种族和性别特征。比如,在报道中应回避“黑人歹徒”的提法,可直接使用“歹徒”。

41. 公开报道不要使用“伊斯兰原教旨主义”、“伊斯兰原教旨主义者”等说法。可用“宗教激进主义(激进派、激进组织)”替代。如回避不了而必须使用时,可使用“伊斯兰激进组织(分子)”,但不要用“激进伊斯兰组织(分子)”。

42. 不要使用“十字军”等说法。

43. 人质报道中不使用“斩首”,可用中性词语为“人质被砍头杀害”。

44. 对国际战争中双方的战斗人员死亡的报道,不要使用“击毙”等词语,可使用“打死”等词语。

45. 不要将撒哈拉沙漠以南的地区称“黑非洲”,而应称为“撒哈拉沙漠以南的非洲”。

关于加强海峡两岸广告交流管理的通知

（工商广字〔1994〕第196号）

各省、自治区、直辖市及计划单列市工商行政管理局、台湾事务办公室：

近年来，海峡两岸的经济交往与合作有了新的进展。为了适应两岸关系发展的需要，进一步推动两岸间的广告交流，根据当前我国改革开放和经济建设的形势以及台湾的实际情况，现就两岸广告交流管理的有关问题通知如下：

一、台湾企业和个人可以在大陆发布企业广告、商品广告和寻亲广告，其它广告不得在大陆发布。

二、台湾企业发布企业广告和商品广告，应委托大陆具有外商广告代理权的广告公司代理。台湾个人发布寻亲广告，可以委托前述大陆广告公司代理，也可以直接委托大陆广告媒介单位承办。

三、对台湾企业和个人在大陆发布的广告，实行在代理、发布前集中审查。国家工商行政管理局委托海峡经济科技合作中心负责广告审查的具体事务，并对审查工作进行监督、指导。

代理或承办台湾企业和个人广告业务的大陆广告公司或广告媒介单位，应在签订广告合同之前，向海峡经济科技合作中心申请广告审查。通过审查的，方可签订广告合同。发布的广告内容，应以审查通过的为准。

四、中央电视台（不含第四套节目，下同）、中央人民广播电台、人民日报（国内版）、解放军报、《求是》杂志，不得发布台湾企业广告和商品广告。

中央电视台转播体育比赛、文艺演出时，设置在场馆内外的台湾企业广告和商品广告，可以作为背景出现，但不得专门制作、播出台湾企业广告和商品广告。

五、台湾企业广告、商品广告和个人寻亲广告，不得出现“中华民国”等含有“两个中国”及“一中一台”含义的内容。

六、大陆企业去台湾发布广告，应委托大陆具有外商广告代理权的广告公司代理，并由代理的广告公司向海峡经济科技合作中心申请广告审查。广告内容以审查通过的为准。

七、台湾企业广告、商品广告和个人寻亲广告的收费标准，参照港、澳地区来大陆广告的收费标准执行，并以外汇结算。

八、违反上述规定的，由工商行政管理机关依据广告管理法规的规定处罚。

国家工商行政管理局
国务院台湾事务办公室
一九九四年七月二十日

关于深入开展“讲文明树新风”公益广告宣传的意见

（文明办〔2013〕1号）

各省、自治区、直辖市和新疆生产建设兵团党委宣传部、文明办、外宣办（网宣办）、通信管理局、工商行政管理局、广播电影局、新闻出版局：

“讲文明树新风”公益广告是传播先进文化、引领文明风尚的重要载体。为充分运用这一生动形式，深入学习宣传贯彻党的十八大精神，推进社会主义核心价值观体系建设，培育知荣辱、讲正气、作奉献、促和谐的良好风尚，经中央领导批准，中宣部、中央文明办、中央外宣办、工业和信息化部、国际工商总局、国家广电总局、新闻出版署在全国深入开展“讲文明树新风”公益广告宣传，着重围绕培育社会主义核心价值观、规范道德行为、建设生态文明以及与人民群众生活关系密切的交通、食品安全等方面内容展开，弘扬正风正气，激发奋进力量，为推动科学发展、促进社会和谐营造良好氛围。

一、大力制作刊播“讲文明树新风”公益广告

各级各类媒体媒介要紧扣“讲文明树新风”主题，设计制作贴近生活、新颖美观、群众喜闻乐见的公益广告，拿出重要版面、黄金时段、显著位置持续刊播，形成规模，形成声势，形成广泛社会影响。具体要求是：

报纸类：中央主要报纸按每天一个1/4版计，每月刊登总量不少于8个整版。各省（区、市）和省会、副省级城市电台主要频率，按上述标准播出。

电视类：中央电视台各频道每天均安排时段播出。综合频道每天播出10次以上，其中黄金时段不少于3次；其他各频道每天播出不少于15次，其中黄金时段不少于4次。《新闻联播》、《午间新闻》前后等重点时段以及晚间黄金时段要保证播出时间。各省（区、市）和省会、副省级城市电视台各频道，按上述标准播出。

期刊类：中央主要时政类期刊以及各省（区、市）和省会、副省级城市时政类期刊，每期至少刊登1个页面；其他大众生活、文摘类期刊，每两期至少刊登1个页面。

互联网：中央新闻网站和主要商业网站，在首页位置长期集中宣传展示。

各省（区、市）和省会、副省级城市新闻网站和商业网站，按上述标准展示。

手机类：中国移动、中国电信、中国联通在全国范围内运用手机报、短信、彩信、炫铃等方式传播公益广告。

社会媒介：政府职能部门协调安排在各类交通运载工具和公共场所，运用电子显示屏、楼宇电视、还广告牌等媒介，大力度、经常性刊播。各城市和主管部门组织大型商场和宾馆饭店在重要节日期间，在显著位置刊播展示。

二、形成“讲文明树新风”公益广告宣传运行机制

“讲文明树新风”公益广告宣传是一项长期任务，各地各部门各媒体要形成有效运行机制，推动工作落实。

工作机制。媒体日常公益广告宣传，由媒体自行制作刊播，自行审核把关。重大主题、重要活动、重点时段的公益广告，由中宣部、中央文明办发布通稿，各媒体集中刊播。依托人民日报、中央电台、中央电视台、中国网络电视台、中国移动设立5家“讲文明树新风”公益广告制作中心，分别牵头设计制作平面类、广播类、影视类、网络类、手机类公益广告，并集纳其他媒体的优秀作品，形成公益广告作品库，供各媒体无偿选用。5家中心承担设计制作的公益广告通稿作品，由中央文明办审核后发布。

保障机制。各媒体要成立专门工作小组，明确责任，落实任务。媒体自身加大投入，在财力、物力上予以保障。动员社会力量参与，可选择信誉度高、公众形象好的企业冠名襄赞，推动公益广告宣传常态化。

监督激励机制。主管部门发挥职能作用，对媒体制作刊播“讲文明树新风”公益广告进行指导协调、组织实施和考评。中央外宣办会同工业和信息化部指导和考评互联网和手机媒体，纳入文明网站测评；国家广电总局指导和考评广播电视播出机构；新闻出版总署指导和考评报刊类媒体。交通运载工具、公共场所、商城宾馆等刊播“讲文明树新风”公益广告情况，纳入文明城市、文明单位考核测评。长年开展“讲文明树新风”公益广告征集，不断推出优秀作品。

三、加强“讲文明树新风”公益广告宣传组织领导

摆上重要位置。“讲文明树新风”公益广告宣传，是学习宣传贯彻党的十八大精神的重要举措，是加强精神文明建设的重要任务，是推进社会主义核心价值观体系建设的有力抓手。各地各部门和媒体要摆上重要日程，切实做好工作，推

动正风正气形成。

制定具体方案。各相关部门、各省(区、市)党委宣传部、文明办制定本地媒体实施方案和刊播计划表,于2月2日前报中央文明办审批后落实。

加强统筹协调。中宣部、中央文明办负责"讲文明树新风"公益广告宣传总体安排、统筹协调、组织实施、督促落实。具体任务是:制定重大主题、重要活动、重点时段公益广告制作刊播计划;协调5家中心设计制作公益广告;组织报审公益广告通稿,提出集中刊播方案;协调有关部门对媒体刊播公益广告指导和考评。各省(区、市)党委宣传部、文明办成立专门工作小组,负责本地"讲文明树新风"公益广告宣传。建立工作月报和季度通报制度,中央媒体每月汇总刊播情况,各省(区、市)党委宣传部、文明办每月汇总本地媒体刊播情况,当月底报中央文明办。中央文明办综合上报,并进行通报。

完善政策法规。中宣部、中央文明办把"讲文明树新风"公益广告宣传作为重要课题,组织财政、工商、税务等部门开展专题调研,听取各方意见,提出完善法规制度的建议,推动公益广告宣传持续健康发展。中央外宣办会同工业和信息化部研究提出互联网和手机媒体更好地开展公益广告宣传的实施办法。

中共中央宣传部　中央文明办　中央外宣办
工业和信息化部　国际工商总局　国家广电总局
新闻出版总署
2013年1月21日

公益广告促进和管理暂行办法

（征求意见稿，国家工商总局2014年5月8日发布）

第一条 为促进公益广告事业发展，规范公益广告管理，发挥公益广告在社会主义经济建设、政治建设、文化建设、社会建设、生态文明建设中的积极作用，根据《中华人民共和国广告法》和有关规定，制定本办法。

第二条 本办法所称公益广告，是指促进社会主义核心价值体系建设，传播先进文化，树立正风正气，倡导良好道德风尚，维护国家和社会公共利益的非营利性广告。

旨在培育和践行社会主义核心价值观、规范道德行为、弘扬优良传统、保护生态环境、节约能源资源、宣传遵守法律法规、维护人民健康安全等方面内容发布的广告，均属本办法所称的公益广告。

发布政务信息、服务信息等各类公共信息以及专题性宣传片等不属于本办法所称的公益广告。

第三条 国家鼓励、支持开展公益广告活动。

引导、鼓励单位和个人以资金、技术、劳动力、智力成果、媒介资源等方式参与公益广告宣传。

各类广告发布媒介均有义务刊播公益广告。

第四条 公益广告活动在中央和各级精神文明建设指导委员会指导协调下实施。

工商部门履行广告监管和指导广告业发展职能，负责公益广告工作的规划和有关管理工作。

新闻出版广电部门负责新闻出版和广播电视媒体公益广告制作、刊播活动的指导和管理。

工业和信息化、互联网管理部门负责基础电信企业和互联网企业公益广告制作、刊播活动的指导和管理。

交通运输管理部门负责公共交通运载工具公益广告刊播活动的指导和管理。

住房城乡建设部门负责城市户外广告设施、建设工地围挡、风景区公益广告刊播活动的指导和管理。

精神文明建设指导委员会其他成员单位应当积极做好公益广告有关工作，

涉及本部门职责的，应予支持。

第五条 公益广告应当保证质量，内容符合下列规定：

（一）价值导向正确，符合国家法律规定和社会主义道德规范要求；

（二）体现社会公共利益；

（三）语言文字规范；

（四）艺术表现得当，文化品位良好。

第六条 公益广告内容应当与商业广告内容相区别，商业广告中涉及社会责任内容的，不属于公益广告。

公益广告禁止出现商品或商业服务名称、商标标识、联系方式以及任何与宣传、推销商品或商业服务有关的内容。

公益广告中出现企业名称的，应符合本办法第七条规定。

第七条 鼓励守法经营的企业通过冠名等方式参与公益广告活动。

企业冠名的公益广告可以标注企业名称，但不得有以下情形：

（一）商品或服务的名称，以及与宣传、推销商品或服务有关的内容，包括单位地址、网址、电话号码、其他联系方式等；

（二）平面作品标注企业名称的面积超过版面1/5；

（三）音频、视频作品显示企业名称的时间超过5秒（或总时长1/5），使用标版形式标注企业名称的时间超过3秒（或总时长1/5）；

（四）企业名称中的字号与该企业及产品、服务商标名称相同时，单独使用企业名称字号或者以特殊设计的办法突出企业名称字号；

（五）出现的企业名称足以使社会公众降低了对公益广告内容的感受和认知，以及其他变相设计、制作商业广告的行为；

违反上述规定的，视为商业广告。

第八条 公益广告稿源包括公益广告通稿、公益广告作品库稿件以及自行设计制作稿件。

精神文明建设指导委员会统一向社会发布公益广告通稿作品，各类广告媒介均有义务刊播。

公益广告主管部门建立公益广告作品库，稿件供社会无偿选择使用。

单位和个人自行设计制作发布公益广告，公益广告主管部门应提供指导服务。

第九条 广播电台每套节目每日公益广告播出数量不少于6条（次）；电视台每套节目每日公益广告播出数量不少于10条（次）。其中，广播电台在6:00至8:00之间、11:00至13:00之间，公益广告播出数量分别不少于2条（次）；电视台在19:00至21:00之间,公益广告播出数量不少于4条(次)。

中央报纸日常版面16版(含)以上的,每月刊登公益广告总量不少于8个整版;日常版面少于16版多于8版的,每月刊登公益广告总量不少于6个整版;日常版面8版(含)以下的,每月刊登公益广告总量不少于4个整版。省(区、市)和省会、副省级城市党报、晚报、都市报日常版面12版(含)以上的,每月刊登公益广告总量不少于6个整版;日常版面12版(不含)以下的,每月刊登公益广告总量不少于4个整版。其他各级党报、晚报、都市报和行业报,每月刊登公益广告总量不少于4个整版。

时政类期刊每期至少刊登公益广告1个页面;其他大众生活、文摘类期刊,每两期至少刊登公益广告1个页面。

政府网站、新闻网站、经营性网站应当在首页固定位置宣传展示公益广告,并运用其他多种方式传播公益广告。

基础电信企业要运用手机媒体及相关经营业务经常性刊播公益广告。

第十条 有关部门和单位应当运用各类社会媒介刊播公益广告。

机场、车站、码头、影剧院、商场、宾馆、商业街区、城市社区、广场、公园、风景区等公共场所的广告设施或其他适当位置,公交车、火车、飞机等公共交通工具的广告刊播介质或其他适当位置,适当地段的建筑工地围挡、景观灯杆等构筑物,均有义务刊播公益广告通稿作品或经主管部门审定的其他公益广告。此类场所公益广告的设置发布应整齐、安全,与环境相协调,美化周边环境。

工商、建设、民政等部门支持、鼓励、引导有关单位和个人在商品包装或标识、地点名称、企业名称、建筑设计、家具设计、服装设计等日常生活事物中,合理融入公益广告理念,传播中华文化,弘扬中国精神。

第十一条 支持和鼓励在生产、生活领域增加公益广告设施和发布渠道,扩大社会影响。

有关部门编制户外广告规划,应当规划一定比例公益广告空间设施。发布广告设施招标计划时,应当将发布一定数量公益广告作为前提条件。

第十二条 公益广告主管部门应制定并公布年度公益广告活动规划。

公益广告发布者应于每季度第一个月5日前,将上一季度发布公益广告的情况报当地工商部门备案。广播、电视、报纸、期刊以及基础电信企业、互联网站等还应当将发布公益广告的情况分别报当地新闻出版广电、工业和信息化、互联网管理部门备案。

工商部门对广告媒介单位发布公益广告情况进行监测和检查,定期公布公益广告发布情况。

第十三条 发布公益广告情况纳入文明城市、文明单位、文明网站创建工作测评。

广告行业组织应将会员单位发布公益广告情况纳入行业自律考评。

第十四条 公益广告设计制作者依法享有公益广告著作权,任何单位和个人应依法使用公益广告作品,未经著作权人同意,不得擅自更改使用。

第十五条 违反本办法规定的,有关职能部门对其批评、劝诫,责令改正,有权机关可依法对违法行为人作出处罚。

第十六条 本办法自2014年 月 日施行。

中华人民共和国消费者权益保护法

（1993年10月31日第八届全国人民代表大会常务委员会第四次会议通过，自1994年1月1日起施行；根据2009年8月27日第十一届全国人民代表大会常务委员会第十次会议《关于修改部分法律的决定》第一次修正；根据2013年10月25日第十二届全国人民代表大会常务委员会第五次会议《关于修改〈中华人民共和国消费者权益保护法〉的决定》第二次修正）

第一章　总　　则

第一条　为保护消费者的合法权益，维护社会经济秩序，促进社会主义市场经济健康发展，制定本法。

第二条　消费者为生活消费需要购买、使用商品或者接受服务，其权益受本法保护；本法未作规定的，受其他有关法律、法规保护。

第三条　经营者为消费者提供其生产、销售的商品或者提供服务，应当遵守本法；本法未作规定的，应当遵守其他有关法律、法规。

第四条　经营者与消费者进行交易，应当遵循自愿、平等、公平、诚实信用的原则。

第五条　国家保护消费者的合法权益不受侵害。

国家采取措施，保障消费者依法行使权利，维护消费者的合法权益。

国家倡导文明、健康、节约资源和保护环境的消费方式，反对浪费。

第六条　保护消费者的合法权益是全社会的共同责任。

国家鼓励、支持一切组织和个人对损害消费者合法权益的行为进行社会监督。

大众传播媒介应当做好维护消费者合法权益的宣传，对损害消费者合法权益的行为进行舆论监督。

第二章　消费者的权利

第七条　消费者在购买、使用商品和接受服务时享有人身、财产安全不受损害的权利。

消费者有权要求经营者提供的商品和服务，符合保障人身、财产安全的要求。

第八条 消费者享有知悉其购买、使用的商品或者接受的服务的真实情况的权利。

消费者有权根据商品或者服务的不同情况，要求经营者提供商品的价格、产地、生产者、用途、性能、规格、等级、主要成份、生产日期、有效期限、检验合格证明、使用方法说明书、售后服务，或者服务的内容、规格、费用等有关情况。

第九条 消费者享有自主选择商品或者服务的权利。

消费者有权自主选择提供商品或者服务的经营者，自主选择商品品种或者服务方式，自主决定购买或者不购买任何一种商品、接受或者不接受任何一项服务。

消费者在自主选择商品或者服务时，有权进行比较、鉴别和挑选。

第十条 消费者享有公平交易的权利。

消费者在购买商品或者接受服务时，有权获得质量保障、价格合理、计量正确等公平交易条件，有权拒绝经营者的强制交易行为。

第十一条 消费者因购买、使用商品或者接受服务受到人身、财产损害的，享有依法获得赔偿的权利。

第十二条 消费者享有依法成立维护自身合法权益的社会组织的权利。

第十三条 消费者享有获得有关消费和消费者权益保护方面的知识的权利。

消费者应当努力掌握所需商品或者服务的知识和使用技能，正确使用商品，提高自我保护意识。

第十四条 消费者在购买、使用商品和接受服务时，享有人格尊严、民族风俗习惯得到尊重的权利，享有个人信息依法得到保护的权利。

第十五条 消费者享有对商品和服务以及保护消费者权益工作进行监督的权利。

消费者有权检举、控告侵害消费者权益的行为和国家机关及其工作人员在保护消费者权益工作中的违法失职行为，有权对保护消费者权益工作提出批评、建议。

第三章 经营者的义务

第十六条 经营者向消费者提供商品或者服务，应当依照本法和其他有关法律、法规的规定履行义务。

经营者和消费者有约定的，应当按照约定履行义务，但双方的约定不得违背法律、法规的规定。

经营者向消费者提供商品或者服务，应当恪守社会公德，诚信经营，保障消费者的合法权益；不得设定不公平、不合理的交易条件，不得强制交易。

第十七条 经营者应当听取消费者对其提供的商品或者服务的意见，接受消费者的监督。

第十八条 经营者应当保证其提供的商品或者服务符合保障人身、财产安全的要求。对可能危及人身、财产安全的商品和服务，应当向消费者作出真实的说明和明确的警示，并说明和标明正确使用商品或者接受服务的方法以及防止危害发生的方法。

宾馆、商场、餐馆、银行、机场、车站、港口、影剧院等经营场所的经营者，应当对消费者尽到安全保障义务。

第十九条 经营者发现其提供的商品或者服务存在缺陷，有危及人身、财产安全危险的，应当立即向有关行政部门报告和告知消费者，并采取停止销售、警示、召回、无害化处理、销毁、停止生产或者服务等措施。采取召回措施的，经营者应当承担消费者因商品被召回支出的必要费用。

第二十条 经营者向消费者提供有关商品或者服务的质量、性能、用途、有效期限等信息，应当真实、全面，不得作虚假或者引人误解的宣传。

经营者对消费者就其提供的商品或者服务的质量和使用方法等问题提出的询问，应当作出真实、明确的答复。

经营者提供商品或者服务应当明码标价。

第二十一条 经营者应当标明其真实名称和标记。

租赁他人柜台或者场地的经营者，应当标明其真实名称和标记。

第二十二条 经营者提供商品或者服务，应当按照国家有关规定或者商业惯例向消费者出具发票等购货凭证或者服务单据；消费者索要发票等购货凭证或者服务单据的，经营者必须出具。

第二十三条 经营者应当保证在正常使用商品或者接受服务的情况下其提供的商品或者服务应当具有的质量、性能、用途和有效期限；但消费者在购买该商品或者接受该服务前已经知道其存在瑕疵，且存在该瑕疵不违反法律强制性规定的除外。

经营者以广告、产品说明、实物样品或者其他方式表明商品或者服务的质量状况的，应当保证其提供的商品或者服务的实际质量与表明的质量状况相符。

经营者提供的机动车、计算机、电视机、电冰箱、空调器、洗衣机等耐用商品或者装饰装修等服务，消费者自接受商品或者服务之日起六个月内发现瑕疵，发生争议的，由经营者承担有关瑕疵的举证责任。

第二十四条 经营者提供的商品或者服务不符合质量要求的，消费者可以依照国家规定、当事人约定退货，或者要求经营者履行更换、修理等义务。没有国家规定和当事人约定的，消费者可以自收到商品之日起七日内退货；七日后符合法定解除合同条件的，消费者可以及时退货，不符合法定解除合同条件的，可以要求经营者履行更换、修理等义务。

依照前款规定进行退货、更换、修理的，经营者应当承担运输等必要费用。

第二十五条 经营者采用网络、电视、电话、邮购等方式销售商品，消费者有权自收到商品之日起七日内退货，且无需说明理由，但下列商品除外：

（一）消费者定做的；

（二）鲜活易腐的；

（三）在线下载或者消费者拆封的音像制品、计算机软件等数字化商品；

（四）交付的报纸、期刊。

除前款所列商品外，其他根据商品性质并经消费者在购买时确认不宜退货的商品，不适用无理由退货。

消费者退货的商品应当完好。经营者应当自收到退回商品之日起七日内返还消费者支付的商品价款。退回商品的运费由消费者承担；经营者和消费者另有约定的，按照约定。

第二十六条 经营者在经营活动中使用格式条款的，应当以显著方式提请消费者注意商品或者服务的数量和质量、价款或者费用、履行期限和方式、安全注意事项和风险警示、售后服务、民事责任等与消费者有重大利害关系的内容，并按照消费者的要求予以说明。

经营者不得以格式条款、通知、声明、店堂告示等方式，作出排除或者限制消费者权利、减轻或者免除经营者责任、加重消费者责任等对消费者不公平、不合理的规定，不得利用格式条款并借助技术手段强制交易。

格式条款、通知、声明、店堂告示等含有前款所列内容的，其内容无效。

第二十七条 经营者不得对消费者进行侮辱、诽谤，不得搜查消费者的身体及其携带的物品，不得侵犯消费者的人身自由。

第二十八条 采用网络、电视、电话、邮购等方式提供商品或者服务的经营者，以及提供证券、保险、银行等金融服务的经营者，应当向消费者提供经营地址、联系方式、商品或者服务的数量和质量、价款或者费用、履行期限和方式、安全注意事项和风险警示、售后服务、民事责任等信息。

第二十九条 经营者收集、使用消费者个人信息，应当遵循合法、正当、必要的原则，明示收集、使用信息的目的、方式和范围，并经消费者同意。经营者收集、使用消费者个人信息，应当公开其收集、使用规则，不得违反法律、法规的规定和双方的约定收集、使用信息。

经营者及其工作人员对收集的消费者个人信息必须严格保密，不得泄露、出售或者非法向他人提供。经营者应当采取技术措施和其他必要措施，确保信息安全，防止消费者个人信息泄露、丢失。在发生或者可能发生信息泄露、丢失的情况时，应当立即采取补救措施。

经营者未经消费者同意或者请求，或者消费者明确表示拒绝的，不得向其发送商业性信息。

第四章 国家对消费者合法权益的保护

第三十条 国家制定有关消费者权益的法律、法规、规章和强制性标准，应当听取消费者和消费者协会等组织的意见。

第三十一条 各级人民政府应当加强领导，组织、协调、督促有关行政部门做好保护消费者合法权益的工作，落实保护消费者合法权益的职责。

各级人民政府应当加强监督，预防危害消费者人身、财产安全行为的发生，及时制止危害消费者人身、财产安全的行为。

第三十二条 各级人民政府工商行政管理部门和其他有关行政部门应当依照法律、法规的规定，在各自的职责范围内，采取措施，保护消费者的合法权益。

有关行政部门应当听取消费者和消费者协会等组织对经营者交易行为、商品和服务质量问题的意见，及时调查处理。

第三十三条 有关行政部门在各自的职责范围内，应当定期或者不定期对经营者提供的商品和服务进行抽查检验，并及时向社会公布抽查检验结果。

有关行政部门发现并认定经营者提供的商品或者服务存在缺陷，有危及人身、财产安全危险的，应当立即责令经营者采取停止销售、警示、召回、无害化处理、销毁、停止生产或者服务等措施。

第三十四条 有关国家机关应当依照法律、法规的规定，惩处经营者在提供商品和服务中侵害消费者合法权益的违法犯罪行为。

第三十五条 人民法院应当采取措施，方便消费者提起诉讼。对符合《中华人民共和国民事诉讼法》起诉条件的消费者权益争议，必须受理，及时审理。

第五章　消费者组织

第三十六条　消费者协会和其他消费者组织是依法成立的对商品和服务进行社会监督的保护消费者合法权益的社会组织。

第三十七条　消费者协会履行下列公益性职责：

（一）向消费者提供消费信息和咨询服务，提高消费者维护自身合法权益的能力，引导文明、健康、节约资源和保护环境的消费方式；

（二）参与制定有关消费者权益的法律、法规、规章和强制性标准；

（三）参与有关行政部门对商品和服务的监督、检查；

（四）就有关消费者合法权益的问题，向有关部门反映、查询，提出建议；

（五）受理消费者的投诉，并对投诉事项进行调查、调解；

（六）投诉事项涉及商品和服务质量问题的，可以委托具备资格的鉴定人鉴定，鉴定人应当告知鉴定意见；

（七）就损害消费者合法权益的行为，支持受损害的消费者提起诉讼或者依照本法提起诉讼；

（八）对损害消费者合法权益的行为，通过大众传播媒介予以揭露、批评。

各级人民政府对消费者协会履行职责应当予以必要的经费等支持。

消费者协会应当认真履行保护消费者合法权益的职责，听取消费者的意见和建议，接受社会监督。

依法成立的其他消费者组织依照法律、法规及其章程的规定，开展保护消费者合法权益的活动。

第三十八条　消费者组织不得从事商品经营和营利性服务，不得以收取费用或者其他牟取利益的方式向消费者推荐商品和服务。

第六章　争议的解决

第三十九条　消费者和经营者发生消费者权益争议的，可以通过下列途径解决：

（一）与经营者协商和解；

（二）请求消费者协会或者依法成立的其他调解组织调解；

（三）向有关行政部门投诉；

（四）根据与经营者达成的仲裁协议提请仲裁机构仲裁；

（五）向人民法院提起诉讼。

第四十条 消费者在购买、使用商品时，其合法权益受到损害的，可以向销售者要求赔偿。销售者赔偿后，属于生产者的责任或者属于向销售者提供商品的其他销售者的责任的，销售者有权向生产者或者其他销售者追偿。

消费者或者其他受害人因商品缺陷造成人身、财产损害的，可以向销售者要求赔偿，也可以向生产者要求赔偿。属于生产者责任的，销售者赔偿后，有权向生产者追偿。属于销售者责任的，生产者赔偿后，有权向销售者追偿。

消费者在接受服务时，其合法权益受到损害的，可以向服务者要求赔偿。

第四十一条 消费者在购买、使用商品或者接受服务时，其合法权益受到损害，因原企业分立、合并的，可以向变更后承受其权利义务的企业要求赔偿。

第四十二条 使用他人营业执照的违法经营者提供商品或者服务，损害消费者合法权益的，消费者可以向其要求赔偿，也可以向营业执照的持有人要求赔偿。

第四十三条 消费者在展销会、租赁柜台购买商品或者接受服务，其合法权益受到损害的，可以向销售者或者服务者要求赔偿。展销会结束或者柜台租赁期满后，也可以向展销会的举办者、柜台的出租者要求赔偿。展销会的举办者、柜台的出租者赔偿后，有权向销售者或者服务者追偿。

第四十四条 消费者通过网络交易平台购买商品或者接受服务，其合法权益受到损害的，可以向销售者或者服务者要求赔偿。网络交易平台提供者不能提供销售者或者服务者的真实名称、地址和有效联系方式的，消费者也可以向网络交易平台提供者要求赔偿；网络交易平台提供者作出更有利于消费者的承诺的，应当履行承诺。网络交易平台提供者赔偿后，有权向销售者或者服务者追偿。

网络交易平台提供者明知或者应知销售者或者服务者利用其平台侵害消费者合法权益，未采取必要措施的，依法与该销售者或者服务者承担连带责任。

第四十五条 消费者因经营者利用虚假广告或者其他虚假宣传方式提供商品或者服务，其合法权益受到损害的，可以向经营者要求赔偿。广告经营者、发布者发布虚假广告的，消费者可以请求行政主管部门予以惩处。广告经营者、发布者不能提供经营者的真实名称、地址和有效联系方式的，应当承担赔偿责任。

广告经营者、发布者设计、制作、发布关系消费者生命健康商品或者服务的虚假广告，造成消费者损害的，应当与提供该商品或者服务的经营者承担连带责任。

社会团体或者其他组织、个人在关系消费者生命健康商品或者服务的虚假广告或者其他虚假宣传中向消费者推荐商品或者服务，造成消费者损害的，应当与提供该商品或者服务的经营者承担连带责任。

第四十六条 消费者向有关行政部门投诉的，该部门应当自收到投诉之日起七个工作日内，予以处理并告知消费者。

第四十七条 对侵害众多消费者合法权益的行为，中国消费者协会以及在省、自治区、直辖市设立的消费者协会，可以向人民法院提起诉讼。

第七章 法律责任

第四十八条 经营者提供商品或者服务有下列情形之一的，除本法另有规定外，应当依照其他有关法律、法规的规定，承担民事责任：

（一）商品或者服务存在缺陷的；

（二）不具备商品应当具备的使用性能而出售时未作说明的；

（三）不符合在商品或者其包装上注明采用的商品标准的；

（四）不符合商品说明、实物样品等方式表明的质量状况的；

（五）生产国家明令淘汰的商品或者销售失效、变质的商品的；

（六）销售的商品数量不足的；

（七）服务的内容和费用违反约定的；

（八）对消费者提出的修理、重作、更换、退货、补足商品数量、退还货款和服务费用或者赔偿损失的要求，故意拖延或者无理拒绝的；

（九）法律、法规规定的其他损害消费者权益的情形。

经营者对消费者未尽到安全保障义务，造成消费者损害的，应当承担侵权责任。

第四十九条 经营者提供商品或者服务，造成消费者或者其他受害人人身伤害的，应当赔偿医疗费、护理费、交通费等为治疗和康复支出的合理费用，以及因误工减少的收入。造成残疾的，还应当赔偿残疾生活辅助具费和残疾赔偿金。造成死亡的，还应当赔偿丧葬费和死亡赔偿金。

第五十条 经营者侵害消费者的人格尊严、侵犯消费者人身自由或者侵害消费者个人信息依法得到保护的权利的，应当停止侵害、恢复名誉、消除影响、赔礼道歉，并赔偿损失。

第五十一条 经营者有侮辱诽谤、搜查身体、侵犯人身自由等侵害消费者或者其他受害人人身权益的行为，造成严重精神损害的，受害人可以要求精神损害赔偿。

第五十二条 经营者提供商品或者服务，造成消费者财产损害的，应当依照法律规定或者当事人约定承担修理、重作、更换、退货、补足商品数量、退还货款和服务费用或者赔偿损失等民事责任。

第五十三条 经营者以预收款方式提供商品或者服务的，应当按照约定提供。未按照约定提供的，应当按照消费者的要求履行约定或者退回预付款；并应当承担预付款的利息、消费者必须支付的合理费用。

第五十四条 依法经有关行政部门认定为不合格的商品，消费者要求退货的，经营者应当负责退货。

第五十五条 经营者提供商品或者服务有欺诈行为的，应当按照消费者的要求增加赔偿其受到的损失，增加赔偿的金额为消费者购买商品的价款或者接受服务的费用的三倍；增加赔偿的金额不足五百元的，为五百元。法律另有规定的，依照其规定。

经营者明知商品或者服务存在缺陷，仍然向消费者提供，造成消费者或者其他受害人死亡或者健康严重损害的，受害人有权要求经营者依照本法第四十九条、第五十一条等法律规定赔偿损失，并有权要求所受损失二倍以下的惩罚性赔偿。

第五十六条 经营者有下列情形之一，除承担相应的民事责任外，其他有关法律、法规对处罚机关和处罚方式有规定的，依照法律、法规的规定执行；法律、法规未作规定的，由工商行政管理部门或者其他有关行政部门责令改正，可以根据情节单处或者并处警告、没收违法所得、处以违法所得一倍以上十倍以下的罚款，没有违法所得的，处以五十万元以下的罚款；情节严重的，责令停业整顿、吊销营业执照：

（一）提供的商品或者服务不符合保障人身、财产安全要求的；

（二）在商品中掺杂、掺假，以假充真，以次充好，或者以不合格商品冒充合格商品的；

（三）生产国家明令淘汰的商品或者销售失效、变质的商品的；

（四）伪造商品的产地，伪造或者冒用他人的厂名、厂址，篡改生产日期，伪造或者冒用认证标志等质量标志的；

（五）销售的商品应当检验、检疫而未检验、检疫或者伪造检验、检疫结果的；

（六）对商品或者服务作虚假或者引人误解的宣传的；

（七）拒绝或者拖延有关行政部门责令对缺陷商品或者服务采取停止销售、警示、召回、无害化处理、销毁、停止生产或者服务等措施的；

（八）对消费者提出的修理、重作、更换、退货、补足商品数量、退还货款和服务费用或者赔偿损失的要求，故意拖延或者无理拒绝的；

（九）侵害消费者人格尊严、侵犯消费者人身自由或者侵害消费者个人信息依法得到保护的权利的；

（十）法律、法规规定的对损害消费者权益应当予以处罚的其他情形。

经营者有前款规定情形的，除依照法律、法规规定予以处罚外，处罚机关应当记入信用档案，向社会公布。

第五十七条 经营者违反本法规定提供商品或者服务，侵害消费者合法权益，构成犯罪的，依法追究刑事责任。

第五十八条 经营者违反本法规定，应当承担民事赔偿责任和缴纳罚款、罚金，其财产不足以同时支付的，先承担民事赔偿责任。

第五十九条 经营者对行政处罚决定不服的，可以依法申请行政复议或者提起行政诉讼。

第六十条 以暴力、威胁等方法阻碍有关行政部门工作人员依法执行职务的，依法追究刑事责任；拒绝、阻碍有关行政部门工作人员依法执行职务，未使用暴力、威胁方法的，由公安机关依照《中华人民共和国治安管理处罚法》的规定处罚。

第六十一条 国家机关工作人员玩忽职守或者包庇经营者侵害消费者合法权益的行为的，由其所在单位或者上级机关给予行政处分；情节严重，构成犯罪的，依法追究刑事责任。

第八章 附 则

第六十二条 农民购买、使用直接用于农业生产的生产资料，参照本法执行。

第六十三条 本法自1994年1月1日起施行。

上海市消费者权益保护条例

（2002年10月28日上海市第十一届人民代表大会常务委员会第四十四次会议通过；根据2014年11月20日上海市第十四届人民代表大会常务委员会第十六次会议《关于修改〈上海市消费者权益保护条例〉的决定》修正，自2015年3月15日起施行）

第一章　总　则

第一条　为了保护消费者的合法权益，维护社会经济秩序，促进社会主义市场经济的健康发展，根据《中华人民共和国消费者权益保护法》和有关法律、行政法规，结合本市实际情况，制定本条例。

第二条　消费者在本市行政区域内为生活消费需要购买、使用商品或者接受服务，其合法权益受本条例保护。法律、行政法规另有规定的，从其规定。

经营者为消费者提供其生产、销售的商品或者提供服务，应当遵守本条例。法律、行政法规另有规定的，从其规定。

第三条　经营者与消费者进行交易，应当遵循自愿、平等、公平、诚实信用的原则。

消费者合法权益的保护应当实行国家保护、经营者自律和社会监督相结合的原则。

对消费者合法权益的保护应当方便消费者行使权利，并与社会经济发展的水平相适应。

第四条　本市的国家机关应当根据各自职责，采取措施，依法保障消费者合法权益不受侵害。

各级工商行政管理部门以及其他有关行政管理部门应当依法加强对经营者的监督，严肃查处损害消费者合法权益的行为，并积极支持消费者权益保护委员会（以下简称消保委）的工作。

第五条　消保委和其他消费者组织是依法成立的对商品和服务进行社会监督的保护消费者合法权益的社会组织。

消保委应当依法履行职责，积极发挥保护消费者合法权益的作用。

其他消费者组织可以开展旨在维护消费者合法权益的各种形式的社会监督。

第六条 有关行业协会应当督促本行业的经营者依法经营，加强自律；在制定行业规则时，应当体现对消费者合法权益的保护。

大众传播媒介应当做好维护消费者合法权益的宣传，对损害消费者合法权益的行为予以揭露、批评。

任何单位和个人都有权对损害消费者合法权益的行为进行社会监督。

第二章 消费者的权利

第七条 消费者在购买、使用商品和接受服务时，享有人身和财产安全不受损害的权利。

消费者有权要求经营者提供的商品和服务符合保障人身和财产安全的强制性国家标准、行业标准和地方标准；没有强制性国家标准、行业标准和地方标准的，应当符合社会普遍公认的安全、卫生要求。

消费者有权要求经营者提供安全的消费场所和环境。

第八条 消费者在购买、使用商品或者接受服务时，有权询问和了解该商品或者服务的真实情况及交易条件。

消费者有权根据法律规定、行业规则和行业惯例，要求商品的经营者提供价格、产地、生产者、用途、性能、规格、等级、主要成份、净含量、生产日期、有效期限、检验合格证明、使用方法说明、使用技能、售后服务或者商品房的权属证明、建筑结构、面积构成等情况；要求服务的经营者提供服务的内容、规格、费用、标准、检验检测报告或者维修服务记录等情况。

第九条 消费者有权自主选择提供商品或者服务的经营者，自主选择商品品种或者服务方式，自主决定购买或者不购买任何一种商品、接受或者不接受任何一项服务。

消费者在自主选择商品或者服务时，有权进行比较、鉴别和挑选。

第十条 消费者有权要求经营者遵循公平原则提供商品或者服务。

消费者在购买商品或者接受服务时，有权通过平等协商确定交易价格以及其他交易条件，有权获得质量保障、价格合理、计量准确的商品或者服务。

第十一条 消费者在购买、使用商品和接受服务时，享有其人格尊严、民族风俗习惯得到尊重的权利，享有个人信息依法得到保护的权利。

第十二条 消费者享有获得有关消费者的权利、经营者的义务以及消费争议处理方式等消费者合法权益保护方面知识的权利。

第十三条 消费者享有依法成立维护自身合法权益的社会组织的权利。

第十四条 消费者在购买、使用商品或者接受服务时，其生命健康权、姓名权、肖像权、名誉权、荣誉权和个人隐私等人身权受到损害的，有权要求经营者依法予以赔偿。

消费者在购买、使用商品或者接受服务时，其财产受到损害的，有权要求经营者依法对其造成的损失予以赔偿；法律、法规未作规定的，消费者有权要求经营者按照行业规则予以赔偿。

第十五条 消费者有权对商品和服务的质量、价格、计量、经营作风、服务态度等提出意见、建议，有权对经营者的侵权行为向有关行政管理部门举报，有权将有关情况如实向大众传播媒介反映。

消费者有权对行业协会制定或者经营者共同约定的行业规则中不利于保护消费者的内容提出修改意见和建议。

消费者有权对国家机关保护消费者合法权益的工作提出建议，有权对国家机关及其工作人员在保护消费者合法权益工作中的违法、失职行为提出批评和进行检举、控告。

消费者有权对消保委和其他消费者组织的工作提出意见和建议。

第三章　经营者的义务

第十六条 经营者与消费者有约定的，应当按照约定履行义务。

经营者以商业广告、产品说明、实物样品或者通知、声明、店堂告示等公示方式，对商品或者服务的质量、价格、售后责任等向消费者作出许诺的，其提供的商品或者服务的质量、价格、售后责任等应当与许诺相一致。消费者受上述许诺引导而购买商品或者接受服务的，消费者可以要求经营者将该许诺作为约定的内容。

经营者提供商品或者服务时，不得利用合同格式条款等方式作出对消费者不公平、不合理的规定，以及免除经营者的责任、加重消费者的责任、排除消费者的权利的其他规定。

第十七条 经营者应当保证其提供的商品、服务、设施和场所符合保障消费者人身、财产安全的要求。

经营者对可能危及人身、财产安全的商品、服务、设施和场所，应当向消费者作出真实的说明和明确的警示，并说明和标明正确使用商品、设施、场所或者接受服务的方法以及防止危害发生的方法。

从事惊险的娱乐行业的经营者，应当具备保障消费者人身安全的技术条件、服务设备和必要的救护设施，并制定应急预案。

第十八条 经营者在提供商品或者服务时，不得有下列行为：

（一）侮辱或者诽谤消费者；

（二）搜查消费者的身体或者其携带的物品；

（三）侵犯消费者人身自由；

（四）致消费者具有人格象征意义的特定纪念物品永久性灭失或者毁损。

第十九条 经营者提供商品或者服务，应当用清晰明白的语言或者文字向消费者作出真实的介绍和说明，并就消费者的询问作出真实的答复。

经营者提供商品或者服务时，应当根据法律规定、行业规则和行业惯例，主动向消费者告知下列情况或者出示书面文件：

（一）有关商品的价格、产地、生产者、用途、性能、规格、等级、主要成份、净含量、生产日期、有效期限、检验合格证明、使用方法说明、使用技能、售后服务或者商品房的权属证明、建筑结构、面积构成等；

（二）有关服务的内容、规格、费用、标准、检验检测报告或者维修服务记录等。

第二十条 采用网络、电视、电话、邮购等方式提供商品或者服务的经营者，以及提供营利性教育培训服务和证券、保险、银行等金融服务的经营者，应当向消费者提供经营地址、联系方式、商品或者服务的数量和质量、价款或者费用、履行期限和方式、安全注意事项和风险警示、售后服务、民事责任等信息。其中，涉及由其他经营者实际提供商品或者服务的，还应当向消费者提供该经营者的名称、经营地址、联系方式等信息。

法律、行政法规对证券、保险、银行等金融服务的消费者权益保护另有规定的，按照有关规定执行。

第二十一条 经营者提供商品或者服务的标识，应当符合法律、法规的规定。

经营者提供的商品达不到规定的标准等级，但仍有使用价值的，应当在醒目位置标明，并在给消费者的购货凭证上予以注明。代理经销进口商品的，应当在商品上标明代理商的名称和地址。

提供服务的经营者，应当在经营场所的显著位置设立服务标识。服务标识包括以下内容：

（一）服务的内容、质量标准以及收费标准；

（二）服务中的有关注意事项、限制条件和必要提示；

（三）其他应当标识的与服务有关的内容。

第二十二条　经营者提供商品或者服务，应当按照规定明码标价。明码标价应当做到价签价目齐全，标价内容真实明确，字迹清晰，货签对位，标识醒目。价格变动时，应当及时调整。

经营者不得在标价之外加价出售商品或者提供服务，不得收取任何未标明的费用。

第二十三条　经营者提供商品或者服务时，不得用以假充真、以次充好、销售掺杂掺假商品、虚假标价等欺诈方法，损害消费者合法权益。

前款所称的欺诈，是指故意告知消费者虚假情况或者故意隐瞒真实情况，诱使消费者作出错误意思表示的行为。

第二十四条　经营者应当在其经营场所、网站首页或者从事经营活动的主页面的显著位置，标明真实名称和标记。标明经营者名称的位置、字体、颜色等，应当便于识别、查询。

租用他人柜台、场地从事经营活动的经营者，应当标明出租人和承租人的真实名称和标记。

通过加盟等形式从事商业特许经营的经营者，应当标明特许人和被特许人的真实名称和标记。

网络交易平台提供者应当对进入平台销售商品或者提供服务的法人、其他经济组织、个体工商户或者自然人进行身份信息审查和登记，并在法人、其他经济组织、个体工商户或者自然人从事经营活动的主页面显著位置标明下列信息：

（一）法人、其他经济组织、个体工商户的营业执照和相关许可证信息，或者营业执照的电子链接标识；

（二）自然人身份信息经审查真实、合法的标识。

第二十五条　经营者提供商品或者服务，应当按照国家有关规定或者商业惯例，向消费者出具发票等购货凭证、服务单据；消费者索要发票等购货凭证或者服务单据的，经营者必须出具。征得消费者同意的，经营者可以以电子化形式出具。

消费者索要购货凭证、服务单据以外的收费清单的，经营者应当出具。

第二十六条　经营者不得强迫消费者购买商品或者接受服务，不得违背消费者的意愿搭售商品、服务或者附加其他不合理的条件；提供可选择性服务应当事先征得消费者同意。

第二十七条　经营者经营商品或者提供服务以量值作为结算依据的，应当标明法定计量单位，并配备和使用与其经营或者服务项目相应、符合国家规定的计量器具。

经营者提供的商品不得短缺数量，不得将包装物的重量作为商品的计价依据，不得拒绝消费者对计量的复核要求。

第二十八条 因经营者自身的原因停止提供商品或者服务的，经营者应当事先告知消费者，并作出妥善安排；造成消费者损害的，还应当给予消费者合理的赔偿。

从事公用事业的经营者因消费者未支付费用等原因停止提供商品或者服务的，应当事先告知消费者，并给予消费者必要的准备时间。

第二十九条 经营者采用网络、电视、电话、邮购等方式提供商品或者服务的，应当保证商品或者服务的质量、性能等与广告宣传相一致，并按照承诺的时限提供商品或者服务。

经营者以上门方式推销商品的，应当征得被访问消费者的同意。上门推销时，推销人员应当出示表明经营者授权上门推销的文件和推销人员的身份证件，并以书面方式向消费者告知推销商品的功能、特性、型号、价格、售后服务和经营地址等内容。

第三十条 经营者采用网络、电视、电话、邮购、上门推销等方式销售商品，消费者有权自收到商品之日起七日内退货，且无需说明理由，但下列商品除外：

（一）消费者定做的；

（二）鲜活易腐的；

（三）在线下载或者消费者拆封的音像制品、计算机软件等数字化商品；

（四）交付的报纸、期刊。

除前款所列以外其他根据商品性质不宜退货的商品，经营者应当通过显著方式告知消费者，并设置提示程序，采取措施或者技术手段，供消费者进行确认。经消费者在购买结算前确认的，不适用无理由退货。

消费者退货的商品应当完好，经营者应当自收到退回商品之日起七日内返还消费者支付的商品价款，消费者应当同时返还该次消费获得的奖品、赠品或等值价款。退回商品的运费由消费者承担；经营者和消费者另有约定的，按照约定。

消费者为检查、试用商品而拆封且商品本身不污不损的，属于前款规定的商品完好。

第三十一条 经营者收集、使用消费者个人信息，应当遵循合法、正当、必要的原则，明示收集、使用信息的目的、方式和范围，征得消费者同意。经营者履行明示义务和征得消费者同意的证明资料至少留存五年。经营者不得要求消费者提供与消费无关的个人信息，不得违反法律、法规的规定和双方的约定收集、使用信息。

经营者应当建立健全信息保密和管理制度，制定信息安全事件应急预案，确保信息安全，防止消费者个人信息泄露、丢失。在发生或者可能发生信息泄露、丢失的情况时，经营者应当立即启动应急预案，采取补救措施，及时通知消费者。

第三十二条 未经消费者同意或者请求，或者消费者明确表示拒绝的，经营者不得向其发送商业性信息。

消费者同意经营者向其发送商业性信息的，除双方另有约定外，不得增加消费者的费用。

第三十三条 经营者对其售出的商品应当承担修理的义务，承担修理义务的期限不得少于六个月，但低值易耗商品除外。商品房、汽车等商品，国家和本市另有规定的，从其规定。

经营者提供的商品或者服务不符合质量要求的，消费者可以依照国家规定、当事人约定退货，或者要求经营者履行退款、更换、重作、修理义务。没有国家规定和当事人约定的，消费者可以自收到商品之日起七日内退货；七日后符合法定解除合同条件的，消费者可以及时退货，不符合法定解除合同条件的，可以要求经营者履行更换、重作、修理等义务。

依照前款规定进行退货、更换、重作、修理的，经营者应当承担运输等必要费用。

经营者应当在国家规定或者经营者承诺的期限内，及时履行本条第二款规定的义务，不得拖延。

第三十四条 经营者以消费者购买商品或者接受服务为条件，以奖励、赠与等促销形式向消费者提供商品或者服务的，不免除经营者对该奖品、赠品或者奖励、赠与的服务所承担的退货、更换、重作、修理以及其他责任。

第三十五条 经营者发现其提供的商品或者服务存在缺陷，有危及人身、财产安全危险的，应当立即向有关行政部门报告和告知消费者，并采取停止销售、警示、召回、无害化处理、销毁、停止生产或者服务等措施。采取召回措施的，经营者应当承担消费者因商品被召回支出的必要费用。

有关行政部门发现并认定经营者提供的商品或者服务存在缺陷，有危及人身、财产安全危险的，应当立即责令经营者采取停止销售、警示、召回、无害化处理、销毁、停止生产或者服务等措施。

市消保委发现商品或者服务存在缺陷的，可以向有关行政管理部门提出相应的建议。

第三十六条 经营者应当保存进货时的各种原始发票、单证等能够证明进货来源的文件资料，并建立台账。

经营者应当听取消费者的意见，及时处理消费者的投诉。

第三十七条 经营者以预收款方式提供商品或者服务，消费者要求订立书面合同的，经营者应当与消费者订立书面合同，明确约定经营地址、联系方式、商品或者服务的数量和质量、价款或者费用、履行期限和方式、安全注意事项和风险警示、售后服务、民事责任、争议解决方式等事项。

经营者应当保存合同及履行的相关资料，方便消费者查询、复制；相关资料应当至少保存至合同履行完毕后两年。

相关法律、法规对预收款管理另有规定的，经营者还应当遵守相关规定。

以预收款方式提供商品或者服务，涉及发行预付卡的，应当遵守国家和本市的有关规定。对发行单用途商业预付卡的，可以通过资金管理、信息披露等方式予以监管，具体管理办法由市人民政府另行制定。

第三十八条 商品交易市场的经营管理者和柜台、场地的出租者，应当核验场内经营者、承租者的营业执照、许可证件等资料，保存复印件，并向查询场内经营者、承租者情况的消费者提供上述真实信息；商品交易市场的经营管理者和柜台、场地的出租者，应当在交易场所的显著位置设立公示牌，公示场内经营者、承租者的名称（姓名）、经营（租赁）期限、经营项目等与维护消费者合法权益有关的事项。

公示牌的设立及其内容的记载，由工商行政管理部门负责监督。

第三十九条 商业特许经营的特许人应当在与被特许人订立的合同中，明确商品或者服务的质量要求和保证措施、消费者权益保护和赔偿责任的承担等内容，并对被特许人的经营活动加强指导、监督。

被特许人应当向消费者明示商业特许经营合同中明确的消费者权益保护和赔偿责任的承担等内容。

第四章 国家保护

第四十条 本市国家机关制定有关消费者合法权益保护的法规、规章和地方标准时，应当听取消费者和消保委等组织的意见。

第四十一条 市和区、县人民政府应当加强对消费者合法权益保护工作的领导。

工商、质监、食药监、商务、交通、旅游、建设、房屋管理、教育、人力资源社会保障、文广影视、体育、物价、通信、邮政和金融等部门应当听取消费者的意见，在各自的职责范围内受理消费者的投诉，加强市场监管，保护消费者的合法权益。工商行政管理部门可以就消费维权的重大问题提请同级人民政府组织、协调、督促有关行政管理部门做好保护消费者合法权益的工作。

工商行政管理部门会同有关行政管理部门在商场、市场、旅游景区、社区、学校等生活消费集中区域建立消费维权联络点（站），开展消费法律法规和消费知识的宣传和引导，接受消费者咨询、投诉，推动经营者诚信自律。区、县人民政府应当对消费维权联络点（站）的日常工作予以支持。

第四十二条　有关行政管理部门在各自的职责范围内，应当定期或者不定期对经营者提供的商品和服务进行抽查检验，并通过本部门政务信息网站等途径及时向社会公布抽查检验结果。

对涉及人身健康、财产安全、影响国计民生和消费者投诉集中的商品和服务，有关行政管理部门应当优先列入年度抽查检验计划或者根据需要及时组织抽查检验。

大众传播媒介使用抽查检验结果应当全面、客观，并注明出处。

第四十三条　市和区、县工商行政管理部门、质量技术监督部门可以行使下列职权：

（一）对当事人涉嫌侵害消费者合法权益的违法生产、销售活动的场所实施现场检查；

（二）向当事人的法定代表人、主要负责人和其他有关人员调查、了解与涉嫌侵害消费者合法权益的违法生产、销售活动有关的情况；

（三）查阅、复制当事人有关的合同、发票、帐簿以及其他有关资料；

（四）对有根据认为危害消费者人身、财产安全的有严重缺陷的商品予以查封或者扣押。

其他行政管理部门依照法律规定的职权，对涉嫌侵害消费者合法权益的违法行为进行查处。

第四十四条　本市各级人民法院应当依照《中华人民共和国民事诉讼法》的规定，采取措施，及时审理消费争议案件，依法维护消费者的合法权益。

第五章　消费者组织

第四十五条　市和区、县依法成立消保委，消保委委员由消费者代表和社会各界代表担任。市消保委可以根据工作需要设立专业工作机构。

其他消费者组织依照有关法律、法规的规定成立。

第四十六条 消保委应当履行下列公益性职责：

（一）宣传保护消费者合法权益的法律、法规，开展消费知识教育，向消费者提供消费信息和咨询服务，引导文明、健康、节约资源和保护环境的消费方式；

（二）参与制定有关消费者权益的地方性法规、地方政府规章和地方标准；

（三）对商品和服务的质量、价格、售后服务以及消费者的意见进行调查、比较和分析，参与有关行政管理部门对商品和服务的监督、检查；

（四）就有关消费者合法权益的问题，向各级人民政府、有关行政管理部门、经营者、行业协会反映、查询，提出建议；

（五）受理消费者的投诉，对投诉事项进行调查、调解，或者提出意见转送有关部门和单位处理；

（六）就损害消费者合法权益的行为，支持受损害的消费者提起诉讼、申请仲裁；

（七）对损害消费者合法权益的行为，通过大众传播媒介予以揭露、批评、劝谕；

（八）组织由消费者、经营者、行业协会、专业机构、相关部门等多方参加的协调会，研究解决涉及消费者合法权益的突发情况；

（九）参与关系消费者切身利益的公用事业、公益性服务、自然垄断经营的商品价格听证会，并发表独立意见；

（十）推动跨境消费争议解决，促进信息互通共享。

各级人民政府对消保委依法履行职责应当予以指导、支持和帮助，并给予必要的经费保障。

第四十七条 市消保委应当针对本市消费投诉的处理情况和消费者的需求，不定期发布消费警示信息和消费指导信息，帮助消费者提高自我保护能力，引导消费者科学合理消费。

第四十八条 市消保委应当根据消费者的投诉情况和保护消费者合法权益工作的需要，每年对若干个行业开展调查，并将调查结果向市人民政府及其工作部门报告；有关行政管理部门、行业协会和经营者应当给予支持和配合。

第四十九条 市消保委可以对商品和服务进行比较试验，并公布结果。

第五十条 市消保委可以向社会披露经核实的消费者的投诉情况。

第五十一条 对侵害众多消费者合法权益的行为，市消保委可以依法向人民法院提起诉讼。

市消保委为前款规定的诉讼收集证据确有困难的，可以提请有关行政管理部门协助。

第五十二条 消保委和其他消费者组织不得从事商品经营和营利性服务，不得以收取费用或者其他牟取利益的方式向消费者推荐商品和服务。

市消保委发布消费信息、提出调查报告、披露消费者投诉情况，应当合法、客观、公正。

第五十三条 有关行政管理部门、行业协会应当及时将有关涉及消费者合法权益的信息告知市消保委； 对消保委就消费者合法权益保护事项的查询，应当及时予以答复。

第六章 争议的解决方式

第五十四条 鼓励经营者建立方便快捷的消费投诉处理机制，与消费者采用协商和解的方式解决消费争议。和解协议的内容不得违反法律、法规的规定，不得损害社会公共利益和他人合法权益。

第五十五条 消保委应当及时受理消费者的投诉。不属于受理范围的，应当向消费者说明理由。

消保委应当为消费者投诉提供方便。

第五十六条 消保委受理投诉后，应当及时开展调解，经营者应当予以配合。调解应当在六十日内完成，但双方同意继续调解的，调解期限可以延长三十日。

经消保委调解达成协议的，根据消费争议双方的要求，消保委可以制作调解协议书；调解不成的，消保委应当告知当事人其他解决途径。

消保委在处理消费投诉过程中，发现该消费争议已由其他消费者组织受理或者调解的，可以终止处理。

消保委认为经营者有损害消费者合法权益的违法经营行为的，应当书面告知有关行政管理部门。有关行政管理部门应当及时处理，并将处理结果书面告知消保委。

第五十七条 消费者可以就消费争议向有关行政管理部门提出投诉。

有关行政管理部门收到消费者投诉后，应当在七个工作日内予以处理并告知消费者。消费争议双方同意调解的，有关行政管理部门应当组织调解，并在受理消费者投诉之日起六十日内终结调解。达成调解协议的，有关行政管理部门应当制作调解书；未能达成调解协议的，终止调解。

有关行政管理部门发现经营者有违法行为的，应当依法作出处理决定；经营者的违法行为造成消费者损失的，有关行政管理部门应当督促经营者对消费者依法承担赔偿损失等民事责任。

第五十八条 消费者为解决消费争议，可以依据仲裁协议申请仲裁，或者依法提起诉讼。仲裁委员会或者人民法院受理后，应当依法采取便捷的方式处理消费争议。

第五十九条 消费者向消保委或者有关行政管理部门投诉的，应当提供真实的姓名和联系方式、被投诉人的名称和地址等信息，并提出明确的投诉要求、理由和相关事实根据。

消保委或者有关行政管理部门进行调解的，消费者应当提供身份证明以及商品实物、购货凭证、服务单据等能够证明消费关系存在的证据。

第六十条 因商品或者服务质量争议需要进行检测、鉴定的，消费者与经营者可以约定检测、鉴定的机构或单位；未约定的，由受理该消费投诉的消保委或者行政管理部门委托或者指定具有资质的检验机构或者鉴定组织单位进行检测、鉴定。

检测、鉴定的费用由经营者先行垫付，消费者提供等额担保，最终由责任方承担；不能明确责任的，由双方分担。法律、行政法规另有规定的，从其规定。

消保委或者有关行政管理部门在处理消费者投诉时，需要进行检测、鉴定的，有关检验机构或者鉴定组织单位应当受理，并如实出具检测、鉴定报告；无法检测、鉴定的，有关检验机构或者鉴定组织单位应当说明理由。

第七章 法律责任

第六十一条 经营者违反本条例第三章规定的义务，对消费者合法权益造成损害的，应当依照《中华人民共和国消费者权益保护法》以及其他有关法律、法规和本条例的规定，承担相应的民事责任；构成犯罪的，依法追究刑事责任。

第六十二条 经营者提供商品或者服务有欺诈行为的，应当按照消费者的要求增加赔偿其受到的损失，增加赔偿的金额为消费者购买商品的价款或者接受服务的费用的三倍；增加赔偿的金额不足五百元的，为五百元。法律另有规定的，依照其规定。

经营者明知商品或者服务存在缺陷，仍然向消费者提供，造成消费者或者其他受害人死亡或者健康严重损害的，受害人有权要求经营者依照《中华人民共和国消费者权益保护法》第四十九条、第五十一条等法律规定赔偿损失，并有权要求所受损失二倍以下的惩罚性赔偿。

第六十三条 经营者有下列情形之一，其他有关法律、法规对行政处罚机关和处罚种类、幅度已有规定的，依照法律、法规的规定执行；法律、法规未作规定的，由工商行政管理部门责令改正，并可以根据情节单处或者并处警告、五万元以下的罚款；情节严重的，责令停业整顿：

（一）违反本条例第二十一条第三款规定，未按照规定设立服务标识的；

（二）违反本条例第二十四条规定，未按照规定标明真实名称和标记的；

（三）违反本条例第二十五条第一款规定，未按照规定出具购货凭证或者服务单据的；

（四）违反本条例第二十九条第二款规定，上门推销未按照规定征得消费者同意或者提供规定文件的；

（五）违反本条例第三十二条第二款规定，发送商业性信息，未经消费者同意增加消费者费用的。

第六十四条　经营者有下列情形之一，其他有关法律、法规对行政处罚机关和处罚种类、幅度已有规定的，依照法律、法规的规定执行；法律、法规未作规定的，由工商行政管理部门责令改正，并可以根据情节单处或者并处警告、没收违法所得、处以违法所得三倍以上五倍以下的罚款，没有违法所得或者违法所得无法计算的，处以十万元以下的罚款；情节严重的，责令停业整顿：

（一）违反本条例第二十三条规定，以欺诈手段提供商品或者服务，侵害消费者合法权益的；

（二）违反本条例第二十六条规定，强迫消费者购买商品或者接受服务的；

（三）违反本条例第二十七条第二款规定，短缺商品数量或者将包装物的重量作为商品计价依据的；

（四）违反本条例第三十六条第一款规定，不能提供证明进货来源的文件资料的。

第六十五条　经营者违反本条例第三十一条第一款、第二款规定的，除依法承担相应的民事责任外，由工商行政管理部门或者相关行政管理部门依照有关法律、法规予以处罚；构成犯罪的，依法追究刑事责任。

第六十六条　商品交易市场的经营管理者和柜台、场地的出租者违反本条例第三十八条第一款规定，未核验场内经营者、承租者的营业执照、许可证件等资料或者未保存复印件，不能向查询场内经营者、承租者情况的消费者提供真实信息的，或者未依法公示场内经营者、承租者的名称（姓名）、经营（租赁）期限、经营项目等与维护消费者合法权益有关的事项的，由工商行政管理部门责令改正，可以根据情节单处或者并处警告、没收违法所得、处以违法所得一倍以上五倍以下的罚款，没有违法所得或者违法所得无法计算的，处以十万元以下的罚款。

第六十七条 经营者有本条例第六十三条、第六十四条、第六十五条、第六十六条规定情形的,除依照法律、法规规定予以处罚外,处罚机关应当将违法经营者的行政处罚信息记入信用档案,通过企业信用信息公示系统向社会公布,归集到市公共信用信息服务平台。

经营者违反本条例第二十八条第一款规定,擅自停止提供商品或者服务,未事先告知消费者并作出妥善安排,造成消费者损害的,由有关行政管理部门将违法经营者的行政处罚信息记入信用档案,通过企业信用信息公示系统向社会公布,归集到市公共信用信息服务平台。其中,涉及商业特许经营的,同时记入特许人和被特许人的信用档案。

第六十八条 经营者违反本条例规定,应当承担民事赔偿责任和缴纳罚款,其财产不足以同时支付时,应当先行承担民事赔偿责任。

第六十九条 消费者在购买、使用商品时,其合法权益受到损害的,可以向销售者要求赔偿。销售者赔偿后,属于生产者责任或者属于向销售者提供商品的其他销售者责任的,销售者有权向生产者或者其他销售者追偿。

消费者或者其他受害人因商品缺陷受到人身、财产损害的,可以向销售者要求赔偿,也可以向生产者要求赔偿。属于生产者责任的,销售者赔偿后,有权向生产者追偿。属于销售者责任的,生产者赔偿后,有权向销售者追偿。

消费者在接受服务时,其合法权益受到损害的,可以向提供服务的经营者要求赔偿;不属于提供服务的经营者责任的,由提供服务的经营者向责任方追偿。

第七十条 当事人对工商行政管理部门以及其他有关行政管理部门的具体行政行为不服的,可以依照《中华人民共和国行政复议法》或者《中华人民共和国行政诉讼法》的规定,申请行政复议或者提起行政诉讼。

当事人对具体行政行为逾期不申请复议,不提起诉讼,又不履行的,作出具体行政行为的工商行政管理部门以及其他有关行政管理部门可以申请人民法院强制执行。

第七十一条 工商行政管理部门以及其他有关行政管理部门直接负责的主管人员和其他直接责任人员以及消保委的工作人员玩忽职守、滥用职权、徇私舞弊的,由其所在单位或者上级主管部门依法给予行政处分;构成犯罪的,依法追究刑事责任。

第八章 附　　则

第七十二条 农民购买、使用直接用于农副业生产的生产资料,参照本条例执行。

第七十三条 本条例自2003年1月1日起施行。1988年12月22日上海市第九届人民代表大会常务委员会第五次会议通过的《上海市保护消费者合法权益条例》同时废止。

侵害消费者权益行为处罚办法

（工商总局令第73号，2015年1月5日公布，自2015年3月15日起施行）

第一条 为依法制止侵害消费者权益行为，保护消费者的合法权益，维护社会经济秩序，根据《消费者权益保护法》等法律法规，制定本办法。

第二条 工商行政管理部门依照《消费者权益保护法》等法律法规和本办法的规定，保护消费者为生活消费需要购买、使用商品或者接受服务的权益，对经营者侵害消费者权益的行为实施行政处罚。

第三条 工商行政管理部门依法对侵害消费者权益行为实施行政处罚，应当依照公正、公开、及时的原则，坚持处罚与教育相结合，综合运用建议、约谈、示范等方式实施行政指导，督促和指导经营者履行法定义务。

第四条 经营者为消费者提供商品或者服务，应当遵循自愿、平等、公平、诚实信用的原则，依照《消费者权益保护法》等法律法规的规定和与消费者的约定履行义务，不得侵害消费者合法权益。

第五条 经营者提供商品或者服务不得有下列行为：

（一）销售的商品或者提供的服务不符合保障人身、财产安全要求；

（二）销售失效、变质的商品；

（三）销售伪造产地、伪造或者冒用他人的厂名、厂址、篡改生产日期的商品；

（四）销售伪造或者冒用认证标志等质量标志的商品；

（五）销售的商品或者提供的服务侵犯他人注册商标专用权；

（六）销售伪造或者冒用知名商品特有的名称、包装、装潢的商品；

（七）在销售的商品中掺杂、掺假，以假充真，以次充好，以不合格商品冒充合格商品；

（八）销售国家明令淘汰并停止销售的商品；

（九）提供商品或者服务中故意使用不合格的计量器具或者破坏计量器具准确度；

（十）骗取消费者价款或者费用而不提供或者不按照约定提供商品或者服务。

第六条 经营者向消费者提供有关商品或者服务的信息应当真实、全面、准确，不得有下列虚假或者引人误解的宣传行为：

（一）不以真实名称和标记提供商品或者服务；

（二）以虚假或者引人误解的商品说明、商品标准、实物样品等方式销售商品或者服务；

（三）作虚假或者引人误解的现场说明和演示；

（四）采用虚构交易、虚标成交量、虚假评论或者雇佣他人等方式进行欺骗性销售诱导；

（五）以虚假的“清仓价”、“甩卖价”、“最低价”、“优惠价”或者其他欺骗性价格表示销售商品或者服务；

（六）以虚假的“有奖销售”、“还本销售”、“体验销售”等方式销售商品或者服务；

（七）谎称正品销售“处理品”、“残次品”、“等外品”等商品；

（八）夸大或隐瞒所提供的商品或者服务的数量、质量、性能等与消费者有重大利害关系的信息误导消费者；

（九）以其他虚假或者引人误解的宣传方式误导消费者。

第七条 经营者对工商行政管理部门责令其对提供的缺陷商品或者服务采取停止销售或者服务等措施，不得拒绝或者拖延。经营者未按照责令停止销售或者服务通知、公告要求采取措施的，视为拒绝或者拖延。

第八条 经营者提供商品或者服务，应当依照法律规定或者当事人约定承担修理、重作、更换、退货、补足商品数量、退还货款和服务费用或者赔偿损失等民事责任，不得故意拖延或者无理拒绝消费者的合法要求。经营者有下列情形之一并超过十五日的，视为故意拖延或者无理拒绝：

（一）经有关行政部门依法认定为不合格商品，自消费者提出退货要求之日起未退货的；

（二）自国家规定、当事人约定期满之日起或者不符合质量要求的自消费者提出要求之日起，无正当理由拒不履行修理、重作、更换、退货、补足商品数量、退还货款和服务费用或者赔偿损失等义务的。

第九条 经营者采用网络、电视、电话、邮购等方式销售商品，应当依照法律规定承担无理由退货义务，不得故意拖延或者无理拒绝。经营者有下列情形之一并超过十五日的，视为故意拖延或者无理拒绝：

（一）对于适用无理由退货的商品，自收到消费者退货要求之日起未办理退货手续；

（二）未经消费者确认，以自行规定该商品不适用无理由退货为由拒绝退货；

（三）以消费者已拆封、查验影响商品完好为由拒绝退货；

（四）自收到退回商品之日起无正当理由未返还消费者支付的商品价款。

第十条 经营者以预收款方式提供商品或者服务，应当与消费者明确约定商品或者服务的数量和质量、价款或者费用、履行期限和方式、安全注意事项和风险警示、售后服务、民事责任等内容。未按约定提供商品或者服务的，应当按照消费者的要求履行约定或者退回预付款，并应当承担预付款的利息、消费者必须支付的合理费用。对退款无约定的，按照有利于消费者的计算方式折算退款金额。

经营者对消费者提出的合理退款要求，明确表示不予退款，或者自约定期满之日起、无约定期限的自消费者提出退款要求之日起超过十五日未退款的，视为故意拖延或者无理拒绝。

第十一条 经营者收集、使用消费者个人信息，应当遵循合法、正当、必要的原则，明示收集、使用信息的目的、方式和范围，并经消费者同意。经营者不得有下列行为：

（一）未经消费者同意，收集、使用消费者个人信息；

（二）泄露、出售或者非法向他人提供所收集的消费者个人信息；

（三）未经消费者同意或者请求，或者消费者明确表示拒绝，向其发送商业性信息。

前款中的消费者个人信息是指经营者在提供商品或者服务活动中收集的消费者姓名、性别、职业、出生日期、身份证件号码、住址、联系方式、收入和财产状况、健康状况、消费情况等能够单独或者与其他信息结合识别消费者的信息。

第十二条 经营者向消费者提供商品或者服务使用格式条款、通知、声明、店堂告示等的，应当以显著方式提请消费者注意与消费者有重大利害关系的内容，并按照消费者的要求予以说明，不得作出含有下列内容的规定：

（一）免除或者部分免除经营者对其所提供的商品或者服务应当承担的修理、重作、更换、退货、补足商品数量、退还货款和服务费用、赔偿损失等责任；

（二）排除或者限制消费者提出修理、更换、退货、赔偿损失以及获得违约金和其他合理赔偿的权利；

（三）排除或者限制消费者依法投诉、举报、提起诉讼的权利；

（四）强制或者变相强制消费者购买和使用其提供的或者其指定的经营者提供的商品或者服务，对不接受其不合理条件的消费者拒绝提供相应商品或者服务，或者提高收费标准；

（五）规定经营者有权任意变更或者解除合同，限制消费者依法变更或者解除合同权利；

（六）规定经营者单方享有解释权或者最终解释权；

（七）其他对消费者不公平、不合理的规定。

第十三条 从事服务业的经营者不得有下列行为：

（一）从事为消费者提供修理、加工、安装、装饰装修等服务的经营者谎报用工用料，故意损坏、偷换零部件或材料，使用不符合国家质量标准或者与约定不相符的零部件或材料，更换不需要更换的零部件，或者偷工减料、加收费用，损害消费者权益的；

（二）从事房屋租赁、家政服务等中介服务的经营者提供虚假信息或者采取欺骗、恶意串通等手段损害消费者权益的。

第十四条 经营者有本办法第五条至第十一条规定的情形之一，其他法律、法规有规定的，依照法律、法规的规定执行；法律、法规未作规定的，由工商行政管理部门依照《消费者权益保护法》 第五十六条予以处罚。

第十五条 经营者违反本办法第十二条、第十三条规定，其他法律、法规有规定的，依照法律、法规的规定执行；法律、法规未作规定的，由工商行政管理部门责令改正，可以单处或者并处警告，违法所得三倍以下、但最高不超过三万元的罚款，没有违法所得的，处以一万元以下的罚款。

第十六条 经营者有本办法第五条第（一）项至第（六）项规定行为之一且不能证明自己并非欺骗、误导消费者而实施此种行为的，属于欺诈行为。

经营者有本办法第五条第（七）项至第（十）项、第六条和第十三条规定行为之一的，属于欺诈行为。

第十七条 经营者对工商行政管理部门作出的行政处罚决定不服的，可以依法申请行政复议或者提起行政诉讼。

第十八条 侵害消费者权益违法行为涉嫌犯罪的，工商行政管理部门应当按照有关规定，移送司法机关追究其刑事责任。

第十九条 工商行政管理部门依照法律法规及本办法规定对经营者予以行政处罚的，应当记入经营者的信用档案，并通过企业信用信息公示系统等及时向社会公布。

企业应当依据《企业信息公示暂行条例》的规定，通过企业信用信息公示系统及时向社会公布相关行政处罚信息。

第二十条 工商行政管理执法人员玩忽职守或者包庇经营者侵害消费者合法权益的行为的，应当依法给予行政处分；涉嫌犯罪的，依法移送司法机关。

第二十一条 本办法由国家工商行政管理总局负责解释。

第二十二条 本办法自 2015 年 3 月 15 日起施行。1996 年 3 月 15 日国家工商行政管理局发布的《欺诈消费者行为处罚办法》（国家工商行政管理局令第 50 号）同时废止。

消协组织消费维权约谈经营者办法(试行)

(中国消费者协会制定,自 2015 年 11 月 1 日起实施)

第一条 为强化经营者保护消费者合法权益第一责任人的意识,加强消协组织与经营者之间的交流和沟通,引导经营者诚信、守法经营,规范经营者的经营行为,化解消费纠纷,维护消费者合法权益,依据《中华人民共和国消费者权益保护法》等法律法规,制定本办法。

第二条 本办法以引导经营者行为、化解消费纠纷为目的,以宣传教育、分析问题、督促整改为手段,及时预防、有效处理社会普遍关注的重点和潜在的消费纠纷,预防和避免消费纠纷升级,有效化解消费争议。

第三条 本办法所称的消费维权约谈(以下简称约谈),是指消协组织针对商品质量或服务质量等领域存在的影响消费者合法权益的突出问题,与经营者进行直接沟通交流、通报情况、听取意见、研究办法,指导经营者建立和完善自律制度,督促经营者切实维护消费者合法权益,落实长效管理机制的行为。

第四条 消协组织按照适时、适度、依规约谈的原则开展约谈。约谈应以事实为依据,事由明确且正当、事实清楚、依据充分。

第五条 约谈形式分为集体约谈和个别约谈。同一事由引起的对多个经营者的约谈,可以个别约谈,也可以集体约谈。

第六条 下列情形之一的,消协组织可以约谈经营者:

(一)引发群体性投诉或者有潜在群体投诉风险的;

(二)发布违法广告或夸大宣传、虚假宣传欺骗消费者的;

(三)消费者投诉反映比较集中的、被新闻媒体曝光的;

(四)存在侵害消费者权益倾向,需要进行警示劝谕的;

(五)比较试验结果表明产品质量或服务质量存在问题的;

(六)经营者提供的商品或服务质量存在缺陷或安全隐患,应采取有效措施而未采取的;

(七)格式条款、通知、声明、店堂告示等存在侵害消费者合法权益的;

(八)其他需要约谈的情形。

第七条 参加约谈的经营者代表应当是被约谈单位的有关负责人。有关负责人确因特殊情况无法参加约谈而需授权他人参加的,应当向约谈单位提出书面申请,经同意后,可书面授权他人参加。被授权人持被约谈单位授权书按时参加约谈。

第八条 根据需要，可以要求被约谈单位的售后、法律事务、质量或生产等相关负责人参加约谈。必要时可邀请相关行政主管部门、社会媒体、消费者代表及行业协会等参加。

第九条 约谈的主要内容：

（一）宣传讲解消费维权有关法律法规，明确经营者作为消费者合法权益第一责任人的责任与义务；

（二）告知被约谈单位存在的侵害消费者权益的问题及其行为的危害性，建议整改内容和期限；

（三）指导被约谈单位加强制度建设，完善落实长效管理机制；

（四）被约谈对象应对有关商品或服务质量问题及自律制度等情况进行说明，分析产生问题的原因；

（五）其他需要约谈的内容。

第十条 约谈的组织实施程序：

（一）原则上由消协组织的有关部门按职责分工组织约谈，必要时由分管领导组织约谈；

（二）约谈前向被约谈单位送达《消协组织约谈经营者函（参考文本）》（附件），告知约谈内容、时间、地点和参加人员。特殊情况可以用电话、传真、电子邮件等其他快捷方式告知；

（三）被约谈单位提交参加约谈人员的回执；

（四）约谈时至少有两名消协组织工作人员在场，同时要做好约谈记录，需载明约谈时间、地点、事由、参加人员、约谈事项等内容；

（五）条件允许的情况下，可对约谈过程进行拍照、录像、录音等；

（六）在有利于实现消费者权益的前提下，消协组织视情况通过公众媒体将约谈内容对外公布。

第十一条 被约谈单位确有损害消费者权益行为的，约谈结束后，经营者应当在合理期间内根据约谈内容制定整改方案，落实整改措施。对于不积极落实整改措施的经营者，消协组织视情况可向其发出《保护消费者权益建议（劝谕）书》，必要时公开发布。涉及其他管理部门的，可向相关单位提出消费维权建议。

第十二条 对拒不参加约谈或约谈后不履行法定义务、不落实整改措施的经营者，消协组织通过公众媒体进行披露，并列为重点监督对象。侵害消费者权益问题事实清楚，且情节严重的，消协组织向社会发布警示提示。查明存在违法违规行为的，依法移交有关行政部门进行查处。

第十三条 消协组织对约谈中发现的危及消费者人身、财产安全的问题，按照消协组织有关规定发布消费提示或消费警示，并向上级消协组织和相关行政部门报告。

第十四条 被约谈单位对约谈内容有异议的，有权进行陈述和申辩。消协组织需充分听取被约谈单位的意见，被约谈单位提出的事实、理由成立的，消协组织应当采纳。

第十五条 被约谈单位因特殊原因不能按期参加约谈的，应提前告知消协组织并说明理由，经消协组织同意后重新确定约谈时间。被约谈单位无正当理由不按期参加约谈的，消协组织视情况可通过公众媒体对外公布。

第十六条 约谈结束后，消协组织应对被约谈单位进行回访，针对约谈所提出的整改方案的实施情况进行监督。

第十七条 被约谈单位存在违法违规行为的，约谈不影响有关部门依法对其进行处理。

第十八条 本办法由中国消费者协会负责解释，自 2015 年 11 月 1 日起实施。

中华人民共和国产品质量法

（1993年2月22日第七届全国人民代表大会常务委员会第三十次会议通过，2000年7月8日第九届全国人民代表大会常务委员会第十六次会议修订）

第一章 总 则

第一条 为了加强对产品质量的监督管理，提高产品质量水平，明确产品质量责任，保护消费者的合法权益，维护社会经济秩序，制定本法。

第二条 在中华人民共和国境内从事产品生产、销售活动，必须遵守本法。

本法所称产品是指经过加工、制作，用于销售的产品。

建设工程不适用本法规定；但是，建设工程使用的建筑材料、建筑构配件和设备，属于前款规定的产品范围的，适用本法规定。

第三条 生产者、销售者应当建立健全内部产品质量管理制度，严格实施岗位质量规范、质量责任以及相应的考核办法。

第四条 生产者、销售者依照本法规定承担产品质量责任。

第五条 禁止伪造或者冒用认证标志等质量标志；禁止伪造产品的产地，伪造或者冒用他人的厂名、厂址；禁止在生产、销售的产品中掺杂、掺假，以假充真，以次充好。

第六条 国家鼓励推行科学的质量管理方法，采用先进的科学技术，鼓励企业产品质量达到并且超过行业标准、国家标准和国际标准。

对产品质量管理先进和产品质量达到国际先进水平、成绩显著的单位和个人，给予奖励。

第七条 各级人民政府应当把提高产品质量纳入国民经济和社会发展规划，加强对产品质量工作的统筹规划和组织领导，引导、督促生产者、销售者加强产品质量管理，提高产品质量，组织各有关部门依法采取措施，制止产品生产、销售中违反本法规定的行为，保障本法的施行。

第八条 国务院产品质量监督部门主管全国产品质量监督工作。国务院有关部门在各自的职责范围内负责产品质量监督工作。

县级以上地方产品质量监督部门主管本行政区域内的产品质量监督工作。县级以上地方人民政府有关部门在各自的职责范围内负责产品质量监督工作。

法律对产品质量的监督部门另有规定的，依照有关法律的规定执行。

第九条 各级人民政府工作人员和其他国家机关工作人员不得滥用职权、玩忽职守或者徇私舞弊，包庇、放纵本地区、本系统发生的产品生产、销售中违反本法规定的行为，或者阻挠、干预依法对产品生产、销售中违反本法规定的行为进行查处。

各级地方人民政府和其他国家机关有包庇、放纵产品生产、销售中违反本法规定的行为的，依法追究其主要负责人的法律责任。

第十条 任何单位和个人有权对违反本法规定的行为，向产品质量监督部门或者其他有关部门检举。

产品质量监督部门和有关部门应当为检举人保密，并按照省、自治区、直辖市人民政府的规定给予奖励。

第十一条 任何单位和个人不得排斥非本地区或者非本系统企业生产的质量合格产品进入本地区、本系统。

第二章 产品质量的监督

第十二条 产品质量应当检验合格，不得以不合格产品冒充合格产品。

第十三条 可能危及人体健康和人身、财产安全的工业产品，必须符合保障人体健康和人身、财产安全的国家标准、行业标准；未制定国家标准、行业标准的，必须符合保障人体健康和人身、财产安全的要求。

禁止生产、销售不符合保障人体健康和人身、财产安全的标准和要求的工业产品。具体管理办法由国务院规定。

第十四条 国家根据国际通用的质量管理标准，推行企业质量体系认证制度。企业根据自愿原则可以向国务院产品质量监督部门认可的或者国务院产品质量监督部门授权的部门认可的认证机构申请企业质量体系认证。经认证合格的，由认证机构颁发企业质量体系认证证书。

国家参照国际先进的产品标准和技术要求，推行产品质量认证制度。企业根据自愿原则可以向国务院产品质量监督部门认可的或者国务院产品质量监督部门授权的部门认可的认证机构申请产品质量认证。经认证合格的，由认证机构颁发产品质量认证证书，准许企业在产品或者其包装上使用产品质量认证标志。

第十五条 国家对产品质量实行以抽查为主要方式的监督检查制度，对可能危及人体健康和人身、财产安全的产品，影响国计民生的重要工业产品以及消费者、有关组织反映有质量问题的产品进行抽查。抽查的样品应当在市场上或者企业成品仓库内的待销产品中随机抽取。监督抽查工作由国务院产品质量监督部门规划和组织。县级以上地方产品质量监督部门在本行政区域内也可以组织监督抽查。法律对产品质量的监督检查另有规定的,依照有关法律的规定执行。

国家监督抽查的产品,地方不得另行重复抽查;上级监督抽查的产品,下级不得另行重复抽查。

根据监督抽查的需要,可以对产品进行检验。检验抽取样品的数量不得超过检验的合理需要,并不得向被检查人收取检验费用。监督抽查所需检验费用按照国务院规定列支。

生产者、销售者对抽查检验的结果有异议的,可以自收到检验结果之日起十五日内向实施监督抽查的产品质量监督部门或者其上级产品质量监督部门申请复检,由受理复检的产品质量监督部门作出复检结论。

第十六条 对依法进行的产品质量监督检查,生产者、销售者不得拒绝。

第十七条 依照本法规定进行监督抽查的产品质量不合格的,由实施监督抽查的产品质量监督部门责令其生产者、销售者限期改正。逾期不改正的,由省级以上人民政府产品质量监督部门予以公告;公告后经复查仍不合格的,责令停业,限期整顿;整顿期满后经复查产品质量仍不合格的,吊销营业执照。

监督抽查的产品有严重质量问题的,依照本法第五章的有关规定处罚。

第十八条 县级以上产品质量监督部门根据已经取得的违法嫌疑证据或者举报,对涉嫌违反本法规定的行为进行查处时,可以行使下列职权:

(一)对当事人涉嫌从事违反本法的生产、销售活动的场所实施现场检查;

(二)向当事人的法定代表人、主要负责人和其他有关人员调查、了解与涉嫌从事违反本法的生产、销售活动有关的情况;

(三)查阅、复制当事人有关的合同、发票、帐簿以及其他有关资料;

(四)对有根据认为不符合保障人体健康和人身、财产安全的国家标准、行业标准的产品或者有其他严重质量问题的产品,以及直接用于生产、销售该项产品的原辅材料、包装物、生产工具,予以查封或者扣押。

县级以上工商行政管理部门按照国务院规定的职责范围,对涉嫌违反本法规定的行为进行查处时,可以行使前款规定的职权。

第十九条 产品质量检验机构必须具备相应的检测条件和能力,经省级以上人民政府产品质量监督部门或者其授权的部门考核合格后,方可承担产品质量检验工作。法律、行政法规对产品质量检验机构另有规定的,依照有关法律、行政法规的规定执行。

第二十条　从事产品质量检验、认证的社会中介机构必须依法设立，不得与行政机关和其他国家机关存在隶属关系或者其他利益关系。

第二十一条　产品质量检验机构、认证机构必须依法按照有关标准，客观、公正地出具检验结果或者认证证明。

产品质量认证机构应当依照国家规定对准许使用认证标志的产品进行认证后的跟踪检查；对不符合认证标准而使用认证标志的，要求其改正；情节严重的，取消其使用认证标志的资格。

第二十二条　消费者有权就产品质量问题，向产品的生产者、销售者查询；向产品质量监督部门、工商行政管理部门及有关部门申诉，接受申诉的部门应当负责处理。

第二十三条　保护消费者权益的社会组织可以就消费者反映的产品质量问题建议有关部门负责处理，支持消费者对因产品质量造成的损害向人民法院起诉。

第二十四条　国务院和省、自治区、直辖市人民政府的产品质量监督部门应当定期发布其监督抽查的产品的质量状况公告。

第二十五条　产品质量监督部门或者其他国家机关以及产品质量检验机构不得向社会推荐生产者的产品；不得以对产品进行监制、监销等方式参与产品经营活动。

第三章　生产者、销售者的产品质量责任和义务

第一节　生产者的产品质量责任和义务

第二十六条　生产者应当对其生产的产品质量负责。

产品质量应当符合下列要求：

（一）不存在危及人身、财产安全的不合理的危险，有保障人体健康和人身、财产安全的国家标准、行业标准的，应当符合该标准；

（二）具备产品应当具备的使用性能，但是，对产品存在使用性能的瑕疵作出说明的除外；

（三）符合在产品或者其包装上注明采用的产品标准，符合以产品说明、实物样品等方式表明的质量状况。

第二十七条　产品或者其包装上的标识必须真实，并符合下列要求：

（一）有产品质量检验合格证明；

（二）有中文标明的产品名称、生产厂厂名和厂址；

（三）根据产品的特点和使用要求，需要标明产品规格、等级、所含主要成份的名称和含量的，用中文相应予以标明；需要事先让消费者知晓的，应当在外包装上标明，或者预先向消费者提供有关资料；

（四）限期使用的产品，应当在显著位置清晰地标明生产日期和安全使用期或者失效日期；

（五）使用不当，容易造成产品本身损坏或者可能危及人身、财产安全的产品，应当有警示标志或者中文警示说明。

裸装的食品和其他根据产品的特点难以附加标识的裸装产品，可以不附加产品标识。

第二十八条 易碎、易燃、易爆、有毒、有腐蚀性、有放射性等危险物品以及储运中不能倒置和其他有特殊要求的产品，其包装质量必须符合相应要求，依照国家有关规定作出警示标志或者中文警示说明，标明储运注意事项。

第二十九条 生产者不得生产国家明令淘汰的产品。

第三十条 生产者不得伪造产地，不得伪造或者冒用他人的厂名、厂址。

第三十一条 生产者不得伪造或者冒用认证标志等质量标志。

第三十二条 生产者生产产品，不得掺杂、掺假，不得以假充真、以次充好，不得以不合格产品冒充合格产品。

第二节 销售者的产品质量责任和义务

第三十三条 销售者应当建立并执行进货检查验收制度，验明产品合格证明和其他标识。

第三十四条 销售者应当采取措施，保持销售产品的质量。

第三十五条 销售者不得销售国家明令淘汰并停止销售的产品和失效、变质的产品。

第三十六条 销售者销售的产品的标识应当符合本法第二十七条的规定。

第三十七条 销售者不得伪造产地，不得伪造或者冒用他人的厂名、厂址。

第三十八条 销售者不得伪造或者冒用认证标志等质量标志。

第三十九条 销售者销售产品，不得掺杂、掺假，不得以假充真、以次充好，不得以不合格产品冒充合格产品。

第四章 损害赔偿

第四十条 售出的产品有下列情形之一的，销售者应当负责修理、更换、退货；给购买产品的消费者造成损失的，销售者应当赔偿损失：

（一）不具备产品应当具备的使用性能而事先未作说明的；

（二）不符合在产品或者其包装上注明采用的产品标准的；

（三）不符合以产品说明、实物样品等方式表明的质量状况的。

销售者依照前款规定负责修理、更换、退货、赔偿损失后，属于生产者的责任或者属于向销售者提供产品的其他销售者（以下简称供货者）的责任的，销售者有权向生产者、供货者追偿。

销售者未按照第一款规定给予修理、更换、退货或者赔偿损失的，由产品质量监督部门或者工商行政管理部门责令改正。

生产者之间，销售者之间，生产者与销售者之间订立的买卖合同、承揽合同有不同约定的，合同当事人按照合同约定执行。

第四十一条 因产品存在缺陷造成人身、缺陷产品以外的其他财产（以下简称他人财产）损害的，生产者应当承担赔偿责任。

生产者能够证明有下列情形之一的，不承担赔偿责任：

（一）未将产品投入流通的；

（二）产品投入流通时，引起损害的缺陷尚不存在的；

（三）将产品投入流通时的科学技术水平尚不能发现缺陷的存在的。

第四十二条 由于销售者的过错使产品存在缺陷，造成人身、他人财产损害的，销售者应当承担赔偿责任。

销售者不能指明缺陷产品的生产者也不能指明缺陷产品的供货者的，销售者应当承担赔偿责任。

第四十三条 因产品存在缺陷造成人身、他人财产损害的，受害人可以向产品的生产者要求赔偿，也可以向产品的销售者要求赔偿。属于产品的生产者的责任，产品的销售者赔偿的，产品的销售者有权向产品的生产者追偿。属于产品的销售者的责任，产品的生产者赔偿的，产品的生产者有权向产品的销售者追偿。

第四十四条 因产品存在缺陷造成受害人人身伤害的，侵害人应当赔偿医疗费、治疗期间的护理费、因误工减少的收入等费用；造成残疾的，还应当支付残疾者生活自助具费、生活补助费、残疾赔偿金以及由其扶养的人所必需的生活费等费用；造成受害人死亡的，并应当支付丧葬费、死亡赔偿金以及由死者生前扶养的人所必需的生活费等费用。

因产品存在缺陷造成受害人财产损失的，侵害人应当恢复原状或者折价赔偿。受害人因此遭受其他重大损失的，侵害人应当赔偿损失。

第四十五条 因产品存在缺陷造成损害要求赔偿的诉讼时效期间为二年，自当事人知道或者应当知道其权益受到损害时起计算。

因产品存在缺陷造成损害要求赔偿的请求权，在造成损害的缺陷产品交付最初消费者满十年丧失；但是，尚未超过明示的安全使用期的除外。

第四十六条 本法所称缺陷，是指产品存在危及人身、他人财产安全的不合理的危险；产品有保障人体健康和人身、财产安全的国家标准、行业标准的，是指不符合该标准。

第四十七条 因产品质量发生民事纠纷时，当事人可以通过协商或者调解解决。当事人不愿通过协商、调解解决或者协商、调解不成的，可以根据当事人各方的协议向仲裁机构申请仲裁；当事人各方没有达成仲裁协议或者仲裁协议无效的，可以直接向人民法院起诉。

第四十八条 仲裁机构或者人民法院可以委托本法第十九条规定的产品质量检验机构，对有关产品质量进行检验。

第五章 罚 则

第四十九条 生产、销售不符合保障人体健康和人身、财产安全的国家标准、行业标准的产品的，责令停止生产、销售，没收违法生产、销售的产品，并处违法生产、销售产品（包括已售出和未售出的产品，下同）货值金额等值以上三倍以下的罚款；有违法所得的，并处没收违法所得；情节严重的，吊销营业执照；构成犯罪的，依法追究刑事责任。

第五十条 在产品中掺杂、掺假，以假充真，以次充好，或者以不合格产品冒充合格产品的，责令停止生产、销售，没收违法生产、销售的产品，并处违法生产、销售产品货值金额百分之五十以上三倍以下的罚款；有违法所得的，并处没收违法所得；情节严重的，吊销营业执照；构成犯罪的，依法追究刑事责任。

第五十一条 生产国家明令淘汰的产品的，销售国家明令淘汰并停止销售的产品的，责令停止生产、销售，没收违法生产、销售的产品，并处违法生产、销售产品货值金额等值以下的罚款；有违法所得的，并处没收违法所得；情节严重的，吊销营业执照。

第五十二条 销售失效、变质的产品的，责令停止销售，没收违法销售的产品，并处违法销售产品货值金额二倍以下的罚款；有违法所得的，并处没收违法所得；情节严重的，吊销营业执照；构成犯罪的，依法追究刑事责任。

第五十三条 伪造产品产地的，伪造或者冒用他人厂名、厂址的，伪造或者冒用认证标志等质量标志的，责令改正，没收违法生产、销售的产品，并处违法生产、销售产品货值金额等值以下的罚款；有违法所得的，并处没收违法所得；情节严重的，吊销营业执照。

第五十四条 产品标识不符合本法第二十七条规定的，责令改正；有包装的产品标识不符合本法第二十七条第（四）项、第（五）项规定，情节严重的，责令停止生产、销售，并处违法生产、销售产品货值金额百分之三十以下的罚款；有违法所得的，并处没收违法所得。

第五十五条 销售者销售本法第四十九条至第五十三条规定禁止销售的产品，有充分证据证明其不知道该产品为禁止销售的产品并如实说明其进货来源的，可以从轻或者减轻处罚。

第五十六条 拒绝接受依法进行的产品质量监督检查的，给予警告，责令改正；拒不改正的，责令停业整顿；情节特别严重的，吊销营业执照。

第五十七条 产品质量检验机构、认证机构伪造检验结果或者出具虚假证明的，责令改正，对单位处五万元以上十万元以下的罚款，对直接负责的主管人员和其他直接责任人员处一万元以上五万元以下的罚款；有违法所得的，并处没收违法所得；情节严重的，取消其检验资格、认证资格；构成犯罪的，依法追究刑事责任。

产品质量检验机构、认证机构出具的检验结果或者证明不实，造成损失的，应当承担相应的赔偿责任；造成重大损失的，撤销其检验资格、认证资格。

产品质量认证机构违反本法第二十一条第二款的规定，对不符合认证标准而使用认证标志的产品，未依法要求其改正或者取消其使用认证标志资格的，对因产品不符合认证标准给消费者造成的损失，与产品的生产者、销售者承担连带责任；情节严重的，撤销其认证资格。

第五十八条 社会团体、社会中介机构对产品质量作出承诺、保证，而该产品又不符合其承诺、保证的质量要求，给消费者造成损失的，与产品的生产者、销售者承担连带责任。

第五十九条 在广告中对产品质量作虚假宣传，欺骗和误导消费者的，依照《中华人民共和国广告法》的规定追究法律责任。

第六十条 对生产者专门用于生产本法第四十九条、第五十一条所列的产品或者以假充真的产品的原辅材料、包装物、生产工具，应当予以没收。

第六十一条 知道或者应当知道属于本法规定禁止生产、销售的产品而为其提供运输、保管、仓储等便利条件的，或者为以假充真的产品提供制假生产技术的，没收全部运输、保管、仓储或者提供制假生产技术的收入，并处违法收入百分之五十以上三倍以下的罚款;构成犯罪的,依法追究刑事责任。

第六十二条 服务业的经营者将本法第四十九条至第五十二条规定禁止销售的产品用于经营性服务的,责令停止使用;对知道或者应当知道所使用的产品属于本法规定禁止销售的产品的,按照违法使用的产品(包括已使用和尚未使用的产品)的货值金额,依照本法对销售者的处罚规定处罚。

第六十三条 隐匿、转移、变卖、损毁被产品质量监督部门或者工商行政管理部门查封、扣押的物品的,处被隐匿、转移、变卖、损毁物品货值金额等值以上三倍以下的罚款;有违法所得的,并处没收违法所得。

第六十四条 违反本法规定,应当承担民事赔偿责任和缴纳罚款、罚金,其财产不足以同时支付时,先承担民事赔偿责任。

第六十五条 各级人民政府工作人员和其他国家机关工作人员有下列情形之一的,依法给予行政处分;构成犯罪的,依法追究刑事责任:

(一)包庇、放纵产品生产、销售中违反本法规定行为的;

(二)向从事违反本法规定的生产、销售活动的当事人通风报信,帮助其逃避查处的;

(三)阻挠、干预产品质量监督部门或者工商行政管理部门依法对产品生产、销售中违反本法规定的行为进行查处,造成严重后果的。

第六十六条 产品质量监督部门在产品质量监督抽查中超过规定的数量索取样品或者向被检查人收取检验费用的,由上级产品质量监督部门或者监察机关责令退还;情节严重的,对直接负责的主管人员和其他直接责任人员依法给予行政处分。

第六十七条 产品质量监督部门或者其他国家机关违反本法第二十五条的规定,向社会推荐生产者的产品或者以监制、监销等方式参与产品经营活动的,由其上级机关或者监察机关责令改正,消除影响,有违法收入的予以没收;情节严重的,对直接负责的主管人员和其他直接责任人员依法给予行政处分。

产品质量检验机构有前款所列违法行为的,由产品质量监督部门责令改正,消除影响,有违法收入的予以没收,可以并处违法收入一倍以下的罚款;情节严重的,撤销其质量检验资格。

第六十八条 产品质量监督部门或者工商行政管理部门的工作人员滥用职权、玩忽职守、徇私舞弊,构成犯罪的,依法追究刑事责任;尚不构成犯罪的,依法给予行政处分。

第六十九条 以暴力、威胁方法阻碍产品质量监督部门或者工商行政管理部门的工作人员依法执行职务的,依法追究刑事责任;拒绝、阻碍未使用暴力、威胁方法的，由公安机关依照治安管理处罚条例的规定处罚。

第七十条 本法规定的吊销营业执照的行政处罚由工商行政管理部门决定，本法第四十九条至第五十七条、第六十条至第六十三条规定的行政处罚由产品质量监督部门或者工商行政管理部门按照国务院规定的职权范围决定。法律、行政法规对行使行政处罚权的机关另有规定的，依照有关法律、行政法规的规定执行。

第七十一条 对依照本法规定没收的产品，依照国家有关规定进行销毁或者采取其他方式处理。

第七十二条 本法第四十九条至第五十四条、第六十二条、第六十三条所规定的货值金额以违法生产、销售产品的标价计算；没有标价的，按照同类产品的市场价格计算。

第六章 附 则

第七十三条 军工产品质量监督管理办法，由国务院、中央军事委员会另行制定。

因核设施、核产品造成损害的赔偿责任，法律、行政法规另有规定的，依照其规定。

第七十四条 本法自 1993 年 9 月 1 日起施行。

食品标识管理规定

（国家质量监督检验检疫总局令第123号，
于2009年10月22日公布并开始施行）

第一章　总　　则

第一条　为了加强对食品标识的监督管理，规范食品标识的标注，防止质量欺诈，保护企业和消费者合法权益，根据《中华人民共和国食品安全法》、《中华人民共和国产品质量法》、《国务院关于加强食品等产品安全监督管理的特别规定》等法律法规，制定本规定。

第二条　在中华人民共和国境内生产（含分装）、销售的食品的标识标注和管理，适用本规定。

第三条　本规定所称食品标识是指粘贴、印刷、标记在食品或者其包装上，用以表示食品名称、质量等级、商品量、食用或者使用方法、生产者或者销售者等相关信息的文字、符号、数字、图案以及其他说明的总称。

第四条　国家质量监督检验检疫总局（以下简称国家质检总局）在其职权范围内负责组织全国食品标识的监督管理工作。

县级以上地方质量技术监督部门在其职权范围内负责本行政区域内食品标识的监督管理工作。

第二章　食品标识的标注内容

第五条　食品或者其包装上应当附加标识，但是按法律、行政法规规定可以不附加标识的食品除外。

食品标识的内容应当真实准确、通俗易懂、科学合法。

第六条　食品标识应当标注食品名称。

食品名称应当表明食品的真实属性，并符合下列要求：

（一）国家标准、行业标准对食品名称有规定的，应当采用国家标准、行业标准规定的名称；

（二）国家标准、行业标准对食品名称没有规定的，应当使用不会引起消费者误解和混淆的常用名称或者俗名；

（三）标注“新创名称”、“奇特名称”、“音译名称”、“牌号名称”、“地区俚语名称”或者“商标名称”等易使人误解食品属性的名称时，应当在所示名称的邻近部位使用同一字号标注本条（一）、（二）项规定的一个名称或者分类（类属）名称；

（四）由两种或者两种以上食品通过物理混合而成且外观均匀一致难以相互分离的食品，其名称应当反映该食品的混合属性和分类（类属）名称；

（五）以动、植物食物为原料，采用特定的加工工艺制作，用以模仿其他生物的个体、器官、组织等特征的食品，应当在名称前冠以“人造”、“仿”或者“素”等字样，并标注该食品真实属性的分类（类属）名称。

第七条 食品标识应当标注食品的产地。

食品产地应当按照行政区划标注到地市级地域。

第八条 食品标识应当标注生产者的名称、地址和联系方式。生产者名称和地址应当是依法登记注册、能够承担产品质量责任的生产者的名称、地址。

有下列情形之一的，按照下列规定相应予以标注：

（一）依法独立承担法律责任的公司或者其子公司，应当标注各自的名称和地址；

（二）依法不能独立承担法律责任的公司分公司或者公司的生产基地，应当标注公司和分公司或者生产基地的名称、地址，或者仅标注公司的名称、地址；

（三）受委托生产加工食品且不负责对外销售的，应当标注委托企业的名称和地址；对于实施生产许可证管理的食品，委托企业具有其委托加工的食品生产许可证的，应当标注委托企业的名称、地址和被委托企业的名称，或者仅标注委托企业的名称和地址；

（四）分装食品应当标注分装者的名称及地址，并注明分装字样。

第九条 食品标识应当清晰地标注食品的生产日期、保质期，并按照有关规定要求标注贮存条件。

乙醇含量10%以上（含10%）的饮料酒、食醋、食用盐、固态食糖类，可以免除标注保质期。

日期的标注方法应当符合国家标准规定或者采用“年、月、日”表示。

第十条 定量包装食品标识应当标注净含量，并按照有关规定要求标注规格。对含有固、液两相物质的食品，除标示净含量外，还应当标示沥干物（固形物）的含量。

净含量应当与食品名称排在食品包装的同一展示版面。净含量的标注应当符合《定量包装商品计量监督管理办法》的规定。

第十一条 食品标识应当标注食品的成分或者配料清单。

配料清单中各种配料应当按照生产加工食品时加入量的递减顺序进行标注,具体标注方法按照国家标准的规定执行。

在食品中直接使用甜味剂、防腐剂、着色剂的,应当在配料清单食品添加剂项下标注具体名称;使用其他食品添加剂的,可以标注具体名称、种类或者代码。食品添加剂的使用范围和使用量应当按照国家标准的规定执行。

专供婴幼儿和其他特定人群的主辅食品,其标识还应当标注主要营养成分及含量。

第十二条 食品标识应当标注企业所执行的产品标准代号。

第十三条 食品执行的标准明确要求标注食品的质量等级、加工工艺的,应当相应地予以标明。

第十四条 实施生产许可证管理的食品,食品标识应当标注食品生产许可证编号及QS标志。

委托生产加工实施生产许可证管理的食品,委托企业具有其委托加工食品生产许可证的,可以标注委托企业或者被委托企业的生产许可证编号。

第十五条 混装非食用产品易造成误食,使用不当,容易造成人身伤害的,应当在其标识上标注警示标志或者中文警示说明。

第十六条 食品有以下情形之一的,应当在其标识上标注中文说明:

(一)医学临床证明对特殊群体易造成危害的;

(二)经过电离辐射或者电离能量处理过的;

(三)属于转基因食品或者含法定转基因原料的;

(四)按照法律、法规和国家标准等规定,应当标注其他中文说明的。

第十七条 食品在其名称或者说明中标注“营养”、“强化”字样的,应当按照国家标准有关规定,标注该食品的营养素和热量,并符合国家标准规定的定量标示。

第十八条 食品标识不得标注下列内容:

(一)明示或者暗示具有预防、治疗疾病作用的;

(二)非保健食品明示或者暗示具有保健作用的;

(三)以欺骗或者误导的方式描述或者介绍食品的;

(四)附加的产品说明无法证实其依据的;

(五)文字或者图案不尊重民族习俗,带有歧视性描述的;

(六)使用国旗、国徽或者人民币等进行标注的;

（七）其他法律、法规和标准禁止标注的内容。

第十九条 禁止下列食品标识违法行为：

（一）伪造或者虚假标注生产日期和保质期；

（二）伪造食品产地，伪造或者冒用其他生产者的名称、地址；

（三）伪造、冒用、变造生产许可证标志及编号；

（四）法律、法规禁止的其他行为。

第二章 食品标识的标注形式

第二十条 食品标识不得与食品或者其包装分离。

第二十一条 食品标识应当直接标注在最小销售单元的食品或者其包装上。

第二十二条 在一个销售单元的包装中含有不同品种、多个独立包装的食品，每件独立包装的食品标识应当按照本规定进行标注。

透过销售单元的外包装，不能清晰地识别各独立包装食品的所有或者部分强制标注内容的，应当在销售单元的外包装上分别予以标注，但外包装易于开启识别的除外；能够清晰地识别各独立包装食品的所有或者部分强制标注内容的，可以不在外包装上重复标注相应内容。

第二十三条 食品标识应当清晰醒目，标识的背景和底色应当采用对比色，使消费者易于辨认、识读。

第二十四条 食品标识所用文字应当为规范的中文，但注册商标除外。

食品标识可以同时使用汉语拼音或者少数民族文字，也可以同时使用外文，但应当与中文有对应关系，所用外文不得大于相应的中文，但注册商标除外。

第二十五条 食品或者其包装最大表面面积大于20平方厘米时，食品标识中强制标注内容的文字、符号、数字的高度不得小于1.8毫米。

食品或者其包装最大表面面积小于10平方厘米时，其标识可以仅标注食品名称、生产者名称和地址、净含量以及生产日期和保质期。但是，法律、行政法规规定应当标注的，依照其规定。

第四章 法 律 责 任

第二十六条 违反本规定构成《中华人民共和国食品安全法》及其实施条例

等法律法规规定的违法行为的，依照有关法律法规的规定予以处罚。

第二十七条 违反本规定第六条至第八条、第十一条至第十三条，未按规定标注应当标注内容的，责令限期改正；逾期不改的，处以500元以上1万元以下罚款。

第二十八条 违反本规定第十五条，未按规定标注警示标志或中文警示说明的，依照《中华人民共和国产品质量法》第五十四条规定进行处罚。

第二十九条 违反本规定第十条，未按规定标注净含量的，依照《定量包装商品计量监督管理办法》规定进行处罚。

第三十条 实施生产许可证管理的食品，其标识未标注生产许可证编号及标志的，依照《中华人民共和国工业产品生产许可证管理条例》第四十七条规定进行处罚。

伪造、冒用、变造生产许可证编号及标志的，依照《中华人民共和国工业产品生产许可证管理条例》第五十一条规定进行处罚。

第三十条 违反本规定第十七条，未按规定标注食品营养素、热量以及定量标示的，责令限期改正；逾期不改的，处以5000元以下罚款。

第三十一条 违反本规定第十八条，食品标识标注禁止性内容的，责令限期改正；逾期不改的，处以1万元以下罚款；违反有关法律法规规定的，按有关法律法规规定处理。

第三十二条 伪造或者虚假标注食品生产日期和保质期的，责令限期改正，处以500元以上1万元以下罚款；情节严重，造成后果的，依照有关法律、行政法规规定进行处罚。

第三十三条 伪造食品产地，伪造或者冒用其他生产者的名称、地址的，依照《中华人民共和国产品质量法》第五十三条规定进行处罚。

第三十四条 违反本规定第二十条，食品标识与食品或者其包装分离的，责令限期改正，处以5000元以下罚款。

第三十五条 违反本规定第二十一条、第二十二条第二款、第二十四条、第二十五条的，责令限期改正；逾期不改的，处以1万元以下罚款。

第三十六条 违反本规定第二十二条第一款的，依照本章有关规定处罚。

第三十七条 从事食品标识监督管理的工作人员，玩忽职守、滥用职权、包庇放纵违法行为的，依法给予行政处分；构成犯罪的，依法追究刑事责任。

第三十八条 本规定规定的行政处罚由县级以上地方质量技术监督部门在职权范围内依法实施。

法律、行政法规对行政处罚另有规定的，依照其规定。

第五章　附　　则

第三十九条　进出口食品标识的管理，由出入境检验检疫机构按照国家质检总局有关规定执行。

第四十条　本规定由国家质检总局负责解释。

第四十一条　本规定自2008年9月1日起施行。原国家技术监督局公布的《查处食品标签违法行为规定》同时废止。

地理标志产品保护规定

（国家质量监督检验检疫总局令第 78 号，自 2005 年 7 月 15 日起施行）

第一章　总　　则

第一条　为了有效保护我国的地理标志产品，规范地理标志产品名称和专用标志的使用，保证地理标志产品的质量和特色，根据《中华人民共和国产品质量法》、《中华人民共和国标准化法》、《中华人民共和国进出口商品检验法》等有关规定，制定本规定。

第二条　本规定所称地理标志产品，是指产自特定地域，所具有的质量、声誉或其他特性本质上取决于该产地的自然因素和人文因素，经审核批准以地理名称进行命名的产品。

地理标志产品包括：

（一）来自本地区的种植、养殖产品。

（二）原材料全部来自本地区或部分来自其他地区，并在本地区按照特定工艺生产和加工的产品。

第三条　本规定适用于对地理标志产品的申请受理、审核批准、地理标志专用标志注册登记和监督管理工作。

第四条　国家质量监督检验检疫总局（以下简称“国家质检总局”）统一管理全国的地理标志产品保护工作。各地出入境检验检疫局和质量技术监督局（以下简称各地质检机构）依照职能开展地理标志产品保护工作。

第五条　申请地理标志产品保护，应依照本规定经审核批准。使用地理标志产品专用标志，必须依照本规定经注册登记，并接受监督管理。

第六条　地理标志产品保护遵循申请自愿，受理及批准公开的原则。

第七条　申请地理标志保护的产品应当符合安全、卫生、环保的要求，对环境、生态、资源可能产生危害的产品，不予受理和保护。

第二章　申请及受理

第八条　地理标志产品保护申请，由当地县级以上人民政府指定的地理标志产品保护申请机构或人民政府认定的协会和企业（以下简称申请人）提出，并征求相关部门意见。

第九条 申请保护的产品在县域范围内的，由县级人民政府提出产地范围的建议；跨县域范围的，由地市级人民政府提出产地范围的建议；跨地市范围的，由省级人民政府提出产地范围的建议。

第十条 申请人应提交以下资料：

（一）有关地方政府关于划定地理标志产品产地范围的建议。

（二）有关地方政府成立申请机构或认定协会、企业作为申请人的文件。

（三）地理标志产品的证明材料，包括：1. 地理标志产品保护申请书；2. 产品名称、类别、产地范围及地理特征的说明；3. 产品的理化、感官等质量特色及其与产地的自然因素和人文因素之间关系的说明；4. 产品生产技术规范（包括产品加工工艺、安全卫生要求、加工设备的技术要求等）；5. 产品的知名度，产品生产、销售情况及历史渊源的说明；

（四）拟申请的地理标志产品的技术标准。

第十一条 出口企业的地理标志产品的保护申请向本辖区内出入境检验检疫部门提出；按地域提出的地理标志产品的保护申请和其他地理标志产品的保护申请向当地（县级或县级以上）质量技术监督部门提出。

第十二条 省级质量技术监督局和直属出入境检验检疫局，按照分工，分别负责对拟申报的地理标志产品的保护申请提出初审意见，并将相关文件、资料上报国家质检总局。

第三章 审核及批准

第十三条 国家质检总局对收到的申请进行形式审查。审查合格的，由国家质检总局在国家质检总局公报、政府网站等媒体上向社会发布受理公告；审查不合格的，应书面告知申请人。

第十四条 有关单位和个人对申请有异议的，可在公告后的2个月内向国家质检总局提出。

第十五条 国家质检总局按照地理标志产品的特点设立相应的专家审查委员会，负责地理标志产品保护申请的技术审查工作。

第十六条 国家质检总局组织专家审查委员会对没有异议或者有异议但被驳回的申请进行技术审查，审查合格的，由国家质检总局发布批准该产品获得地理标志产品保护的公告。

第四章　标准制订及专用标志使用

第十七条　拟保护的地理标志产品，应根据产品的类别、范围、知名度、产品的生产销售等方面的因素，分别制订相应的国家标准、地方标准或管理规范。

第十八条　国家标准化行政主管部门组织草拟并发布地理标志保护产品的国家标准；省级地方人民政府标准化行政主管部门组织草拟并发布地理标志保护产品的地方标准。

第十九条　地理标志保护产品的质量检验由省级质量技术监督部门、直属出入境检验检疫部门指定的检验机构承担。必要时，国家质检总局将组织予以复检。

第二十条　地理标志产品产地范围内的生产者使用地理标志产品专用标志，应向当地质量技术监督局或出入境检验检疫局提出申请，并提交以下资料：

（一）地理标志产品专用标志使用申请书。

（二）由当地政府主管部门出具的产品产自特定地域的证明。

（三）有关产品质量检验机构出具的检验报告。上述申请经省级质量技术监督局或直属出入境检验检疫局审核，并经国家质检总局审查合格注册登记后，发布公告，生产者即可在其产品上使用地理标志产品专用标志，获得地理标志产品保护。

第五章　保护和监督

第二十一条　各地质检机构依法对地理标志保护产品实施保护。对于擅自使用或伪造地理标志名称及专用标志的；不符合地理标志产品标准和管理规范要求而使用该地理标志产品的名称的；或者使用与专用标志相近、易产生误解的名称或标识及可能误导消费者的文字或图案标志，使消费者将该产品误认为地理标志保护产品的行为，质量技术监督部门和出入境检验检疫部门将依法进行查处。社会团体、企业和个人可监督、举报。

第二十二条　各地质检机构对地理标志产品的产地范围，产品名称，原材料，生产技术工艺，质量特色，质量等级、数量、包装、标识，产品专用标志的印刷、发放、数量、使用情况，产品生产环境、生产设备，产品的标准符合性等方面进行日常监督管理。

第二十三条　获准使用地理标志产品专用标志资格的生产者，未按相应标准和管理规范组织生产的,或者在2年内未在受保护的地理标志产品上使用专用标志的,国家质检总局将注销其地理标志产品专用标志使用注册登记,停止其使用地理标志产品专用标志并对外公告。

第二十四条 违反本规定的,由质量技术监督行政部门和出入境检验检疫部门依据《中华人民共和国产品质量法》、《中华人民共和国标准化法》、《中华人民共和国进出口商品检验法》等有关法律予以行政处罚。

第二十五条 从事地理标志产品保护工作的人员应忠于职守,秉公办事,不得滥用职权、以权谋私,不得泄露技术秘密。违反以上规定的,予以行政纪律处分;构成犯罪的依法追究刑事责任。

第六章　附　　则

第二十六条 国家质检总局接受国外地理标志产品在中华人民共和国的注册并实施保护。具体办法另外规定。

第二十七条 本规定由国家质检总局负责解释。

第二十八条 本规定自2005年7月15日起施行。原国家质量技术监督局公布的《原产地域产品保护规定》同时废止。原国家出入境检验检疫局公布的《原产地标记管理规定》、《原产地标记管理规定实施办法》中关于地理标志的内容与本规定不一致的,以本规定为准。

部分商品修理更换退货责任规定

（国家经贸委、国家技术监督局、国家工商局、财政部
国经贸〔1995〕458号，1995年8月25日）

第一条 为保护消费者的合法权益，明确销售者、修理者、生产者承担的部分商品的修理、更换、退货（以下称为三包）的责任和义务，根据《中华人民共和国产品质量法》、《中华人民共和国消费者权益保护法》及有关规定制定本规定。

第二条 本规定所称部分商品，系指《实施三包的部分商品目录》（以下简称目录）中所列产品。

目录由国务院产品质量监督管理部门会同商业主管部门、工业主管部门共同制定和调整，由国务院产品质量监督管理部门发布。

第三条 列入目录的产品实行谁经销谁负责三包的原则。销售者与生产者、销售者与供货者、销售者与修理者之间订立的合同，不得免除本规定的三包责任和义务。

第四条 目录中规定的指标是履行三包规定的最基本要求。国家鼓励销售者和生产者制定严于本规定的三包实施细则。

本规定不免除未列入目录产品的三包责任和销售者、生产者向消费者承诺的高于列入目录产品三包的责任。

第五条 销售者应当履行下列义务：

（一）不能保证实施三包规定的，不得销售目录所列产品；

（二）保持销售产品的质量；

（三）执行进货检查验收制度，不符合法定标识要求的，一律不准销售；

（四）产品出售时，应当开箱检验，正确调试，介绍使用维护事项、三包方式及修理单位，提供有效发票和三包凭证；

（五）妥善处理消费者的查询、投诉，并提供服务。

第六条 修理者应当履行下列义务：

（一）承担修理服务业务；

（二）维护销售者、生产者的信誉，不得使用与产品技术要求不符的元器件和零配件。认真记录故障及修理后产品质量状况，保证修理后的产品能够正常使用30日以上；

（三）保证修理费用和修理配件全部用于修理。接受销售者、生产者的监督

和检查；

（四）承担因自身修理失误造成的责任和损失；

（五）接受消费者有关产品修理质量的查询。

第七条 生产者应当履行下列义务：

（一）明确三包方式。生产者自行设置或者指定修理单位的，必须随产品向消费者提供三包凭证、修理单位的名单、地址、联系电话等；

（二）向负责修理的销售者、修理者提供修理技术资料、合格的修理配件，负责培训，提供修理费用。保证在产品停产后五年内继续提供符合技术要求的零配件；

（三）妥善处理消费者直接或者间接的查询，并提供服务。

第八条 三包有效期自开具发票之日起计算，扣除因修理占用和无零配件待修的时间。

三包有效期内消费者凭发票及三包凭证办理修理、换货、退货。

第九条 产品自售出之日起7日内，发生性能故障，消费者可以选择退货、换货或修理。退货时，销售者应当按发票价格一次退清货款，然后依法向生产者、供货者追偿或者按购销合同办理。

第十条 产品自售出之日起15日内，发生性能故障，消费者可选择换货或者修理。换货时，销售者应当免费为消费者调换同型号同规格的产品，然后依法向生产者、供货者追偿或者按购销合同办理。

第十一条 在三包有效期内，修理两次，仍不能正常使用的产品，凭修理者提供的修理记录和证明，由销售者负责为消费者免费调换同型号同规格的产品或者按本规定第十三条的规定退货，然后依法向生产者、供货者追偿或者按购销合同办理。

第十二条 在三包有效期内，因生产者未供应零配件，自送修之日起超过90日未修好的，修理者应当在修理状况中注明，销售者凭此据免费为消费者调换同型号同规格产品。然后依法向生产者、供货者追偿或者按购销合同办理。

因修理者自身原因使修理期超过30日的，由其免费为消费者调换同型号同规格产品。费用由修理者承担。

第十三条 在三包有效期内，符合换货条件的，销售者因无同型号同规格产品，消费者不愿调换其他型号、规格产品而要求退货的，销售者应当予以退货；有同型号同规格产品，消费者不愿调换而要求退货的，销售者应当予以退货，对已使用过的商品按本规定收取折旧费。

折旧费计算自开具发票之日起至退货之日止，其中应当扣除修理占用和待修的时间。

第十四条 换货时，凡属残次产品、不合格产品或者修理过的产品均不得提供给消费者。

换货后的三包有效期自换货之日起重新计算。由销售者在发票背面加盖更换章并提供新的三包凭证或者在三包凭证背面加盖更换章。

第十五条 在三包有效期内，除因消费者使用保管不当致使产品不能正常使用外，由修理者免费修理(包括材料费和工时费)。

对应当进行三包的大件产品，修理者应当提供合理的运输费用，然后依法向生产者或者销售者追偿，或者按合同办理。

第十六条 在三包有效期内，提倡销售者、修理者、生产者上门提供三包服务。

第十七条 属下列情况之一者，不实行三包，但是可以实行收费修理：

(一) 消费者因使用、维护、保管不当造成损坏的；

(二) 非承担三包修理者拆动造成损坏的；

(三) 无三包凭证及有效发票的；

(四) 三包凭证型号与修理产品型号不符或者涂改的；

(五) 因不可抗拒力造成损坏的。

第十八条 修理费用由生产者提供。修理费用指三包有效期内保证正常修理的待支费用。

第十九条 销售者负责修理的产品，生产者按照合同或者协议一次拨出费用，具体办法由产销双方商定。销售者委托或者指定修理者的，其修理费的支付形式由销售者和修理者双方合同约定。专款专用。生产者自行选择其他方式或者自行设置修理网点的，由生产者直接提供修理费用。

第二十条 生产者、销售者、修理者破产、倒闭、兼并、分立的，其三包责任按国家有关法规执行。

第二十一条 消费者因产品三包问题与销售者、修理者、生产者发生纠纷时，可以向消费者协会、质量管理协会、用户委员会和其他有关组织申请调解，有关组织应当积极受理。

第二十二条 销售者、修理者、生产者未按本规定执行三包的，消费者可以向产品质量监督管理部门或者工商行政管理部门申诉，由上述部门责令其按三包规定办理。消费者也可以依法申请仲裁解决，还可以直接向人民法院起诉。

第二十三条 本规定由国务院产品质量监督管理部门负责解释。

第二十四条 本规定自发布之日起施行。原国家经济委员会等八部委局发布的国标发(1986)177号《部分国产家用电器三包规定》同时废止。其他有关规定与本规定不符的，以本规定为准。

中华人民共和国反不正当竞争法

（1993年9月2日第八届全国人民代表大会常务委员会第三次会议通过，自1993年12月1日起施行）

第一章　总　　则

第一条　为保障社会主义市场经济健康发展，鼓励和保护公平竞争，制止不正当竞争行为，保护经营者和消费者的合法权益，制定本法。

第二条　经营者在市场交易中，应当遵循自愿、平等、公平、诚实信用的原则，遵守公认的商业道德。

本法所称的不正当竞争，是指经营者违反本法规定，损害其他经营者的合法权益，扰乱社会经济秩序的行为。

本法所称的经营者，是指从事商品经营或者营利性服务（以下所称商品包括服务）的法人、其他经济组织和个人。

第三条　各级人民政府应当采取措施，制止不正当竞争行为，为公平竞争创造良好的环境和条件。

县级以上人民政府工商行政管理部门对不正当竞争行为进行监督检查；法律、行政法规规定由其他部门监督检查的，依照其规定。

第四条　国家鼓励、支持和保护一切组织和个人对不正当竞争行为进行社会监督。

国家机关工作人员不得支持，包庇不正当竞争行为。

第二章　不正当竞争行为

第五条　经营者不得采用下列不正当手段从事市场交易，损害竞争对手：

（一）假冒他人的注册商标；

（二）擅自使用知名商品特有的名称、包装、装潢，或者使用与知名商品近似的名称、包装、装潢，造成和他人的知名商品相混淆，使购买者误认为是该知名商品；

（三）擅自使用他人的企业名称或者姓名，引人误认为是他人的商品；

（四）在商品上伪造或者冒用认证标志、名优标志等质量标志，伪造产地，对商品质量作引人误解的虚假表示。

第六条 公用企业或者其他依法具有独占地位的经营者，不得限定他人购买其指定的经营者的商品，以排挤其他经营者的公平竞争。

第七条 政府及其所属部门不得滥用行政权力，限定他人购买其指定的经营者的商品，限制其他经营者正当的经营活动。

政府及其所属部门不得滥用行政权力，限制外地商品进入本地市场，或者本地商品流向外地市场。

第八条 经营者不得采用财物或者其他手段进行贿赂以销售或者购买商品。

在帐外暗中给予对方单位或者个人回扣的，以行贿论处；对方单位或者个人在帐外暗中收受回扣的，以受贿论处。

经营者销售或者购买商品，可以以明示方式给对方折扣，可以给中间人佣金。经营者给对方折扣、给中间人佣金的，必须如实入帐。

接受折扣、佣金的经营者必须如实入帐。

第九条 经营者不得利用广告或者其他方法，对商品的质量、制作成份、性能、用途、生产者、有效期限、产地等作引人误解的虚假宣传。

广告的经营者不得在明知或者应知的情况下，代理、设计、制作、发布虚假广告。

第十条 经营者不得采用下列手段侵犯商业秘密：

（一）以盗窃、利诱、胁迫或者其他不正当手段获取权利人的商业秘密；

（二）披露、使用或者允许他人使用以前项手段获取的权利人的商业秘密；

（三）违反约定或者违反权利人有关保守商业秘密的要求，披露、使用或者允许他人使用其所掌握的商业秘密。

第三人明知或者应知前款所列违法行为，获取、使用或者披露他人的商业秘密，视为侵犯商业秘密。

本条所称的商业秘密，是指不为公众所知悉、能为权利人带来经济利益、具有实用性并经权利人采取保密措施的技术信息和经营信息。

第十一条 经营者不得以排挤竞争对手为目的，以低于成本的价格销售商品。

有下列情形之一的，不属于不正当竞争行为：

（一）销售鲜活商品；

（二）处理有效期限即将到期的商品或者其他积压的商品；

（三）季节性降价；

（四）因清偿债务、转产、歇业降价销售商品。

第十二条 经营者销售商品，不得违背购买者的意愿搭售商品或者附加其他不合理的条件。

第十三条 经营者不得从事下列有奖销售：

（一）采用谎称有奖或者故意让内定人员中奖的欺骗方式进行有奖销售；

（二）利用有奖销售的手段推销质次价高的商品；

（三）抽奖式的有奖销售，最高奖的金额超过5000元。

第十四条 经营者不得捏造、散布虚伪事实，损害竞争对手的商业信誉、商品声誉。

第十五条 投标者不得串通投标，抬高标价或者压低标价。

投标者和招标者不得相互勾结，以排挤竞争对手的公平竞争。

第三章 监督检查

第十六条 县级以上监督检查部门对不正当竞争行为，可以进行监督检查。

第十七条 监督检查部门在监督检查不正当竞争行为时，有权行使下列职权：

（一）按照规定程序询问被检查的经营者、利害关系人、证明人，并要求提供证明材料或者与不正当竞争行为有关的其他资料；

（二）查询、复制与不正当竞争行为有关的协议、帐册、单据、文件、记录、业务函电和其他资料；

（三）检查与本法第五条规定的不正当竞争行为有关的财物，必要时可以责令被检查的经营者说明该商品的来源和数量，暂停销售，听候检查，不得转移、隐匿、销毁该财物。

第十八条 监督检查部门工作人员监督检查不正当竞争行为时，应当出示检查证件。

第十九条 监督检查部门在监督检查不正当竞争行为时，被检查的经营者、利害关系人和证明人应当如实提供有关资料或者情况。

第四章 法律责任

第二十条 经营者违反本法规定，给被侵害的经营者造成损害的，应当承担损害赔偿责任，被侵害的经营者的损失难以计算的，赔偿额为侵权人在侵权期间因侵权所获得的利润；并应当承担被侵害的经营者因调查该经营者侵害其合法权益的不正当竞争行为所支付的合理费用。

被侵害的经营者的合法权益受到不正当竞争行为损害的，可以向人民法院提起诉讼。

第二十一条 经营者假冒他人的注册商标，擅自使用他人的企业名称或者姓名，伪造或者冒用认证标志、名优标志等质量标志，伪造产地，对商品质量作引人误解的虚假表示的，依照《中华人民共和国商标法》、《中华人民共和国产品质量法》的规定处罚。

经营者擅自使用知名商品特有的名称、包装、装潢，或者使用与知名商品近似的名称、包装、装潢，造成和他人的知名商品相混淆，使购买者误认为是该知名商品的，监督检查部门应当责令停止违法行为，没收违法所得，可以根据情节处以违法所得一倍以上三倍以下的罚款；情节严重的，可以吊销营业执照；销售伪劣商品，构成犯罪的，依法追究刑事责任。

第二十二条 经营者采用财物或者其他手段进行贿赂以销售或者购买商品，构成犯罪的，依法追究刑事责任；不构成犯罪的，监督检查部门可以根据情节处以 1 万元以上 20 万元以下的罚款，有违法所得的，予以没收。

第二十三条 公用企业或者其他依法具有独占地位的经营者，限定他人购买其指定的经营者的商品，以排挤其他经营者的公平竞争的，省级或者设区的市的监督检查部门应当璀停止违法行为，可以根据情节处以 5 万元以上 20 万元以下的罚款。被指定的经营者借此销售质次价高商品或者滥收费用的，监督检查部门应当没收违法所得，可以根据情节处以违法所得一倍以上三倍以下的罚款。

第二十四条 经营者利用广告或者其他方法，对商品作引人误解的虚假宣传的，监督检查部门应当责令停止违法行为，消除影响，可以根据情节处以 1 万元以上 20 万元以下的罚款。

广告的经营者，在明知或者应知的情况下，代理、设计、制作、发布虚假广告的，监督检查部门应当责令停止违法行为，没收违法所得，并依法处以罚款。

第二十五条 违反本法第十条规定侵犯商业秘密的，监督检查部门应当责令停止违法行为，可以根据情节处以 1 万元以上 20 万元以下的罚款。

第二十六条 经营者违反本法第十三条规定进行有奖销售的，监督检查部门应当责令停止违法行为，可以根据情节处以 1 万元以上 10 万元以下的罚款。

第二十七条 投标者串通投标，抬高标价或者压低标价；投标者和招标者相互勾结，以排挤竞争对手的公平竞争的，其中标无效。监督检查部门可以根据情节处以 1 万元以上 20 万元以下的罚款。

第二十八条 经营者有违反被责令暂停销售,不得转移、隐匿、销毁与不正当竞争行为有关的财物的行为的,监督检查部门可以根据情节处以被销售、转移、隐匿、销毁财物的价款的一倍以上三倍以下的罚款。

第二十九条 当事人对监督检查部门作出的处罚决定不服的,可以自收到处罚决定之日起 15 日内向上一级主管机关申请复议;对复议决定不服的,可以自收到复议决定书之日起 15 日内向人民法院提起诉讼;也可以直接向人民法院提起诉讼。

第三十条 政府及其所属部门违反本法第七条规定,限定他人购买其指定的经营者的商品、限制其他经营者正当的经营活动,或者限制商品在地区之间正常流通的,由上级机关责令其改正;情节严重的,由同级或者上级机关对直接责任人员给予行政处分。被指定的经营者借此销售质次价高商品或者滥收费用的,监督检查部门应当没收违法所得,可以根据情节处以违法所得一倍以上三倍以下的罚款。

第三十一条 监督检查不正当竞争行为的国家机关工作人员滥用职权、玩忽职守,构成犯罪的,依法追究刑事责任;不构成犯罪的,给予行政处分。

第三十二条 监督检查不正当竞争行为的国家机关工作人员徇私舞弊,对明知有违反本法规定构成犯罪的经营者故意包庇不使他受追诉的,依法追究刑事责任。

第五章 附 则

第三十三条 本法自 1993 年 12 月 1 日起施行。

广告行业公平竞争自律守则

（1999年8月2日中国广告协会第四届理事会第四次会议通过）

一、总　　则

第一条　为促进广告市场健康发展，鼓励和保护公平竞争，防止不正当竞争行为，制定本《守则》。

第二条　本《守则》适用于所有从事广告活动的广告主、广告经营者、广告发布者以及其他参与广告活动的经营者。

第三条　在广告活动中，应当遵循自愿、平等、公平、诚实信用的原则，遵守公认的商业道德。

第四条　各地广告协会应当采取有效措施，教育会员单位自觉遵守和维护本《守则》，为广告市场公平竞争创造良好的环境和条件。

第五条　广告主、广告经营者、广告发布者应互相尊重、相互监督，发现违反本《守则》的单位和个人，应及时向所在地方广告协会或中国广告协会举报。

二、广告主竞争守则

第六条　认真履行广告业务合同，按合同规定的时间和数额支付广告费，不得拖欠。

第七条　尊重广告公司及其他广告服务机构的劳动，按合同规定付给广告公司服务费用。

第八条　采用比稿的形式选择广告公司时，应对广告公司提供的策划、创意方案等支付费用。采用比稿者的任何文件，事先须征得文件所有者的同意，不得无偿占有广告经营者的劳动成果。

第九条　不得以任何方式向广告经营者、广告发布者及广告服务机构索取个人回扣。

三、广告经营者竞争守则

第十条　坚持公平竞争，以服务质量取胜。必须坚持政府规定的广告代理费标准,不得以给个人回扣等不正当手段争夺客户。

第十一条 与媒体建立正常合作关系。不得采用财物或其他手段进行贿赂,以从媒体争取有利或紧俏的时间和版面。

第十二条 不得垄断媒体购买,不得以高出媒体的公开报价转卖广告刊播时间和版面。

第十三条 应公开媒体刊播实际收费和次数,不得有减少发布次数欺骗客户的行为。

第十四条 不得以盗窃、利诱、胁迫等不正当手段获取其他广告经营者的商业秘密;不得以不正当手段从其他广告公司延揽高级管理人才;正常调换公司的人员,一年之内不准与原公司的客户建立合作关系。

四、广告发布者竞争守则

第十五条 必须真实地公布发行量、覆盖面,收视、收听和阅读率等资料。

第十六条 广告价格及优惠办法必须遵循"统一、公开、公平"的原则。

第十七条 广告价格应根据收视率、收听率、阅读率、影响面、服务质量等因素制定,并按照市场供求关系进行调整。

第十八条 严格履行合同,不漏播、漏发广告,如发生漏播、漏发现象应向广告主、广告经营者赔偿。

第十九条 不得强制广告主、广告经营者通过媒体指定的代理公司进行代理,不得强制搭售时间、版面或附加其他不合理的交易条件。

五、附　　则

第二十条 违反本《守则》,情节轻微的,由所在地方广告协会或中国广告协会提出批评;情节严重或坚持不改的,由中国广告协会在公开出版物上曝光,是中国广告协会会员单位的,取消其会员资格,是中国广告协会命名的"全国广告行业文明单位"和"全国广告宣传文明单位"的,取消其称誉。必要时向政府广告监督管理部门建议,重新审查其经营资格,或予以必要的处罚。

第二十一条 本《守则》由中国广告协会负责解释,自发布之日起施行。

中华人民共和国价格法

（1997年12月29日第八届全国人民代表大会常务委员会第二十九次会议通过，自1998年5月1日起施行）

第一章　总　　则

第一条　为了规范价格行为，发挥价格合理配置资源的作用，稳定市场价格总水平，保护消费者和经营者的法权益，促进社会主义市场经济健康发展，制定法。

第二条　在中华人民共和国境内发生的价格行为，适用本法。本法所称价格包括商品价格和服务价格。商品价格是指各类有形产品和无形资产的价格。服务价格是指各类有偿服务的收费。

第三条　国家实行并逐步完善宏观经济调控下主要由市场形成价格的机制。价格的制定应当符合价值规律，大多数商品和服务价格实行市场调节价，极少数商品和服务价格实行政府指导价或者政府定价。市场调节价，是指由经营者自主制定，通过市场竞争形成的价格。本法所称经营者是指从事生产、经营商品或者提供有偿服务的法人、其他组织和个人。政府指导价，是指依照本法规定，由政府价格主管部门或者其他有关部门，按照定价权限和范围规定基准价及其浮动幅度，指导经营者制定的价格。政府定价，是指依照本法规定，由政府价格主管部门或者其他有关部门，按照定价权限和范围制定的价格。

第四条　国家支持和促进公平、公开、合法的市场竞争，维护正常的价格秩序，对价格活动实行管理、监督和必要的调控。

第五条　国务院价格主管部门统一负责全国的价格工作。国务院其他有关部门在各自的职责范围内，负责有关的价格工作。县级以上地方各级人民政府价格主管部门负责本行政区域内的价格工作。县级以上地方各级人民政府其他有关部门在各自的职责范围内，负责有关的价格工作。

第二章　经营者的价格行为

第六条　商品价格和服务价格，除依照本法第十八条规定适用政府指导价或者政府定价外，实行市场调节价，由经营者依照本法自主制定。

第七条 经营者定价，应当遵循公平、合法和诚实信用的原则。

第八条 经营者定价的基本依据是生产经营成本和市场供求状况。

第九条 经营者应当努力改进生产经营管理，降低生产经营成本，为消费者提供价格合理的商品和服务，并在市场竞争中获取合法利润。

第十条 经营者应当根据其经营条件建立、健全内部价格管理制度，准确记录与核定商品和服务的生产经营成本，不得弄虚作假。

第十一条 经营者进行价格活动，享有下列权利：

（一）自主制定属于市场调节的价格；

（二）在政府指导价规定的幅度内制定价格；

（三）制定属于政府指导价、政府定价产品范围内的新产品的试销价格，特定产品除外；

（四）检举、控告侵犯其依法自主定价权利的行为。

第十二条 经营者进行价格活动，应当遵守法律、法规，执行依法制定的政府指导价、政府定价和法定的价格干预措施紧急措施。

第十三条 经营者销售、收购商品和提供服务，应当按照政府价格主管部门的规定明码标价，注明商品的品名、产地、规格、等级、计价单位、价格或者服务的项目、收费标准等有关情况。经营者不得在标价之外加价出售商品，不得收取任何未予标明的费用。

第十四条 经营者不得有下列不正当价格行为：

（一）相互串通，操纵市场价格，损害其他经营者或者消费者的合法权益；

（二）在依法降价处理鲜活商品、季节性商品、积压商品等商品外，为了排挤竞争对手或者独占市场，以低于成本的价格倾销，扰乱正常的生产经营秩序，损害国家利益或者其他经营者的合法权益；

（三）捏造、散布涨价信息，哄抬价格，推动商品价格过高上涨的；

（四）利用虚假的或者使人误解的价格手段，诱骗消费者或者其他经营者与其进行交易；

（五）提供相同商品或者服务，对具有同等交易条件的其他经营者实行价格歧视；

（六）采取抬高等级或者压低等级等手段收购、销售商品或者提供服务，变相提高或者压低价格；

（七）违反法律、法规的规定牟取暴利；

（八）法律、行政法规禁止的其他不正当价格行为。

第十五条　各类中介机构提供有偿服务收取费用，应当遵守本法的规定。法律另有规定的，按照有关规定执行。

第十六条　经营者销售进口商品、收购出口商品，应当遵守本章的有关规定，维护国内市场秩序。

第十七条　行业组织应当遵守价格法律、法规，加强价格自律，接受政府价格主管部门的工作指导。

第三章　政府的定价行为

第十八条　下列商品和服务价格，政府在必要时可以实行政府指导价或者政府定价：

（一）与国民经济发展和人民生活关系重大的极少数商品价格；

（二）资源稀缺的少数商品价格；

（三）自然垄断经营的商品价格；

（四）重要的公用事业价格；

（五）重要的公益性服务价格。

第十九条　政府指导价、政府定价的定价权限和具体适用范围，以中央的和地方的定价目录为依据。中央定价目录由国务院价格主管部门制定、修订，报国务院批准后公布。地方定价目录由省、自治区、直辖市人民政府价格主管部门按照中央定价目录规定的定价权限和具体适用范围制定，经本级人民政府审核同意，报国务院价格主管部门审定后公布。省、自治区、直辖市人民政府以下各级地方人民政府不得制定定价目录。

第二十条　国务院价格主管部门和其他有关部门，按照中央定价目录规定的定价权限和具体适用范围制定政府指导价、政府定价；其中重要的商品和服务价格的政府指导价、政府定价，应当按照规定经国务院批准。省、自治区、直辖市人民政府价格主管部门和其他有关部门，应当按照地方定价目录规定的定价权限和具体适用范围制定在本地区执行的政府指导价、政府定价。市、县人民政府可以根据省、自治区、直辖市人民政府的授权，按照地方定价目录规定的定价权限和具体适用范围制定在本地区执行的政府指导价、政府定价。

第二十一条　制定政府指导价、政府定价，应当依据有关商品或者服务的社会平均成本和市场供求状况、国民经济与社会发展要求以及社会承受能力，实行合理的购销差价、批零差价、地区差价和季节差价。

第二十二条　政府价格主管部门和其他有关部门制定政府指导价、政府定价，应当开展价格、成本调查，听取消费者、经营者和有关方面的意见。政府价格主管部门开展对政府指导价、政府定价的价格、成本调查时，有关单位应当如实反映情况，提供必需的账簿、文件以及其他资料。

第二十三条 制定关系群众切身利益的公用事业价格、公益性服务价格、自然垄断经营的商品价格等政府指导价、政府定价，应当建立听证会制度，由政府价格主管部门主持，征求消费者、经营者和有关方面的意见，论证其必要性、可行性。

第二十四条 政府指导价、政府定价制定后，由制定价格的部门向消费者、经营者公布。

第二十五条 政府指导价、政府定价的具体适用范围、价格水平，应当根据经济运行情况，按照规定的定价权限和程序适时调整。消费者、经营者可以对政府指导价、政府定价提出调整建议。

第四章　价格总水平调控

第二十六条 稳定市场价格总水平是国家重要的宏观经济政策目标。国家根据国民经济发展的需要和社会承受能力，确定市场价格总水平调控目标，列入国民经济和社会发展计划，并综合运用货币、财政、投资、进出口等方面的政策和措施，予以实现。

第二十七条 政府可以建立重要商品储备制度，设立价格调节基金，调控价格，稳定市场。

第二十八条 为适应价格调控和管理的需要，政府价格主管部门应当建立价格监测制度，对重要商品、服务价格的变动进行监测。

第二十九条 政府在粮食等重要农产品的市场购买价格过低时，可以在收购中实行保护价格，并采取相应的经济措施保证其实现。

第三十条 当重要商品和服务价格显著上涨或者有可能显著上涨，国务院和省、自治区、直辖市人民政府可以对部分价格采取限定差价率或者利润率、规定限价、实行提价申报制度和调价备案制度等干预措施。省、自治区、直辖市人民政府采取前款规定的干预措施，应当报国务院备案。

第三十一条 当市场价格总水平出现剧烈波动等异常状态时，国务院可以在全国范围内或者部分区域内采取临时集中定价权限、部分或者全面冻结价格的紧急措施。

第三十二条 依照本法第三十条、第三十一条的规定实行干预措施、紧急措施的情形消除后，应当及时解除干预措施、紧急措施。

第五章　价格监督检查

第三十三条　县级以上各级人民政府价格主管部门，依法对价格活动进行监督检查，并依照本法的规定对价格违法行为实施行政处罚。

第三十四条　政府价格主管部门进行价格监督检查时，可以行使下列职权：

（一）询问当事人或者有关人员，并要求其提供证明材料和与价格违法行为有关的其他资料；

（二）查询、复制与价格违法行为有关的账簿、单据、凭证、文件及其他资料，核对与价格违法行为有关的银行资料；

（三）检查与价格违法行为有关的财物，必要时可以责令当事人暂停相关营业；

（四）在证据可能灭失或者以后难以取得的情况下，可以依法先行登记保存，当事人或者有关人员不得转移、隐匿或者销毁。

第三十五条　经营者接受政府价格主管部门的监督检查时，应当如实提供价格监督检查所必需的账簿、单据、凭证、文件及其他资料。

第三十六条　政府部门价格工作人员不得将依法取得的资料或者了解的情况用于依法进行价格管理以外的任何其他目的，不得泄露当事人的商业秘密。

第三十七条　消费者组织职工价格监督组织、居民委员、村民委员会等组织以及消费者，有权对价格行为进行社会监督。政府价格主管部门应当充分发挥群众的价格监督作用。新闻单位有权进行价格舆论监督。

第三十八条　政府价格主管部门应当建立对价格违法行为的举报制度。任何单位和个人均有权对价格违法行为进行举报。政府价格主管部门应当对举报者给予鼓励，并负责为举报者保密。

第六章　法 律 责 任

第三十九条　经营者不执行政府指导价、政府定价以及法定的价格干预措施、紧急措施的，责令改正，没收违法所得，可以并处违法所得五倍以下的罚款；没有违法所得的，可以处以罚款；情节严重的，责令停业整顿。

第四十条　经营者有本法第十四条所列行为之一的，责令改正，没收违法所得，可以并处违法所得五倍以下的罚款；没有违法所得的，予以警告，可以并处罚款；情节严重的，责令停业整顿，或者由工商行政管理机关吊销营业执照。有关法律对本法第十四条所列行为的处罚及处罚机关另有规定的，可以依照有关法律的规定执行。有本法第十四条第（一）项、第（二）项所列行为，属于是全国性的，由国务院价格主管部门认定；属于是省及省以下区域性的，由省、自治区、直辖市人民政府价格主管部门认定。

第四十一条　经营者因价格违法行为致使消费者或者其他经营者多付价款的，应当退还多付部分；造成损害的，应当依法承担赔偿责任。

第四十二条　经营者违反明码标价规定的，责令改正，没收违法所得，可以并处五千元以下的罚款。

第四十三条　经营者被责令暂停相关营业而不停止的，或者转移、隐匿、销毁依法登记保存的财物的，处相关营业所得或者转移、隐匿、销毁的财物价值一倍以上三倍以下的罚款。

第四十四条　拒绝按照规定提供监督检查所需资料或者提供虚假资料的，责令改正，予以警告；逾期不改正的，可以处以罚款。

第四十五条　地方各级人民政府或者各级人民政府有关部门违反本法规定，超越定价权限和范围擅自制定、调整价格或者不执行法定的价格干预措施、紧急措施的，责令改正，并可以通报批评；对直接负责的主管人员和其他直接责任人员，依法给予行政处分。

第四十六条　价格工作人员泄露国家秘密、商业秘密以及滥用职权、徇私舞弊、玩忽职守、索贿受贿，构成犯罪的，依法追究刑事责任；尚不构成犯罪的，依法给予处分。

第七章　附　　则

第四十七条　国家行政机关的收费，应当依法进行，严格控制收费项目，限定收费范围、标准。收费的具体管理办法由国务院另行制定。利率、汇率、保险费率、证券及期货价格，适用有关法律、行政法规的规定，不适用本法。

第四十八条　本法自 1998 年 5 月 1 日起施行。

关于商品和服务实行明码标价的规定

（2000年10月31日国家发展计划委员会发布施行，自2001年1月1日起施行）

第一条 为规范价格行为，维护正常的市场价格秩序，促进公平、公开、合法的市场竞争，保护消费者和经营者的合法权益，根据《中华人民共和国价格法》，制定本规定。

第二条 凡在中华人民共和国境内收购、销售商品或者提供服务的价格行为，均适用本规定。

第三条 本规定所称明码标价是指经营者收购、销售商品和提供服务按照本规定的要求公开标示商品价格、服务价格等有关情况的行为。

前款所称应当明码标价的商品和服务是指实行市场调节价、政府指导价或者政府定价的商品和服务。

第四条 经营者实行明码标价，应当遵循公开、公平和诚实信用的原则，遵守价格法律、法规。

第五条 县级以上人民政府价格主管部门是明码标价的管理机关，其价格监督检查机构负责明码标价实施情况的监督检查。

第六条 明码标价的标价方式由省级人民政府价格主管部门统一规定，县级以上地方人民政府价格主管部门的价格监督检查机构对标价方式进行监制。未经监制的，任何单位和个人不得擅自印制和销售。

第七条 需要增减标价内容以及不宜标价的商品和服务，由县级以上地方人民政府价格主管部门认定。

第八条 根据商品和服务的特点，需要实行行业统一规范标价方式的，由国务院价格主管部门和省级人民政府价格主管部门确定。

第九条 明码标价应当做到价签价目齐全、标价内容真实明确、字迹清晰、货签对位、标示醒目。价格变动时应当及时调整。

第十条 商品价格、服务价格一律使用阿拉伯数码标明人民币金额。

第十一条 除国家另有规定外，从事涉外商品经营和服务的单位实行以人民币标价和计价结算，应当同时用中、外文标示商品和服务内容。

民族自治地方自主决定使用当地通用的一种或几种文字明码标价。

第十二条 降价销售商品和提供服务必须使用降价标价签、价目表。如实标明降价原因以及原价和现价，以区别予以正常价格销售商品和提供服务。经营者应当保留降价前记录或核定价格的有关资料，以便查证。

第十三条 从事零售业务的，商品标价签应当标明品名、产地、计价单位、零售价格等主要内容，对于有规格、等级、质地等要求的，还应标明规格、等级、质地等项目。标价签由指定专人签章。

第十四条 开架柜台、自动售货机、自选市场等采取自选方式售货的，经营者应当使用打码机在商品或其包装上胶贴价格标签，并应分品种在商品陈列柜（架）处按第十三条规定明码标价。

第十五条 经营者收购农副产品或废旧物资的，应当在收购场所醒目位置公布收购价目表，标明品名、规格、等级、计价单位和收购价格等内容。

国务院或省级人民政府对收购农副产品规定了保护价的，收购部门应当在收购点的醒目位置予以公布。

第十六条 提供服务的经营者应当在经营场所或缴费地点的醒目位置公布服务项目、服务内容、等级或规格、服务价格等。

第十七条 各类商品专业交易市场应当按照本规定有关条款实行明码标价。

第十八条 房地产经营者应当在交易场所标明房地产价格及相关收费情况。

第十九条 经营者不得在标价之外加价出售商品，不得收取任何未予标明的费用。先消费后结算的，须出具结算单据的，并应当列出具体收款项目和价格。

一项服务可分解为多个项目和标准的，经营者应当明确标示每一个项目和标准，禁止混合标价或捆绑销售。

第二十条 经营者不得利用虚假的或者使人误解的标价内容及标价方式进行价格欺诈。

第二十一条 经营者有下列行为之一的，由价格主管部门责令改正，没收违法所得，可以并处 5000 元以下的罚款；没有违法所得的，可以处以 5000 元以下的罚款。

（一）不明码标价的；

（二）不按规定的内容和方式明码标价的；

（三）在标价之外加价出售商品或收取未标明的费用的；

（四）不能提供降价记录或者有关核定价格资料的；

（五）擅自印制标价签或价目表的；

（六）使用未经监制的标价内容和方式的；

（七）其他违反明码标价规定的行为。

第二十二条 经营者利用标价进行价格欺诈的，由价格主管部门依照《价格违法行为行政处罚规定》第五条实施处罚。

第二十三条 商品和服务实行明码标价的具体方式和内容，除按本规定有关条款执行外，各省、自治区、直辖市人民政府价格主管部门可以结合本地区实际情况作出具体规定。

第二十四条 本规定由国家发展计划委员会负责解释。

第二十五条 本规定自2001年1月1日起施行。国家计划委员会1994年2月28日发布的《关于商品和服务实行明码标价的规定》和1994年3月3日发布的《关于商品和服务实行明码标价的规定实施细则》同时废止。

价格违法行为行政处罚规定

（1999年7月10日国务院批准，1999年8月1日国家发展计划委员会发布；根据2006年2月21日《国务院关于修改〈价格违法行为行政处罚规定〉的决定》第一次修订；根据2008年1月13日《国务院关于修改〈价格违法行为行政处罚规定〉的决定》第二次修订；根据2010年12月4日《国务院关于修改〈价格违法行为行政处罚规定〉的决定》第三次修订）

第一条　为了依法惩处价格违法行为，维护正常的价格秩序，保护消费者和经营者的合法权益，根据《中华人民共和国价格法》（以下简称价格法）的有关规定，制定本规定。

第二条　县级以上各级人民政府价格主管部门依法对价格活动进行监督检查，并决定对价格违法行为的行政处罚。

第三条　价格违法行为的行政处罚由价格违法行为发生地的地方人民政府价格主管部门决定；国务院价格主管部门规定由其上级价格主管部门决定的，从其规定。

第四条　经营者违反价格法第十四条的规定，有下列行为之一的，责令改正，没收违法所得，并处违法所得5倍以下的罚款；没有违法所得的，处10万元以上100万元以下的罚款；情节严重的，责令停业整顿，或者由工商行政管理机关吊销营业执照：

（一）除依法降价处理鲜活商品、季节性商品、积压商品等商品外，为了排挤竞争对手或者独占市场，以低于成本的价格倾销，扰乱正常的生产经营秩序，损害国家利益或者其他经营者的合法权益的；

（二）提供相同商品或者服务，对具有同等交易条件的其他经营者实行价格歧视的。

第五条　经营者违反价格法第十四条的规定，相互串通，操纵市场价格，造成商品价格较大幅度上涨的，责令改正，没收违法所得，并处违法所得5倍以下的罚款；没有违法所得的，处10万元以上100万元以下的罚款，情节较重的处100万元以上500万元以下的罚款；情节严重的，责令停业整顿，或者由工商行政管理机关吊销营业执照。

除前款规定情形外，经营者相互串通，操纵市场价格，损害其他经营者或者消费者合法权益的，依照本规定第四条的规定处罚。

行业协会或者其他单位组织经营者相互串通，操纵市场价格的，对经营者依照前两款的规定处罚；对行业协会或者其他单位，可以处50万元以下的罚款，情节严重的，由登记管理机关依法撤销登记、吊销执照。

第六条 经营者违反价格法第十四条的规定，有下列推动商品价格过快、过高上涨行为之一的，责令改正，没收违法所得，并处违法所得5倍以下的罚款；没有违法所得的，处5万元以上50万元以下的罚款，情节较重的处50万元以上300万元以下的罚款；情节严重的，责令停业整顿，或者由工商行政管理机关吊销营业执照：

（一）捏造、散布涨价信息，扰乱市场价格秩序的；

（二）除生产自用外，超出正常的存储数量或者存储周期，大量囤积市场供应紧张、价格发生异常波动的商品，经价格主管部门告诫仍继续囤积的；

（三）利用其他手段哄抬价格，推动商品价格过快、过高上涨的。

行业协会或者为商品交易提供服务的单位有前款规定的违法行为的，可以处50万元以下的罚款；情节严重的，由登记管理机关依法撤销登记、吊销执照。

前两款规定以外的其他单位散布虚假涨价信息，扰乱市场价格秩序，依法应当由其他主管机关查处的，价格主管部门可以提出依法处罚的建议，有关主管机关应当依法处罚。

第七条 经营者违反价格法第十四条的规定，利用虚假的或者使人误解的价格手段，诱骗消费者或者其他经营者与其进行交易的，责令改正，没收违法所得，并处违法所得5倍以下的罚款；没有违法所得的，处5万元以上50万元以下的罚款；情节严重的，责令停业整顿，或者由工商行政管理机关吊销营业执照。

第八条 经营者违反价格法第十四条的规定，采取抬高等级或者压低等级等手段销售、收购商品或者提供服务，变相提高或者压低价格的，责令改正，没收违法所得，并处违法所得5倍以下的罚款；没有违法所得的，处2万元以上20万元以下的罚款；情节严重的，责令停业整顿，或者由工商行政管理机关吊销营业执照。

第九条 经营者不执行政府指导价、政府定价，有下列行为之一的，责令改正，没收违法所得，并处违法所得5倍以下的罚款；没有违法所得的，处5万元以上50万元以下的罚款，情节较重的处50万元以上200万元以下的罚款；情节严重的，责令停业整顿：

（一）超出政府指导价浮动幅度制定价格的；

（二）高于或者低于政府定价制定价格的；

（三）擅自制定属于政府指导价、政府定价范围内的商品或者服务价格的；

（四）提前或者推迟执行政府指导价、政府定价的；

（五）自立收费项目或者自定标准收费的；

（六）采取分解收费项目、重复收费、扩大收费范围等方式变相提高收费标准的；

（七）对政府明令取消的收费项目继续收费的；

（八）违反规定以保证金、抵押金等形式变相收费的；

（九）强制或者变相强制服务并收费的；

（十）不按照规定提供服务而收取费用的；

（十一）不执行政府指导价、政府定价的其他行为。

第十条 经营者不执行法定的价格干预措施、紧急措施，有下列行为之一的，责令改正，没收违法所得，并处违法所得5倍以下的罚款；没有违法所得的，处10万元以上100万元以下的罚款，情节较重的处100万元以上500万元以下的罚款；情节严重的，责令停业整顿：

（一）不执行提价申报或者调价备案制度的；

（二）超过规定的差价率、利润率幅度的；

（三）不执行规定的限价、最低保护价的；

（四）不执行集中定价权限措施的；

（五）不执行冻结价格措施的；

（六）不执行法定的价格干预措施、紧急措施的其他行为。

第十一条 本规定第四条、第七条至第九条规定中经营者为个人的，对其没有违法所得的价格违法行为，可以处10万元以下的罚款。

本规定第五条、第六条、第十条规定中经营者为个人的，对其没有违法所得的价格违法行为，按照前款规定处罚；情节严重的，处10万元以上50万元以下的罚款。

第十二条 经营者违反法律、法规的规定牟取暴利的，责令改正，没收违法所得，可以并处违法所得5倍以下的罚款；情节严重的，责令停业整顿，或者由工商行政管理机关吊销营业执照。

第十三条 经营者违反明码标价规定，有下列行为之一的，责令改正，没收违法所得，可以并处5000元以下的罚款：

（一）不标明价格的；

（二）不按照规定的内容和方式明码标价的；

（三）在标价之外加价出售商品或者收取未标明的费用的；

（四）违反明码标价规定的其他行为。

第十四条　拒绝提供价格监督检查所需资料或者提供虚假资料的，责令改正，给予警告；逾期不改正的，可以处10万元以下的罚款，对直接负责的主管人员和其他直接责任人员给予纪律处分。

第十五条　政府价格主管部门进行价格监督检查时，发现经营者的违法行为同时具有下列三种情形的，可以依照价格法第三十四条第（三）项的规定责令其暂停相关营业：

（一）违法行为情节复杂或者情节严重，经查明后可能给予较重处罚的；

（二）不暂停相关营业，违法行为将继续的；

（三）不暂停相关营业，可能影响违法事实的认定，采取其他措施又不足以保证查明的。

政府价格主管部门进行价格监督检查时，执法人员不得少于2人，并应当向经营者或者有关人员出示证件。

第十六条　本规定第四条至第十三条规定中的违法所得，属于价格法第四十一条规定的消费者或者其他经营者多付价款的，责令经营者限期退还。难以查找多付价款的消费者或者其他经营者的，责令公告查找。

经营者拒不按照前款规定退还消费者或者其他经营者多付的价款，以及期限届满没有退还消费者或者其他经营者多付的价款，由政府价格主管部门予以没收，消费者或者其他经营者要求退还时，由经营者依法承担民事责任。

第十七条　经营者有《中华人民共和国行政处罚法》第二十七条所列情形的，应当依法从轻或者减轻处罚。

经营者有下列情形之一的，应当从重处罚：

（一）价格违法行为严重或者社会影响较大的；

（二）屡查屡犯的；

（三）伪造、涂改或者转移、销毁证据的；

（四）转移与价格违法行为有关的资金或者商品的；

（五）经营者拒不按照本规定第十六条第一款规定退还消费者或者其他经营者多付价款的；

（六）应予从重处罚的其他价格违法行为。

第十八条　本规定中以违法所得计算罚款数额的，违法所得无法确定时，按照没有违法所得的规定处罚。

第十九条　有本规定所列价格违法行为严重扰乱市场秩序，构成犯罪的，依法追究刑事责任。

第二十条　经营者对政府价格主管部门作出的处罚决定不服的，应当先依法申请行政复议；对行政复议决定不服的，可以依法向人民法院提起诉讼。

第二十一条 逾期不缴纳罚款的，每日按罚款数额的3%加处罚款；逾期不缴纳违法所得的，每日按违法所得数额的2‰加处罚款。

第二十二条 任何单位和个人有本规定所列价格违法行为，情节严重，拒不改正的，政府价格主管部门除依照本规定给予处罚外，可以公告其价格违法行为，直至其改正。

第二十三条 有关法律对价格法第十四条所列行为的处罚及处罚机关另有规定的，可以依照有关法律的规定执行。

第二十四条 价格执法人员泄露国家秘密、经营者的商业秘密或者滥用职权、玩忽职守、徇私舞弊，构成犯罪的，依法追究刑事责任；尚不构成犯罪的，依法给予处分。

第二十五条 本规定自公布之日起施行。

中华人民共和国专利法

(1984年3月12日第六届全国人民代表大会常务委员会第四次会议通过;根据1992年9月4日第七届全国人民代表大会常务委员会第二十七次会议《关于修改〈中华人民共和国专利法〉的决定》第一次修正;根据2000年8月25日第九届全国人民代表大会常务委员会第十七次会议《关于修改〈中华人民共和国专利法〉的决定》第二次修正;根据2008年12月27日第十一届全国人民代表大会常务委员会第六次会议《关于修改〈中华人民共和国专利法〉的决定》第三次修正,自2009年10月1日起施行)

第一章　总　　则

第一条　为了保护专利权人的合法权益,鼓励发明创造,推动发明创造的应用,提高创新能力,促进科学技术进步和经济社会发展,制定本法。

第二条　本法所称的发明创造是指发明、实用新型和外观设计。

发明,是指对产品、方法或者其改进所提出的新的技术方案。

实用新型,是指对产品的形状、构造或者其结合所提出的适于实用的新的技术方案。

外观设计,是指对产品的形状、图案或者其结合以及色彩与形状、图案的结合所作出的富有美感并适于工业应用的新设计。

第三条　国务院专利行政部门负责管理全国的专利工作;统一受理和审查专利申请,依法授予专利权。

省、自治区、直辖市人民政府管理专利工作的部门负责本行政区域内的专利管理工作。

第四条　申请专利的发明创造涉及国家安全或者重大利益需要保密的,按照国家有关规定办理。

第五条　对违反法律、社会公德或者妨害公共利益的发明创造,不授予专利权。

对违反法律、行政法规的规定获取或者利用遗传资源,并依赖该遗传资源完成的发明创造,不授予专利权。

第六条　执行本单位的任务或者主要是利用本单位的物质技术条件所完成

的发明创造为职务发明创造。职务发明创造申请专利的权利属于该单位;申请被批准后,该单位为专利权人。

非职务发明创造,申请专利的权利属于发明人或者设计人;申请被批准后,该发明人或者设计人为专利权人。

利用本单位的物质技术条件所完成的发明创造,单位与发明人或者设计人订有合同,对申请专利的权利和专利权的归属作出约定的,从其约定。

第七条 对发明人或者设计人的非职务发明创造专利申请,任何单位或者个人不得压制。

第八条 两个以上单位或者个人合作完成的发明创造、一个单位或者个人接受其他单位或者个人委托所完成的发明创造,除另有协议的以外,申请专利的权利属于完成或者共同完成的单位或者个人;申请被批准后,申请的单位或者个人为专利权人。

第九条 同样的发明创造只能授予一项专利权。但是,同一申请人同日对同样的发明创造既申请实用新型专利又申请发明专利,先获得的实用新型专利权尚未终止,且申请人声明放弃该实用新型专利权的,可以授予发明专利权。

两个以上的申请人分别就同样的发明创造申请专利的,专利权授予最先申请的人。

第十条 专利申请权和专利权可以转让。

中国单位或者个人向外国人、外国企业或者外国其他组织转让专利申请权或者专利权的,应当依照有关法律、行政法规的规定办理手续。

转让专利申请权或者专利权的,当事人应当订立书面合同,并向国务院专利行政部门登记,由国务院专利行政部门予以公告。专利申请权或者专利权的转让自登记之日起生效。

第十一条 发明和实用新型专利权被授予后,除本法另有规定的以外,任何单位或者个人未经专利权人许可,都不得实施其专利,即不得为生产经营目的制造、使用、许诺销售、销售、进口其专利产品,或者使用其专利方法以及使用、许诺销售、销售、进口依照该专利方法直接获得的产品。

外观设计专利权被授予后,任何单位或者个人未经专利权人许可,都不得实施其专利,即不得为生产经营目的制造、许诺销售、销售、进口其外观设计专利产品。

第十二条 任何单位或者个人实施他人专利的,应当与专利权人订立实施许可合同,向专利权人支付专利使用费。被许可人无权允许合同规定以外的任何单位或者个人实施该专利。

第十三条 发明专利申请公布后，申请人可以要求实施其发明的单位或者个人支付适当的费用。

第十四条 国有企业事业单位的发明专利，对国家利益或者公共利益具有重大意义的，国务院有关主管部门和省、自治区、直辖市人民政府报经国务院批准，可以决定在批准的范围内推广应用，允许指定的单位实施，由实施单位按照国家规定向专利权人支付使用费。

第十五条 专利申请权或者专利权的共有人对权利的行使有约定的，从其约定。没有约定的，共有人可以单独实施或者以普通许可方式许可他人实施该专利；许可他人实施该专利的，收取的使用费应当在共有人之间分配。

除前款规定的情形外，行使共有的专利申请权或者专利权应当取得全体共有人的同意。

第十六条 被授予专利权的单位应当对职务发明创造的发明人或者设计人给予奖励；发明创造专利实施后，根据其推广应用的范围和取得的经济效益，对发明人或者设计人给予合理的报酬。

第十七条 发明人或者设计人有权在专利文件中写明自己是发明人或者设计人。

专利权人有权在其专利产品或者该产品的包装上标明专利标识。

第十八条 在中国没有经常居所或者营业所的外国人、外国企业或者外国其他组织在中国申请专利的，依照其所属国同中国签订的协议或者共同参加的国际条约，或者依照互惠原则，根据本法办理。

第十九条 在中国没有经常居所或者营业所的外国人、外国企业或者外国其他组织在中国申请专利和办理其他专利事务的，应当委托依法设立的专利代理机构办理。

中国单位或者个人在国内申请专利和办理其他专利事务的，可以委托依法设立的专利代理机构办理。

专利代理机构应当遵守法律、行政法规，按照被代理人的委托办理专利申请或者其他专利事务；对被代理人发明创造的内容，除专利申请已经公布或者公告的以外，负有保密责任。专利代理机构的具体管理办法由国务院规定。

第二十条 任何单位或者个人将在中国完成的发明或者实用新型向外国申请专利的，应当事先报经国务院专利行政部门进行保密审查。保密审查的程序、期限等按照国务院的规定执行。

中国单位或者个人可以根据中华人民共和国参加的有关国际条约提出专利

国际申请。申请人提出专利国际申请的,应当遵守前款规定。

国务院专利行政部门依照中华人民共和国参加的有关国际条约、本法和国务院有关规定处理专利国际申请。

对违反本条第一款规定向外国申请专利的发明或者实用新型,在中国申请专利的,不授予专利权。

第二十一条 国务院专利行政部门及其专利复审委员会应当按照客观、公正、准确、及时的要求,依法处理有关专利的申请和请求。

国务院专利行政部门应当完整、准确、及时发布专利信息,定期出版专利公报。

在专利申请公布或者公告前,国务院专利行政部门的工作人员及有关人员对其内容负有保密责任。

第二章 授予专利权的条件

第二十二条 授予专利权的发明和实用新型,应当具备新颖性、创造性和实用性。

新颖性,是指该发明或者实用新型不属于现有技术;也没有任何单位或者个人就同样的发明或者实用新型在申请日以前向国务院专利行政部门提出过申请,并记载在申请日以后公布的专利申请文件或者公告的专利文件中。

创造性,是指与现有技术相比,该发明具有突出的实质性特点和显著的进步,该实用新型具有实质性特点和进步。

实用性,是指该发明或者实用新型能够制造或者使用,并且能够产生积极效果。

本法所称现有技术,是指申请日以前在国内外为公众所知的技术。

第二十三条 授予专利权的外观设计,应当不属于现有设计;也没有任何单位或者个人就同样的外观设计在申请日以前向国务院专利行政部门提出过申请,并记载在申请日以后公告的专利文件中。

授予专利权的外观设计与现有设计或者现有设计特征的组合相比,应当具有明显区别。

授予专利权的外观设计不得与他人在申请日以前已经取得的合法权利相冲突。

本法所称现有设计,是指申请日以前在国内外为公众所知的设计。

第二十四条 申请专利的发明创造在申请日以前六个月内,有下列情形之一的，不丧失新颖性：

（一）在中国政府主办或者承认的国际展览会上首次展出的；

（二）在规定的学术会议或者技术会议上首次发表的；

（三）他人未经申请人同意而泄露其内容的。

第二十五条 对下列各项，不授予专利权：

（一）科学发现；

（二）智力活动的规则和方法；

（三）疾病的诊断和治疗方法；

（四）动物和植物品种；

（五）用原子核变换方法获得的物质；

（六）对平面印刷品的图案、色彩或者二者的结合作出的主要起标识作用的设计。

对前款第（四）项所列产品的生产方法，可以依照本法规定授予专利权。

第三章 专利的申请

第二十六条 申请发明或者实用新型专利的，应当提交请求书、说明书及其摘要和权利要求书等文件。

请求书应当写明发明或者实用新型的名称，发明人的姓名，申请人姓名或者名称、地址，以及其他事项。

说明书应当对发明或者实用新型作出清楚、完整的说明，以所属技术领域的技术人员能够实现为准；必要的时候，应当有附图。摘要应当简要说明发明或者实用新型的技术要点。

权利要求书应当以说明书为依据，清楚、简要地限定要求专利保护的范围。

依赖遗传资源完成的发明创造，申请人应当在专利申请文件中说明该遗传资源的直接来源和原始来源；申请人无法说明原始来源的，应当陈述理由。

第二十七条 申请外观设计专利的，应当提交请求书、该外观设计的图片或者照片以及对该外观设计的简要说明等文件。

申请人提交的有关图片或者照片应当清楚地显示要求专利保护的产品的外观设计。

第二十八条 国务院专利行政部门收到专利申请文件之日为申请日。如果申请文件是邮寄的，以寄出的邮戳日为申请日。

第二十九条 申请人自发明或者实用新型在外国第一次提出专利申请之日

起十二个月内，或者自外观设计在外国第一次提出专利申请之日起六个月内，又在中国就相同主题提出专利申请的，依照该外国同中国签订的协议或者共同参加的国际条约，或者依照相互承认优先权的原则，可以享有优先权。

申请人自发明或者实用新型在中国第一次提出专利申请之日起十二个月内，又向国务院专利行政部门就相同主题提出专利申请的，可以享有优先权。

第三十条 申请人要求优先权的，应当在申请的时候提出书面声明，并且在三个月内提交第一次提出的专利申请文件的副本；未提出书面声明或者逾期未提交专利申请文件副本的，视为未要求优先权。

第三十一条 一件发明或者实用新型专利申请应当限于一项发明或者实用新型。属于一个总的发明构思的两项以上的发明或者实用新型，可以作为一件申请提出。

一件外观设计专利申请应当限于一项外观设计。同一产品两项以上的相似外观设计，或者用于同一类别并且成套出售或者使用的产品的两项以上外观设计，可以作为一件申请提出。

第三十二条 申请人可以在被授予专利权之前随时撤回其专利申请。

第三十三条 申请人可以对其专利申请文件进行修改，但是，对发明和实用新型专利申请文件的修改不得超出原说明书和权利要求书记载的范围，对外观设计专利申请文件的修改不得超出原图片或者照片表示的范围。

第四章 专利申请的审查和批准

第三十四条 国务院专利行政部门收到发明专利申请后，经初步审查认为符合本法要求的，自申请日起满十八个月，即行公布。国务院专利行政部门可以根据申请人的请求早日公布其申请。

第三十五条 发明专利申请自申请日起三年内，国务院专利行政部门可以根据申请人随时提出的请求，对其申请进行实质审查；申请人无正当理由逾期不请求实质审查的，该申请即被视为撤回。

国务院专利行政部门认为必要的时候，可以自行对发明专利申请进行实质审查。

第三十六条 发明专利的申请人请求实质审查的时候，应当提交在申请日前与其发明有关的参考资料。

发明专利已经在外国提出过申请的，国务院专利行政部门可以要求申请人在指定期限内提交该国为审查其申请进行检索的资料或者审查结果的资料；无正当理由逾期不提交的，该申请即被视为撤回。

第三十七条 国务院专利行政部门对发明专利申请进行实质审查后，认为不符合本法规定的，应当通知申请人，要求其在指定的期限内陈述意见，或者对其申请进行修改；无正当理由逾期不答复的，该申请即被视为撤回。

第三十八条 发明专利申请经申请人陈述意见或者进行修改后，国务院专利行政部门仍然认为不符合本法规定的，应当予以驳回。

第三十九条 发明专利申请经实质审查没有发现驳回理由的，由国务院专利行政部门作出授予发明专利权的决定，发给发明专利证书，同时予以登记和公告。发明专利权自公告之日起生效。

第四十条 实用新型和外观设计专利申请经初步审查没有发现驳回理由的，由国务院专利行政部门作出授予实用新型专利权或者外观设计专利权的决定，发给相应的专利证书，同时予以登记和公告。实用新型专利权和外观设计专利权自公告之日起生效。

第四十一条 国务院专利行政部门设立专利复审委员会。专利申请人对国务院专利行政部门驳回申请的决定不服的，可以自收到通知之日起三个月内，向专利复审委员会请求复审。专利复审委员会复审后，作出决定，并通知专利申请人。

专利申请人对专利复审委员会的复审决定不服的，可以自收到通知之日起三个月内向人民法院起诉。

第五章 专利权的期限、终止和无效

第四十二条 发明专利权的期限为二十年，实用新型专利权和外观设计专利权的期限为十年，均自申请日起计算。

第四十三条 专利权人应当自被授予专利权的当年开始缴纳年费。

第四十四条 有下列情形之一的，专利权在期限届满前终止：

（一）没有按照规定缴纳年费的；

（二）专利权人以书面声明放弃其专利权的。

专利权在期限届满前终止的，由国务院专利行政部门登记和公告。

第四十五条 自国务院专利行政部门公告授予专利权之日起，任何单位或者个人认为该专利权的授予不符合本法有关规定的，可以请求专利复审委员会宣告该专利权无效。

第四十六条 专利复审委员会对宣告专利权无效的请求应当及时审查和作

出决定，并通知请求人和专利权人。宣告专利权无效的决定，由国务院专利行政部门登记和公告。

对专利复审委员会宣告专利权无效或者维持专利权的决定不服的，可以自收到通知之日起三个月内向人民法院起诉。人民法院应当通知无效宣告请求程序的对方当事人作为第三人参加诉讼。

第四十七条 宣告无效的专利权视为自始即不存在。

宣告专利权无效的决定，对在宣告专利权无效前人民法院作出并已执行的专利侵权的判决、调解书，已经履行或者强制执行的专利侵权纠纷处理决定，以及已经履行的专利实施许可合同和专利权转让合同，不具有追溯力。但是因专利权人的恶意给他人造成的损失，应当给予赔偿。

依照前款规定不返还专利侵权赔偿金、专利使用费、专利权转让费，明显违反公平原则的，应当全部或者部分返还。

第六章　专利实施的强制许可

第四十八条 有下列情形之一的，国务院专利行政部门根据具备实施条件的单位或者个人的申请，可以给予实施发明专利或者实用新型专利的强制许可：

（一）专利权人自专利权被授予之日起满三年，且自提出专利申请之日起满四年，无正当理由未实施或者未充分实施其专利的；

（二）专利权人行使专利权的行为被依法认定为垄断行为，为消除或者减少该行为对竞争产生的不利影响的。

第四十九条 在国家出现紧急状态或者非常情况时，或者为了公共利益的目的，国务院专利行政部门可以给予实施发明专利或者实用新型专利的强制许可。

第五十条 为了公共健康目的，对取得专利权的药品，国务院专利行政部门可以给予制造并将其出口到符合中华人民共和国参加的有关国际条约规定的国家或者地区的强制许可。

第五十一条 一项取得专利权的发明或者实用新型比前已经取得专利权的发明或者实用新型具有显著经济意义的重大技术进步，其实施又有赖于前一发明或者实用新型的实施的，国务院专利行政部门根据后一专利权人的申请，可以给予实施前一发明或者实用新型的强制许可。

在依照前款规定给予实施强制许可的情形下，国务院专利行政部门根据前一专利权人的申请，也可以给予实施后一发明或者实用新型的强制许可。

第五十二条 强制许可涉及的发明创造为半导体技术的，其实施限于公共利益的目的和本法第四十八条第（二）项规定的情形。

第五十三条 除依照本法第四十八条第（二）项、第五十条规定给予的强制许可外，强制许可的实施应当主要为了供应国内市场。

第五十四条 依照本法第四十八条第（一）项、第五十一条规定申请强制许可的单位或者个人应当提供证据，证明其以合理的条件请求专利权人许可其实施专利，但未能在合理的时间内获得许可。

第五十五条 国务院专利行政部门作出的给予实施强制许可的决定，应当及时通知专利权人，并予以登记和公告。

给予实施强制许可的决定，应当根据强制许可的理由规定实施的范围和时间。强制许可的理由消除并不再发生时，国务院专利行政部门应当根据专利权人的请求，经审查后作出终止实施强制许可的决定。

第五十六条 取得实施强制许可的单位或者个人不享有独占的实施权，并且无权允许他人实施。

第五十七条 取得实施强制许可的单位或者个人应当付给专利权人合理的使用费，或者依照中华人民共和国参加的有关国际条约的规定处理使用费问题。付给使用费的，其数额由双方协商；双方不能达成协议的，由国务院专利行政部门裁决。

第五十八条 专利权人对国务院专利行政部门关于实施强制许可的决定不服的，专利权人和取得实施强制许可的单位或者个人对国务院专利行政部门关于实施强制许可的使用费的裁决不服的，可以自收到通知之日起三个月内向人民法院起诉。

第七章　专利权的保护

第五十九条 发明或者实用新型专利权的保护范围以其权利要求的内容为准，说明书及附图可以用于解释权利要求的内容。

外观设计专利权的保护范围以表示在图片或者照片中的该产品的外观设计为准，简要说明可以用于解释图片或者照片所表示的该产品的外观设计。

第六十条 未经专利权人许可，实施其专利，即侵犯其专利权，引起纠纷的，由当事人协商解决；不愿协商或者协商不成的，专利权人或者利害关系人可以向人民法院起诉，也可以请求管理专利工作的部门处理。管理专利工作的部门处理时，认定侵权行为成立的，可以责令侵权人立即停止侵权行为，当事人不服的，可以自收到处理通知之日起十五日内依照《中华人民共和国行政诉讼法》向人民法院起诉；侵权人期满不起诉又不停止侵权行为的，管理专利工作的部门可以申请人民法院强制执行。进行处理的管理专利工作的部门应当事人的请求，可以就侵犯专利权的赔偿数额进行调解；调解不成的，当事人可以依照《中华人民共和国民事诉讼法》向人民法院起诉。

第六十一条 专利侵权纠纷涉及新产品制造方法的发明专利的，制造同样产品的单位或者个人应当提供其产品制造方法不同于专利方法的证明。

专利侵权纠纷涉及实用新型专利或者外观设计专利的，人民法院或者管理专利工作的部门可以要求专利权人或者利害关系人出具由国务院专利行政部门对相关实用新型或者外观设计进行检索、分析和评价后作出的专利权评价报告，作为审理、处理专利侵权纠纷的证据。

第六十二条 在专利侵权纠纷中，被控侵权人有证据证明其实施的技术或者设计属于现有技术或者现有设计的，不构成侵犯专利权。

第六十三条 假冒专利的，除依法承担民事责任外，由管理专利工作的部门责令改正并予公告，没收违法所得，可以并处违法所得四倍以下的罚款；没有违法所得的，可以处二十万元以下的罚款；构成犯罪的，依法追究刑事责任。

第六十四条 管理专利工作的部门根据已经取得的证据，对涉嫌假冒专利行为进行查处时，可以询问有关当事人，调查与涉嫌违法行为有关的情况；对当事人涉嫌违法行为的场所实施现场检查；查阅、复制与涉嫌违法行为有关的合同、发票、账簿以及其他有关资料；检查与涉嫌违法行为有关的产品，对有证据证明是假冒专利的产品，可以查封或者扣押。

管理专利工作的部门依法行使前款规定的职权时，当事人应当予以协助、配合，不得拒绝、阻挠。

第六十五条 侵犯专利权的赔偿数额按照权利人因被侵权所受到的实际损失确定；实际损失难以确定的，可以按照侵权人因侵权所获得的利益确定。权利人的损失或者侵权人获得的利益难以确定的，参照该专利许可使用费的倍数合理确定。赔偿数额还应当包括权利人为制止侵权行为所支付的合理开支。

权利人的损失、侵权人获得的利益和专利许可使用费均难以确定的，人民法院可以根据专利权的类型、侵权行为的性质和情节等因素，确定给予一万元以上一百万元以下的赔偿。

第六十六条 专利权人或者利害关系人有证据证明他人正在实施或者即将实施侵犯专利权的行为，如不及时制止将会使其合法权益受到难以弥补的损害的，可以在起诉前向人民法院申请采取责令停止有关行为的措施。

申请人提出申请时，应当提供担保；不提供担保的，驳回申请。

人民法院应当自接受申请之时起四十八小时内作出裁定；有特殊情况需要延长的，可以延长四十八小时。裁定责令停止有关行为的，应当立即执行。当事人对裁定不服的，可以申请复议一次；复议期间不停止裁定的执行。

申请人自人民法院采取责令停止有关行为的措施之日起十五日内不起诉的，人民法院应当解除该措施。

申请有错误的，申请人应当赔偿被申请人因停止有关行为所遭受的损失。

第六十七条 为了制止专利侵权行为，在证据可能灭失或者以后难以取得的情况下，专利权人或者利害关系人可以在起诉前向人民法院申请保全证据。

人民法院采取保全措施，可以责令申请人提供担保；申请人不提供担保的，驳回申请。

人民法院应当自接受申请之时起四十八小时内作出裁定；裁定采取保全措施的，应当立即执行。

申请人自人民法院采取保全措施之日起十五日内不起诉的，人民法院应当解除该措施。

第六十八条 侵犯专利权的诉讼时效为二年，自专利权人或者利害关系人得知或者应当得知侵权行为之日起计算。

发明专利申请公布后至专利权授予前使用该发明未支付适当使用费的，专利权人要求支付使用费的诉讼时效为二年，自专利权人得知或者应当得知他人使用其发明之日起计算，但是，专利权人于专利权授予之日前即已得知或者应当得知的，自专利权授予之日起计算。

第六十九条 有下列情形之一的，不视为侵犯专利权：

（一）专利产品或者依照专利方法直接获得的产品，由专利权人或者经其许可的单位、个人售出后，使用、许诺销售、销售、进口该产品的；

（二）在专利申请日前已经制造相同产品、使用相同方法或者已经作好制造、使用的必要准备，并且仅在原有范围内继续制造、使用的；

（三）临时通过中国领陆、领水、领空的外国运输工具，依照其所属国同中国签订的协议或者共同参加的国际条约，或者依照互惠原则，为运输工具自身需要而在其装置和设备中使用有关专利的；

（四）专为科学研究和实验而使用有关专利的；

（五）为提供行政审批所需要的信息，制造、使用、进口专利药品或者专利医疗器械的，以及专门为其制造、进口专利药品或者专利医疗器械的。

第七十条　为生产经营目的使用、许诺销售或者销售不知道是未经专利权人许可而制造并售出的专利侵权产品,能证明该产品合法来源的,不承担赔偿责任。

第七十一条　违反本法第二十条规定向外国申请专利,泄露国家秘密的,由所在单位或者上级主管机关给予行政处分;构成犯罪的,依法追究刑事责任。

第七十二条　侵夺发明人或者设计人的非职务发明创造专利申请权和本法规定的其他权益的,由所在单位或者上级主管机关给予行政处分。

第七十三条　管理专利工作的部门不得参与向社会推荐专利产品等经营活动。

管理专利工作的部门违反前款规定的,由其上级机关或者监察机关责令改正,消除影响,有违法收入的予以没收;情节严重的,对直接负责的主管人员和其他直接责任人员依法给予行政处分。

第七十四条　从事专利管理工作的国家机关工作人员以及其他有关国家机关工作人员玩忽职守、滥用职权、徇私舞弊,构成犯罪的,依法追究刑事责任;尚不构成犯罪的,依法给予行政处分。

第八章　附　　则

第七十五条　向国务院专利行政部门申请专利和办理其他手续,应当按照规定缴纳费用。

第七十六条　本法自 1985 年 4 月 1 日起施行。

中华人民共和国商标法

（1982年8月23日第五届全国人民代表大会常务委员会第二十四次会议通过根据1993年2月22日第七届全国人民代表大会常务委员会第三十次会议《关于修改〈中华人民共和国商标法〉的决定》第一次修正根据2001年10月27日第九届全国人民代表大会常务委员会第二十四次会议《关于修改〈中华人民共和国商标法〉的决定》第二次修正根据2013年8月30日第十二届全国人民代表大会常务委员会第四次会议《关于修改〈中华人民共和国商标法〉的决定》第三次修正）

第一章　总　　则

第一条　为了加强商标管理，保护商标专用权，促使生产、经营者保证商品和服务质量，维护商标信誉，以保障消费者和生产、经营者的利益，促进社会主义市场经济的发展，特制定本法。

第二条　国务院工商行政管理部门商标局主管全国商标注册和管理的工作。

国务院工商行政管理部门设立商标评审委员会，负责处理商标争议事宜。

第三条　经商标局核准注册的商标为注册商标，包括商品商标、服务商标和集体商标、证明商标；商标注册人享有商标专用权，受法律保护。

本法所称集体商标，是指以团体、协会或者其他组织名义注册，供该组织成员在商事活动中使用，以表明使用者在该组织中的成员资格的标志。

本法所称证明商标，是指由对某种商品或者服务具有监督能力的组织所控制，而由该组织以外的单位或者个人使用于其商品或者服务，用以证明该商品或者服务的原产地、原料、制造方法、质量或者其他特定品质的标志。

集体商标、证明商标注册和管理的特殊事项，由国务院工商行政管理部门规定。

第四条　自然人、法人或者其他组织在生产经营活动中，对其商品或者服务需要取得商标专用权的，应当向商标局申请商标注册。

本法有关商品商标的规定，适用于服务商标。

第五条　两个以上的自然人、法人或者其他组织可以共同向商标局申请注册同一商标，共同享有和行使该商标专用权。

第六条 法律、行政法规规定必须使用注册商标的商品，必须申请商标注册，未经核准注册的，不得在市场销售。

第七条 申请注册和使用商标，应当遵循诚实信用原则。

商标使用人应当对其使用商标的商品质量负责。各级工商行政管理部门应当通过商标管理，制止欺骗消费者的行为。

第八条 任何能够将自然人、法人或者其他组织的商品与他人的商品区别开的标志，包括文字、图形、字母、数字、三维标志、颜色组合和声音等，以及上述要素的组合，均可以作为商标申请注册。

第九条 申请注册的商标，应当有显著特征，便于识别，并不得与他人在先取得的合法权利相冲突。

商标注册人有权标明"注册商标"或者注册标记。

第十条 下列标志不得作为商标使用：

（一）同中华人民共和国的国家名称、国旗、国徽、国歌、军旗、军徽、军歌、勋章等相同或者近似的，以及同中央国家机关的名称、标志、所在地特定地点的名称或者标志性建筑物的名称、图形相同的；

（二）同外国的国家名称、国旗、国徽、军旗等相同或者近似的，但经该国政府同意的除外；

（三）同政府间国际组织的名称、旗帜、徽记等相同或者近似的，但经该组织同意或者不易误导公众的除外；

（四）与表明实施控制、予以保证的官方标志、检验印记相同或者近似的，但经授权的除外；

（五）同"红十字"、"红新月"的名称、标志相同或者近似的；

（六）带有民族歧视性的；

（七）带有欺骗性，容易使公众对商品的质量等特点或者产地产生误认的；

（八）有害于社会主义道德风尚或者有其他不良影响的。

县级以上行政区划的地名或者公众知晓的外国地名，不得作为商标。但是，地名具有其他含义或者作为集体商标、证明商标组成部分的除外；已经注册的使用地名的商标继续有效。

第十一条 下列标志不得作为商标注册：

（一）仅有本商品的通用名称、图形、型号的；

（二）仅直接表示商品的质量、主要原料、功能、用途、重量、数量及其他特点的；

（三）其他缺乏显著特征的。

前款所列标志经过使用取得显著特征，并便于识别的，可以作为商标注册。

第十二条 以三维标志申请注册商标的，仅由商品自身的性质产生的形状、为获得技术效果而需有的商品形状或者使商品具有实质性价值的形状，不得注册。

第十三条 为相关公众所熟知的商标，持有人认为其权利受到侵害时，可以依照本法规定请求驰名商标保护。

就相同或者类似商品申请注册的商标是复制、摹仿或者翻译他人未在中国注册的驰名商标，容易导致混淆的，不予注册并禁止使用。

就不相同或者不相类似商品申请注册的商标是复制、摹仿或者翻译他人已经在中国注册的驰名商标，误导公众，致使该驰名商标注册人的利益可能受到损害的，不予注册并禁止使用。

第十四条 驰名商标应当根据当事人的请求，作为处理涉及商标案件需要认定的事实进行认定。认定驰名商标应当考虑下列因素：

（一）相关公众对该商标的知晓程度；

（二）该商标使用的持续时间；

（三）该商标的任何宣传工作的持续时间、程度和地理范围；

（四）该商标作为驰名商标受保护的记录；

（五）该商标驰名的其他因素。

在商标注册审查、工商行政管理部门查处商标违法案件过程中，当事人依照本法第十三条规定主张权利的，商标局根据审查、处理案件的需要，可以对商标驰名情况作出认定。

在商标争议处理过程中，当事人依照本法第十三条规定主张权利的，商标评审委员会根据处理案件的需要，可以对商标驰名情况作出认定。

在商标民事、行政案件审理过程中，当事人依照本法第十三条规定主张权利的，最高人民法院指定的人民法院根据审理案件的需要，可以对商标驰名情况作出认定。

生产、经营者不得将“驰名商标”字样用于商品、商品包装或者容器上，或者用于广告宣传、展览以及其他商业活动中。

第十五条 未经授权，代理人或者代表人以自己的名义将被代理人或者被代表人的商标进行注册，被代理人或者被代表人提出异议的，不予注册并禁止使用。

就同一种商品或者类似商品申请注册的商标与他人在先使用的未注册商标相同或者近似，申请人与该他人具有前款规定以外的合同、业务往来关系或者其他关系而明知该他人商标存在，该他人提出异议的，不予注册。

第十六条 商标中有商品的地理标志，而该商品并非来源于该标志所标示的地区，误导公众的，不予注册并禁止使用；但是，已经善意取得注册的继续有效。

前款所称地理标志，是指标示某商品来源于某地区，该商品的特定质量、信誉或者其他特征，主要由该地区的自然因素或者人文因素所决定的标志。

第十七条 外国人或者外国企业在中国申请商标注册的，应当按其所属国和中华人民共和国签订的协议或者共同参加的国际条约办理，或者按对等原则办理。

第十八条 申请商标注册或者办理其他商标事宜，可以自行办理，也可以委托依法设立的商标代理机构办理。

外国人或者外国企业在中国申请商标注册和办理其他商标事宜的，应当委托依法设立的商标代理机构办理。

第十九条 商标代理机构应当遵循诚实信用原则，遵守法律、行政法规，按照被代理人的委托办理商标注册申请或者其他商标事宜；对在代理过程中知悉的被代理人的商业秘密，负有保密义务。

委托人申请注册的商标可能存在本法规定不得注册情形的，商标代理机构应当明确告知委托人。

商标代理机构知道或者应当知道委托人申请注册的商标属于本法第十五条和第三十二条规定情形的，不得接受其委托。

商标代理机构除对其代理服务申请商标注册外，不得申请注册其他商标。

第二十条 商标代理行业组织应当按照章程规定，严格执行吸纳会员的条件，对违反行业自律规范的会员实行惩戒。商标代理行业组织对其吸纳的会员和对会员的惩戒情况，应当及时向社会公布。

第二十一条 商标国际注册遵循中华人民共和国缔结或者参加的有关国际条约确立的制度，具体办法由国务院规定。

第二章 商标注册的申请

第二十二条 商标注册申请人应当按规定的商品分类表填报使用商标的商品类别和商品名称，提出注册申请。

商标注册申请人可以通过一份申请就多个类别的商品申请注册同一商标。

商标注册申请等有关文件，可以以书面方式或者数据电文方式提出。

第二十三条 注册商标需要在核定使用范围之外的商品上取得商标专用权的，应当另行提出注册申请。

第二十四条 注册商标需要改变其标志的，应当重新提出注册申请。

第二十五条 商标注册申请人自其商标在外国第一次提出商标注册申请之日起六个月内，又在中国就相同商品以同一商标提出商标注册申请的，依照该外国同中国签订的协议或者共同参加的国际条约，或者按照相互承认优先权的原则，可以享有优先权。

依照前款要求优先权的，应当在提出商标注册申请的时候提出书面声明，并且在三个月内提交第一次提出的商标注册申请文件的副本；未提出书面声明或者逾期未提交商标注册申请文件副本的，视为未要求优先权。

第二十六条 商标在中国政府主办的或者承认的国际展览会展出的商品上首次使用的，自该商品展出之日起六个月内，该商标的注册申请人可以享有优先权。

依照前款要求优先权的，应当在提出商标注册申请的时候提出书面声明，并且在三个月内提交展出其商品的展览会名称、在展出商品上使用该商标的证据、展出日期等证明文件；未提出书面声明或者逾期未提交证明文件的，视为未要求优先权。

第二十七条 为申请商标注册所申报的事项和所提供的材料应当真实、准确、完整。

第三章 商标注册的审查和核准

第二十八条 对申请注册的商标，商标局应当自收到商标注册申请文件之日起九个月内审查完毕，符合本法有关规定的，予以初步审定公告。

第二十九条 在审查过程中，商标局认为商标注册申请内容需要说明或者修正的，可以要求申请人做出说明或者修正。申请人未做出说明或者修正的，不影响商标局做出审查决定。

第三十条 申请注册的商标，凡不符合本法有关规定或者同他人在同一种商品或者类似商品上已经注册的或者初步审定的商标相同或者近似的，由商标局驳回申请，不予公告。

第三十一条 两个或者两个以上的商标注册申请人，在同一种商品或者类似商品上，以相同或者近似的商标申请注册的，初步审定并公告申请在先的商标；同一天申请的，初步审定并公告使用在先的商标，驳回其他人的申请，不予公告。

第三十二条 申请商标注册不得损害他人现有的在先权利，也不得以不正当手段抢先注册他人已经使用并有一定影响的商标。

第三十三条　对初步审定公告的商标，自公告之日起三个月内，在先权利人、利害关系人认为违反本法第十三条第二款和第三款、第十五条、第十六条第一款、第三十条、第三十一条、第三十二条规定的，或者任何人认为违反本法第十条、第十一条、第十二条规定的，可以向商标局提出异议。公告期满无异议的，予以核准注册，发给商标注册证，并予公告。

第三十四条　对驳回申请、不予公告的商标，商标局应当书面通知商标注册申请人。商标注册申请人不服的，可以自收到通知之日起十五日内向商标评审委员会申请复审。商标评审委员会应当自收到申请之日起九个月内做出决定，并书面通知申请人。有特殊情况需要延长的，经国务院工商行政管理部门批准，可以延长三个月。当事人对商标评审委员会的决定不服的，可以自收到通知之日起三十日内向人民法院起诉。

第三十五条　对初步审定公告的商标提出异议的，商标局应当听取异议人和被异议人陈述事实和理由，经调查核实后，自公告期满之日起十二个月内做出是否准予注册的决定，并书面通知异议人和被异议人。有特殊情况需要延长的，经国务院工商行政管理部门批准，可以延长六个月。

商标局做出准予注册决定的，发给商标注册证，并予公告。异议人不服的，可以依照本法第四十四条、第四十五条的规定向商标评审委员会请求宣告该注册商标无效。

商标局做出不予注册决定，被异议人不服的，可以自收到通知之日起十五日内向商标评审委员会申请复审。商标评审委员会应当自收到申请之日起十二个月内做出复审决定，并书面通知异议人和被异议人。有特殊情况需要延长的，经国务院工商行政管理部门批准，可以延长六个月。被异议人对商标评审委员会的决定不服的，可以自收到通知之日起三十日内向人民法院起诉。人民法院应当通知异议人作为第三人参加诉讼。

商标评审委员会在依照前款规定进行复审的过程中，所涉及的在先权利的确定必须以人民法院正在审理或者行政机关正在处理的另一案件的结果为依据的，可以中止审查。中止原因消除后，应当恢复审查程序。

第三十六条　法定期限届满，当事人对商标局做出的驳回申请决定、不予注册决定不申请复审或者对商标评审委员会做出的复审决定不向人民法院起诉的，驳回申请决定、不予注册决定或者复审决定生效。

经审查异议不成立而准予注册的商标，商标注册申请人取得商标专用权的时间自初步审定公告三个月期满之日起计算。自该商标公告期满之日起至准予注册决定做出前，对他人在同一种或者类似商品上使用与该商标相同或者近似的标志的行为不具有追溯力；但是，因该使用人的恶意给商标注册人造成的损失，应当给予赔偿。

第三十七条　对商标注册申请和商标复审申请应当及时进行审查。

第三十八条　商标注册申请人或者注册人发现商标申请文件或者注册文件有明显错误的，可以申请更正。商标局依法在其职权范围内作出更正，并通知当事人。

前款所称更正错误不涉及商标申请文件或者注册文件的实质性内容。

第四章　注册商标的续展、变更、转让和使用许可

第三十九条　注册商标的有效期为十年，自核准注册之日起计算。

第四十条　注册商标有效期满，需要继续使用的，商标注册人应当在期满前十二个月内按照规定办理续展手续；在此期间未能办理的，可以给予六个月的宽展期。每次续展注册的有效期为十年，自该商标上一届有效期满次日起计算。期满未办理续展手续的，注销其注册商标。

商标局应当对续展注册的商标予以公告。

第四十一条　注册商标需要变更注册人的名义、地址或者其他注册事项的，应当提出变更申请。

第四十二条　转让注册商标的，转让人和受让人应当签订转让协议，并共同向商标局提出申请。受让人应当保证使用该注册商标的商品质量。

转让注册商标的，商标注册人对其在同一种商品上注册的近似的商标，或者在类似商品上注册的相同或者近似的商标，应当一并转让。

对容易导致混淆或者有其他不良影响的转让，商标局不予核准，书面通知申请人并说明理由。

转让注册商标经核准后，予以公告。受让人自公告之日起享有商标专用权。

第四十三条　商标注册人可以通过签订商标使用许可合同，许可他人使用其注册商标。许可人应当监督被许可人使用其注册商标的商品质量。被许可人应当保证使用该注册商标的商品质量。

经许可使用他人注册商标的，必须在使用该注册商标的商品上标明被许可人的名称和商品产地。

许可他人使用其注册商标的，许可人应当将其商标使用许可报商标局备案，由商标局公告。商标使用许可未经备案不得对抗善意第三人。

第五章　注册商标的无效宣告

第四十四条　已经注册的商标，违反本法第十条、第十一条、第十二条规定的，或者是以欺骗手段或者其他不正当手段取得注册的，由商标局宣告该注册商标无效；其他单位或者个人可以请求商标评审委员会宣告该注册商标无效。

商标局做出宣告注册商标无效的决定，应当书面通知当事人。当事人对商标局的决定不服的，可以自收到通知之日起十五日内向商标评审委员会申请复审。商标评审委员会应当自收到申请之日起九个月内做出决定，并书面通知当事人。有特殊情况需要延长的，经国务院工商行政管理部门批准，可以延长三个月。当事人对商标评审委员会的决定不服的，可以自收到通知之日起三十日内向人民法院起诉。

其他单位或者个人请求商标评审委员会宣告注册商标无效的，商标评审委员会收到申请后，应当书面通知有关当事人，并限期提出答辩。商标评审委员会应当自收到申请之日起九个月内做出维持注册商标或者宣告注册商标无效的裁定，并书面通知当事人。有特殊情况需要延长的，经国务院工商行政管理部门批准，可以延长三个月。当事人对商标评审委员会的裁定不服的，可以自收到通知之日起三十日内向人民法院起诉。人民法院应当通知商标裁定程序的对方当事人作为第三人参加诉讼。

第四十五条　已经注册的商标，违反本法第十三条第二款和第三款、第十五条、第十六条第一款、第三十条、第三十一条、第三十二条规定的，自商标注册之日起五年内，在先权利人或者利害关系人可以请求商标评审委员会宣告该注册商标无效。对恶意注册的，驰名商标所有人不受五年的时间限制。

商标评审委员会收到宣告注册商标无效的申请后，应当书面通知有关当事人，并限期提出答辩。商标评审委员会应当自收到申请之日起十二个月内做出维持注册商标或者宣告注册商标无效的裁定，并书面通知当事人。有特殊情况需要延长的，经国务院工商行政管理部门批准，可以延长六个月。当事人对商标评审委员会的裁定不服的，可以自收到通知之日起三十日内向人民法院起诉。人民法院应当通知商标裁定程序的对方当事人作为第三人参加诉讼。

商标评审委员会在依照前款规定对无效宣告请求进行审查的过程中，所涉及的在先权利的确定必须以人民法院正在审理或者行政机关正在处理的另一案件的结果为依据的，可以中止审查。中止原因消除后，应当恢复审查程序。

第四十六条　法定期限届满，当事人对商标局宣告注册商标无效的决定不申请复审或者对商标评审委员会的复审决定、维持注册商标或者宣告注册商标无效的裁定不向人民法院起诉的，商标局的决定或者商标评审委员会的复审决定、裁定生效。

第四十七条 依照本法第四十四条、第四十五条的规定宣告无效的注册商标，由商标局予以公告，该注册商标专用权视为自始即不存在。

宣告注册商标无效的决定或者裁定，对宣告无效前人民法院做出并已执行的商标侵权案件的判决、裁定、调解书和工商行政管理部门做出并已执行的商标侵权案件的处理决定以及已经履行的商标转让或者使用许可合同不具有追溯力。但是，因商标注册人的恶意给他人造成的损失，应当给予赔偿。

依照前款规定不返还商标侵权赔偿金、商标转让费、商标使用费，明显违反公平原则的，应当全部或者部分返还。

第六章　商标使用的管理

第四十八条 本法所称商标的使用，是指将商标用于商品、商品包装或者容器以及商品交易文书上，或者将商标用于广告宣传、展览以及其他商业活动中，用于识别商品来源的行为。

第四十九条 商标注册人在使用注册商标的过程中，自行改变注册商标、注册人名义、地址或者其他注册事项的，由地方工商行政管理部门责令限期改正；期满不改正的，由商标局撤销其注册商标。

注册商标成为其核定使用的商品的通用名称或者没有正当理由连续三年不使用的，任何单位或者个人可以向商标局申请撤销该注册商标。商标局应当自收到申请之日起九个月内做出决定。有特殊情况需要延长的，经国务院工商行政管理部门批准，可以延长三个月。

第五十条 注册商标被撤销、被宣告无效或者期满不再续展的，自撤销、宣告无效或者注销之日起一年内，商标局对与该商标相同或者近似的商标注册申请，不予核准。

第五十一条 违反本法第六条规定的，由地方工商行政管理部门责令限期申请注册，违法经营额五万元以上的，可以处违法经营额百分之二十以下的罚款，没有违法经营额或者违法经营额不足五万元的，可以处一万元以下的罚款。

第五十二条 将未注册商标冒充注册商标使用的，或者使用未注册商标违反本法第十条规定的，由地方工商行政管理部门予以制止，限期改正，并可以予以通报，违法经营额五万元以上的，可以处违法经营额百分之二十以下的罚款，没有违法经营额或者违法经营额不足五万元的，可以处一万元以下的罚款。

第五十三条 违反本法第十四条第五款规定的，由地方工商行政管理部门责令改正，处十万元罚款。

第五十四条 对商标局撤销或者不予撤销注册商标的决定，当事人不服的，可以自收到通知之日起十五日内向商标评审委员会申请复审。商标评审委员会应当自收到申请之日起九个月内做出决定，并书面通知当事人。有特殊情况需要延长的，经国务院工商行政管理部门批准，可以延长三个月。当事人对商标评审委员会的决定不服的，可以自收到通知之日起三十日内向人民法院起诉。

第五十五条 法定期限届满，当事人对商标局做出的撤销注册商标的决定不申请复审或者对商标评审委员会做出的复审决定不向人民法院起诉的，撤销注册商标的决定、复审决定生效。

被撤销的注册商标，由商标局予以公告，该注册商标专用权自公告之日起终止。

第七章　注册商标专用权的保护

第五十六条 注册商标的专用权，以核准注册的商标和核定使用的商品为限。

第五十七条 有下列行为之一的，均属侵犯注册商标专用权：

（一）未经商标注册人的许可，在同一种商品上使用与其注册商标相同的商标的；

（二）未经商标注册人的许可，在同一种商品上使用与其注册商标近似的商标，或者在类似商品上使用与其注册商标相同或者近似的商标，容易导致混淆的；

（三）销售侵犯注册商标专用权的商品的；

（四）伪造、擅自制造他人注册商标标识或者销售伪造、擅自制造的注册商标标识的；

（五）未经商标注册人同意，更换其注册商标并将该更换商标的商品又投入市场的；

（六）故意为侵犯他人商标专用权行为提供便利条件，帮助他人实施侵犯商标专用权行为的；

（七）给他人的注册商标专用权造成其他损害的。

第五十八条 将他人注册商标、未注册的驰名商标作为企业名称中的字号使用，误导公众，构成不正当竞争行为的，依照《中华人民共和国反不正当竞争法》处理。

第五十九条 注册商标中含有的本商品的通用名称、图形、型号，或者直接表示商品的质量、主要原料、功能、用途、重量、数量及其他特点，或者含有的地名，注册商标专用权人无权禁止他人正当使用。

三维标志注册商标中含有的商品自身的性质产生的形状、为获得技术效果而需有的商品形状或者使商品具有实质性价值的形状，注册商标专用权人无权禁止他人正当使用。

商标注册人申请商标注册前，他人已经在同一种商品或者类似商品上先于商标注册人使用与注册商标相同或者近似并有一定影响的商标的，注册商标专用权人无权禁止该使用人在原使用范围内继续使用该商标，但可以要求其附加适当区别标识。

第六十条 有本法第五十七条所列侵犯注册商标专用权行为之一，引起纠纷的，由当事人协商解决；不愿协商或者协商不成的，商标注册人或者利害关系人可以向人民法院起诉，也可以请求工商行政管理部门处理。

工商行政管理部门处理时，认定侵权行为成立的，责令立即停止侵权行为，没收、销毁侵权商品和主要用于制造侵权商品、伪造注册商标标识的工具，违法经营额五万元以上的，可以处违法经营额五倍以下的罚款，没有违法经营额或者违法经营额不足五万元的，可以处二十五万元以下的罚款。对五年内实施两次以上商标侵权行为或者有其他严重情节的，应当从重处罚。销售不知道是侵犯注册商标专用权的商品，能证明该商品是自己合法取得并说明提供者的，由工商行政管理部门责令停止销售。

对侵犯商标专用权的赔偿数额的争议，当事人可以请求进行处理的工商行政管理部门调解，也可以依照《中华人民共和国民事诉讼法》向人民法院起诉。经工商行政管理部门调解，当事人未达成协议或者调解书生效后不履行的，当事人可以依照《中华人民共和国民事诉讼法》向人民法院起诉。

第六十一条 对侵犯注册商标专用权的行为，工商行政管理部门有权依法查处；涉嫌犯罪的，应当及时移送司法机关依法处理。

第六十二条 县级以上工商行政管理部门根据已经取得的违法嫌疑证据或者举报，对涉嫌侵犯他人注册商标专用权的行为进行查处时，可以行使下列职权：

（一）询问有关当事人，调查与侵犯他人注册商标专用权有关的情况；

（二）查阅、复制当事人与侵权活动有关的合同、发票、账簿以及其他有关资料；

（三）对当事人涉嫌从事侵犯他人注册商标专用权活动的场所实施现场检查；

（四）检查与侵权活动有关的物品；对有证据证明是侵犯他人注册商标专用权的物品，可以查封或者扣押。

工商行政管理部门依法行使前款规定的职权时，当事人应当予以协助、配合，不得拒绝、阻挠。

在查处商标侵权案件过程中，对商标权属存在争议或者权利人同时向人民法院提起商标侵权诉讼的，工商行政管理部门可以中止案件的查处。中止原因消除后，应当恢复或者终结案件查处程序。

第六十三条　侵犯商标专用权的赔偿数额，按照权利人因被侵权所受到的实际损失确定；实际损失难以确定的，可以按照侵权人因侵权所获得的利益确定；权利人的损失或者侵权人获得的利益难以确定的，参照该商标许可使用费的倍数合理确定。对恶意侵犯商标专用权，情节严重的，可以在按照上述方法确定数额的一倍以上三倍以下确定赔偿数额。赔偿数额应当包括权利人为制止侵权行为所支付的合理开支。

人民法院为确定赔偿数额，在权利人已经尽力举证，而与侵权行为相关的账簿、资料主要由侵权人掌握的情况下，可以责令侵权人提供与侵权行为相关的账簿、资料；侵权人不提供或者提供虚假的账簿、资料的，人民法院可以参考权利人的主张和提供的证据判定赔偿数额。

权利人因被侵权所受到的实际损失、侵权人因侵权所获得的利益、注册商标许可使用费难以确定的，由人民法院根据侵权行为的情节判决给予三百万元以下的赔偿。

第六十四条　注册商标专用权人请求赔偿，被控侵权人以注册商标专用权人未使用注册商标提出抗辩的，人民法院可以要求注册商标专用权人提供此前三年内实际使用该注册商标的证据。注册商标专用权人不能证明此前三年内实际使用过该注册商标，也不能证明因侵权行为受到其他损失的，被控侵权人不承担赔偿责任。

销售不知道是侵犯注册商标专用权的商品，能证明该商品是自己合法取得并说明提供者的，不承担赔偿责任。

第六十五条　商标注册人或者利害关系人有证据证明他人正在实施或者即将实施侵犯其注册商标专用权的行为，如不及时制止将会使其合法权益受到难以弥补的损害的，可以依法在起诉前向人民法院申请采取责令停止有关行为和财产保全的措施。

第六十六条 为制止侵权行为，在证据可能灭失或者以后难以取得的情况下，商标注册人或者利害关系人可以依法在起诉前向人民法院申请保全证据。

第六十七条 未经商标注册人许可，在同一种商品上使用与其注册商标相同的商标，构成犯罪的，除赔偿被侵权人的损失外，依法追究刑事责任。

伪造、擅自制造他人注册商标标识或者销售伪造、擅自制造的注册商标标识，构成犯罪的，除赔偿被侵权人的损失外，依法追究刑事责任。

销售明知是假冒注册商标的商品，构成犯罪的，除赔偿被侵权人的损失外，依法追究刑事责任。

第六十八条 商标代理机构有下列行为之一的，由工商行政管理部门责令限期改正，给予警告，处一万元以上十万元以下的罚款；对直接负责的主管人员和其他直接责任人员给予警告，处五千元以上五万元以下的罚款；构成犯罪的，依法追究刑事责任：

（一）办理商标事宜过程中，伪造、变造或者使用伪造、变造的法律文件、印章、签名的；

（二）以诋毁其他商标代理机构等手段招徕商标代理业务或者以其他不正当手段扰乱商标代理市场秩序的；

（三）违反本法第十九条第三款、第四款规定的。

商标代理机构有前款规定行为的，由工商行政管理部门记入信用档案；情节严重的，商标局、商标评审委员会并可以决定停止受理其办理商标代理业务，予以公告。

商标代理机构违反诚实信用原则，侵害委托人合法利益的，应当依法承担民事责任，并由商标代理行业组织按照章程规定予以惩戒。

第六十九条 从事商标注册、管理和复审工作的国家机关工作人员必须秉公执法，廉洁自律，忠于职守，文明服务。

商标局、商标评审委员会以及从事商标注册、管理和复审工作的国家机关工作人员不得从事商标代理业务和商品生产经营活动。

第七十条 工商行政管理部门应当建立健全内部监督制度，对负责商标注册、管理和复审工作的国家机关工作人员执行法律、行政法规和遵守纪律的情况，进行监督检查。

第七十一条 从事商标注册、管理和复审工作的国家机关工作人员玩忽职守、滥用职权、徇私舞弊，违法办理商标注册、管理和复审事项，收受当事人财物，牟取不正当利益，构成犯罪的，依法追究刑事责任；尚不构成犯罪的，依法给予处分。

第八章　附　　则

第七十二条　申请商标注册和办理其他商标事宜的，应当缴纳费用，具体收费标准另定。

第七十三条　本法自1983年3月1日起施行。1963年4月10日国务院公布的《商标管理条例》同时废止；其他有关商标管理的规定，凡与本法抵触的，同时失效。

本法施行前已经注册的商标继续有效。

驰名商标认定和保护规定

（国家工商行政管理总局令第66号，
自2014年7月3日公布之日起30日后施行。）

第一条 为规范驰名商标认定工作，保护驰名商标持有人的合法权益，根据《中华人民共和国商标法》（以下简称商标法）、《中华人民共和国商标法实施条例》（以下简称实施条例），制定本规定。

第二条 驰名商标是在中国为相关公众所熟知的商标。

相关公众包括与使用商标所标示的某类商品或者服务有关的消费者，生产前述商品或者提供服务的其他经营者以及经销渠道中所涉及的销售者和相关人员等。

第三条 商标局、商标评审委员会根据当事人请求和审查、处理案件的需要，负责在商标注册审查、商标争议处理和工商行政管理部门查处商标违法案件过程中认定和保护驰名商标。

第四条 驰名商标认定遵循个案认定、被动保护的原则。

第五条 当事人依照商标法第三十三条规定向商标局提出异议，并依照商标法第十三条规定请求驰名商标保护的，可以向商标局提出驰名商标保护的书面请求并提交其商标构成驰名商标的证据材料。

第六条 当事人在商标不予注册复审案件和请求无效宣告案件中，依照商标法第十三条规定请求驰名商标保护的，可以向商标评审委员会提出驰名商标保护的书面请求并提交其商标构成驰名商标的证据材料。

第七条 涉及驰名商标保护的商标违法案件由市（地、州）级以上工商行政管理部门管辖。当事人请求工商行政管理部门查处商标违法行为，并依照商标法第十三条规定请求驰名商标保护的，可以向违法行为发生地的市（地、州）级以上工商行政管理部门进行投诉，并提出驰名商标保护的书面请求，提交证明其商标构成驰名商标的证据材料。

第八条 当事人请求驰名商标保护应当遵循诚实信用原则，并对事实及所提交的证据材料的真实性负责。

第九条 以下材料可以作为证明符合商标法第十四条第一款规定的证据材料：

（一）证明相关公众对该商标知晓程度的材料。

（二）证明该商标使用持续时间的材料，如该商标使用、注册的历史和范围的材料。该商标为未注册商标的，应当提供证明其使用持续时间不少于五年的材料。该商标为注册商标的，应当提供证明其注册时间不少于三年或者持续使用时间不少于五年的材料。

（三）证明该商标的任何宣传工作的持续时间、程度和地理范围的材料，如近三年广告宣传和促销活动的方式、地域范围、宣传媒体的种类以及广告投放量等材料。

（四）证明该商标曾在中国或者其他国家和地区作为驰名商标受保护的材料。

（五）证明该商标驰名的其他证据材料，如使用该商标的主要商品在近三年的销售收入、市场占有率、净利润、纳税额、销售区域等材料。

前款所称“三年”、“五年”，是指被提出异议的商标注册申请日期、被提出无效宣告请求的商标注册申请日期之前的三年、五年，以及在查处商标违法案件中提出驰名商标保护请求日期之前的三年、五年。

第十条 当事人依照本规定第五条、第六条规定提出驰名商标保护请求的，商标局、商标评审委员会应当在商标法第三十五条、第三十七条、第四十五条规定的期限内及时作出处理。

第十一条 当事人依照本规定第七条规定请求工商行政管理部门查处商标违法行为的，工商行政管理部门应当对投诉材料予以核查，依照《工商行政管理机关行政处罚程序规定》的有关规定决定是否立案。决定立案的，工商行政管理部门应当对当事人提交的驰名商标保护请求及相关证据材料是否符合商标法第十三条、第十四条、实施条例第三条和本规定第九条规定进行初步核实和审查。经初步核查符合规定的，应当自立案之日起三十日内将驰名商标认定请示、案件材料副本一并报送上级工商行政管理部门。经审查不符合规定的，应当依照《工商行政管理机关行政处罚程序规定》的规定及时作出处理。

第十二条 省（自治区、直辖市）工商行政管理部门应当对本辖区内市（地、州）级工商行政管理部门报送的驰名商标认定相关材料是否符合商标法第十三条、第十四条、实施条例第三条和本规定第九条规定进行核实和审查。经核查符合规定的，应当自收到驰名商标认定相关材料之日起三十日内，将驰名商标认定请示、案件材料副本一并报送商标局。经审查不符合规定的，应当将有关材料退回原立案机关，由其依照《工商行政管理机关行政处罚程序规定》的规定及时作出处理。

第十三条 商标局、商标评审委员会在认定驰名商标时，应当综合考虑商标法第十四条第一款和本规定第九条所列各项因素，但不以满足全部因素为前提。

商标局、商标评审委员会在认定驰名商标时，需要地方工商行政管理部门核实有关情况的，相关地方工商行政管理部门应当予以协助。

第十四条 商标局经对省(自治区、直辖市)工商行政管理部门报送的驰名商标认定相关材料进行审查，认定构成驰名商标的，应当向报送请示的省(自治区、直辖市)工商行政管理部门作出批复。

立案的工商行政管理部门应当自商标局作出认定批复后六十日内依法予以处理，并将行政处罚决定书抄报所在省(自治区、直辖市)工商行政管理部门。省(自治区、直辖市)工商行政管理部门应当自收到抄报的行政处罚决定书之日起三十日内将案件处理情况及行政处罚决定书副本报送商标局。

第十五条 各级工商行政管理部门在商标注册和管理工作中应当加强对驰名商标的保护，维护权利人和消费者合法权益。商标违法行为涉嫌犯罪的，应当将案件及时移送司法机关。

第十六条 商标注册审查、商标争议处理和工商行政管理部门查处商标违法案件过程中，当事人依照商标法第十三条规定请求驰名商标保护时，可以提供该商标曾在我国作为驰名商标受保护的记录。

当事人请求驰名商标保护的范围与已被作为驰名商标予以保护的范围基本相同，且对方当事人对该商标驰名无异议，或者虽有异议，但异议理由和提供的证据明显不足以支持该异议的，商标局、商标评审委员会、商标违法案件立案部门可以根据该保护记录，结合相关证据，给予该商标驰名商标保护。

第十七条 在商标违法案件中，当事人通过弄虚作假或者提供虚假证据材料等不正当手段骗取驰名商标保护的，由商标局撤销对涉案商标已作出的认定，并通知报送驰名商标认定请示的省(自治区、直辖市)工商行政管理部门。

第十八条 地方工商行政管理部门违反本规定第十一条、第十二条规定未履行对驰名商标认定相关材料进行核实和审查职责，或者违反本规定第十三条第二款规定未予以协助或者未履行核实职责，或者违反本规定第十四条第二款规定逾期未对商标违法案件作出处理或者逾期未报送处理情况的，由上一级工商行政管理部门予以通报，并责令其整改。

第十九条 各级工商行政管理部门应当建立健全驰名商标认定工作监督检查制度。

第二十条 参与驰名商标认定与保护相关工作的人员，玩忽职守、滥用职权、徇私舞弊，违法办理驰名商标认定有关事项，收受当事人财物，牟取不正当利益的，依照有关规定予以处理。

第二十一条 本规定自公布之日起30日后施行。2003年4月17日国家工商行政管理总局公布的《驰名商标认定和保护规定》同时废止。

中华人民共和国著作权法

（1990年9月7日第七届全国人民代表大会常务委员会第十五次会议通过；根据2010年2月26日第十一届全国人民代表大会常务委员会第十三次会议《关于修改〈中华人民共和国著作权法〉的决定》第二次修正，自2010年4月1日起施行）

第一章 总 则

第一条 为保护文学、艺术和科学作品作者的著作权，以及与著作权有关的权益，鼓励有益于社会主义精神文明、物质文明建设的作品的创作和传播，促进社会主义文化和科学事业的发展与繁荣，根据宪法制定本法。

第二条 中国公民、法人或者其他组织的作品，不论是否发表，依照本法享有著作权。

外国人、无国籍人的作品根据其作者所属国或者经常居住地国同中国签订的协议或者共同参加的国际条约享有的著作权，受本法保护。

外国人、无国籍人的作品首先在中国境内出版的，依照本法享有著作权。

未与中国签订协议或者共同参加国际条约的国家的作者以及无国籍人的作品首次在中国参加的国际条约的成员国出版的，或者在成员国和非成员国同时出版的，受本法保护。

第三条 本法所称的作品，包括以下列形式创作的文学、艺术和自然科学、社会科学、工程技术等作品：

（一）文字作品；

（二）口述作品；

（三）音乐、戏剧、曲艺、舞蹈、杂技艺术作品；

（四）美术、建筑作品；

（五）摄影作品；

（六）电影作品和以类似摄制电影的方法创作的作品；

（七）工程设计图、产品设计图、地图、示意图等图形作品和模型作品；

（八）计算机软件；

（九）法律、行政法规规定的其他作品。

第四条 著作权人行使著作权，不得违反宪法和法律，不得损害公共利益。

国家对作品的出版、传播依法进行监督管理。

第五条 本法不适用于：

（一）法律、法规，国家机关的决议、决定、命令和其他具有立法、行政、司法性质的文件，及其官方正式译文；

（二）时事新闻；

（三）历法、通用数表、通用表格和公式。

第六条 民间文学艺术作品的著作权保护办法由国务院另行规定。

第七条 国务院著作权行政管理部门主管全国的著作权管理工作；各省、自治区、直辖市人民政府的著作权行政管理部门主管本行政区域的著作权管理工作。

第八条 著作权人和与著作权有关的权利人可以授权著作权集体管理组织行使著作权或者与著作权有关的权利。著作权集体管理组织被授权后，可以以自己的名义为著作权人和与著作权有关的权利人主张权利，并可以作为当事人进行涉及著作权或者与著作权有关的权利的诉讼、仲裁活动。

著作权集体管理组织是非营利性组织，其设立方式、权利义务、著作权许可使用费的收取和分配，以及对其监督和管理等由国务院另行规定。

第二章　著 作 权

第一节　著作权人及其权利

第九条 著作权人包括：

（一）作者；

（二）其他依照本法享有著作权的公民、法人或者其他组织。

第十条 著作权包括下列人身权和财产权：

（一）发表权，即决定作品是否公之于众的权利；

（二）署名权，即表明作者身份，在作品上署名的权利；

（三）修改权，即修改或者授权他人修改作品的权利；

（四）保护作品完整权，即保护作品不受歪曲、篡改的权利；

（五）复制权，即以印刷、复印、拓印、录音、录像、翻录、翻拍等方式将作品制作一份或者多份的权利；

（六）发行权，即以出售或者赠与方式向公众提供作品的原件或者复制件的权利；

（七）出租权，即有偿许可他人临时使用电影作品和以类似摄制电影的方法创作的作品、计算机软件的权利，计算机软件不是出租的主要标的的除外；

（八）展览权，即公开陈列美术作品、摄影作品的原件或者复制件的权利；

（九）表演权，即公开表演作品，以及用各种手段公开播送作品的表演的权利；

（十）放映权，即通过放映机、幻灯机等技术设备公开再现美术、摄影、电影和以类似摄制电影的方法创作的作品等的权利；

（十一）广播权，即以无线方式公开广播或者传播作品，以有线传播或者转播的方式向公众传播广播的作品，以及通过扩音器或者其他传送符号、声音、图像的类似工具向公众传播广播的作品的权利；

（十二）信息网络传播权，即以有线或者无线方式向公众提供作品，使公众可以在其个人选定的时间和地点获得作品的权利；

（十三）摄制权，即以摄制电影或者以类似摄制电影的方法将作品固定在载体上的权利；

（十四）改编权，即改变作品，创作出具有独创性的新作品的权利；

（十五）翻译权，即将作品从一种语言文字转换成另一种语言文字的权利；

（十六）汇编权，即将作品或者作品的片段通过选择或者编排，汇集成新作品的权利；

（十七）应当由著作权人享有的其他权利。

著作权人可以许可他人行使前款第（五）项至第（十七）项规定的权利，并依照约定或者本法有关规定获得报酬。

著作权人可以全部或者部分转让本条第一款第（五）项至第（十七）项规定的权利，并依照约定或者本法有关规定获得报酬。

第二节　著作权归属

第十一条　著作权属于作者，本法另有规定的除外。

创作作品的公民是作者。

由法人或者其他组织主持，代表法人或者其他组织意志创作，并由法人或者其他组织承担责任的作品，法人或者其他组织视为作者。

如无相反证明，在作品上署名的公民、法人或者其他组织为作者。

第十二条　改编、翻译、注释、整理已有作品而产生的作品，其著作权由改编、翻译、注释、整理人享有，但行使著作权时不得侵犯原作品的著作权。

第十三条　两人以上合作创作的作品，著作权由合作作者共同享有。没有参加创作的人，不能成为合作作者。

合作作品可以分割使用的，作者对各自创作的部分可以单独享有著作权，但行使著作权时不得侵犯合作作品整体的著作权。

第十四条 汇编若干作品、作品的片段或者不构成作品的数据或者其他材料，对其内容的选择或者编排体现独创性的作品，为汇编作品，其著作权由汇编人享有，但行使著作权时，不得侵犯原作品的著作权。

第十五条 电影作品和以类似摄制电影的方法创作的作品的著作权由制片者享有，但编剧、导演、摄影、作词、作曲等作者享有署名权，并有权按照与制片者签订的合同获得报酬。

电影作品和以类似摄制电影的方法创作的作品中的剧本、音乐等可以单独使用的作品的作者有权单独行使其著作权。

第十六条 公民为完成法人或者其他组织工作任务所创作的作品是职务作品，除本条第二款的规定以外，著作权由作者享有，但法人或者其他组织有权在其业务范围内优先使用。作品完成两年内，未经单位同意，作者不得许可第三人以与单位使用的相同方式使用该作品。

有下列情形之一的职务作品，作者享有署名权，著作权的其他权利由法人或者其他组织享有，法人或者其他组织可以给予作者奖励：

（一）主要是利用法人或者其他组织的物质技术条件创作，并由法人或者其他组织承担责任的工程设计图、产品设计图、地图、计算机软件等职务作品；

（二）法律、行政法规规定或者合同约定著作权由法人或者其他组织享有的职务作品。

第十七条 受委托创作的作品，著作权的归属由委托人和受托人通过合同约定。合同未作明确约定或者没有订立合同的，著作权属于受托人。

第十八条 美术等作品原件所有权的转移，不视为作品著作权的转移，但美术作品原件的展览权由原件所有人享有。

第十九条 著作权属于公民的，公民死亡后，其本法第十条第一款第（五）项至第（十七）项规定的权利在本法规定的保护期内，依照继承法的规定转移。

著作权属于法人或者其他组织的，法人或者其他组织变更、终止后，其本法第十条第一款第（五）项至第（十七）项规定的权利在本法规定的保护期内，由承受其权利义务的法人或者其他组织享有；没有承受其权利义务的法人或者其他组织的，由国家享有。

第三节 权利的保护期

第二十条 作者的署名权、修改权、保护作品完整权的保护期不受限制。

第二十一条 公民的作品，其发表权、本法第十条第一款第(五)项至第(十七)项规定的权利的保护期为作者终生及其死亡后五十年，截止于作者死亡后第五十年的12月31日；如果是合作作品，截止于最后死亡的作者死亡后第五十年的12月31日。

法人或者其他组织的作品、著作权(署名权除外)由法人或者其他组织享有的职务作品，其发表权、本法第十条第一款第(五)项至第(十七)项规定的权利的保护期为五十年，截止于作品首次发表后第五十年的12月31日，但作品自创作完成后五十年内未发表的，本法不再保护。

电影作品和以类似摄制电影的方法创作的作品、摄影作品，其发表权、本法第十条第一款第(五)项至第(十七)项规定的权利的保护期为五十年，截止于作品首次发表后第五十年的12月31日，但作品自创作完成后五十年内未发表的，本法不再保护。

第四节 权利的限制

第二十二条 在下列情况下使用作品，可以不经著作权人许可，不向其支付报酬，但应当指明作者姓名、作品名称，并且不得侵犯著作权人依照本法享有的其他权利：

(一) 为个人学习、研究或者欣赏，使用他人已经发表的作品；

(二) 为介绍、评论某一作品或者说明某一问题，在作品中适当引用他人已经发表的作品；

(三) 为报道时事新闻，在报纸、期刊、广播电台、电视台等媒体中不可避免地再现或者引用已经发表的作品；

(四) 报纸、期刊、广播电台、电视台等媒体刊登或者播放其他报纸、期刊、广播电台、电视台等媒体已经发表的关于政治、经济、宗教问题的时事性文章，但作者声明不许刊登、播放的除外；

(五) 报纸、期刊、广播电台、电视台等媒体刊登或者播放在公众集会上发表的讲话，但作者声明不许刊登、播放的除外；

(六) 为学校课堂教学或者科学研究，翻译或者少量复制已经发表的作品，供教学或者科研人员使用，但不得出版发行；

(七) 国家机关为执行公务在合理范围内使用已经发表的作品；

(八) 图书馆、档案馆、纪念馆、博物馆、美术馆等为陈列或者保存版本的需要，复制本馆收藏的作品；

(九) 免费表演已经发表的作品，该表演未向公众收取费用，也未向表演者支付报酬；

（十）对设置或者陈列在室外公共场所的艺术作品进行临摹、绘画、摄影、录像；

（十一）将中国公民、法人或者其他组织已经发表的以汉语言文字创作的作品翻译成少数民族语言文字作品在国内出版发行；

（十二）将已经发表的作品改成盲文出版。

前款规定适用于对出版者、表演者、录音录像制作者、广播电台、电视台的权利的限制。

第二十三条 为实施九年制义务教育和国家教育规划而编写出版教科书，除作者事先声明不许使用的外，可以不经著作权人许可，在教科书中汇编已经发表的作品片段或者短小的文字作品、音乐作品或者单幅的美术作品、摄影作品，但应当按照规定支付报酬，指明作者姓名、作品名称，并且不得侵犯著作权人依照本法享有的其他权利。

前款规定适用于对出版者、表演者、录音录像制作者、广播电台、电视台的权利的限制。

第三章 著作权许可使用和转让合同

第二十四条 使用他人作品应当同著作权人订立许可使用合同，本法规定可以不经许可的除外。

许可使用合同包括下列主要内容：

（一）许可使用的权利种类；

（二）许可使用的权利是专有使用权或者非专有使用权；

（三）许可使用的地域范围、期间；

（四）付酬标准和办法；

（五）违约责任；

（六）双方认为需要约定的其他内容。

第二十五条 转让本法第十条第一款第（五）项至第（十七）项规定的权利，应当订立书面合同。

权利转让合同包括下列主要内容：

（一）作品的名称；

（二）转让的权利种类、地域范围；

（三）转让价金；

（四）交付转让价金的日期和方式；

（五）违约责任；

（六）双方认为需要约定的其他内容。

第二十六条 以著作权出质的，由出质人和质权人向国务院著作权行政管理部门办理出质登记。

第二十七条 许可使用合同和转让合同中著作权人未明确许可、转让的权利，未经著作权人同意，另一方当事人不得行使。

第二十八条 使用作品的付酬标准可以由当事人约定，也可以按照国务院著作权行政管理部门会同有关部门制定的付酬标准支付报酬。当事人约定不明确的，按照国务院著作权行政管理部门会同有关部门制定的付酬标准支付报酬。

第二十九条 出版者、表演者、录音录像制作者、广播电台、电视台等依照本法有关规定使用他人作品的，不得侵犯作者的署名权、修改权、保护作品完整权和获得报酬的权利。

第四章　出版、表演、录音录像、播放

第一节　图书、报刊的出版

第三十条 图书出版者出版图书应当和著作权人订立出版合同，并支付报酬。

第三十一条 图书出版者对著作权人交付出版的作品，按照合同约定享有的专有出版权受法律保护，他人不得出版该作品。

第三十二条 著作权人应当按照合同约定期限交付作品。图书出版者应当按照合同约定的出版质量、期限出版图书。

图书出版者不按照合同约定期限出版，应当依照本法第五十三条的规定承担民事责任。

图书出版者重印、再版作品的，应当通知著作权人，并支付报酬。图书脱销后，图书出版者拒绝重印、再版的，著作权人有权终止合同。

第三十三条 著作权人向报社、期刊社投稿的，自稿件发出之日起十五日内未收到报社通知决定刊登的，或者自稿件发出之日起三十日内未收到期刊社通知决定刊登的，可以将同一作品向其他报社、期刊社投稿。双方另有约定的除外。

作品刊登后，除著作权人声明不得转载、摘编的外，其他报刊可以转载或者作为文摘、资料刊登，但应当按照规定向著作权人支付报酬。

第三十四条 图书出版者经作者许可,可以对作品修改、删节。

报社、期刊社可以对作品作文字性修改、删节。对内容的修改,应当经作者许可。

第三十五条 出版改编、翻译、注释、整理、汇编已有作品而产生的作品,应当取得改编、翻译、注释、整理、汇编作品的著作权人和原作品的著作权人许可,并支付报酬。

第三十六条 出版者有权许可或者禁止他人使用其出版的图书、期刊的版式设计。

前款规定的权利的保护期为十年,截止于使用该版式设计的图书、期刊首次出版后第十年的 12 月 31 日。

第二节 表　演

第三十七条 使用他人作品演出,表演者(演员、演出单位)应当取得著作权人许可,并支付报酬。演出组织者组织演出,由该组织者取得著作权人许可,并支付报酬。

使用改编、翻译、注释、整理已有作品而产生的作品进行演出,应当取得改编、翻译、注释、整理作品的著作权人和原作品的著作权人许可,并支付报酬。

第三十八条 表演者对其表演享有下列权利:

(一) 表明表演者身份;

(二) 保护表演形象不受歪曲;

(三) 许可他人从现场直播和公开传送其现场表演,并获得报酬;

(四) 许可他人录音录像,并获得报酬;

(五) 许可他人复制、发行录有其表演的录音录像制品,并获得报酬;

(六) 许可他人通过信息网络向公众传播其表演,并获得报酬。

被许可人以前款第(三)项至第(六)项规定的方式使用作品,还应当取得著作权人许可,并支付报酬。

第三十九条 本法第三十七条第一款第(一)项、第(二)项规定的权利的保护期不受限制。

本法第三十七条第一款第(三)项至第(六)项规定的权利的保护期为五十年,截止于该表演发生后第五十年的 12 月 31 日。

第三节 录音录像

第四十条 录音录像制作者使用他人作品制作录音录像制品,应当取得著作权人许可，并支付报酬。

录音录像制作者使用改编、翻译、注释、整理已有作品而产生的作品，应当取得改编、翻译、注释、整理作品的著作权人和原作品著作权人许可，并支付报酬。

录音制作者使用他人已经合法录制为录音制品的音乐作品制作录音制品，可以不经著作权人许可，但应当按照规定支付报酬；著作权人声明不许使用的不得使用。

第四十一条 录音录像制作者制作录音录像制品，应当同表演者订立合同，并支付报酬。

第四十二条 录音录像制作者对其制作的录音录像制品，享有许可他人复制、发行、出租、通过信息网络向公众传播并获得报酬的权利；权利的保护期为五十年，截止于该制品首次制作完成后第五十年的12月31日。

被许可人复制、发行、通过信息网络向公众传播录音录像制品，还应当取得著作权人、表演者许可，并支付报酬。

第四节 广播电台、电视台播放

第四十三条 广播电台、电视台播放他人未发表的作品，应当取得著作权人许可，并支付报酬。

广播电台、电视台播放他人已发表的作品，可以不经著作权人许可，但应当支付报酬。

第四十四条 广播电台、电视台播放已经出版的录音制品，可以不经著作权人许可，但应当支付报酬。当事人另有约定的除外。具体办法由国务院规定。

第四十五条 广播电台、电视台有权禁止未经其许可的下列行为：

（一）将其播放的广播、电视转播；

（二）将其播放的广播、电视录制在音像载体上以及复制音像载体。

前款规定的权利的保护期为五十年，截止于该广播、电视首次播放后第五十年的12月31日。

第四十六条 电视台播放他人的电影作品和以类似摄制电影的方法创作的作品、录像制品，应当取得制片者或者录像制作者许可，并支付报酬；播放他人的录像制品，还应当取得著作权人许可，并支付报酬。

第五章 法律责任和执法措施

第四十七条 有下列侵权行为的，应当根据情况，承担停止侵害、消除影响、赔礼道歉、赔偿损失等民事责任：

（一）未经著作权人许可，发表其作品的；

（二）未经合作作者许可，将与他人合作创作的作品当作自己单独创作的作品发表的；

（三）没有参加创作，为谋取个人名利，在他人作品上署名的；

（四）歪曲、篡改他人作品的；

（五）剽窃他人作品的；

（六）未经著作权人许可，以展览、摄制电影和以类似摄制电影的方法使用作品，或者以改编、翻译、注释等方式使用作品的，本法另有规定的除外；

（七）使用他人作品，应当支付报酬而未支付的；

（八）未经电影作品和以类似摄制电影的方法创作的作品、计算机软件、录音录像制品的著作权人或者与著作权有关的权利人许可，出租其作品或者录音录像制品的，本法另有规定的除外；

（九）未经出版者许可，使用其出版的图书、期刊的版式设计的；

（十）未经表演者许可，从现场直播或者公开传送其现场表演，或者录制其表演的；

（十一）其他侵犯著作权以及与著作权有关的权益的行为。

第四十八条 有下列侵权行为的，应当根据情况，承担停止侵害、消除影响、赔礼道歉、赔偿损失等民事责任；同时损害公共利益的，可以由著作权行政管理部门责令停止侵权行为，没收违法所得，没收、销毁侵权复制品，并可处以罚款；情节严重的，著作权行政管理部门还可以没收主要用于制作侵权复制品的材料、工具、设备等；构成犯罪的，依法追究刑事责任：

（一）未经著作权人许可，复制、发行、表演、放映、广播、汇编、通过信息网络向公众传播其作品的，本法另有规定的除外；

（二）出版他人享有专有出版权的图书的；

（三）未经表演者许可，复制、发行录有其表演的录音录像制品，或者通过信息网络向公众传播其表演的，本法另有规定的除外；

（四）未经录音录像制作者许可，复制、发行、通过信息网络向公众传播其制作的录音录像制品的，本法另有规定的除外；

（五）未经许可，播放或者复制广播、电视的，本法另有规定的除外；

（六）未经著作权人或者与著作权有关的权利人许可，故意避开或者破坏权利人为其作品、录音录像制品等采取的保护著作权或者与著作权有关的权利的技术措施的，法律、行政法规另有规定的除外；

（七）未经著作权人或者与著作权有关的权利人许可，故意删除或者改变作品、录音录像制品等的权利管理电子信息的，法律、行政法规另有规定的除外；

（八）制作、出售假冒他人署名的作品的。

第四十九条 侵犯著作权或者与著作权有关的权利的，侵权人应当按照权利人的实际损失给予赔偿；实际损失难以计算的，可以按照侵权人的违法所得给予赔偿。赔偿数额还应当包括权利人为制止侵权行为所支付的合理开支。

权利人的实际损失或者侵权人的违法所得不能确定的，由人民法院根据侵权行为的情节，判决给予五十万元以下的赔偿。

第五十条 著作权人或者与著作权有关的权利人有证据证明他人正在实施或者即将实施侵犯其权利的行为，如不及时制止将会使其合法权益受到难以弥补的损害的，可以在起诉前向人民法院申请采取责令停止有关行为和财产保全的措施。

人民法院处理前款申请，适用《中华人民共和国民事诉讼法》第九十三条至第九十六条和第九十九条的规定。

第五十一条 为制止侵权行为，在证据可能灭失或者以后难以取得的情况下，著作权人或者与著作权有关的权利人可以在起诉前向人民法院申请保全证据。

人民法院接受申请后，必须在四十八小时内作出裁定；裁定采取保全措施的，应当立即开始执行。

人民法院可以责令申请人提供担保，申请人不提供担保的，驳回申请。

申请人在人民法院采取保全措施后十五日内不起诉的，人民法院应当解除保全措施。

第五十二条 人民法院审理案件，对于侵犯著作权或者与著作权有关的权利的，可以没收违法所得、侵权复制品以及进行违法活动的财物。

第五十三条 复制品的出版者、制作者不能证明其出版、制作有合法授权的，复制品的发行者或者电影作品或者以类似摄制电影的方法创作的作品、计算机软件、录音录像制品的复制品的出租者不能证明其发行、出租的复制品有合法来源的，应当承担法律责任。

第五十四条 当事人不履行合同义务或者履行合同义务不符合约定条件的，应当依照《中华人民共和国民法通则》、《中华人民共和国合同法》等有关法律规定承担民事责任。

第五十五条 著作权纠纷可以调解，也可以根据当事人达成的书面仲裁协议或者著作权合同中的仲裁条款，向仲裁机构申请仲裁。

当事人没有书面仲裁协议，也没有在著作权合同中订立仲裁条款的，可以直接向人民法院起诉。

第五十六条 当事人对行政处罚不服的，可以自收到行政处罚决定书之日起三个月内向人民法院起诉，期满不起诉又不履行的，著作权行政管理部门可以申请人民法院执行。

第六章 附 则

第五十七条 本法所称的著作权即版权。

第五十八条 本法第二条所称的出版，指作品的复制、发行。

第五十九条 计算机软件、信息网络传播权的保护办法由国务院另行规定。

第六十条 本法规定的著作权人和出版者、表演者、录音录像制作者、广播电台、电视台的权利，在本法施行之日尚未超过本法规定的保护期的，依照本法予以保护。

本法施行前发生的侵权或者违约行为，依照侵权或者违约行为发生时的有关规定和政策处理。

第六十一条 本法自 1991 年 6 月 1 日起施行。

信息网络传播权保护条例

（2006年5月18日中华人民共和国国务院令第468号公布，根据2013年1月30日《国务院关于修改〈信息网络传播权保护条例〉的决定》修订，自2013年3月1日起施行）

第一条 为保护著作权人、表演者、录音录像制作者（以下统称权利人）的信息网络传播权，鼓励有益于社会主义精神文明、物质文明建设的作品的创作和传播，根据《中华人民共和国著作权法》（以下简称著作权法），制定本条例。

第二条 权利人享有的信息网络传播权受著作权法和本条例保护。除法律、行政法规另有规定的外，任何组织或者个人将他人的作品、表演、录音录像制品通过信息网络向公众提供，应当取得权利人许可，并支付报酬。

第三条 依法禁止提供的作品、表演、录音录像制品，不受本条例保护。

权利人行使信息网络传播权，不得违反宪法和法律、行政法规，不得损害公共利益。

第四条 为了保护信息网络传播权，权利人可以采取技术措施。

任何组织或者个人不得故意避开或者破坏技术措施，不得故意制造、进口或者向公众提供主要用于避开或者破坏技术措施的装置或者部件，不得故意为他人避开或者破坏技术措施提供技术服务。但是，法律、行政法规规定可以避开的除外。

第五条 未经权利人许可，任何组织或者个人不得进行下列行为：

（一）故意删除或者改变通过信息网络向公众提供的作品、表演、录音录像制品的权利管理电子信息，但由于技术上的原因无法避免删除或者改变的除外；

（二）通过信息网络向公众提供明知或者应知未经权利人许可被删除或者改变权利管理电子信息的作品、表演、录音录像制品。

第六条 通过信息网络提供他人作品，属于下列情形的，可以不经著作权人许可，不向其支付报酬：

（一）为介绍、评论某一作品或者说明某一问题，在向公众提供的作品中适当引用已经发表的作品；

（二）为报道时事新闻，在向公众提供的作品中不可避免地再现或者引用已经发表的作品；

（三）为学校课堂教学或者科学研究，向少数教学、科研人员提供少量已经发表的作品；

（四）国家机关为执行公务，在合理范围内向公众提供已经发表的作品；

（五）将中国公民、法人或者其他组织已经发表的、以汉语言文字创作的作品翻译成的少数民族语言文字作品，向中国境内少数民族提供；

（六）不以营利为目的，以盲人能够感知的独特方式向盲人提供已经发表的文字作品；

（七）向公众提供在信息网络上已经发表的关于政治、经济问题的时事性文章；

（八）向公众提供在公众集会上发表的讲话。

第七条 图书馆、档案馆、纪念馆、博物馆、美术馆等可以不经著作权人许可，通过信息网络向本馆馆舍内服务对象提供本馆收藏的合法出版的数字作品和依法为陈列或者保存版本的需要以数字化形式复制的作品，不向其支付报酬，但不得直接或者间接获得经济利益。当事人另有约定的除外。

前款规定的为陈列或者保存版本需要以数字化形式复制的作品，应当是已经损毁或者濒临损毁、丢失或者失窃，或者其存储格式已经过时，并且在市场上无法购买或者只能以明显高于标定的价格购买的作品。

第八条 为通过信息网络实施九年制义务教育或者国家教育规划，可以不经著作权人许可，使用其已经发表作品的片断或者短小的文字作品、音乐作品或者单幅的美术作品、摄影作品制作课件，由制作课件或者依法取得课件的远程教育机构通过信息网络向注册学生提供，但应当向著作权人支付报酬。

第九条 为扶助贫困，通过信息网络向农村地区的公众免费提供中国公民、法人或者其他组织已经发表的种植养殖、防病治病、防灾减灾等与扶助贫困有关的作品和适应基本文化需求的作品，网络服务提供者应当在提供前公告拟提供的作品及其作者、拟支付报酬的标准。自公告之日起30日内，著作权人不同意提供的，网络服务提供者不得提供其作品；自公告之日起满30日，著作权人没有异议的，网络服务提供者可以提供其作品，并按照公告的标准向著作权人支付报酬。网络服务提供者提供著作权人的作品后，著作权人不同意提供的，网络服务提供者应当立即删除著作权人的作品，并按照公告的标准向著作权人支付提供作品期间的报酬。

依照前款规定提供作品的，不得直接或者间接获得经济利益。

第十条 依照本条例规定不经著作权人许可、通过信息网络向公众提供其作品的，还应当遵守下列规定：

（一）除本条例第六条第一项至第六项、第七条规定的情形外，不得提供作者事先声明不许提供的作品；

（二）指明作品的名称和作者的姓名（名称）；

（三）依照本条例规定支付报酬；

（四）采取技术措施，防止本条例第七条、第八条、第九条规定的服务对象以外的其他人获得著作权人的作品，并防止本条例第七条规定的服务对象的复制行为对著作权人利益造成实质性损害；

（五）不得侵犯著作权人依法享有的其他权利。

第十一条 通过信息网络提供他人表演、录音录像制品的，应当遵守本条例第六条至第十条的规定。

第十二条 属于下列情形的，可以避开技术措施，但不得向他人提供避开技术措施的技术、装置或者部件，不得侵犯权利人依法享有的其他权利：

（一）为学校课堂教学或者科学研究，通过信息网络向少数教学、科研人员提供已经发表的作品、表演、录音录像制品，而该作品、表演、录音录像制品只能通过信息网络获取；

（二）不以营利为目的，通过信息网络以盲人能够感知的独特方式向盲人提供已经发表的文字作品，而该作品只能通过信息网络获取；

（三）国家机关依照行政、司法程序执行公务；

（四）在信息网络上对计算机及其系统或者网络的安全性能进行测试。

第十三条 著作权行政管理部门为了查处侵犯信息网络传播权的行为，可以要求网络服务提供者提供涉嫌侵权的服务对象的姓名（名称）、联系方式、网络地址等资料。

第十四条 对提供信息存储空间或者提供搜索、链接服务的网络服务提供者，权利人认为其服务所涉及的作品、表演、录音录像制品，侵犯自己的信息网络传播权或者被删除、改变了自己的权利管理电子信息的，可以向该网络服务提供者提交书面通知，要求网络服务提供者删除该作品、表演、录音录像制品，或者断开与该作品、表演、录音录像制品的链接。通知书应当包含下列内容：

（一）权利人的姓名（名称）、联系方式和地址；

（二）要求删除或者断开链接的侵权作品、表演、录音录像制品的名称和网络地址；

（三）构成侵权的初步证明材料。

权利人应当对通知书的真实性负责。

第十五条 网络服务提供者接到权利人的通知书后，应当立即删除涉嫌侵权的作品、表演、录音录像制品，或者断开与涉嫌侵权的作品、表演、录音录像制品的链接，并同时将通知书转送提供作品、表演、录音录像制品的服务对象；服务对象网络地址不明、无法转送的，应当将通知书的内容同时在信息网络上公告。

第十六条 服务对象接到网络服务提供者转送的通知书后，认为其提供的作品、表演、录音录像制品未侵犯他人权利的，可以向网络服务提供者提交书面说明，要求恢复被删除的作品、表演、录音录像制品，或者恢复与被断开的作品、表演、录音录像制品的链接。书面说明应当包含下列内容：

（一）服务对象的姓名（名称）、联系方式和地址；

（二）要求恢复的作品、表演、录音录像制品的名称和网络地址；

（三）不构成侵权的初步证明材料。

服务对象应当对书面说明的真实性负责。

第十七条 网络服务提供者接到服务对象的书面说明后，应当立即恢复被删除的作品、表演、录音录像制品，或者可以恢复与被断开的作品、表演、录音录像制品的链接，同时将服务对象的书面说明转送权利人。权利人不得再通知网络服务提供者删除该作品、表演、录音录像制品，或者断开与该作品、表演、录音录像制品的链接。

第十八条 违反本条例规定，有下列侵权行为之一的，根据情况承担停止侵害、消除影响、赔礼道歉、赔偿损失等民事责任；同时损害公共利益的，可以由著作权行政管理部门责令停止侵权行为，没收违法所得，非法经营额5万元以上的，可处非法经营额1倍以上5倍以下的罚款；没有非法经营额或者非法经营额5万元以下的，根据情节轻重，可处25万元以下的罚款；情节严重的，著作权行政管理部门可以没收主要用于提供网络服务的计算机等设备；构成犯罪的，依法追究刑事责任：

（一）通过信息网络擅自向公众提供他人的作品、表演、录音录像制品的；

（二）故意避开或者破坏技术措施的；

（三）故意删除或者改变通过信息网络向公众提供的作品、表演、录音录像制品的权利管理电子信息，或者通过信息网络向公众提供明知或者应知未经权利人许可而被删除或者改变权利管理电子信息的作品、表演、录音录像制品的；

（四）为扶助贫困通过信息网络向农村地区提供作品、表演、录音录像制品超过规定范围，或者未按照公告的标准支付报酬，或者在权利人不同意提供其作品、表演、录音录像制品后未立即删除的；

（五）通过信息网络提供他人的作品、表演、录音录像制品，未指明作品、表演、录音录像制品的名称或者作者、表演者、录音录像制作者的姓名（名称），或者未支付报酬，或者未依照本条例规定采取技术措施防止服务对象以外的其他人获得他人的作品、表演、录音录像制品，或者未防止服务对象的复制行为对权利人利益造成实质性损害的。

第十九条 违反本条例规定，有下列行为之一的，由著作权行政管理部门予以警告，没收违法所得，没收主要用于避开、破坏技术措施的装置或者部件；情节严重的，可以没收主要用于提供网络服务的计算机等设备；非法经营额5万元以上的，可处非法经营额1倍以上5倍以下的罚款；没有非法经营额或者非法经营额5万元以下的，根据情节轻重，可处25万元以下的罚款；构成犯罪的，依法追究刑事责任：

（一）故意制造、进口或者向他人提供主要用于避开、破坏技术措施的装置或者部件，或者故意为他人避开或者破坏技术措施提供技术服务的；

（二）通过信息网络提供他人的作品、表演、录音录像制品，获得经济利益的；

（三）为扶助贫困通过信息网络向农村地区提供作品、表演、录音录像制品，未在提供前公告作品、表演、录音录像制品的名称和作者、表演者、录音录像制作者的姓名（名称）以及报酬标准的。

第二十条 网络服务提供者根据服务对象的指令提供网络自动接入服务，或者对服务对象提供的作品、表演、录音录像制品提供自动传输服务，并具备下列条件的，不承担赔偿责任：

（一）未选择并且未改变所传输的作品、表演、录音录像制品；

（二）向指定的服务对象提供该作品、表演、录音录像制品，并防止指定的服务对象以外的其他人获得。

第二十一条 网络服务提供者为提高网络传输效率，自动存储从其他网络服务提供者获得的作品、表演、录音录像制品，根据技术安排自动向服务对象提供，并具备下列条件的，不承担赔偿责任：

（一）未改变自动存储的作品、表演、录音录像制品；

（二）不影响提供作品、表演、录音录像制品的原网络服务提供者掌握服务对象获取该作品、表演、录音录像制品的情况；

（三）在原网络服务提供者修改、删除或者屏蔽该作品、表演、录音录像制品时，根据技术安排自动予以修改、删除或者屏蔽。

第二十二条 网络服务提供者为服务对象提供信息存储空间，供服务对象通过信息网络向公众提供作品、表演、录音录像制品，并具备下列条件的，不承担赔偿责任：

（一）明确标示该信息存储空间是为服务对象所提供，并公开网络服务提供者的名称、联系人、网络地址；

（二）未改变服务对象所提供的作品、表演、录音录像制品；

（三）不知道也没有合理的理由应当知道服务对象提供的作品、表演、录音录像制品侵权；

（四）未从服务对象提供作品、表演、录音录像制品中直接获得经济利益；

（五）在接到权利人的通知书后，根据本条例规定删除权利人认为侵权的作品、表演、录音录像制品。

第二十三条 网络服务提供者为服务对象提供搜索或者链接服务，在接到权利人的通知书后，根据本条例规定断开与侵权的作品、表演、录音录像制品的链接的，不承担赔偿责任；但是，明知或者应知所链接的作品、表演、录音录像制品侵权的，应当承担共同侵权责任。

第二十四条 因权利人的通知导致网络服务提供者错误删除作品、表演、录音录像制品，或者错误断开与作品、表演、录音录像制品的链接，给服务对象造成损失的，权利人应当承担赔偿责任。

第二十五条 网络服务提供者无正当理由拒绝提供或者拖延提供涉嫌侵权的服务对象的姓名（名称）、联系方式、网络地址等资料的，由著作权行政管理部门予以警告；情节严重的，没收主要用于提供网络服务的计算机等设备。

第二十六条 本条例下列用语的含义：

信息网络传播权，是指以有线或者无线方式向公众提供作品、表演或者录音录像制品，使公众可以在其个人选定的时间和地点获得作品、表演或者录音录像制品的权利。

技术措施，是指用于防止、限制未经权利人许可浏览、欣赏作品、表演、录音录像制品的或者通过信息网络向公众提供作品、表演、录音录像制品的有效技术、装置或者部件。

权利管理电子信息，是指说明作品及其作者、表演及其表演者、录音录像制品及其制作者的信息，作品、表演、录音录像制品权利人的信息和使用条件的信息，以及表示上述信息的数字或者代码。

第二十七条 本条例自 2006 年 7 月 1 日起施行。

广告经营许可证管理办法

（国家工商行政管理总局令〔2004〕第16号，自2005年1月1日起施行）

第一条 为加强广告经营活动的监督管理，规范广告经营审批登记，根据《中华人民共和国广告法》、《中华人民共和国行政许可法》、《广告管理条例》，制定本办法。

第二条 从事广告业务的下列单位，应依照本办法的规定向广告监督管理机关申请，领取《广告经营许可证》后，方可从事相应的广告经营活动：

（一）广播电台、电视台、报刊出版单位；

（二）事业单位；

（三）律、行政法规规定应进行广告经营审批登记的单位。

第三条 本办法所称广告监督管理机关，为县级以上工商行政管理机关。

本办法所称广告经营单位，为依照本办法申请从事广告业务、并取得《广告经营许可证》的第二条所列明的各类单位。

第四条 《广告经营许可证》是广告经营单位从事广告经营活动的合法凭证。

《广告经营许可证》分为正本、副本，正本、副本具有同样法律效力。

《广告经营许可证》载明证号、广告经营单位（机构）名称、经营场所、法定代表人（负责人）、广告经营范围、发证机关、发证日期等项目。

第五条 在《广告经营许可证》中，广告经营范围按下列用语核定：

（一）广播电台：设计、制作广播广告，利用自有广播电台发布国内外广告。

（二）电视台：设计、制作电视广告，利用自有电视台发布国内外广告。

（三）报社：设计、制作印刷品广告，利用自有《××报》发布国内外广告。

（四）期刊杂志社：设计和制作印刷品广告，利用自有《××》杂志发布广告。

（五）兼营广告经营的其他单位：利用自有媒介（场地）发布××广告，设计、制作××广告。

第六条 国家工商行政管理总局主管《广告经营许可证》的监督管理工作。

各级广告监督管理机关，分级负责所辖区域内《广告经营许可证》发证、变更、注销及日常监督管理工作。

第七条 申请《广告经营许可证》应当具备以下条件：

（一）具有直接发布广告的媒介或手段；

（二）设有专门的广告经营机构；

（三）有广告经营设备和经营场所；

（四）有广告专业人员和熟悉广告法规的广告审查员。

第八条 申请《广告经营许可证》，应按下列程序办理：

由申请者向所在地有管辖权的县级以上广告监督管理机关呈报第九条规定的申请材料。

广告监督管理机关自受理之日起二十日内，作出是否予以批准的决定。批准的，颁发《广告经营许可证》；不予批准的，书面说明理由。

第九条 申请《广告经营许可证》，应当向广告监督管理机关报送下列申请材料：

（一）《广告经营登记申请表》。

（二）广告媒介证明。广播电台、电视台、报纸、期刊等法律、法规规定经批准方可经营的媒介，应当提交有关批准文件。

（三）广告经营设备清单、经营场所证明。

（四）广告经营机构负责人及广告审查员证明文件。

（五）单位法人登记证明。

第十条 广告经营单位应当在广告监督管理机关核准的广告经营范围内开展经营活动，未申请变更并经广告监督管理机关批准，不得改变广告经营范围。

单位名称、法定代表人（负责人）、经营场所发生变化，广告经营单位应当自该事项发生变化之日起一个月内申请变更《广告经营许可证》。

第十一条 广告经营单位申请变更《广告经营许可证》应提交下列申请材料：

（一）《广告经营变更登记申请表》；

（二）原《广告经营许可证》正本、副本；

（三）与变更广告经营范围、单位名称、法定代表人（负责人）、经营场所事项相关的证明文件。

第十二条 广告监督管理机关自受理变更《广告经营许可证》申请之日起，十日内作出是否准予变更的决定。经审查批准的，颁发新的《广告经营许可证》；不予批准的，书面说明理由。

第十三条 广告经营单位由于情况发生变化不具备本办法第七条规定的条件或者停止从事广告经营的，应及时向广告监督管理机关办理《广告经营许可证》注销手续。

第十四条 广告经营单位注销《广告经营许可证》的，应提交下列申请材料：

（一）《广告经营注销登记申请表》；

（二）《广告经营许可证》正本、副本；

（三）与注销《广告经营许可证》相关的证明文件。

第十五条 广告经营单位在取得《广告经营许可证》后，情况发生变化不具备本办法第七条规定条件，又未按本办法规定办理《广告经营许可证》注销手续的，由发证机关撤回《广告经营许可证》。

第十六条 广告经营单位违反《广告法》规定，被广告监督管理机关依照《广告法》第三十七条、第三十九条、第四十一条规定停止广告业务的，由发证机关缴销《广告经营许可证》。

第十七条 广告经营单位应当将《广告经营许可证》正本置放在经营场所醒目位置。

任何单位和个人不得伪造、涂改、出租、出借、倒卖或者以其他方式转让《广告经营许可证》。

第十八条 广告经营单位《广告经营许可证》发生损毁、丢失的，应当在报刊上声明作废，并及时向广告监督管理机关申请补领。

第十九条 广告监督管理机关应当加强日常监督检查，并定期对辖区内取得《广告经营许可证》的广告经营单位进行广告经营资格检查。广告经营资格检查的具体时间和内容，由省级以上广告监督管理机关确定。

广告经营单位应接受广告监督管理机关对其广告经营情况进行的日常监督，并按规定参加广告经营资格检查。

第二十条 违反本办法规定的，由广告监督管理机关按照如下规定处罚：

（一）未取得《广告经营许可证》从事广告经营活动的，依据国务院《无照经营查处取缔办法》的有关规定予以处罚。

（二）提交虚假文件或采取其他欺骗手段取得《广告经营许可证》的，予以警告，处以五千元以上一万元以下罚款，情节严重的，撤销《广告经营许可证》。被广告监督管理机关依照本项规定撤销《广告经营许可证》的，一年内不得重新申领。

（三）《广告经营许可证》登记事项发生变化未按本办法规定办理变更手续的，责令改正，处以一万元以下罚款。

（四）广告经营单位未将《广告经营许可证》正本置放在经营场所醒目位置的，责令限期改正；逾期不改的，处以三千元以下罚款。

（五）伪造、涂改、出租、出借、倒卖或者以其他方式转让《广告经营许可证》的，处以三千元以上一万元以下罚款。

（六）广告经营单位不按规定参加广告经营资格检查、报送广告经营资格检查材料的，无正当理由不接受广告监督管理机关日常监督管理的，或者在检查中隐瞒真实情况或提交虚假材料的，责令改正，处以一万元以下罚款。

第二十一条 广告监督管理机关工作人员在广告经营许可证管理过程中玩忽职守、滥用职权、徇私舞弊的，给予行政处分。构成犯罪的，依法追究刑事责任。

第二十二条 《广告经营许可证》正本、副本式样，以及《广告经营登记申请表》、《广告经营变更登记申请表》、《广告经营注销登记申请表》式样，由国家工商行政管理总局统一制定。

第二十三条 各级广告监督管理机关依据第五条规定核定的申请者广告经营范围、广告经营项目或业务类别，应与其具备的条件相适应。

国家有特别规定对广告经营单位的广告经营范围、经营项目、业务类别予以限制的，依照其规定。

第二十四条 有关广告经营许可的实施程序，除适用本办法具体规定外，还应当遵守《行政许可法》有关行政许可实施程序的一般规定。

第二十五条 本办法自2005年1月1日起施行。

广告经营资格检查办法

（1997年11月3日国家工商行政管理局令第78号公布，
1998年12月3日国家工商行政管理局令第86号修订）

第一条 为加强对广告经营者、广告发布者（以下合称广告经营单位）的监督管理，促进广告业健康发展，根据《中华人民共和国广告法》和《广告管理条例》等法律、法规的规定，制定本办法。

第二条 广告经营资格检查，是指广告监督管理机关依法定期对广告经营单位进行检查，确认其继续经营广告业务资格的管理制度。

广告经营资格检查的具体时间，由省、自治区、直辖市以上工商行政管理局确定。

第三条 国家工商行政管理局负责在国家工商行政管理局登记的广告经营单位的广告经营资格检查。

省、自治区、直辖市及计划单列市工商行政管理局负责在本局登记和上级工商行政管理局授权管辖的广告经营单位的广告经营资格检查。

市、县（区）工商行政管理局负责在本局登记和上级工商行政管理局授权管辖的广告经营单位的广告经营资格检查。

第四条 凡经广告经营登记领取《广告经营许可证》及营业执照的广告经营单位，均应按照本办法接受广告经营资格检查。

第五条 广告监督管理机关对广告经营单位应当以户为单位建立广告经营资格检查档案，详细记载每次检查的时间、内容、检查结论和有关问题的处理等情况。

第六条 广告经营资格检查的主要内容包括：

（一）广告经营资质条件是否符合广告经营资质标准规定的要求；

（二）广告经营单位是否按照合法程序取得广告经营资格；

（三）是否按照审批登记的事项从事广告经营活动；

（四）广告业务承接登记、审核、档案、合同等基本管理制度建立和执行情况；

（五）执行广告审查员管理制度和广告专业技术岗位资格培训制度情况；

（六）执行广告服务收费标准规定和广告收费备案制度、广告财务制度的情况；

（七）户外广告、广告显示屏、印刷品广告、临时性广告等经营资格情况；

（八）设计、制作、代理、发布的广告是否符合国家法律、法规的规定；

（九）是否按照规定报送《广告经营单位基本情况统计表》；

（十）其他遵守国家法律、法规、政策的情况。

第七条 广告经营资格检查的基本程序是：

（一）广告监督管理机关通知广告经营单位提交《广告经营许可证》副本和自检材料，按照规定时间参加广告经营资格检查。

（二）广告监督管理机关受理、审核自检材料，对广告经营单位进行实地抽查。

（三）广告监督管理机关在《广告经营许可证》副本上加注广告经营资格检查标识。

（四）广告监督管理机关发还《广告经营许可证》副本。

第八条 广告经营单位参加广告经营资格检查须提交下列自检材料：

（一）《广告经营单位广告经营资格检查表》；

（二）广告监督管理机关要求提交的基他材料。

第九条 广告监督管理机关对通过广告经营资格检查的广告经营单位，签署通过广告经营资格检查意见，并在其《广告经营许可证》副本上加盖广告经营资格检查标识后，广告经营单位取得继续经营广告业务的资格。

第十条 广告监督管理机关对通过广告经营资格检查的广告经营单位，可以采取不同的形式予以公告。

第十一条 广告监督管理机关对有下列情形之一的广告经营单位，暂缓通过广告经营资格检查，并责令其限期整改：

（一）广告经营资质条件达不到广告经营资质标准要求的；

（二）广告经营基本管理制度尚未建立和执行的；

（三）有违反法律、法规行为，尚未改正的。

第十二条 对按照规定要求进行整改的广告经营单位，经广告监督管理机关复查合格后，予以通过广告经营资格检查；对未按要求采取有效整改措施的广告经营单位，广告监督管理机关可以核减其广告项目直至其《广告经营许可证》作废。

既领取《广告经营许可证》又领取营业执照的广告经营单位，其营业执照中广告经营项目应随《广告经营许可证》内容的变更即时变更。

第十三条 对核准登记后一年以上未开展正常广告经营业务的广告经营单位，广告监督管理机关应责令其办理广告经营注销手续；拒不办理的，其《广告经营许可证》作废。

第十四条 广告经营单位在广告监督管理机关广告经营资格检查通知规定的时间内，未报送广告经营资格检查材料的，限期补报广告经营资格检查材料，处一千元以下罚款。

第十五条 广告监督管理机关应当对在广告经营资格检查截止日期前未参加检查的广告经营单位实行公告。自公告发布之日起，三十日内无正当理由仍未到广告监督管理机关接受检查的，其《广告经营许可证》作废。

第十六条 广告经营单位在广告经营资格检查中隐瞒真实情况，弄虚作假的，广告监督管理机关应当责令其限期改正，并处一万元以下罚款。

第十七条 广告经营基本管理制度尚未建立和执行的，广告监督管理机关应当责令其限期改正；逾期仍未改正的，处五千元以下罚款。

第十八条 广告经营审批登记事项发生变化，未及时办理广告经营许可变更手续的，广告监督管理机关应当责令其限期补办，并处五千元以下罚款。

第十九条 广告经营单位不按规定报送《广告经营单位基本情况统计表》的，广告监督管理机关应当责令其限期补报；逾期仍未补报的，处一千元以下罚款。

第二十条 广告监督管理机关工作人员在广告经营资格检查中玩忽职守，滥用职权、徇私舞弊的，给予行政处分。构成犯罪的，由司法机关追究其刑事责任。

第二十一条 《广告经营单位广告经营资格检查表》格式、广告经营资格检查标识式样，由国家工商行政管理局统一制定。

第二十二条 本办法自公布之日起施行。

临时性广告经营管理办法

（1995年6月1日国家工商行政管理局令第32号公布，
1998年12月3日国家工商行政管理局令第86号修订）

第一条 为了维护广告市场秩序，加强对临时性广告经营的监督管理，依据《中华人民共和国广告法》第二十六条和《广告管理条例》第六条的规定，制定本办法。

第二条 临时性广告经营，是指某项活动的主办单位，面向社会筹集资金，并在活动中为出资者提供广告服务的经营行为。

第三条 下列活动涉及临时性广告经营的，主办单位应当向工商行政管理机关申请，经批准后，方可进行：

（一）体育比赛、体育表演活动；

（二）文艺演出、文艺表演活动；

（三）影视片制作活动；

（四）展览会、博览会、交易会等活动；

（五）评比、评选、推荐活动；

（六）纪念庆典活动；

（七）广告管理法规规定应当经过批准的其他活动。

第四条 临时性广告经营，应当由活动主办单位委托广告经营者承办；经省、自治区、直辖市以上人民政府同意举办的大型活动，经过省级及省级以上广告监督管理机关批准，也可以成立临时性广告经营机构自行承办。

第五条 申请临时性广告经营，应当具备下列条件：

（一）在我国法律、法规许可的范围内；

（二）能够提供必要回报的广告媒介、服务形式；

（三）广告经营单位具有与申请事项相符的经营资格，临时性广告经营机构应当配备广告专业人员和广告审查人员，并按照规定建立有关制度。

第六条 申请临时性广告经营，应当提交下列文件、证件：

（一）广告经营申请单位负责人签署的，包括广告经营时间、地点、广告经营范围、广告征集地域、广告收费标准等内容的申请报告；

（二）活动主办单位委托广告经营单位承办广告业务的委托书和双方各自权利、义务的协议书；

（三）主办单位就该项活动合法性、公益性所提出的可行性报告；

（四）政府有关主管部门对可行性报告的批准文件；

（五）广告经营单位的营业执照或广告经营许可证；

（六）省级以上人民政府批准设立临时性广告经营机构及其职能的文件；

（七）临时性广告经营机构的广告专业人员和广告审查人员名单、广告管理制度；

（八）经主办单位和承办单位认可的经费预算书；

（九）广告管理法规及有关法律、法规规定应当提交的其他文件、证件。

第七条 各级工商行政管理机关按下列分工办理临时性广告经营审批：

（一）经国务院或中央和国家机关各部门、各人民团体同意举办的活动，活动举办地或广告征集涉及不同省（自治区、直辖市）的，由国家工商行政管理局审批；

（二）经中央和国家机关各部门、各人民团体同意举办的活动，广告征集在一省（自治区、直辖市、计划单列市）内的，由所在省（自治区、直辖市或计划单列市）工商行政管理局审批；

（三）经地方政府或其所属部门同意举办的活动，由活动举办地的省辖市及省辖市以上工商行政管理局或其授权的县及县以上工商行政管理局审批。

第八条 临时性广告经营申请，应当在活动举办 30 日前提出。工商行政管理机关在提交文件、证件齐备后予以受理，在受理后 7 日内作出批准或不批准的决定。

经审查，符合临时性广告经营条件的，由工商行政管理机关发给《临时性广告经营许可证》。

批准的主要事项有：活动申请者名称、活动名称、活动举办地、广告征集地、广告经营者名称、经营范围、经营期限。

第九条 活动主办单位在领取《临时性广告经营许可证》时，应当按照有关规定交纳登记费。

第十条 已经批准，但需要延长经营期限或增加广告经营范围、增加广告征集地、改变活动举办地的，广告经营者应当向批准机关办理变更手续。

第十一条 经批准从事临时性广告经营的广告经营者和临时性广告经营机构，应当遵守广告管理法规，并接受工商行政管理机关监督管理。

第十二条 临时性广告经营时间超过一年的，应当按有关规定，接受工商行政管理机关进行的广告经营专项检查，对检查不合格的，不得继续经营临时性广告业务。

第十三条 违反本办法第三条、第十条规定的，由工商行政管理机关依据《广告管理条例施行细则》第二十一条的规定，对违法当事人予以处罚。

其他广告违法行为，依据广告法律、法规的有关规定处罚。

第十四条 本办法由国家工商行政管理局解释。

第十五条 本办法自公布之日起施行。

广告审查标准

（1994年6月1日国家工商行政管理局颁布）

前　　言

第一条　为了加强对广告宣传的管理，维持消费者权益和社会公共利益，特制定本标准。

第二条　制定本标准的依据是：（一）《广告管理条例》；（二）《广告管理条例施行细则》；（三）广告管理各单项规章；（四）国家涉及广告管理的法律，法规；（五）国际上通行的广告宣传准则。

第三条　本标准为广告发布前审查的基本标准。凡违反国家有关广告管理法律、法规，不符合本标准要求的广告，一律不得发布。

第一章　通　　则

第四条　广告必须真实、合法、健康、明白，不得欺骗和误导公众。

第五条　广告必须具有可识别性，并能使公众清晰辩明广告客户。

第六条　下列广告，不得发布：

（一）损害国家、民族利益和尊严的；

（二）宣传法律、法规禁止生产、销售的产品的；

（三）宣传法律、法规禁止从事的服务的；

（四）使用中国国旗、国徽标志及国歌音响的；

（五）欺诈、虚假的；

（六）有淫秽、迷信、恐怖、荒诞、丑恶内容及其他有悖社会善良习俗和公共道德标准的；

（七）污辱、诽谤或贬低他人的；

（八）有种族、宗教、性别歧视的；

（九）不利于社会安定及公民生命财产安全的；

（十）不利于环境保护的；

（十一）中国加入的国际公约中明确规定禁止出现的；

（十二）违反国际惯例和道德准则的；

（十三）违反其他法律、法规规定的。

第七条 广告中宣传产品或服务的特性、构成、生产方法、价格、用途、质量、产地、担保必须准确，不得使公众产生误解。

第八条 广告应尊重他人权利。广告涉及他人名义、名誉、形象、言论、专有标记、注册商标等人身权和财产权的，必须在发布前经权利人书面同意。

禁止使用国家领导人的名义、形象、言论进行广告宣传。

第九条 广告涉及专利权的，必须标明专利号和专利类型。禁止用未授权的专利申请和已终止无效的专利进行广告宣传。

第十条 广告涉及产品和服务获奖或获其他荣誉的，必须标明所获奖或荣誉的性质，获得日期及颁奖组织。

第十一条 广告不得损害未成年人、妇女或残疾人的形象和利益，不得对其产生不良后果和影响。

第十二条 发布户外广告，不得有碍市容观瞻，不得造成对周围环境的损害。

第十三条 在新闻媒介上发布的广告，必须与新闻或其他非广告内容相区别，并足以使公众明显认定。

第十四条 发布下列广告，应提交相应的证明：

（一）标明质量合格者，应提交省辖市以上标准化管理部门或经计量认证合格的质量检验机构出具的符合标准的证明；

（二）标明获奖者，应提交本年度、本届获奖或数年度、数届连续获奖的证书，并在广告中注明获奖级别和颁奖部门；

（三）标明优质产品称号者，应提交政府颁发的优质产品证书，并在广告中标明授予优质产品称号的时间和部门；

（四）标明专利权者，应提交专利证书；

（五）标明注册商标者，应提交商标注册证；

（六）实施生产许可证制度的商品的广告，应提交生产许可证。

第二章 画面与形象

第十五条 广告中使用的画面、形象应当优美、高雅、文明，不得有下列问题：

（一）使人对商品或服务的质量、用途、效果等宣传要点产生误解；

（二）使人产生厌恶、恐怖、痛苦等不良感觉；

（三）过分感官刺激；

（四）有性挑逗或性诱惑；

（五）可能导致危险或不良行为发生。

第十六条　广告中形象的运用必须恰当：

（一）军人、警察、公务人员、医生、教师，非经所属主管部门同意，不得在广告中表示其头衔或声明其身份。

（二）不得以医生、护士、药剂师、营养师、医疗机构、保健机构等人员或机构的名义为药品、食品、化妆品、医疗器械、医疗服务作广告。

（三）国内产品广告，用外国人做模特的，应能够识别为国内产品；国外产品广告，用中国人做模特的，应能够识别为国外产品。

第十七条　不得滥用公众对名人的信任感。聘用名人做广告宣传商品的使用效果，必须与其本人的真实使用情况相一致。

第十八条　妇女模特的使用，不得有损于妇女形象和健康。

第十九条　妇女模特不得裸露肩下，膝以上 15 公分的部位(泳装模特不在此限)。

第二十条　泳装模特的使用必须与宣传的产品、画面环境相适应。

第二十一条　商品使用、安装方面的使用示范，必须真实，符合有关的技术规范。

第二十二条　有关交通和交通工具的表现，应遵守交通安全规则。交通工具的操作应符合有关的机械常识。

第三章　语言、文字与音响

第二十三条　广告中语言、文字的表述必须真实、规范、健康、文明，不得欺骗或误导公众。

第二十四条　广告中使用语言、文字、计量单位等，必须遵守国家有关规定和规范标准。

第二十五条　广告中使用的数据、统计资料、调查结果、文摘、引用语等，必须真实、含义完整并标明出处。

广告中使用的数字必须有依据；使用的百分比必须有检测机构出具的证明。

第二十六条　商品质量或使用效果方面的结论或断言，应有质量检验机构的证明。

第二十七条 运用承诺、保证、担保性语言、文字，应当有实际履行能力的证明。

第二十八条 使用或操作上有特殊要求的商品，应当在广告中加以说明。

第二十九条 广告中不得使用下列语言、文字：

（一）“最好”、“最佳”、“第一”、“首创”等无限高度的形容词；

（二）没有依据、不切实际的夸张；

（三）低级趣味、诲淫意识或渲染色情的描述。

第三十条 广告中使用的音响不应过于刺激或引起噪音干扰。

第四章 比较广告

第三十一条 比较广告应符合公平、正当竞争的原则。

第三十二条 广告中的比较性内容，不得涉及具体的产品或服务，或采用其它直接的比较方式。对一般性同类产品或服务进行间接比较的广告，必须有科学的依据和证明。

第三十三条 比较广告中使用的数据或调查结果，必须有依据，并应提供国家专门检测机构的证明。

第三十四条 比较广告的内容，应当是相同的产品或可类比的产品，比较之处应当具有可比性。

第三十五条 比较广告使用的语言、文字的描述，应当准确，并且能使消费者理解。不得以直接或影射方式中伤、诽谤其它产品。

第三十六条 比较广告不得以联想方式误导消费者，不得造成不使用该产品将会造成严重损失或不良后果的感觉（安全或劳保用品除外）。

第五章 儿童广告

第三十七条 儿童广告，是指儿童使用的产品或有儿童参加演示内容的广告。

第三十八条 儿童广告必须有益于儿童的生理和心理健康，有利于培养儿童优秀的思想品质和高尚的情操。

第三十九条 不适于儿童使用的产品的广告，不得有儿童参加演示。

第四十条 针对儿童宣传的广告，应当进行浅显的、能够为儿童正确理解的描述。

第四十一条 广告中出现的儿童或家长，应当表现为具有良好行为或态度的典范。

第四十二条 不得发布下列儿童广告：

（一）有损儿童的身心健康或道德品质的；

（二）利用儿童给家长施加购买压力的；

（三）影响儿童对长辈和他人尊重或友善的；

（四）影响父母、长辈对儿童的言行进行正确教育的；

（五）以是否拥有某种商品使儿童产生优越感或自卑感；

（六）儿童模特对宣传的商品的演示超出一般儿童行为能力的；

（七）表现不应由儿童单独从事的某种活动的；

（八）可能引发儿童任何不良事故或行为的；

（九）利用超出儿童判断力的描述，使儿童误解，或者变相欺骗儿童的；

（十）使用教师或儿童教育家、儿童文艺作家、儿童表演艺术家等名义、身份或形象。

第六章　家用电器广告

第四十三条 家用电器包括：

家用电子器具：收音机（含电子管收音机、晶体管收音机）、录音机（含录放机、收录机）、扩音机、电唱机、音响组合、音箱、电视机、录像机及其配套件、录音磁带（含无声带、有声带）、录像磁带、电子原器件等。

家用电气器具：电风扇（含台扇、吊扇、落地扇、壁扇）、排气风扇、凉（热）风扇、单相空调器、空气清洁器、冷饮水器、电冰箱、冷藏柜、制冰机、电灶、电磁灶、微波电炉、电烤箱、电饭煲、电水壶、电热水杯、洗衣机、电熨斗、吸尘器、地板打腊机、擦玻璃机、取暖电炉、电热毯（垫）、电褥子、电热水器、加湿器、电气器具零配件等。

第四十四条 申请审查家用电器广告，应交验以下证明：

（一）国家质量检验机构出具的质量检验合格证明；

（二）实行生产许可证制度的产品，须交验《生产许可证》。

第四十五条 禁止发布下列家用电器的广告：

（一）不合格产品；

（二）用不合格的原材料、零部件生产、组装的产品；

（三）国家明令淘汰的产品；

（四）没有产品质量标准、未经质量检验机构检验合格的产品；

（五）弄虚作假、以次充好，伪造注册商标，假冒名牌的产品。

第四十六条　达不到国家的有关标准规定等级，仍有使用价值的“处理品”，降价销售的，在广告中应显著标出“处理品”字样。

第七章　药品广告

第四十七条　药品是指用于预防、治疗、诊断人的疾病，有目的地调节人的生理机能并规定有适应症、用法和用量的物质，包括中药材、中药饮品、中成药、化学原料药及其制剂、抗生素、生化药品、放射性药品、血清疫苗、血液制品和诊断药品等。

第四十八条　申请审查药品（含进口药品）广告，应交验省自治区、直辖市卫生行政部门出具的《药品广告审批表》。

第四十九条　申请审查精神药品、毒性药品、放射性药品广告，应出具经国务院卫生行政部门核准，由所在地省、自治区、直辖市卫生行政部门核发的药品宣传批准文号。

第五十条　禁止发布下列药品的广告：

（一）麻醉药品和国际公约管制的精神药品品种；

（二）未经卫生行政部门批准生产的药品（含试生产的药品）；

（三）卫生行政部门已明令禁止销售、使用的药品；

（四）医疗单位配制的制剂；

（五）未进行商标注册的药品（中药材、中药饮片不在此列）；

（六）临床使用，发现有超出规定的副作用的药品。

第五十一条　药品广告的语言、文字、画面的含义，不得超出卫生行政部门在《药品广告审批表》中核准的内容。

第五十二条　利用电视、广播、报纸、杂志和其他印刷品以及路牌发布药品广告的，药品的宣传批准文号应列为广告内容，同时发布。利用前款媒介发布推荐给个人使用的药品广告，广告内容必须标明对患者的忠告性语言“请在医生指导下使用”。

第五十三条　药品广告不得含有下列内容和表现形式：

（一）有淫秽、迷信、荒诞语言文字、画面的；

（二）贬低同类产品或与其他药品进行功效和安全性对比评价的；

（三）违反科学规律，表明或暗示包治百病的；

（四）有“疗效最佳”、“药到病除”、“根治”、“安全预防”、“完全无副作用”等断言或隐含保证的；

（五）有“最高技术”、“最高科学”、“最进步制法”、“药之王”等断言的；

（六）说明治愈率或有效率的；

（七）利用医药科技单位、学术机构、医院或儿童、医生、患者的名义和形象作为广告内容的；

（八）专用于治疗性功能障碍的；

（九）标明获奖内容的。

第五十四条　药品广告的表现不得令人产生自己已患某种疾病的疑虑。

第八章　农药广告

第五十五条　农药包括：用于防治农、林、牧业的病、虫、杂草、鼠害和其他有害生物以及调节植物、昆虫生长的药物（包括化学农药的原药、加工制剂及生物农药）。

第五十六条　申请审查农药广告，应交验农业行政主管部门出具的《农药广告审批表》。在全国性报刊（含全国性专业报刊）、广播、电视上发布农药广告，交验由国务院农业行政主管部门农药检定所出具的《农药广告审批表》。利用其它媒介刊播、设置广告，交验由省、自治区、直辖市农业厅（局）药检或植保部门出具的《农药广告审批表》。

第五十七条　申请审查农药广告，应交验由国务院农业行政主管部门农药检定所出具的《农药广告审批表》。

第五十八条　农药广告的文字、语言及画面的含义，不得超出《农药广告审批表》中核准的内容。如需更改，应重新申办《农药广告审批表》。

第五十九条　发布农药广告，不得出现下列内容：

（一）有安全性断言的，如“安全”、“无毒”、“不含毒性”、“无残毒”等；

（二）贬低同类产品或与其它药品进行功效和安全性对比评价的；

（三）有“保证高产”、“根治”等断言或隐含保证的；

（四）有违反农药安全使用规程的文字、语言或画面的。

第九章　兽药广告

第六十条　兽药是指用于预防、治疗、诊断畜、禽等动物疾病，有目的地调节其生理机能并规定作用、用法、用量的物质(含饲料药物添加剂),包括:血清、菌(疫)苗、诊断液等生物制品;兽用中药材、中成药、化学原料药及其制剂;抗生素、生物药品、放射性药品。

第六十一条 申请审查兽药广告,应交验下列证明材料:

(一) 省、自治区、直辖市农业行政主管部门出具的兽药广告证明;

(二) 省、自治区、直辖市农业行政主管部门核发的兽药生产批准文号,兽药经营企业,应交验县以上农业行政主管部门核发的《兽药经营许可证》;

(三) 商标注册证书;

(四) 产品质量检验合格证;

(五) 省、自治区、直辖市农业行政主管部门批准的兽药说明书。

第六十二条 申请审查进口兽药广告,应交验以下材料:

(一) 国务院农业行政主管部门核发的《进口兽药登记许可证》或《进口兽药许可证》;

(二) 省、自治区、直辖市或国务院农业行政主管部门指定的兽药检验所出具的检验合格证明;

(三) 兽药说明书(附中文译本)。

第六十三条 兽药广告的内容,必须以省、自治区、直辖市农业行政主管部门批准的兽药广告证明或兽药说明书为准。

第六十四条 禁止发布下列兽药广告:

(一) 未取得农业行政主管部门核发的标准文号的;

(二) 国务院农业行政主管部门明令禁止使用的;

(三) 非兽药冒充兽药的;

(四) 兽药所含成份的种类、含量、名称与国家标准、行业标准或者地方标准不符的;

(五) 超过有效期的;

(六) 因变质不能药用的;

(七) 因被污染不能药用的;

(八) 兽用麻醉药品和精神药品;

(九) 兽医医疗单位配制的兽药制剂;

(十) 其它与兽药标准规定不符的。

第六十五条 兽药广告中下列用语的含义是:

(一) 畜、禽等动物:指家畜、家禽、鱼类、蜜蜂、蚕及其它人工饲养的动物;

(二) 新兽药:指我国新研制出的兽药原料药品;

（三）兽药新制剂：指用兽药原料药品新研制、加工出的兽药制剂。

第十章　医疗器械广告

第六十六条　医疗器械包括：用于人体疾病诊断、治疗、预防，调节人体生理功能或替代人体器官的仪器、设备、装置、器具、植入物、材料及其相关物品。

第六十七条　申请审查医疗器械广告，应交验国家医药管理部门或省、自治区、直辖市医药管理部门或同级医药行政管理部门出具的《医疗器械广告证明》。

申请审查进口医疗器械广告，应交验国家医药管理部门出具的《医疗器械广告证明》。

第六十八条　医疗器械广告的文字、语言及画面的含义，不得超出《医疗器械广告证明》中核准的内容。如需更改，应重新申办《医疗器械广告证明》。

第六十九条　下列医疗器械，禁止发布广告：

（一）未经国家医药管理部门或省、自治区、直辖市医药管理部门或同级医药行政管理部门批准生产的医疗器械；

（二）临床试用、试生产的医疗器械；

（三）已实施生产许可证而未取得生产许可证生产的医疗器械；

（四）有悖于中国社会习俗和道德规范的医疗器械。

第七十条　医疗器械广告不得出现下列内容：

（一）使用专家、医生、患者、未成年人或医疗科研、学术机构、医疗单位的名义进行广告宣传；

（二）使用"保证治愈"等有关保证性的断语；

（三）与同类产品功效、性能进行比较的言论或画面、形象；

（四）运用数字或图表宣传治疗效果；

（五）宣传不使用做广告的产品，可能导致或加重某种疾病的语言、文字、画面；

（六）可能使人得出使用广告的产品，可以使疾病迅速治愈、身体康复的印象或结论的语言、文字、画面。

第七十一条　标明获专利权的医疗器械广告，必须说明获得专利的类型。在专利获批准以前，不得进行与专利有关的宣传。

第七十二条　标明获奖的医疗器械广告，其标明的获奖必须是获得省级以上（含省级）人民政府授予的各类奖。其它各种获奖，不得在广告中标明。

第七十三条　推荐给个人使用的具有治疗疾病或调节生理功能作用的医疗器械，除经医疗器械广告证明出具机关批准，可以不在广告中标明忠告性语言的以外，均须在广告中标明对患者忠告语“请在医生指导下使用”。

第十一章　医疗广告

第七十四条　医疗广告包括：医疗机构通过一定媒介或形式，向社会公众宣传其运用科学技术诊疗疾病的活动。

第七十五条　医疗广告内容仅限于医疗机构名称、诊疗地点，从业医师姓名、技术职称、服务商标、诊疗时间、诊疗科目、诊疗方法、通信方式。

第七十六条　西医临床诊疗科目，以《综合医院分级管理标准》和卫生部有关文件为依据，疾病名称以国际分类ICD－9中三位数类目表为依据。

中医临床诊疗科目以全国中医院分级管理标准及国家中医药管理部门有关文件为依据；疾病名称以全国中医高等院校统一教材及国家中医药管理部门有关规定为依据；治疗方法、机理以中医药学理论及其有关规范为依据。

第七十七条　申请审查医疗广告，应交验省级卫生行政部门出具的《医药广告证明》。

第七十八条　医疗广告证明文号必须与广告内容同时发布。

第七十九条　医疗广告的文字、语言及画面的含义，不得超出《医疗广告证明》中核准的内容。

第八十条　医疗广告中禁止出现下列内容：

（一）有淫秽、迷信、荒诞语言文字、画面的；

（二）贬低他人的；

（三）保证治愈或隐含保证治愈的；

（四）宣传诊疗效果及治愈率、有效率的；

（五）利用患者或医学权威机构、人员和医生的名义、形象或使用其推荐语进行宣传的；

（六）冠以祖传秘方或名医传授等内容的；

（七）以通信形式诊断疾病的；

（八）国家卫生行政部门规定不得进行宣传的诊疗方法；

（九）违反其它有关法律法规的。

第十二章　食品广告

第八十一条　食品包括：各种供人食用或者饮用的成品和原料，但不包括以治疗为目的的药品。

第八十二条 申请审查食品广告，应交验食品卫生监督机构出具的《食品广告证明》。

申请审查特殊营养食品广告及食品新资源广告，应交验省级以上卫生行政部门出具的证明。

第八十三条 特殊营养食品，是指通过改变食品中天然营养素的成份和含量比例，以适应某些特殊人群营养需要的食品。

第八十四条 食品新资源，是指在我国新发现、新引进或新研制的，无食用习惯或仅在个别地区有食用习惯，而且符合食品基本要求的物品。

第八十五条 食品广告的语言、文字及画面的含义，不得超出《食品广告证明》中核准的内容。

第八十六条 食品广告中不得出现医疗术语、易与药品混淆的用语以及无法用客观指标评价的用语，如：返老还童、延年益寿、白发变黑、齿落更生、防老抗癌、祖传秘方、宫廷秘方等。

第八十七条 食品广告不得表示或暗示减肥功能，若表示有助于消化、保持体型，应在广告中同时强调体育锻炼、营养均衡等与之配合。

第八十八条 食品广告表示其低脂、低糖、低盐、低胆固醇等含量的，必须出具卫生监督机构说明其明显低于同类产品含量的证明。

第八十九条 禁止发布母乳代食品广告。

第十三章 烟酒广告

第九十条 禁止利用广播、电视、报刊媒介及法律、法规明令禁止吸烟的场所发布烟草制品广告。

第九十一条 酒类广告及利用非禁止媒介发布烟草制品广告，不得出现以下内容：

（一）有鼓动、倡导、引诱人们吸烟、饮酒的文字、语言和画面；

（二）有吸烟和饮酒形象；

（三）有未成年人形象。

第九十二条 烟酒广告不得表示或暗示医疗、保健效果，如：增加记忆力、健胃健脾。不得使用无法以客观指标评价的用语，如：返老还童、延年益寿、防老抗癌等。

第九十三条 申请发布酒精含量在39度以上烈性酒广告及在非禁止媒介

上发布烟草制品广告，应交验以下材料：

（一）产品质量检验合格证书；

（二）省、自治区、直辖市工商行政管理局或其授权的省辖市工商行政管理局批准做广告的证明。

第九十四条 发布39度以下（含39度）酒类广告，必须标明酒的度数。

第九十五条 利用非禁止媒介发布烟草制品广告，必须在广告中标明“吸烟有害健康”或其它类似内容的忠告性语言。

第十四章 化妆品广告

第九十六条 化妆品包括：以涂擦、喷洒或者其他类似的方法，散布于人体表面任何部位（皮肤、毛发、指甲、口唇等），以达到清洁、消除不良气味、护肤、美容和修饰目的的日用化学工业产品。

特殊用途化妆品，是指用于育发、染发、烫发、脱毛、美乳、健美、除臭、雀斑、防晒的化妆品。

第九十七条 申请审查化妆品广告，应妆验下列材料：

（一）营业执照；

（二）《化妆品生产企业卫生许可证》；

（三）《化妆品生产许可证》；

（四）美容类化妆品，须交验省级以上化妆品检测站（中心）或卫生防疫站出具的检验合格的证明；

（五）特殊用途化妆品，须交验国务院卫生行政部门核发的批准文号；

（六）化妆品如宣称为科技成果的，须交验省级以上轻工行业主管门颁发的科技成果鉴定书。

第九十八条 申请审查进口化妆品广告，需交验下列证明：

（一）国务院卫生行政部门批准化妆品进口的有关批件；

（二）国家商检部门检验化妆品合格的证明；

（三）出口国（地区）批准生产该化妆品的证明文件（附中文译本）。

第九十九条 对可能引起不良反应的化妆品，应在广告中注明使用方法、注意事项。

第一〇〇条 化妆品广告中禁止出现下列内容：

（一）化妆品名称、制法、成份、效用或性能有虚假夸大的；

（二）使用他人名义保证或以暗示方法使人误解其效用的；

（三）宣传医疗作用或使用医疗术语的；
（四）有贬低同类产品内容的；
（五）使用最新创造、最新发明、纯天然制品、无副作用等绝对化语言的；
（六）有涉及化妆品性能或功能、销量等方面的数据的；
（七）违反其他法律、法规的。

第十五章　金融广告

第一〇一条　金融广告包括银行业、证券业、保险业、信托业、租赁业、金银、外汇买卖，以及各种社会融资活动的广告。

第一〇二条　金融广告的内容必须真实、准确、合法、明白，不得欺骗或误导公众。

第一〇三条　金融广告应当保证其内容的准确性和完整性，确保公众对广告中所涉及内容的性质（如投资机会、资金用途、附加条件等）有充分的了解，不得夸大或隐匿关键内容；对于有风险的金融活动，必须在广告中予以说明。

第一〇四条　申请发布的融资广告，不得包含下列内容：
（一）对该融资活动收益前景的评论和建议，或比照其他证券和投资的收益；
（二）说明或暗示任何付还本金或应支付的任何利息是有保证的。

第一〇五条　融资广告提及广告主资产额的，应交验具有法律效力的资产负债证明。

第一〇六条　股票广告，应在显著位置标注"股市有风险，股民须慎重入市"或含有类似内容的忠告性语言。

第一〇七条　下列金融活动，禁止发布广告：
（一）违反国家法律、法规的；
（二）未经国家金融主管部门批准的；
（三）企、事业单位内部的资金融通行为。

第一〇八条　发布储蓄、信贷广告，应提交上一级人民银行出具的批准文件。

第一〇九条　发布保险、信托、租赁广告，应提交上级主管部门和同级人民银行出具的批准文件。

第一一〇条　发布批发金银及其制品广告，应提交中国人民银行出具的批准文件；发布零售金银及其制品广告，应提交省级或计划单列市人民银行出具的批准文件。

第一一一条 股票发行、上市广告,应分别情况,提交下列证明:

(一)中央企业发布股票发行、上市广告,须提交其主管部门和企业所在地省级或计划单列市人民政府出具的批准文件、中国证券监督管理委员会复审同意的证明和上市地(上海、深圳)证券交易所上市委员会准予上市的批准文件;

(二)地方企业发布股票发行、上市广告、须提交省级或计划单列市人民政府出具的的批准文件,中国证券监督管理委员会复审同意的证明和上市地(上海、深圳)证券交易所上市委员会准予上市的批准文件。

第一一二条 发布其它与股票有关的(如新股认购权利证书、分红派息、配股说明书、年度业绩报告等)广告,应当提交当地省级和计划单列市证券主管机关,及上市地证券主管机关出具的批准文件。

第一一三条 发布投资基金证券广告,须提交中国人民银行出具的批准文件。

第一一四条 发布债券广告,应分别情况,提交下列证明:

(一)金融机构债券广告,须提交中国人民银行出具的批准文件;

(二)国家投资债券、国家投资公司债券广告,须提交国家计委出具的批准文件;

(三)中央企业债券广告,须提交中国人民银行和国家计委出具的批准文件;

(四)地方企业债券、地方投资公司债券广告,须提交省级或计划单列市人民政府出具的批准文件;

(五)企业短期融资券广告,须提交省级或计划单列市人民银行出具的批准文件。

第一一五条 发布定向募集法人股广告、应分别情况,提交下列证明:

(一)中央企业发布定向募集法人股广告,须提交国家经济体制改革委员会的批准文件;

(二)地方企业发布定向募集法人股广告,须提交省级或计划单列市经济体制改革委员会的批准文件。

第一一六条 为社会公益事业集资所发行的彩票广告,须提交国务院的批准文件。

发布其它有偿集资广告,根据国家有关规定提交相应的批准文件。

第十六章 其它广告

第一一七条 报刊出版发行广告,应提交新闻出版署核发的《报纸登记证》

或《期刊登记证》。

第一一八条 图书出版发行广告，应提交新闻出版管理机关批准成立出版社的证明。

第一一九条 文艺演出广告，应提交县以上文化主管部门准许演出的证明。

第一二〇条 文化补习班的招生广告，应提交县以上（含县）教育行政部门同意刊播广告的证明。

第一二一条 职业技术培训班招生广告、招工招聘广告，应提交县以上（含县）教育行政部门或劳动人事部门同意刊播广告的证明。

第一二二条 大专院校招生广告，跨省招生，学制在一年以上的，须经学校所在地省、自治区、直辖市教育行政和部门审核，报国家教育委员会批准后，方可发布。

第一二三条 中等专业教育广告，应提交地（市）级教育行政部门同意刊播广告的证明。

第一二四条 外国来华的招生广告，应提交国家教育委员会的证明。

第一二五条 展销会、订货会、交易会广告，应提交主办单位主管部门批准的证明。

大众传播媒介广告发布审查规定

（工商广字〔2012〕26号，2012年2月9日发布）

根据《中华人民共和国广告法》等法律法规有关广告发布者应查验证明文件、核实广告内容、建立健全广告管理制度的要求，为进一步落实大众传播媒介的广告发布审查责任，制定本规定。

一、大众传播媒介应当履行法定的广告审查义务，在广告发布前查验相关广告证明文件、核实广告内容，确保广告真实、合法，符合社会主义精神文明建设要求。

二、大众传播媒介应当明确广告审查责任。广告审查员负责广告审查的具体工作，广告经营管理部门负责人负责广告复审，分管领导负责广告审核。

三、大众传播媒介应当配备广告审查员。广告审查员应当参加广告法律法规及广告业务培训，经培训合格后，履行以下职责：

（1）审查本单位发布的广告，提出书面意见；

（2）管理本单位的广告审查档案；

（3）提出改进本单位广告审查工作的意见和建议；

（4）协助处理本单位广告管理的其他有关事宜。

四、大众传播媒介的广告审查员应当按照下列程序进行审查：

（1）查验各类广告证明文件的真实性、合法性、有效性，对证明文件不全的，要求补充证明文件；

（2）审核广告内容是否真实、合法，是否符合社会主义精神文明建设的要求；

（3）检查广告表现形式和使用的语言文字是否符合有关规定；

（4）审查广告整体效果，确认其不致引起消费者的误解；

（5）提出对该广告同意、不同意或者要求修改的书面意见。

广告审查员应当主动登录相关政府网站，查询了解相关部门公布的广告批准文件、违法广告公告、广告监测监管等信息。

五、大众传播媒介的广告经营管理部门负责人、分管领导应当对广告审查员审查通过的广告进行复查、审核。经复查、审核符合广告法律法规规定的广告，方可发布。

六、大众传播媒介应当依法建立广告业务的承接登记、审核、档案管理制度。广告审查的书面意见应当与广告档案一同保存备查。

七、大众传播媒介对群众举报、投诉的广告，应当责成广告审查员重新审查核实，要求广告主就被举报、投诉的事项做出说明，补充提供有关证明材料。

对广告主不能提供证明材料或者提供的有关证明材料不足以证实广告内容的真实性、合法性，大众传播媒介应当立即停止发布该广告。

八、大众传播媒介每年度应当对广告审查员、广告经营管理部门负责人进行广告审查工作绩效考核。

对年度内未认真履行广告审查职责，致使违法广告多次发布的，大众传播媒介应当对广告审查员及相关负责人给予批评教育、调离工作岗位等处理。

九、广告监督管理机关应当加强广告发布审查工作的行政指导，在日常广告监测监管、处理广告举报投诉、查办广告违法案件等工作中，了解掌握大众传播媒介及广告审查员落实广告发布审查制度、履行审查职责的情况，并向有关部门通报情况，提出有关建议。

十、广告监督管理机关应当加强大众传播媒介广告审查员、广告经营管理部门负责人的广告法律法规培训工作，定期组织新任广告审查员培训和广告审查员广告法律法规知识更新培训。

十一、大众传播媒介的行政主管部门应当监督、督促大众传播媒介认真执行广告发布的有关规定，切实落实广告发布审查责任，依法审查广告。

十二、大众传播媒介的行政主管部门应当对不执行广告发布审查规定，导致严重虚假违法广告屡禁不止、广告违法率居高不下，造成恶劣社会影响及后果的大众传播媒介，予以警示告诫、通报批评等处理，依照有关规定追究主管领导和相关责任人的责任。

十三、本规定所称大众传播媒介是指广播电视播出机构、报纸期刊出版单位以及互联网信息服务单位。

大众传播媒介以外的其他广告发布者，参照本规定执行。

关于广告审查员管理工作若干问题的指导意见(试行)

(国家工商总局2004年10月发布,《工商行政管理》2004年第21期)

根据《中华人民共和国行政许可法》、《国务院关于贯彻实施〈中华人民共和国行政许可法〉的通知》(国发[2003]23号)的要求以及国务院取消和调整行政审批项目的有关决定,对广告审查员管理工作的若干问题提出以下指导意见:

一、根据《广告法》第二十七条、第二十八条之规定,广告经营单位对其设计、制作、代理、发布的广告进行审查(以下简称广告审查),是一项基本的法定义务,也是一项法定的制度。各级工商行政管理机关应当根据《行政许可法》的要求,统一认识,指导广告经营者、广告发布者健全广告审查管理制度,配备符合广告审查工作要求的广告审查人员。

二、广告审查的范围是广告创意稿、广告设计定稿及制作后的广告品、代理或者待发布的广告样件。

三、广告审查员按照下列程序审查广告:

(一)查验各类广告证明文件的真实性、合法性、有效性,对证明文件不全的,提出补充收取证明文件的意见;

(二)核实广告内容的真实性、合法性;

(三)检查广告形式是否符合有关规定;

(四)审查广告整体效果,确认其不致引起消费者的误解;

(五)检查广告是否符合社会主义精神文明建设的要求;

(六)签署对该广告同意、不同意或者要求修改的书面意见。

四、对于经广告审查机关审查的广告中存在的违反广告管理法规的问题,广告审查员应当签署不同意代理、发布的书面意见,并及时向工商行政管理机关报告,也可以同时向该审查机关提出意见。

五、工商行政管理机关要加强对广告审查员的培训工作。对广告审查员的培训包括定期法规培训、知识更新培训和对违法问题严重的广告经营单位的广告审查员进行集中培训。

国家工商行政管理总局负责编写制定全国统一的广告审查员培训教材。各地可将其地方性广告法规作为广告审查员培训、考试的补充内容。培训的方式方法由各地自行决定。对按照统一教材经过定期法规培训或集中培训考试合格者,可以发给《广告审查员培训合格证书》。

知识更新培训的内容,包括新颁布的广告法律、法规、规章和有关广告监督管理的规定。

工商行政管理机关对于辖区内违法问题严重的广告发布者的广告部门负责人,应当进行广告法规集中培训。

六、已取得《广告审查员培训合格证书》的人员可以在广告经营单位从事广告审查工作。对未取得《广告审查员培训合格证书》的广告审查员,应当及时进行法规培训。

七、工商行政管理机关对广告审查员的管理:

(一)组织广告法规培训;

(二)对广告审查员履行职责的情况,应当及时给予表扬鼓励或者批评教育。

对广告经营单位广告审查员的管理,应当作为广告监管信息化建设的一项基本内容。对辖区内广告审查员的培训、考试、日常审查工作中的违章情况和相关处理记录,应尽可能实行计算机化管理。

八、广告审查员的管理工作对维护广告市场秩序具有重要意义。在符合《行政许可法》原则的前提下,各地要继续加强广告审查员管理工作,并不断完善广告审查员管理的制度和措施。

药品广告审查发布标准

（国家工商行政管理局令第27号公布，自2007年5月1日起施行）

第一条　为了保证药品广告真实、合法、科学，制定本标准。

第二条　发布药品广告，应当遵守《中华人民共和国广告法》、《中华人民共和国药品管理法》和《中华人民共和国药品管理法实施条例》、《中华人民共和国反不正当竞争法》及国家有关法规。

第三条　下列药品不得发布广告：

（一）麻醉药品、精神药品、医疗用毒性药品、放射性药品；

（二）医疗机构配制的制剂；

（三）军队特需药品；

（四）国家食品药品监督管理局依法明令停止或者禁止生产、销售和使用的药品；

（五）批准试生产的药品。

第四条　处方药可以在卫生部和国家食品药品监督管理局共同指定的医学、药学专业刊物上发布广告，但不得在大众传播媒介发布广告或者以其他方式进行以公众为对象的广告宣传。不得以赠送医学、药学专业刊物等形式向公众发布处方药广告。

第五条　处方药名称与该药品的商标、生产企业字号相同的，不得使用该商标、企业字号在医学、药学专业刊物以外的媒介变相发布广告。

不得以处方药名称或者以处方药名称注册的商标以及企业字号为各种活动冠名。

第六条　药品广告内容涉及药品适应症或者功能主治、药理作用等内容的宣传，应当以国务院食品药品监督管理部门批准的说明书为准，不得进行扩大或者恶意隐瞒的宣传，不得含有说明书以外的理论、观点等内容。

第七条　药品广告中必须标明药品的通用名称、忠告语、药品广告批准文号、药品生产批准文号；以非处方药商品名称为各种活动冠名的，可以只发布药品商品名称。

药品广告必须标明药品生产企业或者药品经营企业名称，不得单独出现“咨询热线”、“咨询电话”等内容。

非处方药广告必须同时标明非处方药专用标识（OTC）。

药品广告中不得以产品注册商标代替药品名称进行宣传，但经批准作为药品商品名称使用的文字型注册商标除外。

已经审查批准的药品广告在广播电台发布时，可不播出药品广告批准文号。

第八条 处方药广告的忠告语是："本广告仅供医学药学专业人士阅读"。

非处方药广告的忠告语是："请按药品说明书或在药师指导下购买和使用"。

第九条 药品广告中涉及改善和增强性功能内容的，必须与经批准的药品说明书中的适应症或者功能主治完全一致。

电视台、广播电台不得在7:00—22:00发布含有上款内容的广告。

第十条 药品广告中有关药品功能疗效的宣传应当科学准确，不得出现下列情形：

（一）含有不科学地表示功效的断言或者保证的；

（二）说明治愈率或者有效率的；

（三）与其他药品的功效和安全性进行比较的；

（四）违反科学规律，明示或者暗示包治百病、适应所有症状的；

（五）含有"安全无毒副作用"、"毒副作用小"等内容的；含有明示或者暗示中成药为"天然"药品，因而安全性有保证等内容的；

（六）含有明示或者暗示该药品为正常生活和治疗病症所必需等内容的；

（七）含有明示或暗示服用该药能应付现代紧张生活和升学、考试等需要，能够帮助提高成绩、使精力旺盛、增强竞争力、增高、益智等内容的；

（八）其他不科学的用语或者表示，如"最新技术"、"最高科学"、"最先进制法"等。

第十一条 非处方药广告不得利用公众对于医药学知识的缺乏，使用公众难以理解和容易引起混淆的医学、药学术语，造成公众对药品功效与安全性的误解。

第十二条 药品广告应当宣传和引导合理用药，不得直接或者间接怂恿任意、过量地购买和使用药品，不得含有以下内容：

（一）含有不科学的表述或者使用不恰当的表现形式，引起公众对所处健康状况和所患疾病产生不必要的担忧和恐惧，或者使公众误解不使用该药品会患某种疾病或加重病情的；

（二）含有免费治疗、免费赠送、有奖销售、以药品作为礼品或者奖品等促销药品内容的；

（三）含有"家庭必备"或者类似内容的；

（四）含有"无效退款"、"保险公司保险"等保证内容的；

（五）含有评比、排序、推荐、指定、选用、获奖等综合性评价内容的。

第十三条 药品广告不得含有利用医药科研单位、学术机构、医疗机构或者专家、医生、患者的名义和形象作证明的内容。

药品广告不得使用国家机关和国家机关工作人员的名义。

药品广告不得含有军队单位或者军队人员的名义、形象。不得利用军队装备、设施从事药品广告宣传。

第十四条 药品广告不得含有涉及公共信息、公共事件或其他与公共利益相关联的内容，如各类疾病信息、经济社会发展成果或医药科学以外的科技成果。

第十五条 药品广告不得在未成年人出版物和广播电视频道、节目、栏目上发布。

药品广告不得以儿童为诉求对象，不得以儿童名义介绍药品。

第十六条 药品广告不得含有医疗机构的名称、地址、联系办法、诊疗项目、诊疗方法以及有关义诊、医疗（热线）咨询、开设特约门诊等医疗服务的内容。

第十七条 按照本标准第七条规定必须在药品广告中出现的内容，其字体和颜色必须清晰可见、易于辨认。上述内容在电视、电影、互联网、显示屏等媒体发布时，出现时间不得少于5秒。

第十八条 违反本标准规定发布的广告，构成虚假广告或者引人误解的虚假宣传的，依照《广告法》第三十七条、《反不正当竞争法》第二十四条处罚。

违反本标准第四条、第五条规定发布药品广告的，依照《广告法》第三十九条处罚。

违反本标准第三条、第六条等规定发布药品广告的，依照《广告法》第四十一条处罚。

违反本标准其他规定发布广告，《广告法》有规定的，依照《广告法》处罚；《广告法》没有具体规定的，对负有责任的广告主、广告经营者、广告发布者，处以一万元以下罚款；有违法所得的，处以违法所得三倍以下但不超过三万元的罚款。

第十九条 本标准自2007年5月1日起施行。1995年3月28日国家工商行政管理局令第27号发布的《药品广告审查标准》同时废止。

药品广告审查办法

（国家工商局令第27号，自2007年5月1日起施行）

第一条　为加强药品广告管理，保证药品广告的真实性和合法性，根据《中华人民共和国广告法》（以下简称《广告法》）、《中华人民共和国药品管理法》（以下简称《药品管理法》）和《中华人民共和国药品管理法实施条例》（以下简称《药品管理法实施条例》）及国家有关广告、药品监督管理的规定，制定本办法。

第二条　凡利用各种媒介或者形式发布的广告含有药品名称、药品适应症（功能主治）或者与药品有关的其他内容的，为药品广告，应当按照本办法进行审查。

非处方药仅宣传药品名称（含药品通用名称和药品商品名称）的，或者处方药在指定的医学药学专业刊物上仅宣传药品名称（含药品通用名称和药品商品名称）的，无需审查。

第三条　申请审查的药品广告，符合下列法律法规及有关规定的，方可予以通过审查：

（一）《广告法》；

（二）《药品管理法》；

（三）《药品管理法实施条例》；

（四）《药品广告审查发布标准》；

（五）国家有关广告管理的其他规定。

第四条　省、自治区、直辖市药品监督管理部门是药品广告审查机关，负责本行政区域内药品广告的审查工作。县级以上工商行政管理部门是药品广告的监督管理机关。

第五条　国家食品药品监督管理局对药品广告审查机关的药品广告审查工作进行指导和监督，对药品广告审查机关违反本办法的行为，依法予以处理。

第六条　药品广告批准文号的申请人必须是具有合法资格的药品生产企业或者药品经营企业。药品经营企业作为申请人的，必须征得药品生产企业的同意。

申请人可以委托代办人代办药品广告批准文号的申办事宜。

第七条　申请药品广告批准文号，应当向药品生产企业所在地的药品广告审查机关提出。

申请进口药品广告批准文号，应当向进口药品代理机构所在地的药品广告审查机关提出。

第八条 申请药品广告批准文号，应当提交《药品广告审查表》(附表1)，并附与发布内容相一致的样稿(样片、样带)和药品广告申请的电子文件，同时提交以下真实、合法、有效的证明文件：

(一) 申请人的《营业执照》复印件；

(二) 申请人的《药品生产许可证》或者《药品经营许可证》复印件；

(三) 申请人是药品经营企业的，应当提交药品生产企业同意其作为申请人的证明文件原件；

(四) 代办人代为申办药品广告批准文号的，应当提交申请人的委托书原件和代办人的营业执照复印件等主体资格证明文件；

(五) 药品批准证明文件(含《进口药品注册证》、《医药产品注册证》)复印件、批准的说明书复印件和实际使用的标签及说明书；

(六) 非处方药品广告需提交非处方药品审核登记证书复印件或相关证明文件的复印件；

(七) 申请进口药品广告批准文号的，应当提供进口药品代理机构的相关资格证明文件的复印件；

(八) 广告中涉及药品商品名称、注册商标、专利等内容的，应当提交相关有效证明文件的复印件以及其他确认广告内容真实性的证明文件。

提供本条规定的证明文件的复印件，需加盖证件持有单位的印章。

第九条 有下列情形之一的，药品广告审查机关不予受理该企业该品种药品广告的申请：

(一) 属于本办法第二十条、第二十二条、第二十三条规定的不受理情形的；

(二) 撤销药品广告批准文号行政程序正在执行中的。

第十条 药品广告审查机关收到药品广告批准文号申请后，对申请材料齐全并符合法定要求的，发给《药品广告受理通知书》；申请材料不齐全或者不符合法定要求的，应当当场或者在5个工作日内一次告知申请人需要补正的全部内容；逾期不告知的，自收到申请材料之日起即为受理。

第十一条 药品广告审查机关应当自受理之日起10个工作日内，对申请人提交的证明文件的真实性、合法性、有效性进行审查，并依法对广告内容进行审查。对审查合格的药品广告，发给药品广告批准文号；对审查不合格的药品广告，应当作出不予核发药品广告批准文号的决定，书面通知申请人并说明理由，同时告知申请人享有依法申请行政复议或者提起行政诉讼的权利。

对批准的药品广告，药品广告审查机关应当报国家食品药品监督管理局备案，并将批准的《药品广告审查表》送同级广告监督管理机关备案。国家食品药品监督管理局对备案中存在问题的药品广告，应当责成药品广告审查机关予以纠正。

对批准的药品广告，药品监督管理部门应当及时向社会予以公布。

第十二条 在药品生产企业所在地和进口药品代理机构所在地以外的省、自治区、直辖市发布药品广告的(以下简称异地发布药品广告)，在发布前应当到发布地药品广告审查机关办理备案。

第十三条 异地发布药品广告备案应当提交如下材料：

(一)《药品广告审查表》复印件；

(二) 批准的药品说明书复印件；

(三) 电视广告和广播广告需提交与通过审查的内容相一致的录音带、光盘或者其他介质载体。

提供本条规定的材料的复印件，需加盖证件持有单位印章。

第十四条 对按照本办法第十二条、第十三条规定提出的异地发布药品广告备案申请，药品广告审查机关在受理备案申请后5个工作日内应当给予备案，在《药品广告审查表》上签注"已备案"，加盖药品广告审查专用章，并送同级广告监督管理机关备查。

备案地药品广告审查机关认为药品广告不符合有关规定的，应当填写《药品广告备案意见书》(附表2)，交原审批的药品广告审查机关进行复核，并抄报国家食品药品监督管理局。

原审批的药品广告审查机关应当在收到《药品广告备案意见书》后的5个工作日内，将意见告知备案地药品广告审查机关。原审批的药品广告审查机关与备案地药品广告审查机关意见无法达成一致的，可提请国家食品药品监督管理局裁定。

第十五条 药品广告批准文号有效期为1年，到期作废。

第十六条 经批准的药品广告，在发布时不得更改广告内容。药品广告内容需要改动的，应当重新申请药品广告批准文号。

第十七条 广告申请人自行发布药品广告的，应当将《药品广告审查表》原件保存2年备查。

广告发布者、广告经营者受广告申请人委托代理、发布药品广告的，应当查验《药品广告审查表》原件，按照审查批准的内容发布，并将该《药品广告审查表》复印件保存2年备查。

第十八条 已经批准的药品广告有下列情形之一的，原审批的药品广告审查机关应当向申请人发出《药品广告复审通知书》(附表3)，进行复审。复审期间，该药品广告可以继续发布。

(一) 国家食品药品监督管理局认为药品广告审查机关批准的药品广告内

容不符合规定的；

（二）省级以上广告监督管理机关提出复审建议的；

（三）药品广告审查机关认为应当复审的其他情形。

经复审，认为与法定条件不符的，收回《药品广告审查表》，原药品广告批准文号作废。

第十九条 有下列情形之一的，药品广告审查机关应当注销药品广告批准文号：

（一）《药品生产许可证》、《药品经营许可证》被吊销的；

（二）药品批准证明文件被撤销、注销的；

（三）国家食品药品监督管理局或者省、自治区、直辖市药品监督管理部门责令停止生产、销售和使用的药品。

第二十条 篡改经批准的药品广告内容进行虚假宣传的，由药品监督管理部门责令立即停止该药品广告的发布，撤销该品种药品广告批准文号，1年内不受理该品种的广告审批申请。

第二十一条 对任意扩大产品适应症（功能主治）范围、绝对化夸大药品疗效、严重欺骗和误导消费者的违法广告，省以上药品监督管理部门一经发现，应当采取行政强制措施，暂停该药品在辖区内的销售，同时责令违法发布药品广告的企业在当地相应的媒体发布更正启事。违法发布药品广告的企业按要求发布更正启事后，省以上药品监督管理部门应当在15个工作日内做出解除行政强制措施的决定；需要进行药品检验的，药品监督管理部门应当自检验报告书发出之日起15日内，做出是否解除行政强制措施的决定。

第二十二条 对提供虚假材料申请药品广告审批，被药品广告审查机关在受理审查中发现的，1年内不受理该企业该品种的广告审批申请。

第二十三条 对提供虚假材料申请药品广告审批，取得药品广告批准文号的，药品广告审查机关在发现后应当撤销该药品广告批准文号，并3年内不受理该企业该品种的广告审批申请。

第二十四条 按照本办法第十八条、第十九条、第二十条和第二十三条被收回、注销或者撤销药品广告批准文号的药品广告，必须立即停止发布；异地药品广告审查机关停止受理该企业该药品广告批准文号的广告备案。

药品广告审查机关按照本办法第十八条、第十九条、第二十条和第二十三条收回、注销或者撤销药品广告批准文号的，应当自做出行政处理决定之日起5个工作日内通知同级广告监督管理机关，由广告监督管理机关依法予以处理。

第二十五条 异地发布药品广告未向发布地药品广告审查机关备案的，发布地药品广告审查机关发现后，应当责令限期办理备案手续，逾期不改正的，停止该药品品种在发布地的广告发布活动。

第二十六条 县级以上药品监督管理部门应当对审查批准的药品广告发布情况进行监测检查。对违法发布的药品广告，各级药品监督管理部门应当填写《违法药品广告移送通知书》（附表4），连同违法药品广告样件等材料，移送同级广告监督管理机关查处；属于异地发布篡改经批准的药品广告内容的，发布地药品广告审查机关还应当向原审批的药品广告审查机关提出依照《药品管理法》第九十二条、本办法第二十条撤销药品广告批准文号的建议。

第二十七条 对发布违法药品广告，情节严重的，省、自治区、直辖市药品监督管理部门予以公告，并及时上报国家食品药品监督管理局，国家食品药品监督管理局定期汇总发布。

对发布虚假违法药品广告情节严重的，必要时，由国家工商行政管理总局会同国家食品药品监督管理局联合予以公告。

第二十八条 对未经审查批准发布的药品广告，或者发布的药品广告与审查批准的内容不一致的，广告监督管理机关应当依据《广告法》第四十三条规定予以处罚；构成虚假广告或者引人误解的虚假宣传的，广告监督管理机关依据《广告法》第三十七条、《反不正当竞争法》第二十四条规定予以处罚。

广告监督管理机关在查处违法药品广告案件中，涉及到药品专业技术内容需要认定的，应当将需要认定的内容通知省级以上药品监督管理部门，省级以上药品监督管理部门应在收到通知书后的10个工作日内将认定结果反馈广告监督管理机关。

第二十九条 药品广告审查工作人员和药品广告监督工作人员应当接受《广告法》、《药品管理法》等有关法律法规的培训。药品广告审查机关和药品广告监督管理机关的工作人员玩忽职守、滥用职权、徇私舞弊的，给予行政处分。构成犯罪的，依法追究刑事责任。

第三十条 药品广告批准文号为“X药广审（视）第0000000000号”、“X药广审（声）第0000000000号”、“X药广审（文）第0000000000号”。其中“X”为各省、自治区、直辖市的简称。“0”为由10位数字组成，前6位代表审查年月，后4位代表广告批准序号。“视”、“声”、“文”代表用于广告媒介形式的分类代号。

第三十一条 本办法自2007年5月1日起实施。1995年3月22日国家工商行政管理局、卫生部发布的《药品广告审查办法》（国家工商行政管理局令第25号）同时废止。

医疗器械广告审查发布标准

（国家工商行政管理总局、中华人民共和国卫生部、国家食品药品监督管理局令第40号发布，自2009年5月20日起施行）

第一条 为了保证医疗器械广告的真实、合法、科学，制定本标准。

第二条 发布医疗器械广告，应当遵守《中华人民共和国广告法》（以下简称《广告法》）、《中华人民共和国反不正当竞争法》（以下简称《反不正当竞争法》）、《医疗器械监督管理条例》及国家有关规定。

第三条 下列产品不得发布广告：

（一）食品药品监督管理部门依法明令禁止生产、销售和使用的医疗器械产品；

（二）医疗机构研制的在医疗机构内部使用的医疗器械。

第四条 医疗器械广告中有关产品名称、适用范围、性能结构及组成、作用机理等内容应当以食品药品监督管理部门批准的产品注册证明文件为准。

第五条 医疗器械产品注册证明文件中有禁忌内容、注意事项的，应在广告中标明“禁忌内容或注意事项详见说明书”。

第六条 医疗器械广告中必须标明经批准的医疗器械名称、医疗器械生产企业名称、医疗器械注册证号、医疗器械广告批准文号。

经审批的医疗器械广告在广播电台发布时，可以不播出医疗器械广告批准文号。

仅出现医疗器械产品名称的，不受前款限制，但应标明医疗器械注册证号。

第七条 医疗器械广告中不得以任何非医疗器械产品名称代替医疗器械产品名称进行宣传。

第八条 推荐给个人使用的医疗器械产品广告，必须标明“请仔细阅读产品说明书或在医务人员的指导下购买和使用”。

第九条 医疗器械广告中涉及改善和增强性功能内容的，必须与经批准的医疗器械注册证明文件中的适用范围完全一致，不得出现表现性器官的内容。

报纸头版、期刊封面不得发布含有前款内容的广告。电视台、广播电台不得在7:00—22:00发布含有前款内容的广告。

第十条 医疗器械广告中有关适用范围和功效等内容的宣传应当科学准确，不得出现下列情形：

（一）含有表示功效的断言或者保证的；

（二）说明有效率和治愈率的；

（三）与其他医疗器械产品、药品或其他治疗方法的功效和安全性对比；

（四）在向个人推荐使用的医疗器械广告中，利用消费者缺乏医疗器械专业、技术知识和经验的弱点，使用超出产品注册证明文件以外的专业化术语或不科学的用语描述该产品的特征或作用机理；

（五）含有无法证实其科学性的所谓“研究发现”、“实验或数据证明”等方面的内容；

（六）违反科学规律，明示或暗示包治百病、适应所有症状的；

（七）含有“安全”、“无毒副作用”、“无效退款”、“无依赖”、“保险公司承保”等承诺性用语，含有“唯一”、“精确”、“最新技术”、“最先进科学”、“国家级产品”、“填补国内空白”等绝对化或排他性的用语；

（八）声称或暗示该医疗器械为正常生活或治疗病症所必须等内容的；

（九）含有明示或暗示该医疗器械能应付现代紧张生活或升学、考试的需要，能帮助改善或提高成绩，能使精力旺盛、增强竞争力、能增高、能益智等内容。

第十一条　医疗器械广告应当宣传和引导合理使用医疗器械，不得直接或间接怂恿公众购买使用，不得含有以下内容。

（一）含有不科学的表述或者通过渲染、夸大某种健康状况或者疾病所导致的危害，引起公众对所处健康状况或所患疾病产生担忧和恐惧，或使公众误解不使用该产品会患某种疾病或加重病情的；

（二）含有“家庭必备”或者类似内容的；

（三）含有评比、排序、推荐、指定、选用、获奖等综合性评价内容的；

（四）含有表述该产品处于“热销”、“抢购”、“试用”等的内容。

第十二条　医疗器械广告中不得含有利用医药科研单位、学术机构、医疗机构或者专家、医生、患者的名义和形象作证明的内容。

医疗器械广告中不得含有军队单位或者军队人员的名义、形象。不得利用军队装备、设施从事医疗器械广告宣传。

第十三条　医疗器械广告不得含有涉及公共信息、公共事件或其他与公共利益相关联的内容，如各类疾病信息、经济社会发展成果或医疗科学以外的科技成果。

第十四条　医疗器械广告中不得含有医疗机构的名称、地址、联系办法、诊疗项目、诊疗方法以及有关义诊、医疗（热线）咨询、开设特约门诊等医疗服务的内容。

第十五条　医疗器械广告不得在未成年人出版物和频道、节目、栏目上发布。

医疗器械广告不得以儿童为诉求对象，不得以儿童的名义介绍医疗器械。

第十六条　按照本标准第六条规定必须在医疗器械广告中出现的内容，其字体和颜色必须清晰可见、易于辨认。上述内容在电视、互联网、显示屏等媒体发布时，出现时间不得少于5秒。

第十七条　违反本标准规定发布的广告，构成虚假广告或者引人误解的虚假宣传的，依照《广告法》或者《反不正当竞争法》有关规定予以处罚。

违反本标准第三条、第四条等规定发布的医疗器械广告，依照《广告法》第四十一条处罚。

违反本标准其他规定发布广告，《广告法》、《反不正当竞争法》有规定的，依照《广告法》处罚；《广告法》、《反不正当竞争法》没有具体规定的，对负有责任的广告主、广告经营者、广告发布者，处以一万元以下罚款；有违法所得的，处以违法所得三倍以下但不超过三万元的罚款。

第十八条　本标准自2009年5月20日起施行。1995年3月3日国家工商行政管理局发布的《医疗器械广告审查标准》同时废止。

医疗广告管理办法

（中华人民共和国国家工商行政管理总局、中华人民共和国
卫生部令第 26 号，自 2007 年 1 月 1 日起施行）

第一条 为加强医疗广告管理，保障人民身体健康，根据《广告法》、《医疗机构管理条例》、《中医药条例》等法律法规的规定，制定本办法。

第二条 本办法所称医疗广告，是指利用各种媒介或者形式直接或间接介绍医疗机构或医疗服务的广告。

第三条 医疗机构发布医疗广告，应当在发布前申请医疗广告审查。未取得《医疗广告审查证明》，不得发布医疗广告。

第四条 工商行政管理机关负责医疗广告的监督管理。

卫生行政部门、中医药管理部门负责医疗广告的审查，并对医疗机构进行监督管理。

第五条 非医疗机构不得发布医疗广告，医疗机构不得以内部科室名义发布医疗广告。

第六条 医疗广告内容仅限于以下项目：

（一）医疗机构第一名称；

（二）医疗机构地址；

（三）所有制形式；

（四）医疗机构类别；

（五）诊疗科目；

（六）床位数；

（七）接诊时间；

（八）联系电话。

（一）至（六）项发布的内容必须与卫生行政部门、中医药管理部门核发的《医疗机构执业许可证》或其副本载明的内容一致。

第七条 医疗广告的表现形式不得含有以下情形：

（一）涉及医疗技术、诊疗方法、疾病名称、药物的名称；

（二）保证治愈或者隐含保证治愈的；

（三）宣传治愈率、有效率等诊疗效果的；

（四）淫秽、迷信、荒诞的；

（五）贬低他人的；

（六）利用患者、卫生技术人员、医学教育科研机构及人员以及其他社会社团、组织的名义、形象作证明的；

（七）使用解放军和武警部队名义的；

（八）法律、行政法规规定禁止的其他情形。

第八条　医疗机构发布医疗广告，应当向其所在地省级卫生行政部门申请，并提交以下材料：

（一）《医疗广告审查申请表》；

（二）《医疗机构执业许可证》副本原件和复印件，复印件应当加盖核发其《医疗机构执业许可证》的卫生行政部门公章；

（三）医疗广告成品样件。电视、广播广告可以先提交镜头脚本和广播文稿。

中医、中西医结合、民族医医疗机构发布医疗广告，应当向其所在地省级中医药管理部门申请。

第九条　省级卫生行政部门、中医药管理部门应当自受理之日起 20 日内对医疗广告成品样件内容进行审查。卫生行政部门、中医药管理部门需要请有关专家进行审查的，可延长 10 日。

对审查合格的医疗广告，省级卫生行政部门、中医药管理部门发给《医疗广告审查证明》，并将通过审查的医疗广告样件和核发的《医疗广告审查证明》予以公示；对审查不合格的医疗广告，应当书面通知医疗机构并告知理由。

第十条　省级卫生行政部门、中医药管理部门应对已审查的医疗广告成品样件和审查意见予以备案保存，保存时间自《医疗广告审查证明》生效之日起至少两年。

第十一条　《医疗广告审查申请表》、《医疗广告审查证明》的格式由卫生部、国家中医药管理局规定。

第十二条　省级卫生行政部门、中医药管理部门应在核发《医疗广告审查证明》之日起五个工作日内，将《医疗广告审查证明》抄送本地同级工商行政管理机关。

第十二条　《医疗广告审查证明》的有效期为 1 年。到期后仍需继续发布医疗广告的，应重新提出审查申请。

第十四条　发布医疗广告应当标注医疗机构第一名称和《医疗广告审查证明》文号。

第十五条　医疗机构发布户外医疗广告，应在取得《医疗广告审查证明》后，按照《户外广告登记管理规定》办理登记。

医疗机构在其法定控制地带标示仅含有医疗机构名称的户外广告，无需申请医疗广告审查和户外广告登记。

第十六条 禁止利用新闻形式、医疗资讯服务类专题节(栏)目发布或变相发布医疗广告。

有关医疗机构的人物专访、专题报道等宣传内容，可以出现医疗机构名称，但不得出现有关医疗机构的地址、联系方式等医疗广告内容；不得在同一媒介的同一时间段或者版面发布该医疗机构的广告。

第十七条 医疗机构应当按照《医疗广告审查证明》核准的广告成品样件内容与媒体类别发布医疗广告。

医疗广告内容需要改动或者医疗机构的执业情况发生变化，与经审查的医疗广告成品样件内容不符的，医疗机构应当重新提出审查申请。

第十八条 广告经营者、广告发布者发布医疗广告，应当由其广告审查员查验《医疗广告审查证明》，核实广告内容。

第十九条 有下列情况之一的，省级卫生行政部门、中医药管理部门应当收回《医疗广告审查证明》，并告知有关医疗机构：

（一）医疗机构受到停业整顿、吊销《医疗机构执业许可证》的；

（二）医疗机构停业、歇业或被注销的；

（三）其他应当收回《医疗广告审查证明》的情形。

第二十条 医疗机构违反本办法规定发布医疗广告，县级以上地方卫生行政部门、中医药管理部门应责令其限期改正，给予警告；情节严重的，核发《医疗机构执业许可证》的卫生行政部门、中医药管理部门可以责令其停业整顿、吊销有关诊疗科目，直至吊销《医疗机构执业许可证》。

未取得《医疗机构执业许可证》发布医疗广告的，按非法行医处罚。

第二十一条 医疗机构篡改《医疗广告审查证明》内容发布医疗广告的，省级卫生行政部门、中医药管理部门应当撤销《医疗广告审查证明》，并在一年内不受理该医疗机构的广告审查申请。

省级卫生行政部门、中医药管理部门撤销《医疗广告审查证明》后，应当自作出行政处理决定之日起5个工作日内通知同级工商行政管理机关，工商行政管理机关应当依法予以查处。

第二十二条 工商行政管理机关对违反本办法规定的广告主、广告经营者、广告发布者依据《广告法》、《反不正当竞争法》予以处罚，对情节严重，造成严重后果的，可以并处一至六个月暂停发布医疗广告、直至取消广告经营者、广告发布者的医疗广告经营和发布资格的处罚。法律法规没有规定的，工商行政管理机关应当对负有责任的广告主、广告经营者、广告发布者给予警告或者处以一万元以上三万元以下的罚款；医疗广告内容涉嫌虚假的，工商行政管理机关可根据需要会同卫生行政部门、中医药管理部门作出认定。

第二十三条 本办法自2007年1月1日起施行。

食品广告发布暂行规定

(国家工商行政管理局令第72号发布,自1997年2月1日起施行)

第一条 发布食品广告,应当遵守《中华人民共和国广告法》(以下简称《广告法》)、《中华人民共和国食品卫生法》(以下简称《食品卫生法》)等国家有关广告监督管理和食品卫生管理的法律、法规。

第二条 本规定所指食品广告,包括普通食品广告、保健食品广告、新资源食品广告和特殊营养食品广告。保健食品是指具有特定保健功能,适宜于特定人群,具有调节机体功能,不以治疗疾病为目的的食品。新资源食品是指以在我国新研制、新发现、新引进的无食用习惯或者仅在个别地区有食用习惯的,符合食品基本要求的物品生产的食品。特殊营养食品是指通过改变食品的天然营养素的成分和含量比例,以适应某些特殊人群营养需要的食品。

第三条 食品广告必须真实、合法、科学、准确,符合社会主义精神文明建设的要求,不得欺骗和误导消费者。

第四条 《食品卫生法》禁止生产经营的以及违反国家食品卫生有关规定生产经营的食品不得发布广告。

第五条 广告主发布食品广告,应当具有或者提供下列真实、合法、有效的证明文件:

(一) 营业执照;

(二) 卫生许可证;

(三) 保健食品广告,应当具有或者提供国务院卫生行政部门核发的《保健食品批准证书》、《进口保健食品批准证书》;

(四) 新资源食品广告,应当具有或者提供国务院卫生行政部门的新资源食品试生产卫生审查批准文件;

(五) 特殊营养食品广告,应当具有或者提供省级卫生行政部门核发的准许生产的批准文件;

(六) 进口食品广告,应当具有或者提供输出国(地区)批准生产的证明文件,口岸进口食品卫生监督检验机构签发的卫生证书,中文标签;

(七) 关于广告内容真实性的其他证明文件。

第六条 食品广告不得含有“最新科学”、“最新技术”、“最先进加工工艺”等绝对化的语言或者表示。

第七条 食品广告不得出现与药品相混淆的用语，不得直接或者间接地宣传治疗作用，也不得借助宣传某些成份作用明示或者暗示该食品的治疗作用。

第八条 食品广告不得明示或者暗示可以替代母乳，不得使用哺乳妇女和婴儿的形象。

第九条 食品广告中不得使用医疗机构、医生的名义或者形象。食品广告中涉及特定功效的，不得利用专家、消费者的名义或者形象做证明。

第十条 保健食品的广告内容应当以国务院卫生行政部门批准的说明书和标签为准，不得任意扩大范围。

第十一条 保健食品不得与其他保健食品或者药品进行功效对比。

第十二条 保健食品、新资源食品、特殊营养食品的批准文号应当在其广告中同时发布。

第十三条 普通食品、新资源食品、特殊营养食品广告不得宣传保健功能，也不得借助宣传某些成份的作用明示或者暗示其保健作用。

第十四条 普通食品广告不得宣传该食品含有新资源食品中的成份或者特殊营养成份。

第十五条 违反本规定发布广告，依照《广告法》有关条款处罚。《广告法》无相应处罚条款的，由广告监督管理机关责令停止发布，并可以对违法行为人处以三万元以下罚款。

第十六条 本规定自 1997 年 2 月 1 日起施行。本规定施行前制定的其他有关食品广告管理的行政规章内容与本规定不符的，以本规定为准。

保健食品广告审查暂行规定

（国家食品药品监督管理局发布，自 2005 年 7 月 1 日起施行）

第一条 为加强保健食品广告的审查，规范保健食品广告审查行为，依据《行政许可法》、《国务院对确需保留的行政审批项目设定行政许可的决定》（第 412 号令）等法律法规，制定本规定。

第二条 国家食品药品监督管理局指导和监督保健食品广告审查工作。

省、自治区、直辖市（食品）药品监督管理部门负责本辖区内保健食品广告的审查。

县级以上（食品）药品监督管理部门应当对辖区内审查批准的保健食品广告发布情况进行监测。

第三条 发布保健食品广告的申请人必须是保健食品批准证明文件的持有者或者其委托的公民、法人和其他组织。

申请人可以自行或者委托其他法人、经济组织或公民作为保健食品广告的代办人。

第四条 国产保健食品广告的发布申请，应当向保健食品批准证明文件持有者所在地的省、自治区、直辖市（食品）药品监督管理部门提出。

进口保健食品广告的发布申请，应当由该产品境外生产企业驻中国境内办事机构或者该企业委托的代理机构向其所在地省、自治区、直辖市（食品）药品监督管理部门提出。

第五条 申请发布保健食品广告，应当提交以下文件和资料：

（一）《保健食品广告审查表》；

（二）与发布内容一致的样稿（样片、样带）和电子化文件；

（三）保健食品批准证明文件复印件；

（四）保健食品生产企业的《卫生许可证》复印件；

（五）申请人和广告代办人的《营业执照》或主体资格证明文件、身份证明文件复印件；如有委托关系，应提交相关的委托书原件；

（六）保健食品的质量标准、说明书、标签和实际使用的包装；

（七）保健食品广告出现商标、专利等内容的，必须提交相关证明文件的复印件；

（八）其他用以确认广告内容真实性的有关文件；

（九）宣称申请材料实质内容真实性的声明。

提交本条规定的复印件，需加盖申请人的签章。

第六条 保健食品广告发布申请材料不齐全或者不符合法定要求的，省、自治区、直辖市（食品）药品监督管理部门应当当场或者在5个工作日内一次告知申请人需要补正的全部内容；逾期不告知的，自收到申请材料之日起即为受理。

第七条 国务院有关部门明令禁止生产、销售的保健食品，其广告申请不予受理。国务院有关部门清理整顿已经取消的保健功能，该功能的产品广告申请不予受理。

第八条 保健食品广告中有关保健功能、产品功效成份/标志性成分及含量、适宜人群、食用量等的宣传，应当以国务院食品药品监督管理部门批准的说明书内容为准，不得任意改变。

保健食品广告应当引导消费者合理使用保健食品，保健食品广告不得出现下列情形和内容：

（一）含有表示产品功效的断言或者保证；

（二）含有使用该产品能够获得健康的表述；

（三）通过渲染、夸大某种健康状况或者疾病，或者通过描述某种疾病容易导致的身体危害，使公众对自身健康产生担忧、恐惧，误解不使用广告宣传的保健食品会患某种疾病或者导致身体健康状况恶化；

（四）用公众难以理解的专业化术语、神秘化语言、表示科技含量的语言等描述该产品的作用特征和机理；

（五）利用和出现国家机关及其事业单位、医疗机构、学术机构、行业组织的名义和形象，或者以专家、医务人员和消费者的名义和形象为产品功效作证明。

（六）含有无法证实的所谓“科学或研究发现”、“实验或数据证明”等方面的内容；

（七）夸大保健食品功效或扩大适宜人群范围，明示或者暗示适合所有症状及所有人群；

（八）含有与药品相混淆的用语，直接或者间接地宣传治疗作用，或者借助宣传某些成分的作用明示或者暗示该保健食品具有疾病治疗的作用。

（九）与其他保健食品或者药品、医疗器械等产品进行对比，贬低其它产品；

（十）利用封建迷信进行保健食品宣传的；

（十一）宣称产品为祖传秘方；

（十二）含有无效退款、保险公司保险等内容的；

（十三）含有“安全”、“无毒副作用”、“无依赖”等承诺的；

（十四）含有最新技术、最高科学、最先进制法等绝对化的用语和表述的；

（十五）声称或者暗示保健食品为正常生活或者治疗病症所必需；

（十六）含有有效率、治愈率、评比、获奖等综合评价内容的；

（十七）直接或者间接怂恿任意、过量使用保健食品的。

第九条 不得以新闻报道等形式发布保健食品广告。

第十条 保健食品广告必须标明保健食品产品名称、保健食品批准文号、保健食品广告批准文号、保健食品标识、保健食品不适宜人群。

第十一条 保健食品广告中必须说明或者标明“本品不能代替药物”的忠告语；电视广告中保健食品标识和忠告语必须始终出现。

第十二条 省、自治区、直辖市（食品）药品监督管理部门应当自受理之日起对申请人提交的申请材料以及广告内容进行审查，并在20个工作日内作出是否核发保健食品广告批准文号的决定。

对审查合格的保健食品广告申请，发给保健食品广告批准文号，同时将《保健食品广告审查表》抄送同级广告监督机关备案。

对审查不合格的保健食品广告申请，应当将审查意见书面告知申请人，说明理由并告知其享有依法申请行政复议或者提起行政诉讼的权利。

第十三条 省、自治区、直辖市（食品）药品监督管理部门应当将审查批准的《保健食品广告审查表》报国家食品药品监督管理局备案。国家食品药品监督管理局认为审查批准的保健食品广告与法定要求不符的，应当责令原审批地省、自治区、直辖市（食品）药品监督管理部门予以纠正。

第十四条 保健食品广告批准文号有效期为1年。

保健食品广告批准文号有效期届满，申请人需要继续发布广告的，应当依照本规定向省、自治区、直辖市（食品）药品监督管理部门重新提出发布申请。

第十五条 经审查批准的保健食品广告需要改变其内容的，应向原审批地省、自治区、直辖市（食品）药品监督管理部门申请重新审查。

保健食品的说明书、质量标准等广告审查依据发生变化的，广告主应当立即停止发布，并向原审批地省、自治区、直辖市（食品）药品监督管理部门申请重新审查。

第十六条 经审查批准的保健食品广告，有下列情形之一的，原审批地省、自治区、直辖市（食品）药品监督管理部门应当调回复审：

（一）国家食品药品监督管理局认为原审批地省、自治区、直辖市（食品）药品监督管理部门批准的保健食品广告内容不符合法定要求的；

（二）广告监督管理机关建议进行复审的。

第十七条　经审查批准的保健食品广告，有下列情形之一的，原审批地省、自治区、直辖市（食品）药品监督管理部门应当收回保健食品广告批准文号：

（一）保健食品批准证明文件被撤销的；

（二）保健食品被国家有关部门责令停止生产、销售的；

（三）广告复审不合格的。

第十八条　擅自变更或者篡改经审查批准的保健食品广告内容进行虚假宣传的，原审批地省、自治区、直辖市（食品）药品监督管理部门责令申请人改正，给予警告，情节严重的，收回该保健食品广告批准文号。

第十九条　申请人隐瞒有关情况或者提供虚假材料申请发布保健食品广告的，省、自治区、直辖市（食品）药品监督管理部门按照《行政许可法》第七十八条的规定进行处理。

第二十条　申请人通过欺骗、贿赂等不正当手段取得保健食品广告批准文号的，由审批地省、自治区、直辖市（食品）药品监督管理部门按照《行政许可法》第七十九条的规定处理。

第二十一条　省、自治区、直辖市（食品）药品监督管理部门作出的撤销或者收回保健食品广告批准文号的决定，应当报送国家食品药品监督管理局并抄送同级广告监督管理机关备查，同时向社会公告处理决定。

第二十二条　（食品）药品监督管理部门发现有违法发布保健食品广告行为的，应当填写《违法保健食品广告移送通知书》，移送同级广告监督管理机关查处。

在广告审批地以外发布擅自变更或者篡改审查批准的保健食品广告的，广告发布地省、自治区、直辖市（食品）药品监督管理部门应当填写《违法保健食品广告处理通知书》（附表3），原审批地省、自治区、直辖市（食品）药品监督管理部门应按照有关规定予以处理。

第二十三条　省、自治区、直辖市（食品）药品监督管理部门应当建立违法保健食品广告公告制度，定期发布《违法保健食品广告公告》并上报国家食品药品监督管理局，国家食品药品监督管理局定期对《违法保健食品广告公告》进行汇总。《违法保健食品广告公告》应当同时抄送同级广告监督管理机关。

第二十四条　省、自治区、直辖市（食品）药品监督管理部门及其工作人员不依法履行审查职责的，由国家食品药品监督管理局或者监察机关责令改正，并按照有关规定对直接负责的主管人员和其他直接责任人员给予处理。

第二十五条　在保健食品广告审查过程中，省、自治区、直辖市（食品）药品监督管理部门违反本办法规定给当事人的合法权益造成损害的，应当依照国家赔偿法的规定给予赔偿。

第二十六条 保健食品广告批准文号为“X食健广审(X1)第X2号”。其中“X”为各省、自治区、直辖市的简称;“X1”代表视、声、文;“X2”由十位数字组成,前六位代表审查的年月,后4位代表广告批准的序号。

保健食品

保健食品
国食健字G20090102
国家食品药品监督管理局批准

保健食品标志(颜色为天蓝色)

保健食品命名规定(试行)

(国食药监注〔2007〕304号,自2007年5月28日起施行)

一、保健食品命名一般要求

(一)符合《保健食品注册管理办法(试行)》的有关规定。

(二)每个产品只能有一个名称,其名称由品牌名、通用名、属性名三部分组成。

(三)反映产品的真实属性,简明、易懂,符合中文语言习惯。

(四)同一申请人申报配方原料相同的多个保健食品,在命名时应当采用同一品牌名和通用名。

(五)需要标注颜色、口味、特定人群等情形的,应当在属性名后加括号予以标识。

二、品牌名和通用名的一般要求

(一)品牌名和通用名间应有文字或符号区分。品牌名采用注册商标的,可以在注册商标名后右上角标示(圈R,下载查看),或其后加"牌"字;未采用注册商标的及已申请注册但还未获批准的,应在品牌名后加"牌"字。

(二)不得使用明示或者暗示治疗作用的词语,不得使用功能名称及其谐音字或形似字,不得使用夸大功能作用的文字、与功能相关联的文字以及误导消费者的词语。

(三)不得使用庸俗或带有封建迷信色彩的词语。

(四)不得使用人体组织器官等词语。

(五)不得使用虚假、夸大和绝对化的语言:如"高效、速效、第几代"。

(六)不得使用消费者不易理解的专业术语及地方方言。

(七)不得使用人名、地名(注册商标除外)。

三、品牌名的特殊要求

(一)品牌名一般采用文字型注册商标,字数一般不超过6个。

(二)采用注册商标作为产品品牌名的,应当符合下列要求:

1. 商标注册人与保健食品注册申请人相一致。商标注册人与保健食品注册申请人不一致的,应当签订商标转让协议或商标许可使用合同,经国家商标局公告或备案。

2. 注册商标的核定使用范围应包括申请注册的产品类别。

(三)不得使用外文字母、汉语拼音、数字、符号等。

四、通用名的特殊要求

（一）一般以产品的主要原料命名，并使用科学、规范的原料名称，两种以上原料组成的保健食品，不得以单一原料命名。通用名字数不超过10个。

（二）不得使用已经批准注册的药品名称，配方为单一原料并以原料名称命名的除外。

（三）配方由三种以上维生素或矿物质组成的产品方可以“多种维生素或矿物质”命名。

（四）不得使用外文字母、汉语拼音、数字、符号等，以维生素等原料命名的除外，如维生素C。

（五）不得使用特定人群名称。

五、本规定由国家食品药品监督管理局负责解释。

六、本规定自发布之日起施行，以往发布的规定与本规定不符的，以本规定为准。

化妆品广告管理办法

（国家工商行政管理局令〔1993〕第12号，自1993年10月1日起施行）

第一条 为加强对化妆品广告的管理，保障消费者的合法权益，根据《广告管理条例》的有关规定，制定本办法。

第二条 凡利用各种媒介或者形式在中华人民共和国境内发布的化妆品广告，均属本办法管理范围。

本办法所称的化妆品，是指以涂擦、喷洒或者其他类似的办法，散布于人体表面任何部位（皮肤、毛发、指甲、口唇等），以达到清洁、消除不良气味、护肤、美容和修饰目的的日用化学工业产品。

本办法所称的特殊用途化妆品，是指用于育发、染发、烫发、脱毛、美乳、健美、除臭、祛斑、防晒的化妆品。

第三条 化妆品广告内容必须真实、健康、科学、准确，不得以任何形式欺骗和误导消费者。

第四条 化妆品广告的管理机关是国家工商行政管理局和地方各级工商行政管理机关。

第五条 广告客户申请发布化妆品广告，必须持有下列证明材料：

（一）营业执照；

（二）《化妆品生产企业卫生许可证》；

（三）《化妆品生产许可证》；

（四）美容类化妆品，必须持有省级以上化妆品检测站（中心）或者卫生防疫站出具的检验合格的证明；

（五）特殊用途化妆品，必须持有国务院卫生行政部门核发的批准文号；

（六）化妆品如宣称为科技成果的，必须持有省级以上轻工行业主管部门颁发的科技成果鉴定书；

（七）广告管理法规、规章所要求的其他证明。

第六条 广告客户申请发布进口化妆品广告，必须持有下列证明材料：

（一）国务院卫生行政部门批准化妆品进口的有关批件；

（二）国家商检部门检验化妆品合格的证明；

（三）出口国（地区）批准生产该化妆品的证明文件（应附中文译本）。

第七条 广告客户对可能引起不良反应的化妆品，应当在广告中注明使用方法、注意事项。

第八条 化妆品广告禁止出现下列内容：

（一）化妆品名称、制法、成分、效用或者性能有虚假夸大的；

（二）使用他人名义保证或者以暗示方法使人误解其效用的；

（三）宣传医疗作用或者使用医疗术语的；

（四）有贬低同类产品内容的；

（五）使用最新创造、最新发明、纯天然制品、无副作用等绝对化语言的；

（六）有涉及化妆品性能或者功能、销量等方面的数据的；

（七）违反其他法律、法规规定的。

第九条 广告经营者承办或者代理化妆品广告，应当查验证明，审查广告内容。对不符合规定的，不得承办或者代理。

第十条 有下列情况之一的，工商行政管理机关可以责令广告客户或者广告经营者停止发布广告：

（一）化妆品引起严重的皮肤过敏反应或者给消费者造成严重人身伤害等事故的；

（二）化妆品质量下降而未达到规定标准的；

（三）营业执照、《化妆品生产企业卫生许可证》或者《化妆品生产许可证》被吊销的。

第十一条 广告客户或者广告经营者违反本办法第三条规定的，依据《广告管理条例施行细则》（以下简称《细则》）第十九条规定予以处罚。

第十二条 广告客户违反本办法第五条、第六条规定，或者广告证明出具者出具非法、虚假证明的，依据《细则》第二十六条规定予以处罚。

第十三条 广告客户违反本办法第七条、第八条第（五）、（六）项规定的，依据《细则》第二十二条规定予以处罚。

第十四条 广告客户或者广告经营者违反本办法第八条第（一）、（二）、（三）、（七）项规定的，依据《细则》第二十三条规定予以处罚；违反本办法第八条第（四）项规定的，依据《细则》第二十条规定予以处罚。

第十五条 广告经营者违反本办法第九条规定的，依据《细则》第二十七条规定予以处罚。

第十六条 本办法规定的行政处罚，可以单独或者合并使用。对停止发布广告的处罚决定，当事人必须立即履行。

第十七条 本办法由国家工商行政管理局负责解释。

第十八条 本办法自 1993 年 10 月 1 日起施行。

健康相关产品命名规定

（2001年4月11日卫生部颁布并施行）

第一章　总　　则

第一条　为保证健康相关产品命名的科学和规范，保护消费者权益，依据《中华人民共和国食品卫生法》、《化妆品卫生监督条例》、《保健食品管理办法》、《消毒管理办法》、《生活饮用水卫生监督管理办法》等有关法律、法规、规章的规定，制定本规定。

第二条　本规定适用于保健食品、化妆品、涉及饮用水卫生安全产品、消毒产品等由卫生部审批的健康相关产品。

第三条　卫生部设立的健康相关产品评审委员会对审批的保健食品、化妆品、涉及饮用水卫生安全产品、消毒产品等健康相关产品的名称进行审查。

卫生部对评审委员会作出的评审意见进行审核，对审核通过的健康相关产品名称作出批准的决定。对审核不予通过的，以书面形式告知申请者。

第二章　命名要求

第四条　健康相关产品命名必须符合下列原则：

（一）符合国家有关法律、法规、规章、标准、规范的规定；

（二）反映产品的真实属性，简明、易懂，符合中文语言习惯；

（三）名称由商标名、通用名、属性名三部分组成，器械类产品名称还应当有产品型号。名称顺序为商标名、型号、通用名、属性名。

第五条　健康相关产品的商标名、通用名、属性名、产品型号必须符合下列要求：

（一）商标名应当符合国家有关法规的规定，一般采用产品的注册商标。健康相关产品不得使用有夸大功能或误导消费者的商标；

（二）通用名应当准确、科学，可以是表明主要原料、主要功效成分或产品功能的文字，但不得使用明示或暗示治疗作用的文字；

（三）属性名应当表明产品的客观形态，不得使用抽象名称。但消费者已知晓其属性的传统产品，可省略属性名，如：口红、胭脂、眼影等；

（四）产品型号应当反映该产品的特点，如材质、体积、容量、先进程度等。

第六条 同一配方不同剂型的健康相关产品，在命名时可采用同一商标名和通用名，但需标明不同的属性名。

第七条 健康相关产品商标名、通用名、属性名相同，但具有不同口味或为特定人群生产，适宜特定人群食用的保健食品和具有不同颜色、气味、适用人群的化妆品（如眼影、粉饼、胭脂、口红、睫毛膏、染发剂、指甲油、洗发液等），应在属性名后标识以示区别。

第八条 健康相关产品命名时禁止使用下列内容：

（一）消费者不易理解的专业术语及地方方言；

（二）虚假、夸大和绝对化的词语，如"特效"、"高效"、"奇效"、"广谱"、"第×代"等；

（三）庸俗或带有封建迷信色彩的词语；

（四）已经批准的药品名；

（五）外文字母、汉语拼音、符号等（表示型号的除外）。如为注册商标或必须用外文字母、符号的，需在说明书中用中文说明。

第九条 进口健康相关产品的中文名称应尽量与外文名称对应。可采用意译、音译或意、音合译，一般以意译为主。

第三章 附 则

第十条 其他由省级卫生行政部门审批的健康相关产品的命名参照本规定执行。

第十一条 本规定由卫生部负责解释。

第十二条 本规定自发布之日起实施。本规定发布前卫生部批准的保健食品、化妆品、涉及饮用水卫生安全产品、消毒产品，其名称与本规定不一致的，在卫生许可批件有效期内允许使用，但在换发卫生许可批件时，应按本规定更改。

农药广告审查标准

（1995年3月28日国家工商行政管理局令第28号公布）

为了保证农药广告的真实、合法、科学，制定本标准。

一、发布农药广告，应当遵守《中华人民共和国广告法》及国家有关农药管理的规定，符合国家广告监督管理机关制定的《农药广告审查办法》规定的程序。

二、未经国家批准登记的农药不得发布广告。

三、农药广告内容应当与《农药登记证》和《农药登记公告》的内容相符，不得任意扩大范围。

四、农药广告中不得含有不科学地表示功效的断言或者保证，如“无害”、“无毒”、“无残留”、“保证高产”等。

农药广告不得贬低同类产品，不得与其他农药进行功效和安全性对比。

五、农药广告中不得含有有效率及获奖的内容。

六、农药广告中不得含有农药科研、植保单位、学术机构或者专家、用户的名义、形象作证明的内容。

七、农药广告中不得使用直接或者暗示的方法，以及模棱两可、言过其实的用语，使人在产品的安全性、适用性或者政府批准等方面产生错觉。

八、农药广告中不得滥用未经国家认可的研究成果或者不科学的词句、术语。

九、农药广告中不得含有“无效退款”、“保险公司保险”等承诺。

十、农药广告中不得出现违反农药安全使用规定的用语、画面。如在防护不符合要求情况下的操作，农药靠近食品、饲料、儿童等。

十一、农药广告的批准文号应当列为广告内容同时发布。

十二、违反本标准的农药广告，广告经营者不得设计、制作，广告发布者不得发布。

农药广告审查办法

（1995 年 4 月 7 日国家工商行政管理局、农业部令第 30 号公布，
1998 年 12 月 22 日国家工商行政管理局、农业部令第 88 号修订）

第一条 根据《中华人民共和国广告法》和国家有关规定，制定本办法。

第二条 凡利用各种媒介或形式发布关于防治农、林、牧业病、虫、草、鼠害和其他有害生物（包括病媒害虫）以及调节植物、昆虫生长的农药广告，均应当按照本办法进行审查。

第三条 农药广告审查的依据：

（一）《中华人民共和国广告法》；

（二）《农药登记规定》及国家有关农药管理的法规；

（三）国家有关广告管理的行政法规及广告监督管理机关制定的广告审查标准。

第四条 国务院农业行政主管部门和省、自治区、直辖市农业行政主管部门（以下简称省级农业行政主管部门）在同级广告监督管理机关的指导下，对农药广告进行审查。

第五条 通过重点媒介发布的农药广告和境外生产的农药的广告，需经国务院农业行政主管部门审查批准，并取得农药广告审查批准文号后，方可发布。

其他农药广告，需经广告主所在地省级农业行政主管部门审查批准；异地发布，须向广告发布地省级农业行政主管部门备案后，方可发布。

第六条 农药广告审查的申请：

（一）申请审查境内生产的农药的广告，应当填写《农药广告审查表》，并提交下列证明文件：

1. 农药生产者和申请人的营业执照副本及其他生产、经营资格的证明文件；

2. 农药生产许可证或准产证；

3. 农药登记证、产品标准号、农药产品标签；

4. 法律、法规规定的及其他确认广告内容真实性的证明文件。

（二）申请审查境外生产的农药的广告，应当填写《农药广告审查表》，并提交下列证明文件及相应的中文译本：

1. 农药生产者和申请人的营业执照副本或其他生产、经营资格的证明

文件；

2. 中华人民共和国农业行政主管部门颁发的农药登记证、农药产品标签；

3. 法律、法规规定的及其他确认广告内容真实性的证明文件。

提供本条规定的证明文件复印件，需由原出证机关签章或者出具所在国(地区)公证机关的证明文件。

第七条 农药广告的审查：

(一) 初审。农药广告审查机关对申请人提供的证明文件的真实性、有效性、合法性、完整性和广告制作前文稿的真实性、合法性进行审查。在受理广告申请之日起 7 日内做出初审决定，并发给《农药广告初审决定通知书》。

(二) 终审。申请人凭初审合格决定，将制作的广告作品送交原农药广告审查机关进行终审，农药广告审查机关在受理之日起 7 日内做出终审决定。对终审合格者，签发《农药广告审查表》，并发给农药广告审查批准文号。对终审不合格者，应当通知广告申请人，并说明理由。

广告申请人可以直接申请终审。广告审查机关应当在受理申请之日起 10 日内，做出终审决定。

农药广告审查机关应当将通过终审的《农药广告审查表》送同级广告监督管理机关备查。

申请农药广告审查，可以委托农药经销者或者广告经营者办理。

第八条 农药广告审查批准文号的有效期为一年。

第九条 经审查批准的农药广告，有下列情况之一的，原广告审查机关应当调回复审：

(一) 在使用中对人畜、环境有严重危害的；

(二) 国家有新的规定的；

(三) 国家农药广告审查机关发现省级广告审查机关的审查不妥的；

(四) 广告监督管理机关提出复审建议的；

(五) 广告审查机关认为应当复审的其他情况。

复审期间，广告停止发布。

第十条 经审查批准的农药广告，有下列情况之一的，应当重新申请审查：

(一) 农药广告审查批准文号有效期届满；

(二) 农药广告内容更改。

第十一条 经审查批准的农药广告，有下列情况之一的，由原广告审查机关收回《农药广告审查表》，其广告审查批准文号作废：

(一) 该农药产品被撤销农药登记证、生产许可证(或准产证)；

（二）发现该农药产品有严重质量问题；

（三）要求重新申请审查而未申请或者重新申请审查不合格；

（四）广告监督管理机关已立案进行查处。

第十二条 广告审查批准文号作废后，农药广告审查机关应当将有关材料送同级广告监督管理机关备查。

第十三条 农药广告经审查批准后，应当将广告审查批准文号列为广告内容同时发布。未标明广告审查批准文号、广告审查批准文号已过期或者已被撤销的广告，广告发布者不得发布。

第十四条 广告发布地的广告审查机关对原广告审查机关的审查结果有异议的，应当提请上一级广告审查机关裁定。审查结果以裁定结论为准。

第十五条 广告发布者发布农药广告，应当查验《农药广告审查表》原件或者经广告审查机关签章的复印件，并保存1年。

第十六条 对违反本办法规定发布农药广告的，按照《中华人民共和国广告法》第四十三条的规定予以处罚。

第十七条 广告审查机关违反广告审查依据，做出审查批准决定，致使违法广告发布的，由国家广告监督管理机关向国务院农业行政主管部门通报情况，按照《中华人民共和国广告法》第四十五条的规定予以处理。

第十八条 本办法自发布之日起施行。

兽药广告审查标准

（1995年3月28日国家工商行政管理局令第26号公布）

为了保证兽药广告的真实、合法、科学，制定本标准。

一、发布兽药广告，应当遵守《中华人民共和国广告法》及国家有关兽药管理的规定，符合国家广告监督管理机关制定的《兽药广告审查办法》规定的程序。

二、下列兽药不得发布广告：

（一）兽用麻醉药品、精神药品以及兽医医疗单位配制的兽药制剂；

（二）所含成分的种类、含量、名称与国家标准或者地方标准不符的兽药；

（三）临床应用发现超出规定毒副作用的兽药；

（四）国务院农牧行政管理部门明令禁止使用的，未取得兽药产品批准文号或者未取得《进口兽药登记许可证》的兽药。

三、兽药广告中不得含有不科学地表示功效的断言或者保证。如“疗效量佳”、“药到病除”、“根治”、“安全预防”、“完全无副作用”等。

兽药广告不得贬低同类产品，不得与其他兽药进行功效和安全性对比。

四、兽药广告中不得含有“最高技术”、“最高科学”、“最进步制法”、“包治百病”等绝对化的表示。

五、兽药广告中不得含有治愈率、有效率及获奖的内容。

六、兽药广告中不得含有利用兽医医疗、科研单位、学术机构或者专家、兽医、用户的名义、形象作证明的内容。

七、兽药广告不得含有直接显示疾病症状和病理的画面，也不得含有“无效退款”、“保险公司保险”等承诺。

八、兽药广告中兽药的使用范围不得超出国家兽药标准的规定；不得出现违反兽药安全使用规定的用语和画面。

九、兽药广告批准文号应当列为广告内容同时发布。

十、违反本标准的兽药广告，广告经营者不得设计、制作，广告发布者不得发布。

兽药广告审查办法

（1995年4月7日国家工商行政管理局、农业部令第29号公布，
1998年12月22日国家工商行政管理局、农业部令第88号修订）

第一条 根据《中华人民共和国广告法》、《兽药管理条例》的有关规定，制定本办法。

第二条 凡利用各种媒介或者形式发布用于预防、治疗、诊断畜禽等动物疾病，有目的地调节其生理机能并规定作用、用途、用法、用量的物质（含饲料药物添加剂）的广告，包括企业产品介绍材料等，均应当按照本办法进行审查。

第三条 兽药广告审查的依据：

（一）《中华人民共和国广告法》；

（二）《兽药管理条例》、国家有关兽药管理的规定及兽药技术标准；

（三）国家有关广告管理的法规及广告监督管理机关制定的广告审查标准。

第四条 国务院农牧行政管理机关和省、自治区、直辖市农牧行政管理机关（以下简称省级农牧行政管理机关），在同级广告监督管理机关的监督指导下，对兽药广告进行审查。

第五条 利用重点媒介（见目录）发布的兽药广告，以及保护期内新兽药、境外生产的兽药的广告，需经国务院农牧行政管理机关审查，并取得广告审查批准文号后，方可发布。

其他兽药广告需经生产者所在地的省级农牧行政管理机关审查，并取得广告审查批准文号后，方可发布。需在异地发布的兽药广告，须持所在地农牧行政管理机关审查的批准文件，经广告发布地的省级农牧行政管理机关换发广告发布地的兽药广告审查批准文号后，方可发布。

第六条 兽药广告审查的申请。

（一）申请审查境内生产的兽药的广告，应当填写《兽药广告审查表》，并提交下列证明文件：

1. 生产者的营业执照副本以及其他生产、经营资格的证明文件；
2. 农牧行政管理机关核发的兽药产品批准文号文件；
3. 省级兽药监察所近期（3个月内）出具的产品检验报告单；
4. 经农牧行政管理机关批准、发布的兽药质量标准，产品说明书；
5. 法律、法规规定的及其他确认广告内容真实性的证明文件。

（二）申请审查境外生产的兽药的广告，应当填写《兽药广告审查表》，并提交以下证明文件及相应的中文译本：

1. 申请人及生产者的营业执照副本或者其他生产、经营资格的证明文件；

2.《进口兽药登记许可证》；

3. 该兽药的产品说明书；

4. 境外兽药生产企业办理的兽药广告委托书；

5. 中国法律、法规规定的及其他确认广告内容真实性的证明文件。

提交本条规定的证明文件的复印件，应当由原出证机关签章或者出具所在国（地区）公证机构的公证文件。

第七条　申请兽药广告审查，可以委托中国的兽药经销者或者广告经营者代为办理。

第八条　兽药广告的审查。

（一）初审。

兽药广告审查机关对申请人提供的证明文件的真实性、有效性、合法性、完整性和广告制作前文稿的真实性、合法性进行审查，并于受理申请之日起 10 日内做出初审决定，发给《兽药广告初审决定通知书》。

（二）广告申请人凭初审合格决定，将制作的广告作品送交原广告审查机关，广告审查机关在受理之日起 10 日内做出终审决定。对终审合格者，签发《兽药广告审查表》及广告审查批准号；对终审不合格者，应当通知广告申请人，并说明理由。

（三）广告申请人可以直接申请终审，广告审查机关应当在受理审查之日起 15 日内做出终审决定。

第九条　兽药广告审查机关发出的《兽药广告初审决定通知书》和带有广告审查批准号的《兽药广告审查表》，应当由广告审查机关负责人签字，并加盖兽药广告审批专用章。

兽药广告审查机关应当将带有广告审查批准号的《兽药广告审查表》寄送同级广告监督管理机关备查。

第十条　兽药广告审查批准号的有效期为 1 年。

《兽药生产许可证》、《兽药经营许可证》的有效期限不足一年的，兽药广告审查批准号的有效期以上述许可证有效期限为准。

第十一条　经审查批准的兽药广告，有下列情况之一的，广告审查机关可以调回复审：

（一）该兽药在使用中发生畜禽死亡，以及造成一定经济损失的；

（二）兽药广告审查依据发生变化的；

（三）兽药产品标准发生变化的；

（四）国务院农牧行政管理机关认为省级农牧行政管理机关的批准决定不妥的；

（五）广告监督管理机关或者发布地省级农牧行政管理机关提出复审建议的；

（六）广告审查机关认为应当调回复审的其他情况。

复审期间，广告停止发布。

第十二条 广告发布地的广告审查机关对生产者所在地的审查机关做出的终审决定持有异议的，应当提请上级广告审查机关进行裁定，并以裁定结论为准。

第十三条 经审查批准的兽药广告，有下列情况之一的，应重新申请审查：

（一）广告审查批准号有效期满的；

（二）广告内容需要改动的。

第十四条 经审查批准的兽药广告，有下列情况之一的，原广告审查机关应当收回《兽药广告审查表》，其广告审查批准号作废：

（一）兽药生产、经营者被吊销《兽药生产许可证》或《兽药经营许可证》的；

（二）兽药产品在使用中发生业重问题而被撤销生产批准文号的；

（三）被国家列为淘汰或者禁止生产、使用的兽药产品的；

（四）兽药广告审查批准号有效期内，经国务院农牧行政管理机关统计兽药抽检不合格次数累计达三批次以上的；

（五）广告复审不合格的；

（六）应当重新申请审查而未申请或者重新审查不合格的。

第十五条 广告审查批准号作废后，兽药广告审查机关应当将有关材料送同级广告监督管理机关备查。

第十六条 兽药广告经审查批准后，应当将广告审查批准号列为广告内容，同时发布。未注明广告审查批准号或者该批准号已过期、被撤销的兽药广告，广告发布者不得发布。

第十七条 广告发布者发布兽药广告，应当查验《兽药广告审查表》原件或者经原审查机关签章的复印件，并保存1年。

第十八条 对违反本办法规定发布兽药广告的，按照《中华人民共和国广告法》第四十三条和《兽药管理条例》的规定予以处罚。

第十九条 广告审查机关对违反广告审查依据的广告做出审查批准决定，致使违法广告得以发布的，由国家广告监督管理机关向国务院农牧行政管理机关通报情况，按照《中华人民共和国广告法》第四十五条的规定予以处理。

第二十条 本办法自发布之日起施行。

烟草广告管理暂行办法

（1995年12月20日国家工商行政管理局令第46号公布，
1996年12月30日国家工商行政管理局令第69号修订）

第一条 为了加强对烟草广告的监督管理，维护人民身体健康，根据《中华人民共和国广告法》（以下简称《广告法》）及国家有关规定，制定本办法。

第二条 本办法所称烟草广告，是指烟草制品生产者或者经销者（以下简称烟草经营者）发布的，含有烟草企业名称、标识，烟草制品名称、商标、包装、装潢等内容的广告。

第三条 禁止利用广播、电影、电视、报纸、期刊发布烟草广告。

禁止在各类等候室、影剧院、会议厅堂、体育比赛场馆等公共场所设置烟草广告。

第四条 禁止利用广播、电视、电影节目以及报纸、期刊的文章，变相发布烟草广告。

第五条 在国家禁止范围以外的媒介或者场所发布烟草广告，必须经省级以上广告监督管理机关或者其授权的省辖市广告监督管理机关批准。

烟草经营者或者其被委托人直接向商业、服务业的销售点和居民住所发送广告品，须经所在地县级以上广告监督管理机关批准。

第六条 烟草广告中不得有下列情形：

（一）吸烟形象；

（二）未成年人形象；

（三）鼓励、怂恿吸烟的；

（四）表示吸烟有利人体健康、解除疲劳、缓解精神紧张的；

（五）其他违反国家广告管理规定的。

第七条 其他商品、服务的商标名称及服务项目名称与烟草制品商标名称相同的，该商品、服务的广告，必须以易于辨认的方式，明确表示商品名称、服务种类，并不得含有该商品、服务与烟草制品有关的表示。

广告主发布前款规定的广告，应当提供下列证明文件：

（一）由政府有关部门出具的该企业生产或者经营该商品、服务的资格证明文件；

（二）该商品或者服务在我国取得的商标注册证；

（三）该企业在我国境内实际从事该商品、服务的生产或者经营活动的证明；

（四）广告管理法律、法规规定的其他证明文件。

第八条　在各类临时性广告经营活动中，凡利用烟草经营者名称、烟草制品商标为活动冠名、冠杯的，不得通过广播、电视、电影、报纸、期刊发布带有冠名、冠杯内容的赛事、演出等广告。

第九条　烟草经营者利用广播、电视、电影、报纸、期刊发布下列广告时，不得出现烟草制品名称、商标、包装、装潢。出现的企业名称与烟草商标名称相同时，不得以特殊设计的办法突出企业名称。

（一）社会公益广告；

（二）迁址、换房、更名等启事广告；

（三）招工、招聘、寻求合作、寻求服务等企业经营广告；

（四）广播、电影、电视节目首尾处出现的鸣谢单位或者赞助单位名称；

（五）报纸、期刊报花、栏头上标明的协办单位名称。

第十条　烟草广告中必须标明“吸烟有害健康”的忠告语。忠告语必须清晰、易于辨认，所占面积不得少于全部广告面积的10%。

第十一条　违反本办法第三条、第四条、第七条、第八条、第九条规定的，依据《广告法》第四十二条的规定，由广告监督管理机关责令负有责任的广告主、广告经营者、广告发布者停止发布，没收广告费用，可以并处广告费用1倍以上5倍以下的罚款。

第十二条　违反本办法第五条、第六条、第十条规定的，由广告监督管理机关责令停止发布，对于负有责任的广告主、广告经营者、广告发布者，可以并处1万元以下罚款。

第十三条　本办法由国家工商行政管理局负责解释。

第十四条　本办法自公布之日起施行。

全国无烟草广告城市认定实施办法

根据《中华人民共和国广告法》和国家工商行政管理总局有关烟草广告监督管理等法律和规章，为推进全国无烟草广告城市活动的深入开展，逐步减少和消除烟草广告对社会公众的误导和影响，保护和增进人民身体健康，在县以上建制市继续开展全国无烟草广告城市活动，特制定本办法。

一、全国无烟草广告城市组织认定机构

为加强全国无烟草广告城市认定、管理及协调工作，卫生部、国家工商行政管理总局委托中国吸烟与健康协会负责具体工作。

二、全国无烟草广告城市认定条件及监测指标

1. 市人大、市政府贯彻落实《中华人民共和国广告法》和《烟草广告管理暂行办法》，并制定有关无烟草广告城市的地方法规、规章或规定及切实可行的烟草广告管理措施，有专门机构负责监督执法。

2. 在广播、电影、电视、报纸、期刊等宣传媒体上无烟草广告及变相烟草广告。各类等候室、影剧院、会议厅堂、体育比赛场馆等公共场所不设置烟草广告。

3. 在城市行政辖区内无任何形式的烟草广告，即在街道、广场、机场、车站、码头及其公共设施，交通沿线两侧等地的建筑物，以及路牌、霓虹灯、电子显示牌、橱窗、灯箱、墙壁和遮阳伞等无烟草广告。

4. 不利用车、船、飞机等交通工具及行李、运货车等移动设施设置、绘制、张贴烟草广告。

5. 不利用互联网、音像制品和印刷品（如登机牌、车船票、站台票、门票等）发布以及派发、促销各类烟草广告品。

6. 不运用烟草赞助的形式开展文化、体育等活动，不在文体活动中发布烟草广告、进行烟草促销活动。

三、全国无烟草广告城市申报与认定管理程序

1. 根据《中华人民共和国广告法》、国家工商行政管理总局《烟草广告管理暂行办法》及《全国无烟草广告城市认定条件及监测指标》，本着自查、自评、自愿申报的原则，由市卫生行政部门、工商行政管理部门等主管部门共同组织。

2. 申报前，应在当地报纸和广播、电视等媒体公示一个月，接受群众和舆论

监督，并对发现的问题及时加以整改。

3. 省级主管部门应对申报城市进行督导、复核及认定。获省级无烟草广告城市一年以上，由省级主管部门复核，推荐上报。

4. 中国吸烟与健康协会负责对各申报城市材料进行核定、汇总并报卫生部、国家工商行政管理总局会签审定。

5. 申报材料主要包括：经市政府主管领导核签的申报书、自查自评材料、媒体监督资料及省级主管部门签署意见等。

四、表彰与处罚

1. 符合《全国无烟草广告城市认定条件及监测指标》的申报城市，由卫生部、国家工商行政管理总局授予“全国无烟草广告城市”称号。每年在全国主要新闻媒体公布一次，以示表彰。

2. 全国无烟草广告城市应依法继续加强对本市控烟及无烟草广告工作的领导和监督执法，不定期组织抽查，发现问题限期整改。如违反《中华人民共和国广告法》、国家工商行政管理总局《烟草广告管理暂行办法》和《全国无烟草广告城市认定条件及监测指标》要求，取消“全国无烟草广告城市”的称号。

卫生部　国家工商行政管理总局

二〇〇三年二月二十一日

酒类广告管理办法

（国家工商行政管理局令〔1995 年〕第 39 号公布，自 1996 年 1 月 1 日起施行）

第一条 为了加强对酒类广告的管理，保护消费者的合法权益，维护社会良好风尚，根据《中华人民共和国广告法》（以下简称《广告法》）、《广告管理条例》及《广告管理条例施行细则》，制定本办法。

第二条 本办法所称酒类广告，是指含有酒类商品名称、商标、包装、制酒企业名称等内容的广告。

第三条 发布酒类广告，应当遵守《广告法》和其他有关法律、行政法规的规定。

第四条 广告主自行或者委托他人设计、制作、发布酒类广告，应当具有或者提供真实、合法、有效的下列证明文件：

（一）营业执照以及其他生产、经营资格的证明文件；

（二）经国家规定或者认可的省辖市以上食品质量检验机构出具的该酒符合质量标准的检验证明；

（三）发布境外生产的酒类商品广告，应当有进口食品卫生监督检验机构批准核发的卫生证书；

（四）确认广告内容真实性的其他证明文件。

任何单位和个人不得伪造、变造上述文件发布广告。

第五条 对内容不实或者证明文件不全的酒类广告，广告经营者不得经营，广告发布者不得发布。

第六条 酒类广告应当符合卫生许可证的事项，并不得使用医疗用语或者易与药品相混淆的用语。

经卫生行政部门批准的有医疗作用的酒类商品，其广告依照《药品广告审查办法》和《药品广告审查标准》进行管理。

第七条 酒类广告中不得出现以下内容：

（一）鼓动、倡导、引诱人们饮酒或者宣传无节制饮酒；

（二）饮酒的动作；

（三）未成年人的形象；

（四）表现驾驶车、船、飞机等具有潜在危险的活动；

（五）诸如可以“消除紧张和焦虑”、“增加体力”等不科学的明示或者暗示；

（六）把个人、商业、社会、体育、性生活或者其他方面的成功归因于饮酒的明示或者暗示；

（七）关于酒类商品的各种评优、评奖、评名牌、推荐等评比结果；

（八）不符合社会主义精神文明建设的要求，违背社会良好风尚和不科学、不真实的其他内容。

第八条 在各类临时性广告活动中，以及含有附带赠送礼品的广告中，不得将酒类商品作为奖品或者礼品出现。

第九条 大众传播媒介发布酒类广告，不得违反下列规定：

（一）电视：每套节目每日发布的酒类广告，在特殊时段(19:00—21:00)不超过 2 条，普通时段每日不超过 10 条；

（二）广播：每套节目每小时发布的酒类广告，不得超过 2 条；

（三）报纸、期刊：每期发布的酒类广告，不得超过 2 条，并不得在报纸第一版、期刊封面发布。

第十条 违反本办法第四条第二款规定的，依照《广告法》第三十七条规定处罚。

第十一条 违反本办法第五条规定的，依照《广告管理施行细则》第二十七条规定处罚。

第十二条 违反本办法第六规定的，依照《广告法》第四十一条、第四十三条规定处罚。

第十三条 违反本办法第七条、第八条、第九条规定的，依照《广告法》第三十九条规定处罚。

第十四条 本办法由国家工商行政管理局负责解释。

第十五条 本办法自 1996 年 1 月 1 日起施行。

关于对低酒度发酵酒广告发布的规范意见

（工商广字〔1999〕第 334 号）

国家轻工业局：

你局《关于请取消低酒度发酵酒广告限制的函》（国轻行生〔1999〕153 号）收悉。为与我国酿酒行业产品结构调整的方针相适应，引导酒类消费向低度、营养、安全的方向转变，经研究，提出以下规范意见：

一、自 2000 年 1 月 1 日起，对低度发酵酒（葡萄酒、水果酒、黄酒等）的广告不再实行发布数量、时间、版面的限制。

二、发布低度发酵酒广告，仍应遵守《广告法》、《酒类广告管理办法》（除第九条以外）的各项规定。

一九九九年十二月三十日

房地产广告发布暂行规定

（1996年12月30日国家工商行政管理局令第71号公布，
1998年12月3日国家工商行政管理局令第86号修订）

第一条 发布房地产广告，应当遵守《中华人民共和国广告法》、《中华人民共和国城市房地产管理法》、《中华人民共和国土地管理法》及国家有关广告监督管理和房地产管理的规定。

第二条 本规定所称房地产广告，指房地产开发企业、房地产权利人、房地产中介服务机构发布的房地产项目预售、预租、出售、出租、项目转让以及其他房地产项目介绍的广告。

居民私人及非经营性售房、租房、换房广告，不适用本规定。

第三条 房地产广告必须真实、合法、科学、准确，符合社会主义精神文明建设要求，不得欺骗和误导公众。

第四条 凡下列情况的房地产，不得发布广告：

（一）在未经依法取得国有土地使用权的土地上开发建设的；

（二）在未经国家征用的集体所有的土地上建设的；

（三）司法机关和行政机关依法裁定、决定查封或者以其他形式限制房地产权利的；

（四）预售房地产，但未取得该项目预售许可证的；

（五）权属有争议的；

（六）违反国家有关规定建设的；

（七）不符合工程质量标准，经验收不合格的；

（八）法律、行政法规规定禁止的其他情形。

第五条 发布房地产广告，应当具有或者提供下列相应真实、合法、有效的证明文件：

（一）房地产开发企业、房地产权利人、房地产中介服务机构的营业执照或者其他主体资格证明；

（二）建设主管部门颁发的房地产开发企业资质证书；

（三）土地主管部门颁发的项目土地使用权证明；

（四）工程竣工验收合格证明；

（五）发布房地产项目预售、出售广告，应当具有地方政府建设主管部门颁

发的预售、销售许可证明;出租、项目转让广告,应当具有相应的产权证明;

(六)中介机构发布所代理的房地产项目广告,应当提供业主委托证明;

(七)工商行政管理机关规定的其他证明。

第六条 房地产预售、销售广告,必须载明以下事项:

(一)开发企业名称;

(二)中介服务机构代理销售的,载明该机构名称;

(三)预售或者销售许可证书号。

广告中仅介绍房地产项目名称的,可以不必载明上述事项。

第七条 房地产广告不得含有风水、占卜等封建迷信内容,对项目情况进行的说明、渲染,不得有悖社会良好风尚。

第八条 房地产广告中涉及所有权或者使用权的,所有或者使用的基本单位应当是有实际意义的完整的生产、生活空间。

第九条 房地产广告中对价格有表示的,应当清楚表示为实际的销售价格,明示价格的有效期限。

第十条 房地产中表现项目位置,应以从该项目到达某一具体参照物的现有交通干道的实际距离表示,不得以所需时间来表示距离。

房地产广告中的项目位置示意图,应当准确、清楚、比例恰当。

第十一条 房地产广告中涉及的交通、商业、文化教育设施及其他市政条件等,如在规划或者建设中,应当在广告中注明。

第十二条 房地产广告中涉及面积的,应当表明是建筑面积或者使用面积。

第十三条 房地产广告涉及内部结构、装修装饰的,应当真实、准确

预售、预租商品房广告,不得涉及装修装饰内容。

第十四条 房地产广告中不得利用其他项目的形象、环境作为本项目的效果。

第十五条 房地产广告中使用建筑设计效果图或者模型照片的,应当在广告中注明。

第十六条 房地产广告中不得出现融资或者变相融资的内容,不得含有升值或者投资回报的承诺。

第十七条 房地产广告中涉及贷款服务的,应当载明提供贷款的银行名称及贷款额度、年期。

第十八条 房地产广告中不得含有广告主能够为入住者办理户口、就业、升学等事项的承诺。

第十九条 房地产广告中涉及物业管理内容的,应当符合国家有关规定;涉

及尚未实现的物业管理内容,应当在广告中注明。

第二十条 房地产广告中涉及资产评估的,应当表明评估单位、估价师和评估时间;使用其他数据、统计资料、文摘、引用语的,应当真实、准确,表明出处。

第二十一条 违反本规定发布广告,依照《广告法》有关条款处罚,《广告法》无具体处罚条款的,由广告监督管理机关责令停止发布,视其情节予以通报批评,处以违法所得额三倍以下的罚款,但最高不超过三万元,没有违法所得的,处以一万元以下的罚款。

第二十二条 本规定自公布之日起施行。

关于处置非法集资活动中加强广告审查和监管工作有关问题的通知

（工商广字〔2007〕190号）

非法集资活动严重扰乱经济和社会秩序，影响社会稳定，必须严厉打击。目前的非法集资活动，主要涉及债权、股权、商品营销、生产经营等领域，包括非法吸收公众存款、集资诈骗、非法销售上市公司股票、非法发行债券等形式。一些非法集资活动利用广告扩大影响，对非法集资活动起到推波助澜作用；有的非法集资活动变换手法，以招商、经营等形式为幌子，欺骗和诱导群众参与，其广告的隐蔽性强，给广告经营单位的审查、广告监管机关的管理以及公众识别造成很大难度。处置非法集资活动政策性强，涉及面广，敏感度高，为贯彻落实国务院研究处置非法集资工作会议精神，及时制止涉嫌非法集资活动广告，有效打击非法集资活动，根据国家法律有关规定，现就处置非法集资活动中涉及广告审查和监管工作有关问题通知如下：

一、各有关单位要充分认识非法集资活动广告的危害性，重视和加强对非法集资活动广告的审查和管理。未经国家有关部门批准，以吸收存款、发行股票、债券、彩票、投资基金或者其他债权凭证的形式，向社会公众募集资金的活动，不得以任何方式发布广告。

二、禁止发布含有或者涉及下列活动内容的广告：

（一）未经国家有关部门批准的非金融单位和个人以支付或变相支付利息、红利或者给予定期分配实物等融资活动；

（二）房地产、产权式商铺的售后包租、返租销售活动；

（三）内部职工股、原始股、投资基金以及其他未经过证监会核准，公开或者变相公开发行证券的活动；

（四）未经批准，非法经营证券业务的活动；

（五）地方政府直接向公众发行债券的活动；

（六）除国家有关部门批准发行的福利彩票、体育彩票之外的彩票发行活动；

（七）以购买商品或者发展会员为名义获利的活动；

（八）其他未经国家有关部门批准的社会集资活动。

三、发布涉及投资咨询业务、金融咨询、贷款咨询、代客理财、代办金融业务活动的广告，广告发布者应当确认广告主的主体资格，查验广告主营业执照是否具有相应的经营范围。

四、商品营销、生产经营活动的广告不得出现保本、保证无风险等内容。房地产销售、造林、种养殖、加工承揽、项目开发等招商广告，不得涉及投资回报、收益、集资或者变相集资等内容。

五、在涉及集资内容的广告中，不得使用国家机关或者国家机关工作人员的名义，包括在职的和已离职的，健在的和已去世的中央、地方党政领导人的题词、照片等。

六、广告发布者应当增强广告审查的法律意识和责任意识，在审查广告中，认为广告中含有与集资活动有关的内容，应当查验有关行政主管部门出具的证明文件原件，广告主不能提供的，可以拒绝发布，并主动向行政主管部门报告。

广告发布者由于未查验证明、未核实广告内容，导致非法集资活动广告发布的，依法承担相应法律责任。情节严重的，由广告监管机关依据《停止广告主、广告经营者、广告发布者广告业务实施意见》处理。

七、对于公安机关认定涉嫌经济犯罪以及有关职能部门认为已经构成或者涉嫌构成非法集资活动的，广告发布者应当立即停止发布与该活动有关的任何形式的广告。违者，属于违反《广告法》第三十一条规定的行为，由广告监管机关依照《广告法》第四十一条规定处罚。

请迅速将本通知内容传达至本辖区有关部门和广告经营、发布单位。执行中遇有问题，及时上报。

国家工商行政管理总局　　中国银行业监督管理委员会
国家广播电影电视总局　　新闻出版总署

二〇〇七年七月二十五日

关于加强旅游服务广告市场管理的通知

（工商广字〔2012〕78号）

各省、自治区、直辖市及计划单列市工商行政管理局、市场监督管理局，旅游局(委)：

近年来，各地依法加强旅行社和旅游服务广告的日常监管，旅游市场秩序总体规范有序。但是，仍有部分旅行社存在以低于成本的价格招徕业务、发布虚假违法广告、严重侵害消费者合法权益的现象。为维护旅游服务广告市场秩序，保障广大消费者的合法权益，依据《广告法》和《旅行社条例》等有关法律法规规定，现就加强旅游服务广告市场管理有关事项通知如下：

一、发布旅游服务广告的，应当是具有旅游服务经营资格的旅行社，其他任何单位和个人不得擅自经营旅游服务业务或者变相发布旅游服务广告。广告经营者、广告发布者应依据法律法规查验有关证明文件，核实广告内容。

二、旅行社应当严格按照旅游行政管理部门、工商行政管理部门许可服务项目和核定的经营范围发布广告。旅行社服务网点不得以自己的名义制作、发布旅游服务广告。

三、旅游服务广告应当真实、合法，广告中涉及的旅行社名称、旅行社经营业务许可证编号、地址、联系电话、旅游线路、项目、时间、价格等服务内容，应当清楚、明白，不得误导、欺骗消费者。

四、旅游服务广告不得以低于接待和服务成本的报价招徕旅游者。

五、旅游服务广告中介绍的旅游活动不得含有违反有关法律、法规规定的内容。

六、各级旅游行政管理部门要加强旅行社的监管，对旅行社存在涉嫌无许可经营和误导欺诈消费者等违法行为的，要依法查处。

七、各级工商行政管理部门要加强本地旅游服务广告市场的监管，对虚假违法旅游服务广告，要及时责令停止发布并依法查处。

八、各级工商行政管理部门和旅游行政管理部门要加强协作配合，完善工作机制，及时通报有关情况，依法履行监管职责，规范旅游市场秩序，要在今年“五一”假日、“5·19”中国旅游日、“十一”黄金周等几个重点时段，部署开展联合检查，并于2012年11月30日前将检查情况分别上报国家工商行政管理总局和国家旅游局。

国家工商行政管理总局和国家旅游局将适时组成联合检查组对各地旅游服务广告市场监管情况进行考核评估。

国家工商行政管理总局　国家旅游局

二〇一二年四月二十四日

广播电视广告播出管理办法

（2009 年 09 月 10 日发布，自 2010 年 1 月 1 日起施行）

第一章　总　　则

第一条　为了规范广播电视广告播出秩序，促进广播电视广告业健康发展，保障公民合法权益，依据《中华人民共和国广告法》、《广播电视管理条例》等法律、行政法规，制定本办法。

第二条　广播电台、电视台（含广播电视台）等广播电视播出机构（以下简称“播出机构”）的广告播出活动，以及广播电视传输机构的相关活动，适用本办法。

第三条　本办法所称广播电视广告包括公益广告和商业广告（含资讯服务、广播购物和电视购物短片广告等）。

第四条　广播电视广告播出活动应当坚持以人为本，遵循合法、真实、公平、诚实信用的原则。

第五条　广播影视行政部门对广播电视广告播出活动实行属地管理、分级负责。

国务院广播影视行政部门负责全国广播电视广告播出活动的监督管理工作。

县级以上地方人民政府广播影视行政部门负责本行政区域内广播电视广告播出活动的监督管理工作。

第六条　广播影视行政部门鼓励广播电视公益广告制作和播出，对成绩显著的组织、个人予以表彰。

第二章　广 告 内 容

第七条　广播电视广告是广播电视节目的重要组成部分，应当坚持正确导向，树立良好文化品位，与广播电视节目相和谐。

第八条　广播电视广告禁止含有下列内容：

（一）反对宪法确定的基本原则的；

（二）危害国家统一、主权和领土完整，危害国家安全，或者损害国家荣誉和利益的；

（三）煽动民族仇恨、民族歧视，侵害民族风俗习惯，伤害民族感情，破坏民族团结，违反宗教政策的；

（四）扰乱社会秩序，破坏社会稳定的；

（五）宣扬邪教、淫秽、赌博、暴力、迷信，危害社会公德或者民族优秀文化传统的；

（六）侮辱、歧视或者诽谤他人，侵害他人合法权益的；

（七）诱使未成年人产生不良行为或者不良价值观，危害其身心健康的；

（八）使用绝对化语言，欺骗、误导公众，故意使用错别字或者篡改成语的；

（九）商业广告中使用、变相使用中华人民共和国国旗、国徽、国歌，使用、变相使用国家领导人、领袖人物的名义、形象、声音、名言、字体或者国家机关和国家机关工作人员的名义、形象的；

（十）药品、医疗器械、医疗和健康资讯类广告中含有宣传治愈率、有效率，或者以医生、专家、患者、公众人物等形象做疗效证明的；

（十一）法律、行政法规和国家有关规定禁止的其他内容。

第九条 禁止播出下列广播电视广告：

（一）以新闻报道形式发布的广告；

（二）烟草制品广告；

（三）处方药品广告；

（四）治疗恶性肿瘤、肝病、性病或者提高性功能的药品、食品、医疗器械、医疗广告；

（五）姓名解析、运程分析、缘份测试、交友聊天等声讯服务广告；

（六）出现“母乳代用品”用语的乳制品广告；

（七）法律、行政法规和国家有关规定禁止播出的其他广告。

第十条 时政新闻类节（栏）目不得以企业或者产品名称等冠名。有关人物专访、企业专题报道等节目中不得含有地址和联系方式等内容。

第十一条 投资咨询、金融理财和连锁加盟等具有投资性质的广告，应当含有“投资有风险”等警示内容。

第十二条 除福利彩票、体育彩票等依法批准的广告外，不得播出其他具有博彩性质的广告。

第三章 广告播出

第十三条 广播电视广告播出应当合理编排。其中，商业广告应当控制总量、均衡配置。

第十四条 广播电视广告播出不得影响广播电视节目的完整性。除在节目自然段的间歇外，不得随意插播广告。

第十五条　播出机构每套节目每小时商业广告播出时长不得超过12分钟。其中，广播电台在11:00至13:00之间、电视台在19:00至21:00之间，商业广告播出总时长不得超过18分钟。

在执行转播、直播任务等特殊情况下，商业广告可以顺延播出。

第十六条　播出机构每套节目每日公益广告播出时长不得少于商业广告时长的3%。其中，广播电台在11:00至13:00之间、电视台在19:00至21:00之间，公益广告播出数量不得少于4条(次)。

第十七条　播出电视剧时，可以在每集(以45分钟计)中插播2次商业广告，每次时长不得超过1分30秒。其中，在19:00至21:00之间播出电视剧时，每集中可以插播1次商业广告，时长不得超过1分钟。

播出电影时，插播商业广告的时长和次数参照前款规定执行。

第十八条　在电影、电视剧中插播商业广告，应当对广告时长进行提示。

第十九条　除电影、电视剧剧场或者节(栏)目冠名标识外，禁止播出任何形式的挂角广告。

第二十条　电影、电视剧剧场或者节(栏)目冠名标识不得含有下列情形：

(一) 单独出现企业、产品名称，或者剧场、节(栏)目名称难以辨认的；

(二) 标识尺寸大于台标，或者企业、产品名称的字体尺寸大于剧场、节(栏)目名称的；

(三) 翻滚变化，每次显示时长超过5分钟，或者每段冠名标识显示间隔少于10分钟的；

(四) 出现经营服务范围、项目、功能、联系方式、形象代言人等文字、图像的。

第二十一条　电影、电视剧剧场或者节(栏)目不得以治疗皮肤病、癫痫、痔疮、脚气、妇科、生殖泌尿系统等疾病的药品或者医疗机构作冠名。

第二十二条　转播、传输广播电视节目时，必须保证被转播、传输节目的完整性。不得替换、遮盖所转播、传输节目中的广告；不得以游动字幕、叠加字幕、挂角广告等任何形式插播自行组织的广告。

第二十三条　经批准在境内落地的境外电视频道中播出的广告，其内容应当符合中国法律、法规和本办法的规定。

第二十四条　播出商业广告应当尊重公众生活习惯。在6:30至7:30、11:30至12:30以及18:30至20:00的公众用餐时间，不得播出治疗皮肤病、痔疮、脚气、妇科、生殖泌尿系统等疾病的药品、医疗器械、医疗和妇女卫生用品广告。

第二十五条 播出机构应当严格控制酒类商业广告，不得在以未成年人为主要传播对象的频率、频道、节（栏）目中播出。广播电台每套节目每小时播出的烈性酒类商业广告，不得超过2条；电视台每套节目每日播出的烈性酒类商业广告不得超过12条，其中19:00至21:00之间不得超过2条。

第二十六条 在中小学生假期和未成年人相对集中的收听、收视时段，或者以未成年人为主要传播对象的频率、频道、节（栏）目中，不得播出不适宜未成年人收听、收视的商业广告。

第二十七条 播出电视商业广告时不得隐匿台标和频道标识。

第二十八条 广告主、广告经营者不得通过广告投放等方式干预、影响广播电视节目的正常播出。

第四章 监督管理

第二十九条 县级以上人民政府广播影视行政部门应当加强对本行政区域内广播电视广告播出活动的监督管理，建立、完善监督管理制度和技术手段。

第三十条 县级以上人民政府广播影视行政部门应当建立公众举报机制，公布举报电话，及时调查、处理并公布结果。

第三十一条 县级以上地方人民政府广播影视行政部门在对广播电视广告违法行为作出处理决定后5个工作日内，应当将处理情况报上一级人民政府广播影视行政部门备案。

第三十二条 因公共利益需要等特殊情况，省、自治区、直辖市以上人民政府广播影视行政部门可以要求播出机构在指定时段播出特定的公益广告，或者作出暂停播出商业广告的决定。

第三十三条 播出机构从事广告经营活动应当取得合法资质，非广告经营部门不得从事广播电视广告经营活动，记者不得借采访名义承揽广告业务。

第三十四条 播出机构应当建立广告经营、审查、播出管理制度，负责对所播出的广告进行审查。

第三十五条 播出机构应当加强对广告业务承接登记、审核等档案资料的保存和管理。

第三十六条 药品、医疗器械、医疗、食品、化妆品、农药、兽药、金融理财等须经有关行政部门审批的商业广告，播出机构在播出前应当严格审验其依法批准的文件、材料。不得播出未经审批、材料不全或者与审批通过的内容不一致的商业广告。

第三十七条 制作和播出药品、医疗器械、医疗和健康资讯类广告需要聘请医学专家作为嘉宾的，播出机构应当核验嘉宾的医师执业证书、工作证、职称证明等相关证明文件，并在广告中据实提示，不得聘请无有关专业资质的人员担当嘉宾。

第三十八条 因广告主、广告经营者提供虚假证明文件导致播出的广告违反本办法规定的，广播影视行政部门可以对有关播出机构减轻或者免除处罚。

第三十九条 国务院广播影视行政部门推动建立播出机构行业自律组织。该组织可以按照章程的规定，采取向社会公告、推荐和撤销“广播电视广告播出行业自律示范单位”等措施，加强行业自律。

第五章 法律责任

第四十条 违反本办法第八条、第九条的规定，由县级以上人民政府广播影视行政部门责令停止违法行为或者责令改正，给予警告，可以并处三万元以下罚款；情节严重的，由原发证机关吊销《广播电视频道许可证》、《广播电视播出机构许可证》。

第四十一条 违反本办法第十五条、第十六条、第十七条的规定，以及违反本办法第二十二条规定插播广告的，由县级以上人民政府广播影视行政部门依据《广播电视管理条例》第五十条、第五十一条的有关规定给予处罚。

第四十二条 违反本办法第十条、第十二条、第十九条、第二十条、第二十一条、第二十四条至第二十八条、第三十四条、第三十六条、第三十七条的规定，或者违反本办法第二十二条规定替换、遮盖广告的，由县级以上人民政府广播影视行政部门责令停止违法行为或者责令改正，给予警告，可以并处二万元以下罚款。

第四十三条 违反本办法规定的播出机构，由县级以上人民政府广播影视行政部门依据国家有关规定予以处理。

第四十四条 广播影视行政部门工作人员滥用职权、玩忽职守、徇私舞弊或者未依照本办法规定履行职责的，对负有责任的主管人员和直接责任人员依法给予处分。

第六章 附 则

第四十五条 本办法自2010年1月1日起施行。2003年9月15日国家广播电影电视总局发布的《广播电视广告播放管理暂行办法》同时废止。

网络交易管理办法

（2014年1月26日国家工商行政管理总局令第60号公布）

第一章　总　　则

第一条　为规范网络商品交易及有关服务，保护消费者和经营者的合法权益，促进网络经济持续健康发展，依据《消费者权益保护法》、《产品质量法》、《反不正当竞争法》、《合同法》、《商标法》、《广告法》、《侵权责任法》和《电子签名法》等法律、法规，制定本办法。

第二条　在中华人民共和国境内从事网络商品交易及有关服务，应当遵守中华人民共和国法律、法规和本办法的规定。

第三条　本办法所称网络商品交易，是指通过互联网（含移动互联网）销售商品或者提供服务的经营活动。

本办法所称有关服务，是指为网络商品交易提供第三方交易平台、宣传推广、信用评价、支付结算、物流、快递、网络接入、服务器托管、虚拟空间租用、网站网页设计制作等营利性服务。

第四条　从事网络商品交易及有关服务应当遵循自愿、公平、诚实信用的原则，遵守商业道德和公序良俗。

第五条　鼓励支持网络商品经营者、有关服务经营者创新经营模式，提升服务水平，推动网络经济发展。

第六条　鼓励支持网络商品经营者、有关服务经营者成立行业组织，建立行业公约，推动行业信用建设，加强行业自律，促进行业规范发展。

第二章　网络商品经营者和有关服务经营者的义务

第一节　一般性规定

第七条　从事网络商品交易及有关服务的经营者，应当依法办理工商登记。

从事网络商品交易的自然人，应当通过第三方交易平台开展经营活动，并向第三方交易平台提交其姓名、地址、有效身份证明、有效联系方式等真实身份信息。具备登记注册条件的，依法办理工商登记。

从事网络商品交易及有关服务的经营者销售的商品或者提供的服务属于法

律、行政法规或者国务院决定规定应当取得行政许可的，应当依法取得有关许可。

第八条 已经工商行政管理部门登记注册并领取营业执照的法人、其他经济组织或者个体工商户，从事网络商品交易及有关服务的，应当在其网站首页或者从事经营活动的主页面醒目位置公开营业执照登载的信息或者其营业执照的电子链接标识。

第九条 网上交易的商品或者服务应当符合法律、法规、规章的规定。法律、法规禁止交易的商品或者服务，经营者不得在网上进行交易。

第十条 网络商品经营者向消费者销售商品或者提供服务，应当遵守《消费者权益保护法》和《产品质量法》等法律、法规、规章的规定，不得损害消费者合法权益。

第十一条 网络商品经营者向消费者销售商品或者提供服务，应当向消费者提供经营地址、联系方式、商品或者服务的数量和质量、价款或者费用、履行期限和方式、支付形式、退换货方式、安全注意事项和风险警示、售后服务、民事责任等信息，采取安全保障措施确保交易安全可靠，并按照承诺提供商品或者服务。

第十二条 网络商品经营者销售商品或者提供服务，应当保证商品或者服务的完整性，不得将商品或者服务不合理拆分出售，不得确定最低消费标准或者另行收取不合理的费用。

第十三条 网络商品经营者销售商品或者提供服务，应当按照国家有关规定或者商业惯例向消费者出具发票等购货凭证或者服务单据；征得消费者同意的，可以以电子化形式出具。电子化的购货凭证或者服务单据，可以作为处理消费投诉的依据。

消费者索要发票等购货凭证或者服务单据的，网络商品经营者必须出具。

第十四条 网络商品经营者、有关服务经营者提供的商品或者服务信息应当真实准确，不得作虚假宣传和虚假表示。

第十五条 网络商品经营者、有关服务经营者销售商品或者提供服务，应当遵守《商标法》、《企业名称登记管理规定》等法律、法规、规章的规定，不得侵犯他人的注册商标专用权、企业名称权等权利。

第十六条 网络商品经营者销售商品，消费者有权自收到商品之日起七日内退货，且无需说明理由，但下列商品除外：

（一）消费者定作的；

（二）鲜活易腐的；

（三）在线下载或者消费者拆封的音像制品、计算机软件等数字化商品；

（四）交付的报纸、期刊。

除前款所列商品外，其他根据商品性质并经消费者在购买时确认不宜退货的商品，不适用无理由退货。

消费者退货的商品应当完好。网络商品经营者应当自收到退回商品之日起七日内返还消费者支付的商品价款。退回商品的运费由消费者承担；网络商品经营者和消费者另有约定的，按照约定。

第十七条 网络商品经营者、有关服务经营者在经营活动中使用合同格式条款的，应当符合法律、法规、规章的规定，按照公平原则确定交易双方的权利与义务，采用显著的方式提请消费者注意与消费者有重大利害关系的条款，并按照消费者的要求予以说明。

网络商品经营者、有关服务经营者不得以合同格式条款等方式作出排除或者限制消费者权利、减轻或者免除经营者责任、加重消费者责任等对消费者不公平、不合理的规定，不得利用合同格式条款并借助技术手段强制交易。

第十八条 网络商品经营者、有关服务经营者在经营活动中收集、使用消费者或者经营者信息，应当遵循合法、正当、必要的原则，明示收集、使用信息的目的、方式和范围，并经被收集者同意。网络商品经营者、有关服务经营者收集、使用消费者或者经营者信息，应当公开其收集、使用规则，不得违反法律、法规的规定和双方的约定收集、使用信息。

网络商品经营者、有关服务经营者及其工作人员对收集的消费者个人信息或者经营者商业秘密的数据信息必须严格保密，不得泄露、出售或者非法向他人提供。网络商品经营者、有关服务经营者应当采取技术措施和其他必要措施，确保信息安全，防止信息泄露、丢失。在发生或者可能发生信息泄露、丢失的情况时，应当立即采取补救措施。

网络商品经营者、有关服务经营者未经消费者同意或者请求，或者消费者明确表示拒绝的，不得向其发送商业性电子信息。

第十九条 网络商品经营者、有关服务经营者销售商品或者服务，应当遵守《反不正当竞争法》等法律的规定，不得以不正当竞争方式损害其他经营者的合法权益、扰乱社会经济秩序。同时，不得利用网络技术手段或者载体等方式，从事下列不正当竞争行为：

（一）擅自使用知名网站特有的域名、名称、标识或者使用与知名网站近似的域名、名称、标识，与他人知名网站相混淆，造成消费者误认；

（二）擅自使用、伪造政府部门或者社会团体电子标识，进行引人误解的虚假宣传；

（三）以虚拟物品为奖品进行抽奖式的有奖销售，虚拟物品在网络市场约定金额超过法律法规允许的限额；

（四）以虚构交易、删除不利评价等形式，为自己或他人提升商业信誉；

（五）以交易达成后违背事实的恶意评价损害竞争对手的商业信誉；

（六）法律、法规规定的其他不正当竞争行为。

第二十条　网络商品经营者、有关服务经营者不得对竞争对手的网站或者网页进行非法技术攻击，造成竞争对手无法正常经营。

第二十一条　网络商品经营者、有关服务经营者应当按照国家工商行政管理总局的规定向所在地工商行政管理部门报送经营统计资料。

第二节　第三方交易平台经营者的特别规定

第二十二条　第三方交易平台经营者应当是经工商行政管理部门登记注册并领取营业执照的企业法人。

前款所称第三方交易平台，是指在网络商品交易活动中为交易双方或者多方提供网页空间、虚拟经营场所、交易规则、交易撮合、信息发布等服务，供交易双方或者多方独立开展交易活动的信息网络系统。

第二十三条　第三方交易平台经营者应当对申请进入平台销售商品或者提供服务的法人、其他经济组织或者个体工商户的经营主体身份进行审查和登记，建立登记档案并定期核实更新，在其从事经营活动的主页面醒目位置公开营业执照登载的信息或者其营业执照的电子链接标识。

第三方交易平台经营者应当对尚不具备工商登记注册条件、申请进入平台销售商品或者提供服务的自然人的真实身份信息进行审查和登记，建立登记档案并定期核实更新，核发证明个人身份信息真实合法的标记，加载在其从事经营活动的主页面醒目位置。

第三方交易平台经营者在审查和登记时，应当使对方知悉并同意登记协议，提请对方注意义务和责任条款。

第二十四条　第三方交易平台经营者应当与申请进入平台销售商品或者提供服务的经营者订立协议，明确双方在平台进入和退出、商品和服务质量安全保障、消费者权益保护等方面的权利、义务和责任。

第三方交易平台经营者修改其与平台内经营者的协议、交易规则，应当遵循公开、连续、合理的原则，修改内容应当至少提前七日予以公示并通知相关经营者。平台内经营者不接受协议或者规则修改内容、申请退出平台的，第三方交易平台经营者应当允许其退出，并根据原协议或者交易规则承担相关责任。

第二十五条　第三方交易平台经营者应当建立平台内交易规则、交易安全保障、消费者权益保护、不良信息处理等管理制度。各项管理制度应当在其网站显示，并从技术上保证用户能够便利、完整地阅览和保存。

第三方交易平台经营者应当采取必要的技术手段和管理措施保证平台的正常运行，提供必要、可靠的交易环境和交易服务，维护网络交易秩序。

第二十六条　第三方交易平台经营者应当对通过平台销售商品或者提供服务的经营者及其发布的商品和服务信息建立检查监控制度，发现有违反工商行政管理法律、法规、规章的行为的，应当向平台经营者所在地工商行政管理部门报告，并及时采取措施制止，必要时可以停止对其提供第三方交易平台服务。

工商行政管理部门发现平台内有违反工商行政管理法律、法规、规章的行为，依法要求第三方交易平台经营者采取措施制止的，第三方交易平台经营者应当予以配合。

第二十七条　第三方交易平台经营者应当采取必要手段保护注册商标专用权、企业名称权等权利，对权利人有证据证明平台内的经营者实施侵犯其注册商标专用权、企业名称权等权利的行为或者实施损害其合法权益的其他不正当竞争行为的，应当依照《侵权责任法》采取必要措施。

第二十八条　第三方交易平台经营者应当建立消费纠纷和解和消费维权自律制度。消费者在平台内购买商品或者接受服务，发生消费纠纷或者其合法权益受到损害时，消费者要求平台调解的，平台应当调解；消费者通过其他渠道维权的，平台应当向消费者提供经营者的真实的网站登记信息，积极协助消费者维护自身合法权益。

第二十九条　第三方交易平台经营者在平台上开展商品或者服务自营业务的，应当以显著方式对自营部分和平台内其他经营者经营部分进行区分和标记，避免消费者产生误解。

第三十条　第三方交易平台经营者应当审查、记录、保存在其平台上发布的商品和服务信息内容及其发布时间。平台内经营者的营业执照或者个人真实身份信息记录保存时间从经营者在平台的登记注销之日起不少于两年，交易记录等其他信息记录备份保存时间从交易完成之日起不少于两年。

第三方交易平台经营者应当采取电子签名、数据备份、故障恢复等技术手段确保网络交易数据和资料的完整性和安全性，并应当保证原始数据的真实性。

第三十一条　第三方交易平台经营者拟终止提供第三方交易平台服务的，应当至少提前三个月在其网站主页面醒目位置予以公示并通知相关经营者和消费者，采取必要措施保障相关经营者和消费者的合法权益。

第三十二条 鼓励第三方交易平台经营者为交易当事人提供公平、公正的信用评价服务，对经营者的信用情况客观、公正地进行采集与记录，建立信用评价体系、信用披露制度以警示交易风险。

第三十三条 鼓励第三方交易平台经营者设立消费者权益保证金。消费者权益保证金应当用于对消费者权益的保障，不得挪作他用，使用情况应当定期公开。

第三方交易平台经营者与平台内的经营者协议设立消费者权益保证金的，双方应当就消费者权益保证金提取数额、管理、使用和退还办法等作出明确约定。

第三十四条 第三方交易平台经营者应当积极协助工商行政管理部门查处网上违法经营行为，提供在其平台内涉嫌违法经营的经营者的登记信息、交易数据等资料，不得隐瞒真实情况。

第三节 其他有关服务经营者的特别规定

第三十五条 为网络商品交易提供网络接入、服务器托管、虚拟空间租用、网站网页设计制作等服务的有关服务经营者，应当要求申请者提供经营资格证明和个人真实身份信息，签订服务合同，依法记录其上网信息。申请者营业执照或者个人真实身份信息等信息记录备份保存时间自服务合同终止或者履行完毕之日起不少于两年。

第三十六条 为网络商品交易提供信用评价服务的有关服务经营者，应当通过合法途径采集信用信息，坚持中立、公正、客观原则，不得任意调整用户的信用级别或者相关信息，不得将收集的信用信息用于任何非法用途。

第三十七条 为网络商品交易提供宣传推广服务应当符合相关法律、法规、规章的规定。

通过博客、微博等网络社交载体提供宣传推广服务、评论商品或者服务并因此取得酬劳的，应当如实披露其性质，避免消费者产生误解。

第三十八条 为网络商品交易提供网络接入、支付结算、物流、快递等服务的有关服务经营者，应当积极协助工商行政管理部门查处网络商品交易相关违法行为，提供涉嫌违法经营的网络商品经营者的登记信息、联系方式、地址等相关数据资料，不得隐瞒真实情况。

第三章 网络商品交易及有关服务监督管理

第三十九条 网络商品交易及有关服务的监督管理由县级以上工商行政管

理部门负责。

第四十条 县级以上工商行政管理部门应当建立网络商品交易及有关服务信用档案，记录日常监督检查结果、违法行为查处等情况。根据信用档案的记录，对网络商品经营者、有关服务经营者实施信用分类监管。

第四十一条 网络商品交易及有关服务违法行为由发生违法行为的经营者住所所在地县级以上工商行政管理部门管辖。对于其中通过第三方交易平台开展经营活动的经营者，其违法行为由第三方交易平台经营者住所所在地县级以上工商行政管理部门管辖。第三方交易平台经营者住所所在地县级以上工商行政管理部门管辖异地违法行为人有困难的，可以将违法行为人的违法情况移交违法行为人所在地县级以上工商行政管理部门处理。

两个以上工商行政管理部门因网络商品交易及有关服务违法行为的管辖权发生争议的，应当报请共同的上一级工商行政管理部门指定管辖。

对于全国范围内有重大影响、严重侵害消费者权益、引发群体投诉或者案情复杂的网络商品交易及有关服务违法行为，由国家工商行政管理总局负责查处或者指定省级工商行政管理局负责查处。

第四十二条 网络商品交易及有关服务活动中的消费者向工商行政管理部门投诉的，依照《工商行政管理部门处理消费者投诉办法》处理。

第四十三条 县级以上工商行政管理部门对涉嫌违法的网络商品交易及有关服务行为进行查处时，可以行使下列职权：

（一）询问有关当事人，调查其涉嫌从事违法网络商品交易及有关服务行为的相关情况；

（二）查阅、复制当事人的交易数据、合同、票据、账簿以及其他相关数据资料；

（三）依照法律、法规的规定，查封、扣押用于从事违法网络商品交易及有关服务行为的商品、工具、设备等物品，查封用于从事违法网络商品交易及有关服务行为的经营场所；

（四）法律、法规规定可以采取的其他措施。

工商行政管理部门依法行使前款规定的职权时，当事人应当予以协助、配合，不得拒绝、阻挠。

第四十四条 工商行政管理部门对网络商品交易及有关服务活动的技术监测记录资料，可以作为对违法的网络商品经营者、有关服务经营者实施行政处罚或者采取行政措施的电子数据证据。

第四十五条 在网络商品交易及有关服务活动中违反工商行政管理法律法

规规定，情节严重，需要采取措施制止违法网站继续从事违法活动的，工商行政管理部门可以依照有关规定，提请网站许可或者备案地通信管理部门依法责令暂时屏蔽或者停止该违法网站接入服务。

第四十六条 工商行政管理部门对网站违法行为作出行政处罚后，需要关闭该违法网站的，可以依照有关规定，提请网站许可或者备案地通信管理部门依法关闭该违法网站。

第四十七条 工商行政管理部门在对网络商品交易及有关服务活动的监督管理中发现应当由其他部门查处的违法行为的，应当依法移交相关部门。

第四十八条 县级以上工商行政管理部门应当建立网络商品交易及有关服务监管工作责任制度，依法履行职责。

第四章 法律责任

第四十九条 对于违反本办法的行为，法律、法规另有规定的，从其规定。

第五十条 违反本办法第七条第二款、第二十三条、第二十五条、第二十六条第二款、第二十九条、第三十条、第三十四条、第三十五条、第三十六条、第三十八条规定的，予以警告，责令改正，拒不改正的，处以一万元以上三万元以下的罚款。

第五十一条 违反本办法第八条、第二十一条规定的，予以警告，责令改正，拒不改正的，处以一万元以下的罚款。

第五十二条 违反本办法第十七条规定的，按照《合同违法行为监督处理办法》的有关规定处罚。

第五十三条 违反本办法第十九条第（一）项规定的，按照《反不正当竞争法》第二十一条的规定处罚；违反本办法第十九条第（二）项、第（四）项规定的，按照《反不正当竞争法》第二十四条的规定处罚；违反本办法第十九条第（三）项规定的，按照《反不正当竞争法》第二十六条的规定处罚；违反本办法第十九条第（五）项规定的，予以警告，责令改正，并处一万元以上三万元以下的罚款。

第五十四条 违反本办法第二十条规定的，予以警告，责令改正，并处一万元以上三万元以下的罚款。

第五章 附 则

第五十五条 通过第三方交易平台发布商品或者营利性服务信息、但交易过程不直接通过平台完成的经营活动，参照适用本办法关于网络商品交易的管理规定。

第五十六条 本办法由国家工商行政管理总局负责解释。

第五十七条 省级工商行政管理部门可以依据本办法的规定制定网络商品交易及有关服务监管实施指导意见。

第五十八条 本办法自2014年3月15日起施行。国家工商行政管理总局2010年5月31日发布的《网络商品交易及有关服务行为管理暂行办法》同时废止。

网络商品和服务集中促销活动管理暂行规定

(2015年9月2日国家工商行政管理总局令第77号公布,2015年10月1日起实施)

第一章 总 则

第一条 为规范网络商品和服务集中促销活动,保护消费者和经营者的合法权益,维护公平有序的网络商品和服务交易秩序,根据《消费者权益保护法》《反不正当竞争法》《广告法》等法律、法规的规定,制定本规定。

第二条 本规定所称网络商品和服务集中促销活动(以下简称网络集中促销),是指在特定时间内网络集中促销组织者组织网络集中促销经营者在互联网上,通过提供优惠条件开展销售商品或者提供服务的经营活动。

第三条 本规定所称网络集中促销组织者,是指组织网络集中促销的第三方交易平台。

网络集中促销组织者应当是经工商行政管理部门登记注册并领取营业执照的企业法人。

第四条 本规定所称网络集中促销经营者,是指在网络集中促销中向消费者销售商品或者提供服务的企业、个体工商户、其他经济组织以及已在交易平台办理实名登记的自然人。

网络集中促销经营者销售的商品或者提供的服务属于法律、行政法规或者国务院决定规定应当取得行政许可的,应当依法取得有关许可并在网页显著位置予以公示。

第五条 网络集中促销组织者、经营者应当遵守相关法律、法规、规章的规定,遵循自愿、公平、诚实信用的原则,遵守商业道德和公序良俗。

第二章 网络集中促销组织者的义务

第六条 网络集中促销组织者应当对网络集中促销经营者的经营主体身份进行审查和登记。

网络集中促销组织者应当按照《网络交易管理办法》的规定,记录、保存促销活动期间在其平台上发布的商品和服务信息内容及其发布时间。

第七条 网络集中促销组织者应当对网络集中促销经营者的促销活动进行检查监控,发现有违反工商行政管理法律、法规、规章的行为的,应当向平台经营者所在地工商行政管理部门报告，并及时采取措施制止，必要时可以停止对其提供第三方交易平台服务，并予公示。

第八条 网络集中促销组织者应当在网站显著位置并以显著方式，事先公示网络集中促销的期限、方式和规则等信息。

第九条 网络集中促销组织者不得采用格式条款设置订金不退、预售商品不适用七日无理由退货、自行解释商品完好、增加限退条件等排除或者限制消费者权利、减轻或者免除经营者责任、加重消费者责任等对消费者不公平、不合理的规定。

第十条 网络集中促销组织者应当依据可以查验的统计结果公布网络集中促销的成交量、成交额，不得对成交量、成交额进行虚假宣传，不得直接或者间接为网络集中促销经营者虚构交易、成交量或者虚假用户评价。

虚构交易、成交量或者虚假用户评价是指，网络集中促销经营者通过不正当方式获得关于其销售商品的销量、经营者店铺评分、信用积分、商品好评度评分、删除不利评论等有助于其产生商业利益、妨害消费者和其他经营者合法权益的行为。

第十一条 网络集中促销组织者不得违反《反垄断法》《反不正当竞争法》等法律、法规、规章的规定，限制、排斥平台内的网络集中促销经营者参加其他第三方交易平台组织的促销活动。

第三章　网络集中促销经营者的义务

第十二条 网络集中促销经营者除应当依照《网络交易管理办法》第十一条的规定提供商品或者服务的信息外，还应当在网店页面显著位置并以显著方式公示网络集中促销的期限、方式和规则。

第十三条 网络集中促销经营者的广告应当真实、准确，不得含有虚假内容，不得欺骗和误导消费者。

附条件的促销广告，应当将附加条件在促销广告页面上一并清晰完整表述。

第十四条 禁止采用下列不正当手段进行促销活动：

（一）标示商品的品名、用途、性能、产地、规格、等级、质量、价格或者服务的项目、价格等有关内容与实际不符；

（二）在促销中提供赠品、免费服务的，标示的赠品、免费服务的名称、数量和质量、履行期限和方式、安全注意事项和风险警示、售后服务等与消费者有重大利害关系的信息与实际不符；

（三）采用虚构交易、成交量或者虚假用户评价等不正当方式虚抬商誉，损害消费者和其他经营者合法权益。

第十五条 网络集中促销经营者在促销的商品或者服务销售完毕后，应当在促销页面、购买页面及时告知消费者。

第十六条 网络集中促销经营者在促销活动中销售、附赠的商品应当符合《产品质量法》的规定，不得销售、附赠国家明令禁止销售的商品，不得因促销降低商品质量。

网络集中促销中附赠的商品，应当依照《消费者权益保护法》和《产品质量法》的规定提供“三包”服务。

第十七条 网络集中促销经营者在促销活动中赠送消费积分或者发放优惠券的，应当标明消费积分或者优惠券的使用条件、方法和期限。

网络集中促销经营者改变消费积分或者优惠券使用条件、方法和期限的，应当征得消费者同意。增加有利于消费者权益的变更除外。

第十八条 网络集中促销经营者在促销活动中开展有奖促销的，应当符合《反不正当竞争法》的规定并公示可查验的抽奖方法，不得虚构奖品数量和质量，不得进行虚假抽奖或者操纵抽奖。

第四章 法律责任

第十九条 网络集中促销组织者违反本规定第六条规定的，依照《网络交易管理办法》第五十条的规定查处。

第二十条 网络集中促销组织者违反本规定第九条规定的，依照《合同违法行为监督处理办法》的规定查处。

第二十一条 网络集中促销组织者或者网络集中促销经营者违反本规定第十条、第十四条、第十八条规定的，依照《反不正当竞争法》的规定查处。

第二十二条 网络集中促销组织者违反本规定第十一条规定的，依照《反垄断法》《反不正当竞争法》等法律、法规、规章的规定查处。

第二十三条 网络集中促销经营者违反本规定第十三条规定的，依照《广告法》的规定查处。

第二十四条 网络集中促销经营者违反本规定第十六条规定的，依照《消费者权益保护法》《产品质量法》等法律、法规的规定查处。

第五章 附 则

第二十五条 本规定由国家工商行政管理总局负责解释。

第二十六条 本规定自2015年10月1日起施行。

关于加强网络市场监管的意见

（工商办字〔2015〕183号）

各省、自治区、直辖市工商行政管理局、市场监督管理部门：

为贯彻落实党的十八届三中、四中全会和《国务院关于大力发展电子商务加快培育经济新动力的意见》《国务院关于促进市场公平竞争维护市场正常秩序的若干意见》等文件精神，加强事前规范指导，强化事中事后监管，构建线上线下一体化的网络市场监管工作格局，推动网络市场健康有序发展。现提出如下意见：

一、加强网络市场监管规范化建设，推进"依法管网"。积极参与电子商务立法及相关法律法规制修订工作。推动工商法律法规向网络市场延伸应用。适应业态发展和监管需要，以问题为导向，完善规章制度，为监管工作提供充分的法律支撑。鼓励支持各地工商、市场监管部门结合各自实际，进一步健全完善网络市场规制体系。依法履行职责，强化执法监督，不断规范执法行为。面向全系统和全社会开展法律法规宣传教育，推动网络市场监管法治化建设。

二、强化技术手段与监管业务的融合，推进"以网管网"。充分利用信息网络技术手段，提高监管执法效能。以深化商事制度改革和电子营业执照推广应用为契机，进一步完善网络经营主体数据库，提高数据质量。加强网络市场监管事前、事中和事后的大数据应用，提高监测监管的前瞻性、实效性。优化网络监管平台功能。建设第三方网络交易平台监管系统。根据各地软硬件水平和监管压力，探索跨区域监测、监管协作机制，逐步实现总局与各地监管平台之间、工商内部各业务条线之间的互联互通和资源共享。完善网络市场监管工作基础设施，提升运用技术手段发现违法线索和电子数据取证能力。

三、充分发挥信用激励约束机制的作用，推进"信用管网"。结合企业信用信息公示系统建设，强化网络经营企业信息公示责任，加强部门间信息共享，落实网络经营企业信用信息公示、经营异常名录、严重违法企业名单等制度，及时向社会公示违法处罚信息，实现"一处违法，处处受限"，有效发挥失信惩戒机制在网络市场监管中的作用。发挥"守合同、重信用"等激励机制作用，促进网络经营者守信经营。继续深入推进电子商务可信交易环境建设试点工作，推动形成公正可信的网络交易信用信息评价体系。注重发挥第三方信用服务机构作用，支持第三方信用服务和产品应用于网络交易。

四、加强监管统筹和推动一体化监管，推进"协同管网"。网络市场监管是工商行政管理职责整体延伸至网络领域的全局性工作。总局成立网络市场监管工作领导小组，各级工商、市场监管部门参照建立相应的统筹协调机制。推进网上网下一体化监管，各业务条线部署工作要同时涵盖网上和网下。明晰跨地区网络交易案件查办、消费维权、质量抽检、定向监测等工作的协同规则，建立衔接顺畅的跨地域监管协作机制。推动建立各级政府层面的网络市场监管工作协调机制，畅通与公安等部门的刑事司法衔接，建立与通信管理部门的经营性网站监管协作机制，加强与物流快递、金融支付等行业监管部门的沟通协调，实现信息共享、联合惩戒。落实网络交易平台等市场主体责任，指导网络经营企业和行业组织加强自律。充分运用各类新媒介，加大违法行为曝光力度，发挥公众和舆论监督作用，引导消费者理性消费，促进市场自我净化，构建社会共治格局。

五、严厉打击销售侵权假冒伪劣商品违法行为，突出对网络交易平台的重点监管。持续开展红盾网剑专项行动，建立网络交易商品定向监测常态化机制。加大网络交易商品质量抽检力度。完善案件查办机制，依法查处各类网络商品交易违法行为。加强行政指导，督促网络交易平台经营者落实法定责任和义务，遏制侵权假冒、刷信用等违法行为，完善消费维权措施。加强网络促销行为监管。规范网络交易平台合同格式条款。加大对网络交易平台违法违规行为的查处力度。

六、紧密结合商事制度改革，加强网络经营主体规范管理。落实登记注册制度便利化政策措施，指导各地放宽电子商务市场主体住所(经营场所)登记条件，营造宽松平等的准入环境。鼓励网络经营者进行工商注册登记，更好地落实网店实名制。在企业信用信息年度报告和抽查制度中完善涉网经营信息相关内容，逐步建立网络经营者信用档案。依法打击网络交易非法主体网站。

七、积极推进12315体系建设，依法维护网络消费者合法权益。完善网络交易投诉和维权机制，建设全国12315互联网平台，创新在线消费投诉、举报的技术手段，打通条线、地区间“诉转案”通道，将消费投诉举报作为网络案件线索的重要来源。督促、引导网络经营者和网络交易平台落实消费者个人信息保护、七日无理由退货等消法新规定，健全完善消费环节经营者首问和赔偿先付制度。建立网购消费警示机制，及时发布消费提示、警示，推进消费投诉公开，加强消费引导。引入行业协会、第三方机构参与网购消费投诉纠纷处理，实现投诉处理工作前移。

八、规范各类涉网经营行为，维护公平竞争的市场秩序。加强对互联网广告的监测监管，加大对网络虚假违法广告的查处力度。研究规范商业信息发布类网站经营行为、互联网广告发布和推送行为、微信等社交网络营销行为。依法打击网络经营企业滥用市场支配地位违法行为。依法查处利用互联网进行引人误解的虚假宣传、诋毁他人商业信誉和产品声誉等不正当竞争行为。打击利用互联网从事传销和非法直销等违法行为。

九、加强网络市场新业态研究，把握监管规律。探索建立相关部门、研究机构等多方参与的网络规范制度研究机制。推进网络市场监管研究基地和专家库建设。积极开展网络市场监管机制建设前瞻性研究。研究社交电商、跨境电子商务、团购、o2o等商业模式、新型业态的发展变化，针对性提出依法监管的措施办法。

十、强化基层基础建设，提高网络市场监管能力和水平。完善网络市场监管机构，充实专业工作力量，加强专项经费保障，优化装备配备。积极开展网络市场监管全员业务培训，增强培训的实效性、针对性，不断加强监管能力建设。

各地工商和市场监管部门要根据本意见要求，结合各自实际，制定实施方案或者提出贯彻的具体措施。

国家工商行政管理总局

2015年11月6日

互联网广告监督管理暂行办法

（征求意见稿，国家工商总局2015年7月1日发布）

第一条 为规范互联网广告活动，促进互联网广告健康发展，保护消费者的合法权益，维护公平竞争的市场经济秩序，发挥互联网广告在社会主义市场经济中的积极作用，依据《中华人民共和国广告法》、《中华人民共和国消费者权益保护法》、《中华人民共和国反不正当竞争法》、《互联网信息服务管理办法》等相关法律、法规的有关规定，制定本办法。

第二条 以互联网（含移动互联网）为媒介实施的商业广告活动依照本办法管理。

第三条 本办法所称互联网广告，是指通过各类互联网网站、电子邮箱、以及自媒体、论坛、即时通讯工具、软件等互联网媒介资源，以文字、图片、音频、视频及其他形式发布的各种商业性展示、链接、邮件、付费搜索结果等广告。

在互联网发布的有关商品或者服务的信息，除依照国家标准或行业惯例要求该类商品或服务应当标注的商品的实物图形、送达方式、包装性质的文字说明、图片等标识信息以外，其它文字、图形、画面等，符合商业广告特征的，为互联网广告。药品、医疗等国家法律、行政法规有专门规定的，依照其专门规定。

广告代言人在互联网推荐商品或者服务的信息，是互联网广告。

第四条 本办法所称互联网广告经营者，是为广告主提供互联网广告设计、制作、代理服务的自然人、法人或者其他组织。

本办法所称互联网广告发布者，是指为广告主或者广告主委托的互联网广告经营者，在自有或者他人互联网媒介资源发布广告的自然人、法人或者其他组织。

本办法所称广告代言人，是指广告主以外的，在互联网广告中对商品、服务作推荐、证明的自然人、法人或者其他组织。

第五条 符合下列情形之一的广告主、广告经营者、广告代言人、互联网信息服务提供者，同时为互联网广告发布者：

（一）对互联网广告内容具有最终修改权、决定权的；

（二）发布存储于本网站的广告信息的网站经营者；

（三）在自设网站自行发布广告的广告主；

（四）本办法第十二条规定的利用他人互联网媒介资源，发布存储于本网站的广告信息的广告经营者；

（五）通过微博、论坛、即时通讯工具等各类互联网自媒体资源为商品或者服务作推荐、证明的广告代言人。

第六条 互联网广告经营者、发布者，应当办理工商登记注册，并在其互联网媒介资源的明显位置加载工商登记的相关信息。

从事互联网广告经营、发布的自然人，应当通过第三方有资质的广告经营者开展广告活动，并向第三方广告经营者提交其姓名、地址、有效身份证明、有效联系方式等真实身份信息。具备登记注册条件的，依法办理工商登记。

第七条 从事互联网广告活动的各方当事人应当依法订立书面合同（含电子合同）。

第八条 广告主应当对广告内容的真实性负责。

广告主自行或者委托他人设计、制作、代理、发布互联网广告，应当具有或者提供与其身份资格、商品或者服务、广告内容相关的真实、合法、有效的证明文件。

第九条 广告主利用自有互联网媒介资源发布其生产经营的商品或者服务的广告，应当符合下列要求：

（一）依法取得工商行政管理机关核发的营业执照，以及法律、行政法规规定的与商品或者服务相关的行政许可证明文件；

（二）广告所介绍的商品或服务应当符合法律、行政法规和部门规章的规定；

（三）利用自有互联网媒介资源通过他人互联网媒介资源发布广告的，该资源经营者应当是符合本办法第四、五、十二条规定的互联网广告经营者或者发布者。不得通过违法违规的网站发布广告。

第十条 互联网广告经营者、发布者应当建立、健全互联网广告的承接登记、审核、档案管理制度；配备熟悉广告法规的广告审查人员；有条件的还应当设立专门机构，负责互联网广告的审查。

互联网广告经营者、发布者应当依据法律、行政法规查验有关证明文件，核对广告内容。对内容不符或者证明文件不全的广告，广告经营者不得提供设计、制作、代理服务，广告发布者不得发布。

互联网信息服务提供者对于使用其互联网媒介资源的广告主、广告经营者、广告发布者，应当查验其营业执照以及与其商品或者服务相关的法律、行政法规规定的行政许可等经营资格证明文件，签订书面合同（含电子合同），并存档备查；对于在该互联网媒介资源直接显示的广告内容以及其它存储于本网站的广告信息，还应当履行本条前两款规定的互联网广告发布者的义务。

对已经发布的互联网广告，广告经营者、广告发布者和互联网信息服务提供者应当保存广告样件、合同和证明文件。保存时间应为自该广告最后一次发布之日起两年。

广告经营者、广告发布者、互联网信息服务提供者应当公布其从事互联网广告活动的收费标准和收费办法。

第十一条 广告主通过他人互联网媒介资源发布广告的，在进行对购买行为有实质性影响或者影响消费者基本权益的广告内容修改时，应当以书面形式或其他可被确认的方式通知为其提供服务的互联网广告经营者和互联网信息服务提供者。

互联网信息服务提供者对明知或者应知广告主已自行修改并涉嫌违法违规的广告应当采取有效的技术措施，停止广告接入服务。

互联网信息服务提供者对自行发现的、公众举报的、广告监管机关提示告诫的虚假违法广告，应及时核查、屏蔽或者停止广告接入服务。

第十二条 互联网广告经营者可以利用他人的网站、网页、软件、视频等互联网媒介资源经营、发布互联网广告，并承担相应法律责任。

上款情形中，发布存储于自有互联网媒介资源的广告信息的，是该互联网广告的经营者和发布者；未存储完整广告信息仅在发布时调用、推送广告的，是该部分未存储的广告内容的互联网广告经营者和互联网信息服务提供者，广告主是该部分广告内容的互联网广告发布者。

互联网广告经营者通过本条第一款方式经营、发布广告，应当履行以下义务：

（一）实名登记本条第一款互联网媒介资源所有者的身份信息、联系方式、网站备案号等有关信息，并对登记信息进行审核；登记时应当与对方约定，对方的上述信息发生变更时，应当及时告知；

（二）在广告及链接或者互联网终端显示的广告区域上清晰标明自身作为广告经营者或者发布者的身份，使消费者能够辨别广告来源；

（三）不得通过违法违规的网站发布广告；

（四）发布的广告不违反国家法律法规和本办法的规定。

第十三条 在电子邮箱、即时通讯工具等互联网私人空间发布广告的，应当在广告页面或者载体上为用户设置显著的同意、拒绝或者退订的功能选择。不得在被用户拒绝或者退订后再次发送电子邮件等广告。

通过移动互联网终端以电子邮件、即时通讯信息发送广告的，在用户同意或者拒绝接收广告的选项内，还应设置同意或者拒绝接收广告的时间选项，不得在用户设定的拒绝接收的时间发送广告。与用户另有约定的除外。

第十四条 利用互联网发布广告，不得影响用户正常使用网络。在互联网页面以弹出等形式发布的广告，应当显著标明关闭标志，确保一键关闭。同一设备24小时内登陆网站一级域名及其子域名，应在第二次出现弹出形式广告时提供暂时屏蔽该网站所有弹出广告的选项。

不得以伪装关闭等欺骗方式诱使用户点击广告内容。

第十五条 鼓励支持互联网广告经营者、发布者创新经营模式，提升服务水平，推动互联网广告发展。

互联网广告活动中不得有下列形式的不正当竞争行为：

（一）利用浏览器等各类软件、插件，对他人正当经营的各类广告采取拦截、过滤、覆盖等限制措施；

（二）利用通信线路、网络设备以及插件、软件、域名解析等方式劫持网络传输数据，篡改或者遮挡他人正当经营的各类广告；

（三）以虚假流量、恶意植入数据、恶意点击等方式改善自身排名或者损害他人正当利益、贬低他人商业信誉的行为；

（四）以结盟、联盟等方式限制他人进入某一市场或经营领域；

（五）使用他人商标、企业名称作为文字链接广告、付费搜索广告的关键字、加入网站页面或源代码提高搜索度，诱使消费者进入错误网站；

（六）法律、行政法规禁止的其他不正当竞争行为。

第十六条 通过门户或综合性网站、专业网站、电子商务网站、搜索引擎、电子邮箱、即时通讯工具、互联网私人空间等各类互联网媒介资源发布的广告，应当具有显著的可识别性，使一般互联网用户能辨别其广告性质。

付费搜索结果应当与自然搜索结果有显著区别，不使消费者对搜索结果的性质产生误解。

以电子邮件、即时通讯信息等形式发送的广告应当在发件人和标题部分明示邮件、信息的来源和性质，使消费者在打开邮件、信息之前即能获悉其广告性质。

自然人以收费或者免费使用商品、服务等有偿方式在互联网推荐商品或者服务时，应当使普通互联网用户能够清楚了解该种有偿关系，识别其作为广告代言人或者不同于普通互联网用户的身份。

第十七条 法律、行政法规规定禁止生产、销售的商品或者提供的服务，以及禁止发布广告的商品或者服务，任何单位或者个人不得在互联网上设计、制作、代理、发布广告。

医疗、药品、医疗器械、农药、兽药、保健食品广告等法律、行政法规规定须经广告审查机关进行审查的特殊商品或者服务的广告，未经审查批准，不得在互联网上发布。

第十八条 禁止利用互联网发布处方药、烟草的广告。

各类网站不得采用任何形式链接处方药生产销售企业、烟草生产销售企业自有网站、网页，搜索引擎网站不得为此类网站、网页提供付费搜索广告服务。

第十九条 对于涉嫌违法的互联网广告活动，由本办法规定的广告发布者所在地工商行政管理机关处理。

对同一违法互联网广告，两个以上工商行政管理机关对相关广告主或者广告经营者、广告发布者、广告代言人都有管辖权的，由最先立案的工商行政管理机关同案管辖。

工商行政管理机关异地管辖相关广告活动当事人有困难的，可以将违法情况及其相关证据材料移交相关地方的工商行政管理机关处理。

互联网信息服务提供者违反《广告法》第四十五条或者本办法第十一条规定，对明知或者应知的利用其信息平台发布违法广告未予制止的，由其所在地工商行政管理机关处理。

第二十条 工商行政管理机关对涉嫌违反《广告法》和本办法的互联网广告，可以依照《广告法》第四十九条，按照法定程序，采用技术手段对广告主、广告经营者、广告发布者和互联网信息服务提供者的互联网媒介资源进行调查、检查，查看、调取、复制有关的广告信息和网站后台数据。

广告主、广告经营者、广告发布者和互联网信息服务提供者对于上述调查、检查应予协助、配合，提供相关的技术支持或者排除技术障碍，不得拒绝、阻挠或者设置技术障碍。

第二十一条 工商行政管理部门可以采取下列方式之一对互联网广告进行调查取证：

(1) 监管机关与当事人双方采取拷屏、页面另存、直接照相等办法确认互联网广告内容后，当场打印并签字；

(2) 委托公证机构公证；

(3) 委托具有法定的电子证据鉴定资格的第三方机构提取确认相关证据；

(4) 符合法律、行政法规规定的其它取证方式。

互联网广告的证据，应当包括广告内容样件和网址、IP 地址、域名、源代码等与该广告唯一对应的发布路径。

第二十二条 工商行政管理机关应当向社会公开受理投诉、举报互联网违法广告的电话、信箱或者电子邮件地址，应当自收到投诉、举报之日起七个工作日内，作出是否立案的处理决定，并告知投诉、举报人。

第二十三条 违反本办法第六条的规定，未依法取得互联网广告经营者、发布者资格在互联网发布虚假违法广告的，依照《无照经营查处取缔办法》以及企业登记管理有关规定，由广告发布者所在地、网站域名备案地的工商行政管理机关依照有关规定查处。对不具备真实备案信息和未经主管部门许可的，移送相关主管部门按照有关规定处理。

第二十四条 违反本办法第七条至第十八条规定经营、发布互联网广告的，《广告法》有规定的，依照规定予以处罚。《广告法》没有具体规定，《反不正当竞争法》、《消费者权益保护法》等相关法律、法规有规定的，依照其规定予以处罚。《广告法》和其他法律、法规没有具体规定的，对负有责任的广告主、广告经营者、广告发布者、互联网信息服务提供者，处以一万元以下罚款；有违法所得的，处以违法所得三倍以下但不超过三万元的罚款。涉嫌犯罪的，移交公安机关处理。

第二十五条 本办法自 2015 年 9 月 1 日起施行。此前国家工商行政管理总局发布的行政规章中关于互联网广告管理的规定与本办法不一致的，以本办法为准。

通信短信息服务管理规定

（经2015年5月6日工业和信息化部第14次部务会议审议通过，2015年5月19日中华人民共和国工业和信息化部令第31号公布，自2015年6月30日起施行）

第一章　总　　则

第一条　为了规范通信短信息（以下简称短信息）服务行为，维护用户的合法权益，促进短信息服务市场的健康发展，根据《全国人民代表大会常务委员会关于加强网络信息保护的决定》、《中华人民共和国电信条例》等法律、行政法规，制定本规定。

第二条　在中华人民共和国境内提供、使用短信息服务，适用本规定。

第三条　工业和信息化部负责对全国的短信息服务实施监督管理。

省、自治区、直辖市通信管理局负责对本行政区域内的短信息服务实施监督管理。

工业和信息化部和省、自治区、直辖市通信管理局统称电信管理机构。

第四条　提供、使用短信息服务的，应当遵守法律、行政法规和电信管理机构的相关规定，不得利用短信息服务从事违法活动。

第五条　鼓励有关行业协会依法制定短信息服务的自律性管理制度，引导会员加强自律管理。

第二章　短信息服务规范

第六条　经营短信息服务的，应当依法取得电信业务经营许可。

基础电信业务经营者不得为未取得电信业务经营许可的单位或者个人提供用于经营短信息服务的网络或者业务接入服务。

第七条　基础电信业务经营者应当准确记录接入其网络的短信息服务提供者的名称、接入代码和接入地点等信息。

第八条　短信息服务提供者应当制定短信息服务规则，并将与用户相关的内容通过服务合同或者入网协议等方式告知用户，不得利用格式条款侵犯用户合法权益。

第九条 短信息服务需向用户收费的，短信息服务提供者应当保证计费符合相关法律规定和电信标准，并事先明确告知用户服务内容、资费标准、收费方式和退订方式等。

第十条 短信息服务提供者发送短信息，应当将发送端电话号码或者代码一并发送，不得发送缺少发送端电话号码或者代码的短信息，不得发送含有虚假、冒用的发送端电话号码或者代码的短信息。

第十一条 短信息服务提供者应当在其服务系统中记录短信息发送和接收时间、发送端和接收端电话号码或者代码、用户订阅和退订情况等信息，端口类短信息还应当保存短信息内容。

前款规定的记录应当保存至少5个月，其中用户订阅和退订情况应当保存至短信息服务提供者与用户服务关系终止后5个月。

第十二条 短信息服务提供者提供端口类短信息服务，应当要求短信息内容提供者提供真实身份信息，并进行查验和登记。

第十三条 短信息服务提供者提供端口类短信息服务，应当按照电信管理机构批准的码号结构、位长、用途和使用范围使用端口号。未经电信管理机构批准，不得转让或者出租端口号。

第十四条 短信息服务提供者在业务活动中收集、使用用户个人信息，应当严格遵守有关法律法规的规定。

第十五条 短信息服务提供者应当建立和执行网络与信息安全管理制度，采取安全防范措施，加强公共信息巡查。

第十六条 短信息服务提供者、短信息内容提供者不得制作、复制、发布和传播含有《中华人民共和国电信条例》等法律法规规定的禁止性内容的短信息。

第十七条 发送公益性短信息的，由省级以上人民政府有关部门提前10个工作日向电信管理机构提供短信息发送时间、发送内容、发送范围、发送机构等信息，电信管理机构协调短信息服务提供者发送；不属于公益性短信息的，及时告知有关部门并说明理由。

涉及自然灾害、事故灾难、公共卫生事件和社会安全事件预警和处置等应急公益性短信息，情况紧急需要先行发送的，短信息服务提供者应当按照有关应急预案和机制及时免费发送，有关部门事后应当向电信管理机构提供有关信息。

第三章 商业性短信息管理

第十八条 短信息服务提供者、短信息内容提供者未经用户同意或者请求，不得向其发送商业性短信息。用户同意后又明确表示拒绝接收商业性短信息的，应当停止向其发送。

短信息服务提供者、短信息内容提供者请求用户同意接收商业性短信息的，应当说明拟发送商业性短信息的类型、频次和期限等信息。用户未回复的，视为不同意接收。用户明确拒绝或者未回复的，不得再次向其发送内容相同或者相似的短信息。

基础电信业务经营者对通过其电信网发送端口类商业性短信息的，应当保证有关用户已经同意或者请求接收有关短信息。

第十九条 短信息服务提供者、短信息内容提供者用于发送业务管理和服务类短信息的端口，不得用于发送商业性短信息。

第二十条 短信息服务提供者、短信息内容提供者向用户发送商业性短信息，应当提供便捷和有效的拒绝接收方式并随短信息告知用户，不得以任何形式对用户拒绝接收短信息设置障碍。

第二十一条 短信息服务提供者、短信息内容提供者向用户发送商业性短信息，应当在短信息中明确注明短信息内容提供者的名称。

第二十二条 短信息服务提供者应当建立短信息管理制度和预警监测机制，通过规范管理、技术手段和合同约定等措施，防范未经用户同意或者请求发送的商业性短信息。

第二十三条 基础电信业务经营者发现短信息服务提供者、短信息内容提供者违反本规定第十八条发送商业性短信息的，应当采取必要的措施暂停或者停止为其提供相关的电信资源，并保存有关记录。

第二十四条 鼓励用户自主选择使用短信息安全应用软件等适当的安全防护手段，提高自我防护能力。

第四章 用户投诉和举报

第二十五条 短信息服务提供者应当建立投诉处理机制，公布有效、便捷的联系方式，接受与短信息服务有关的投诉。

第二十六条 工业和信息化部委托12321网络不良与垃圾信息举报受理中心（以下简称举报中心）受理短信息服务举报。

第二十七条 用户认为其受到商业性短信息侵扰或者收到含有法律法规规定的禁止性内容的短信息的，可以向短信息服务提供者投诉或者向举报中心举报。

举报中心受理用户举报后，应当在5个工作日内转送短信息服务提供者处理。发现存在违法行为的，应当及时报告国家有关部门处理。

短信息服务提供者收到用户投诉或者举报中心转办的举报，经核实后应当及时采取有效手段，并在15个工作日内向投诉方或举报中心反馈处置结果。

第二十八条 短信息服务提供者发现被投诉或者举报的短信息明显含有本规定第十六条规定的内容的，应当立即停止发送，保存有关记录，并及时向国家有关机关报告；涉及本单位的，应当立即开展调查，采取有效的防范或者处理措施，并及时将调查结果报告电信管理机构。

第二十九条 用户与短信息服务提供者发生短信息服务争议的，可以依法向电信管理机构委托的电信用户申诉受理机构申诉。

第五章 监督管理

第三十条 电信管理机构对短信息服务活动实施监督检查时，短信息服务提供者、短信息内容提供者应当予以配合并按照要求提供相关材料。

电信管理机构实施监督检查，应当记录监督检查的情况，不得妨碍短信息服务提供者、短信息内容提供者正常的经营或者服务活动，不得收取任何费用。

第三十一条 电信管理机构实施电信业务经营许可年检时，应当对短信息服务提供者执行本规定的情况进行审查。

第三十二条 电信管理机构应当将短信息服务提供者违反本规定的行为记入信用档案并予以公布。必要时，电信管理机构可以对短信息服务提供者的负责人进行监管谈话。

第六章 法律责任

第三十三条 违反本规定第六条第一款、第十三条规定的，由电信管理机构依据《中华人民共和国电信条例》第六十九条规定处罚。

第三十四条 基础电信业务经营者、短信息服务提供者违反本规定第七条至第十二条、第十五条、第十八条至第二十一条、第二十七条第三款规定的，由电信管理机构依据职权责令限期改正，予以警告，可以并处一万元以上三万元以下罚款，向社会公告。

短信息内容提供者违反本规定第十八条至第二十一条规定的，由有关部门按照国家有关法律、行政法规予以处罚。

第三十五条 违反本规定第十六条规定的，依据《中华人民共和国电信条例》第六十六条规定处罚。

第三十六条 电信管理机构、举报中心工作人员在短信息服务监督管理工作中滥用职权、玩忽职守、徇私舞弊的，依法给予处理；构成犯罪的，依法追究刑事责任。

第七章 附 则

第三十七条 本规定下列用语的含义是：

（一）短信息服务，是指利用电信网向移动电话、固定电话等通信终端用户，提供有限长度的文字、数据、声音、图像等信息的电信业务。

（二）短信息服务提供者，是指提供短信息发送、存储、转发和接收等基础网络服务，以及利用基础网络设施和服务为其他组织和个人发送短信息提供平台的电信业务经营者(包含但不限于基础电信业务、增值电信业务中的信息服务业务和移动通信转售业务经营者)。

（三）短信息内容提供者，是指将其短信息通过短信息服务提供者发送的组织或者个人。

（四）端口类短信息，是指短信息服务提供者利用自有端口或者行业类应用端口发送的短信息。

（五）商业性短信息，是指用于介绍、推销商品、服务或者商业投资机会的短信息。

（六）公益性短信息，是指各级人民政府相关部门等单位向用户发送的，旨在服务社会公共利益，倡导社会公序良俗、预防或处置突发事件、提醒群众防灾避灾等非盈利性质的短信息。

第三十八条 利用互联网向固定电话、移动电话等通信终端用户提供文字、数据、声音、图像等具有短信息特征的信息递送类服务，参照本规定执行。依法需经有关主管部门审核同意的，应当经有关部门审核同意。

第三十九条 本规定自2015年6月30日起施行。

户外广告登记管理规定

（经中华人民共和国国家工商行政管理总局局务
会议决定修改，自 2006 年 7 月 1 日起施行）

第一条 为规范户外广告登记管理，促进户外广告健康发展，根据《中华人民共和国广告法》、《中华人民共和国行政许可法》以及《广告管理条例》等法律、行政法规，制定本规定。

第二条 本规定所称户外广告是指利用户外场所、空间、设施等发布的广告。

本规定所称户外广告发布单位，包括为他人发布户外广告的单位，以及发布户外广告进行自我宣传的单位和个人。

第三条 户外广告发布单位发布户外广告应当依照本规定向工商行政管理机关申请登记，接受工商行政管理机关的监督管理。法律、法规和规章规定在登记前需经有关部门审批的，应当首先履行相关审批手续。

第四条 户外广告由发布地县级以上工商行政管理机关登记管理。

国家工商行政管理总局负责指导和协调全国户外广告的登记管理工作。

省、自治区、直辖市工商行政管理机关负责指导和协调辖区内户外广告的登记管理工作。

县级工商行政管理机关负责辖区内户外广告的登记管理工作。

地级以上市（含直辖市）工商行政管理机关对辖区内的户外广告，认为有必要直接登记管理的，可以直接登记管理。

第五条 发布下列广告应当依照本规定向工商行政管理机关申请户外广告登记，领取《户外广告登记证》：

（一）利用户外场所、空间、设施发布的，以展示牌、电子显示装置、灯箱、霓虹灯为载体的广告；

（二）利用交通工具、水上漂浮物、升空器具、充气物、模型表面绘制、张贴、悬挂的广告；

（三）在地下铁道设施，城市轨道交通设施，地下通道，以及车站、码头、机场候机楼内外设置的广告；

（四）法律、法规和国家工商行政管理总局规定应当登记的其他形式的户外广告。

在本单位的登记注册地址及合法经营场所的法定控制地带设置的，对本单位的名称、标识、经营范围、法定代表人（负责人）、联系方式进行宣传的自设性户外广告，不需要向工商行政管理机关申请户外广告登记。地方法规规章另有规定的除外。

第六条 申请户外广告登记，应当具备下列条件：

（一）户外广告发布单位依法取得与申请事项相符的主体资格；

（二）户外广告所推销的商品和服务符合广告主的经营范围或业务范围；

（三）户外广告发布单位具有相应户外广告媒介的使用权；

（四）广告发布地点、形式符合当地人民政府户外广告设置规划的要求；

（五）户外广告内容符合法律法规规定；

（六）按规定应当经有关行政主管部门批准的，当事人已经履行相关审批手续；

（七）法律、法规和国家工商行政管理总局规定的其他条件。

第七条 户外广告登记事项包括：

（一）户外广告发布单位名称；

（二）户外广告发布地点及具体位置；

（三）户外广告发布期限；

（四）户外广告形式、数量及规格；

（五）户外广告内容。

工商行政管理机关核准登记的户外广告发布期限，不得超过申请人合法使用户外广告媒介的时间。

第八条 户外广告登记申请，由户外广告发布单位在依法查验证明文件、核实广告内容，确认符合第六条规定的申请登记条件后，向户外广告发布地的工商行政管理机关提出。

利用交通工具等流动载体发布户外广告的登记申请，由户外广告发布单位在履行前款规定的审查义务后，向交通工具等运动物体使用单位所在地的工商行政管理机关提出。

第九条 户外广告发布单位申请户外广告发布登记，应提交下列申请材料：

（一）《户外广告登记申请表》。

（二）户外广告发布单位和广告主的营业执照或者具有同等法律效力的经营资格证明文件。

（三）发布户外广告的场地或者设施的使用权证明。包括场地或设施的产权证明、使用协议等。

（四）户外广告样件。

（五）法律、法规和国家工商行政管理总局规定需要提交的其他文件。

受委托发布户外广告的，应当提交与委托方签订的发布户外广告的委托合同、委托方营业执照或者具有同等法律效力的经营资格证明文件。

广告形式、场所、设施等用于户外广告发布，按照国家或者地方政府规定需经政府有关部门批准的，应当提交有关部门的批准文件。

发布法律、法规和规章规定应当审批的广告，应当提交有关批准文件。

第十条 需要改变户外广告发布期限、形式、数量、规格或者内容的，户外广告发布单位应当向原登记机关提交下列申请材料申请变更登记：

（一）《户外广告变更登记申请表》；

（二）原《户外广告登记证》；

（三）本办法第九条规定的，与变更事项相关的文件。

第十一条 需要改变户外广告发布单位、户外广告发布地点及具体位置的，户外广告发布单位应当向原登记机关缴回《户外广告登记证》，并按照第四条、第五条、第八条、第九条规定重新申请户外广告登记。

第十二条 工商行政管理机关对户外广告发布单位提交的申请材料应当依法进行书面审查。对申请材料不齐全或者不符合法定形式的，应当当场或者在五日内一次告知申请人需补正的全部内容；对申请材料齐全、符合法定形式的，应当出具受理通知书，并在受理之日起七个工作日内做出决定，对符合规定的予以核准登记，核发《户外广告登记证》，对不符合规定的不予核准登记，书面说明理由。

第十三条 户外广告发布单位应当按照工商行政管理机关核准的登记事项发布户外广告，未经变更登记或者重新登记不得擅自改变。

第十四条 户外广告发布单位在取得《户外广告登记证》后，情况发生变化不具备本规定第六条规定条件的，应当停止户外广告发布，《户外广告登记证》由登记机关撤回。

第十五条 经工商行政管理机关核准登记的户外广告，应当在右下角清晰地标明《户外广告登记证》的登记证号。但对不适宜标注登记证号的户外广告，经登记机关批准可以不作标注。

第十六条 任何单位和个人不得伪造、涂改、出租、出借、倒卖或者以其他形式转让《户外广告登记证》。

第十七条 工商行政管理机关应当加强对户外广告的日常监督检查，依法查处违法户外广告。

户外广告发布单位以及相关当事人应当接受工商行政管理机关的监督检查，不得隐瞒真实情况、提供虚假材料。

第十八条 违反第五条、第十一条规定，未经登记擅自发布户外广告的单位和个人，由工商行政管理机关没收违法所得，并处以三万元以下的罚款，限期补办登记手续。逾期不补办登记手续的，责令停止发布。

第十九条 提交虚假文件或者采取其他欺骗手段取得《户外广告登记证》的，由登记机关责令改正，并处以三万元以下的罚款；情节严重的，撤销登记证。

第二十条 违反第十条规定，擅自改变规格发布户外广告的，由登记机关责令改正。不按照核准登记的发布期限、形式、数量或者内容发布户外广告的，责令改正，处以五千元以下的罚款；情节严重的，责令改正，处以三万元以下的罚款。

第二十一条 已经登记的户外广告，未按第十五条规定在右下角清晰标明户外广告登记证号的，由登记管理机关责令改正，处以一千元以下的罚款。

第二十二条 违反第十六条规定，伪造、涂改、出租、出借、倒卖或者以其他形式转让《户外广告登记证》的，由登记管理机关缴销《户外广告登记证》，处以三万元以下的罚款。

第二十三条 工商行政管理机关工作人员在户外广告登记管理过程中玩忽职守、滥用职权、徇私舞弊的，给予行政处分。构成犯罪的，依法追究刑事责任。

第二十四条 《户外广告登记证》式样、户外广告登记文书式样由国家工商行政管理总局制定。

第二十五条 有关户外广告登记的实施程序，除适用本规定的具体规定外，还应当遵守《行政许可法》有关行政许可实施程序的一般规定。

第二十六条 本规定自2006年7月1日起施行。1995年12月8日国家工商行政管理局令第42号发布、1998年12月3日国家工商行政管理局令第86号修订的《户外广告登记管理规定》同时废止。国家工商行政管理总局其他规章、规范性文件中的规定与本规定相抵触的同时失效。

印刷品广告管理办法

（中华人民共和国国家工商行政管理总局令
〔2004〕第 17 号，自 2005 年 1 月 1 日起施行）

第一条 为加强印刷品广告管理，保护消费者、经营者合法权益，维护公平竞争的市场秩序，依据《中华人民共和国广告法》、《广告管理条例》以及国家有关规定，制定本办法。

第二条 依照本办法管理的印刷品广告，是指广告主自行或者委托广告经营者利用单页、招贴、宣传册等形式发布介绍自己所推销的商品或者服务的一般形式印刷品广告，以及广告经营者利用有固定名称、规格、样式的广告专集发布介绍他人所推销的商品或者服务的固定形式印刷品广告。

第三条 印刷品广告必须真实、合法、符合社会主义精神文明建设的要求，不得含有虚假的内容，不得欺骗和误导消费者。

第四条 印刷品广告应当具有可识别性，能够使消费者辨明其为印刷品广告，不得含有新闻报道等其他非广告信息内容。

第五条 发布印刷品广告，不得妨碍公共秩序、社会生产及人民生活。在法律、法规及当地县级以上人民政府禁止发布印刷品广告的场所或者区域不得发布印刷品广告。

第六条 广告主自行发布一般形式印刷品广告，应当标明广告主的名称、地址；广告主委托广告经营者设计、制作、发布一般形式印刷品广告，应当同时标明广告经营者的名称、地址。

第七条 广告主、广告经营者利用印刷品发布药品、医疗器械、农药、兽药等商品的广告和法律、行政法规规定应当进行审查的其他广告，应当依照有关法律和行政法规规定取得相应的广告审查批准文件，并按照广告审查批准文件的内容发布广告。

第八条 广告经营者申请发布固定形式印刷品广告，应符合下列条件：

（一）主营广告，具有代理和发布广告的经营范围，且企业名称标明企业所属行业为“广告”；

（二）有 150 万元以上的注册资本；

（三）企业成立 3 年以上。

第九条 广告经营者发布固定形式印刷品广告，应当向其所在地省、自治区、直辖市及计划单列市工商行政管理局提出申请，提交下列申请材料：

（一）申请报告（应载明申请的固定形式印刷品广告名称、规格，发布期数、时间、数量、范围，介绍商品与服务类型，发送对象、方式、渠道等内容）；

（二）营业执照复印件；

（三）固定形式印刷品广告登记申请表；

（四）固定形式印刷品广告首页样式。

第十条 省、自治区、直辖市及计划单列市工商行政管理机关对申请材料不齐全或者不符合法定形式的，应当在五日内一次告知广告经营者需补正的全部内容；对申请材料齐全、符合法定形式的，应当出具受理通知书，并在受理之日起二十日内做出决定。予以核准的，核发《固定形式印刷品广告登记证》；不予核准的，书面说明理由。

第十一条 《固定形式印刷品广告登记证》有效期限为二年。广告经营者在有效期届满三十日前，可以向原登记机关提出延续申请。

第十二条 广告经营者应当在每期固定形式印刷品广告首页顶部位置标明固定形式印刷品广告名称、广告经营者名称和地址、登记证号、期数、发布时间、统一标志“DM”。

固定形式印刷品广告名称应当由以下三部分依次组成：广告经营者企业名称中的行政区划＋企业字号＋“广告”字样。固定形式印刷品广告名称字样应显著，各组成部分大小统一，字体一致，所占面积不得小于首页页面的10％。

第十三条 固定形式印刷品广告的首页和底页应当为广告版面，广告经营者不得将广告标题、目录印制在首页上。固定形式印刷品广告不得使用主办、协办、出品人、编辑部、编辑、出版、本刊、杂志、专刊等容易与报纸、期刊相混淆的用语。

第十四条 固定形式印刷品广告中的广告目录或索引应当为商品（商标）或广告主的名称，其所对应的广告内容必须能够具体和明确地表明广告主及其所推销的商品或者服务，广告经营者不得以新闻报道形式发布广告。

第十五条 广告经营者针对特殊群体需要发布中外文对照的固定形式印刷品广告，不得违反国家语言文字的有关规定。

第十六条 广告经营者应当按照核准的名称、规格、样式发布固定形式印刷品广告；应当接受工商行政管理机关的监督检查，按要求报送固定形式印刷品广告样本及其他有关材料，不得隐瞒真实情况、提供虚假材料。

广告经营者不得涂改、倒卖、出租、出借《固定形式印刷品广告登记证》，或者将固定形式印刷品广告转让他人发布经营。

第十七条 凡发布于商场、药店、医疗服务机构、娱乐场所以及其他公共场所的印刷品广告，广告主、广告经营者要征得上述场所管理者的同意。上述场所的管理者应当对属于自己管辖区域内散发、摆放和张贴的印刷品广告负责管理，对有违反广告法规规定的印刷品广告应当拒绝其发布。

第十八条 印刷品广告的印制企业应当遵守有关规定，不得印制含有违法内容的印刷品广告。

第十九条 违反本办法规定的，依照《中华人民共和国广告法》、《广告管理条例》等有关法律、行政法规以及《广告管理条例施行细则》的规定予以处罚。《中华人民共和国广告法》、《广告管理条例》等有关法律、行政法规以及《广告管理条例施行细则》没有规定的，由工商行政管理机关责令停止违法行为，视情节处以违法所得额 3 倍以下的罚款，但最高不超过 3 万元，没有违法所得的，处以 1 万元以下的罚款。

对非法散发、张贴印刷品广告的个人，由工商行政管理机关责令停止违法行为，处以 50 元以下的罚款。

第二十条 固定形式印刷品广告经营者情况发生变化不具备本办法第八条规定条件的，由原登记机关撤回《固定形式印刷品广告登记证》。

固定形式印刷品广告违反本办法第三条规定，情节严重的，原登记机关可以依照《广告法》第三十七条、第三十九条、第四十一条规定停止违法行为人的固定形式印刷品广告业务，缴销《固定形式印刷品广告登记证》。

第二十一条 票据、包装、装潢以及产品说明书等含有广告内容的，有关内容按照本办法管理。

第二十二条 本办法自 2005 年 1 月 1 日起施行。2000 年 1 月 13 日国家工商行政管理局令第 95 号公布的《印刷品广告管理办法》同时失效。

广告服务收费管理暂行办法

（国家计委、国家工商行政管理局计价格〔1995〕2329号）

第一条 为了加强广告服务收费管理，规范收费行为，促进广告业的健康发展，依据《中华人民共和国广告法》和国家有关价格管理、广告管理的规定，制定本办法。

第二条 广告经营者、广告发布者提供广告设计、制作、代理与广告发布服务的收费，应当遵守本办法。

第三条 各级人民政府的价格主管部门会同工商行政管理部门共同做好广告服务收费的管理与监督工作。

第四条 广告服务收费应当坚持自愿委托与合理、公开的原则。广告经营者、广告发布者应当遵守国家的价格法规和政策，开展正当的价格竞争，提供质价相符的服务。

第五条 广告服务收费标准，除国家另有规定者外，由广告经营者、广告发布者自行制定。

第六条 制定广告服务收费标准及收费办法，应当符合下列要求：

（一）广告服务收费标准，应当根据提供广告服务的工作繁简和广告的覆盖面及收受率情况，以广告的服务成本为基础、加合理利润，参照当地广告市场同一期间、同一档次、同种服务项目的价格水平合理确定。

（二）广告服务收费，应当实行同一广告服务项目同质同价，不能根据不同服务对象制定不同的收费标准及收费办法。

（三）严格执行国家有关禁止牟取暴利的规定，广告服务的利润率不得超过省级人民政府价格主管部门会同有关业务主管部门测定公布的同一期间、同一档次的同种服务项目的平均利润率的合理幅度。省级人民政府价格主管部门未专项公布广告服务平均利润率及其合理幅度的，各类广告服务的利润率一般不应超过公布的其它服务项目中利润率最高项目的平均利润率及其合理幅度。

第七条 广告经营者、广告发布者要严格执行国家关于商品和服务实行明码标价的规定，按照规范的广告服务收费价目表方式标示收费标准及收费办法；广告服务收费价目表，应当悬挂在广告服务经营场所或者收费地点的醒目位置。广告发布者还应发将本单位的广告收费标准及收费办法通过其发布广告的媒介向社会公布。

广告服务收费价目表由国务院价格主管部门统一规范式样。

第八条 广告经营者、广告发布者制定的广告服务收费标准及收费办法，应当依法向政府价格主管部门和工商行政管理部门备案。

中央在京直属单位的广告经营者、广告发布者制定的广告服务收费标准及收费办法，向国务院价格主管部门和国家工商行政管理局备案；中央在京以外直属单位的广告经营者、广告发布者的广告服务收费备案管理，由国务院价格主管部门、国家工商行政管理局委托所在地省级价格管理部门、工商行政管理部门负责。其它广告经营者、广告发布者的广告服务收费备案管理的分工权限，按照省级价格主管部门会同同级工商行政管理部门规定的办法执行。

第九条 广告服务收费标准及收费办法备案程序如下：

（一）广告经营者、广告发布者应当于执行制定的收费标准及收费办法之日前，填写广告服务收费价目表，附制定收费标准及收费办法的说明，按广告收费备案管理权限，报政府价格主管部门和工商行政管理部门备案。

广告经营者、广告发布者应当使用符合规范要求的广告服务收费价目表备案，报送备案的收费价目表应当一式三份，正本由广告经营者、广告发布者留用，副本由价格管理部门和工商行政管理部门分别存档。

（二）价格管理部门和工商行政管理部门接受备案后，应当在广告经营者、广告发布者留用的收费价目表的备案受理机关签章栏内，加盖价格管理部门和工商行政管理部门备案专用章。广告服务收费标准及收费办法经履行备案签章手续后生效。

（三）广告经营者、广告发布者应当认真执行备案后的收费标准及收费办法，不得在备案项目之外开展其它服务项目收费。调整收费标准时，应当按照以上程序和要求重新办理备案手续。

第十条 政府价格主管部门和工商行政管理部门在受理广告经营者、广告发布者以费标准及收费办法备案时，发现其所制定的收费标准或者收费办法有与本办法第六条规定不符的，应当劝告其修改。对不听劝告，坚持维持原定收费标准或者收费办法的，备案受理机关可在广告服务经营单位留用的收费价目表的备案受理机关签章栏内，加注“未接受政府价格主管部门、工商行政管理部门修改收费标准劝告或收费办法劝告”字样后，予以履行备案手续。

第十一条 对广告经营者、广告发布者制定的收费标准或者收费办法需要进行劝告的，应当由政府价格主管部门会同工商行政管理部门提出，并以签有两个部门备案专用章的“劝告书”形式实施劝告。

备案受理机关实施劝告，应当在接到备案文件之日起三十日内下达“劝告书”。广告经营者、广告发布者应当在接到“劝告书”之日起十五日内做出接受劝告或者不接受劝告的答复。

第十二条 广告服务收费标准及收费办法的备案与劝告，不影响政府价格监督检查机构对广告经营者、广告发布者价格违法行为的检查处罚。

第十三条 广告经营者接受企业委托提供广告代理服务，应当认真做好广告的市场调查、信息咨询、战略策划、企业形象策划、媒介安排等各项工作。广告代理收费标准为广告费的15%。

广告场地占用的收费标准，应当根据广告的设置方式与地段及占用建筑物或者空间的情况合理确定，原则上不超过广告费的30%。具体收费标准及管理办法，由省级政府价格主管部门会同工商行政管理等有关部门结合本地实际情况制定。

第十四条 国家依法指定的广告媒介单位发布证券上市公司信息广告，其收费标准应当低于普通商业广告的收费标准。具体收费标准在不超过普通商业广告收费的70%的幅度内，由广告媒介单位与企业协商议定。

第十五条 广告经营者、广告发布者应当尊重广告主对服务项目和价格的选择权，主动向广告主介绍有关广告服务及收费的真实情况，由其自行做出选择。

第十六条 广告经营者、广告发布者之间开展价格竞争，不得采取垄断、哄抬价格和支付回扣费等不正当方式。

第十七条 各级政府价格管理部门应当会同工商行政管理部门对广告经营者、广告发布者执行本办法的情况进行年度检查。对检查不合格的，除责令其改正外，不予通过工商行政管理部门开展的广告经营的年度专项检查签章。

第十八条 广告经营者、广告发布者有下列违反本办法的行为的，由政府价格监督检查机构和广告监督管理机关分别依照国家有关价格和广告监督管理的有关法规予以处罚：

（一）不执行国家有关广告代理、广告场地占用及发布证券上市公司信息广告收费规定的；

（二）不按规定履行广告服务收费标准及收费办法备案手续的；

（三）不执行规定的明码标价制度的；

（四）违反国家有关禁止不正当价格竞争和牟取暴利的规定，有垄断、哄抬价格和支付回扣费等不正当行为的；

（五）其它违反本办法的行为。

第十九条 广告经营者、广告发布者有第十八条(二)项所列违反本办法行为的,处以1万元以下罚款;拒不改正的,停止其广告业务。

第二十条 本办法发布前的有关规定凡与本办法抵触的,以本办法为准。

第二十一条 本办法由国家计委、国家工商行政管理局负责解释。

第二十二条 本办法由1996年3月1日起施行。

关于在全国范围内实行“广告业专用发票”制度的通知

（工商广字〔1990〕第318号）

各自、自治区、直辖市及计划单列市工商行政管理局、财政厅（局）、税务局、审计局：

一九八七年十月国务院发布《广告管理条例》以来，经过对广告行业的清理整顿，取缔虚假广告，查处非法经营，促进了我国社会主义广告事业的发展，对于繁荣经济，开展国际贸易，方便人民生活，更好地为建设社会主义精神文明和物质文明服务，起到了积极的作用。随着经济的发展，工商企业开展广告宣传日益增多，但在广告费用的管理上还存在一些问题，如有的单位假借广告费搞请客送礼等不正之风，挥霍了国家、企业的钱财；有的向企业乱摊派广告费，摊入成本，加大开支；有的甚至偷税漏税，减少国家财政收入。上述行为，扰乱了广告经营的正常秩序。为了加强对广告费的管理，保障社会主义广告事业健康发展，决定从一九九一年一月一日起，在全国范围内统一实行“广告业专用发票”制度。现将有关规定通知如下：

一、凡经工商行政管理机关批准登记经营广告的单位和个体工商户，在开展广告业务收取费用时，应一律使用税务机关统一监制的“广告业专用发票”，并套印税务机关发票监制章。其他发票均不得用于广告业务收费。

二、凡需使用“广告业专用发票”的单位和个体工商户，应分别持工商行政管理机关核发的《企业法人营业执照》、《营业执照》、《广告经营许可证》、《临时性广告经营许可证》，向所在地税务机关办理印领手续，再到所在地工商行政管理机关登记备案。

三、“广告业专用发票”的经营项目栏应明确填写“广告发布费”或“广告设计制作费”或“广告代理费”。

四、“广告业专用发票”是广告经营者与广告客户进行广告业务财务往来的凭证，也是工商企业广告费用列入销售成本的唯一合法凭证。

使用“广告业专用发票”的单位和个体工商户，应按照《全国发票管理办法》的规定，建立印领用存等各项制度，切实加强管理。

工商企业必须严格执行《关于企业广告费用开支问题的若干规定》。对没有使用“广告业专用发票”的广告费用一律不准列入成本和营业外支出。

五、经批准可以从事广告业务的外商投资企业，由各地工商行政管理、税务机关按照国家税务局《关于对外商投资企业和外国企业发票管理的暂行规定》并参照“广告业专用发票”式样，制定具体管理办法。

六、凡被注销登记的广告经营单位和个体工商户，应向原购领“广告业专用发票”的税务机关办理发票的缴销手续一律不准私自处理。

七、一切印制、使用“广告业专用发票”的单位和个体工商户，都必须遵守本规定，并依据国家有关规定，接受工商行政管理、财政、税务、审计机关的监督管理。

国家工商行政管理局　财政部　国家税务局　审计署

一九九〇年十月十二日

附录一

关于推进广告战略实施的意见

（工商广字〔2012〕60号）

各省、自治区、直辖市及计划单列市、副省级市工商行政管理局、市场监督管理局：

广告业是现代服务业和文化产业的重要组成部分，在塑造品牌、展示形象，推动创新、促进发展，引导消费、拉动内需，传播先进文化、构建和谐社会等方面发挥着积极作用。在我国全面建设小康社会的关键时期和加快转变经济发展方式的攻坚阶段，广告的功能作用更加凸显。工商行政管理部门承担着指导广告业发展和监管广告市场的双重职责。实施广告战略，是发挥工商职能作用、促进广告业科学发展的重大举措，是大力发展现代服务业和文化产业的迫切需要，是扩大消费、推动创新、加快“三个转变”的基本要求，是传播先进文化、构建和谐社会和提升文化软实力的战略选择。为贯彻落实党的十七届五中、六中全会精神和国家“十二五”规划纲要的要求，现就实施广告战略提出如下意见。

一、实施广告战略的总体要求

1. 指导思想。坚持以邓小平理论和“三个代表”重要思想为指导，深入贯彻落实科学发展观，以服务国家重大经济、社会、文化发展战略为核心，以全面提升广告产业核心竞争力为目标，以改革、创新、创意为动力，以净化广告市场环境、规范广告市场秩序为保障，进一步完善广告法律法规，建立健全广告市场监管机制，促进广告业科学发展，为加快转变经济发展方式、构建社会主义和谐社会、推动社会主义文化大发展大繁荣提供强大动力。

2. 战略目标。到2020年，把我国建设成为广告创意、策划、设计、制作、发布、管理水平达到或接近国际先进水平的国家。具体目标是：

广告法律法规和管理体制更加完善，与我国经济社会发展需要相适应的广告行政管理体制和运行机制运转顺畅。

广告市场秩序更加规范，全社会广告法制意识明显增强，广告行业的诚信度明显提高。

广告市场规模与质量效益协调发展，广告产业结构进一步优化，广告行业竞争力和影响力进一步增强，形成一批专业化程度高、创新能力强、具有国际竞争力的广告（企业）集团，培养一批国际化、创新型高端广告专业人才。

广告业对经济社会的贡献度进一步提升。广告业拉动消费、提振内需、促进相关行业发展的作用明显提升，弘扬社会主义核心价值体系、传播社会主义先进文化、推动和谐社会建设的作用进一步彰显，提升国家文化软实力的作用得到进一步增强，广告的功能作用和产业价值得到社会普遍认同。

二、实施广告战略的重点任务

3. 加强广告法律法规体系建设。加强广告法制建设，推进《广告法》修订进程。贯彻落实《广告法》，不断完善市场准入与退出、广告活动规范、广告内容准则、广告市场管理等方面的规章制度。加强地方立法立规工作，制定并完善促进和规范广告业发展的地方性法规、规章，引导、促进和保障广告企业诚信经营、规范运作、公平竞争，大力推进广告监管制度化、规范化、程序化、法治化建设。

4. 推动广告管理体制机制完善。完善与我国国情相适应的“政府监管、行业自律、社会监督”的广告监管模式。

完善虚假违法广告整治联席会议制度，推动联席会议制度在省（自治区、直辖市）、市（地、州）、县（市、区）的落实和重要作用的发挥，做到各负其责，上下联动，齐抓共管。

完善和落实广告监管制度，坚持事前指导、事中监控、事后惩处相结合的全程监管，健全媒体发布虚假违法广告责任追究制度。

充分发挥行业组织作用。加强对广告协会工作的指导，支持广告协会依章程开展服务和管理活动，加强行业自律。

5. 强化广告市场监督管理。依法加强对各类广告活动的监督管理，突出重点，组织开展广告专项整治，严厉查处典型虚假违法广告和违法经营行为，维护广告业健康有序的市场秩序。加强执法监督，严格落实广告行政执法责任制。

完善广告监测体系。健全广告监测制度规范，统一广告监测标准，建立全国广告监测网络，强化监测结果的应用。建立虚假违法和低俗不良广告应急处理机制。

完善广告监管执法联动体系。建立工商系统内部联动机制和跨地区的区域执法联动机制，实施广告监测、监管、执法联动，提高快速处置能力。建立联席会议成员单位联动机制，对典型虚假违法广告，加强联合公告、联合告诫、联合查处等工作。

建立广告信用监管体系。建立广告企业信用数据库，记录和归集广告活动主体开展广告经营活动、广告监测、广告案件查处等信息，实施信用分类监管。完善广告活动主体失信惩戒机制和严重失信淘汰机制，规范广告经营秩序，提高行业信用度。

6. **促进广告业科学发展**。做好文化体制改革中广告媒体单位的转企改制服务工作。支持有实力的国内大型媒体和广告企业通过参股、控股、兼并、收购、联盟等方式做大做强。鼓励具有较强实力的广告企业进行跨地区、跨媒体、跨行业和跨所有制的兼并重组，促进广告资源的优化组合、高效配置和产业升级。

培育一批拥有自主知识产权和先进技术、主业突出、创新能力强的大型骨干广告企业。支持资质好、潜力大、有特色、经营行为规范的中小型和微型广告企业发展。

加大广告产业园区建设力度，认定一批国家级广告产业园区。坚持政府主导与市场运作相结合，鼓励广告及其关联企业在园区内集聚发展，延伸广告产业链，培育广告产业集群，提高广告业的组织化与规模化程度。

7. **支持广告业创新发展**。鼓励广告企业加强广告科技研发，加速科技成果转化，提高运用新设备、新技术、新材料、新媒体的水平。促进数字、网络等新技术在广告服务领域的应用。鼓励环保型、节能型广告材料的推广使用。支持广告业专用硬件和软件的研发，促进广告业优化升级。

推动广告业经营方式创新。鼓励广告企业与新型物流业态相结合，推动网络、数字和新兴广告媒体发展，以及与通信网、互联网、广播电视网的融合。支持广告产业与高技术产业相互渗透，不断创新媒介方式、拓宽发布渠道，形成传统媒介与新兴媒介的优势互补与联动发展。

加强广告业理论创新。支持开展广告学科理论的研究，鼓励原创性、基础性研究和应用性研究，以及对广告市场热点和前沿问题的研究，推出一批高质量的广告理论研究成果。

8. **推进公益广告事业持续发展**。引导社会各界通过公益广告树立良好的社会形象，体现社会责任。鼓励和支持在生产、生活领域增加公益广告设施和发布渠道，扩大公益广告宣传阵地和社会影响。

积极发挥政府引导作用，支持建立促进公益广告发展的专业机构和可持续发展的良性机制，推动公益广告发展。支持建立公益广告发展基金。组织开展公益广告学术研讨和优秀公益广告作品评选，支持公益广告创新研究实验基地建设。

9. **加快广告专业人才培养**。加强广告监管执法人才队伍建设，建立广告监管执法人才库。大规模开展干部培训，培养广告监测、广告执法办案等专家型人才和复合型人才。

加强广告审查员培训。围绕广告监管的工作重点，加强对广告经营单位广告审查员的教育培训，建设高素质的广告审查员队伍，促进广告经营者依法经营和严格规范广告发布内容。

建立广告专业人才培训与职业教育互补机制，推动广告人才培养产学研一体化，形成高等院校、广告行业组织、广告经营者共育共用的人才培养模式。支持有条件的地方建设广告人才培养和实践基地。

完善广告专业技术人员职业水平评价制度。做好广告专业技术人员职业水平评价制度有关工作，加强广告专业人才核心能力评价指标体系建设，建立健全广告人才评价机制和广告人才创新激励机制。

10. **加速广告公共服务体系建设**。建立广告行业服务体系，逐步形成包括广告创意展示、广告企业孵化、广告价值评估、广告功能推广等多种内容的广告业服务体系，建设全国性和区域性广告产品交易平台。

建立广告技术标准等标准体系。研究和制定包括媒体广告价值评价标准和评价体系、广告企业竞争力评价体系在内的广告业发展考核评价体系，定期公布广告业发展的主要指标和地区考核评价情况，促进广告业规范发展。

11. **提高信息化建设水平**。深入推进广告业务与信息化技术的融合，充分应用现代信息技术，整合资源、创新方法、丰富手段、强化管理，提升广告监管服务效能。

建立全国广告监管信息数据库。完善广告数据规范，依托工商业务专网，实现全国工商系统广告行政审批、监测、执法办案等信息的互联互通。

建立广告业统计调查体系。科学设定广告业统计指标体系，开展全国广告行业普查，实行广告业统计报告制度。加强与相关部门统计资源的信息共享。

建立广告业信息数据库。建立包括广告专业人才、广告企业资质与信用、广告企业经营情况等信息在内的广告业数据库，为行业管理部门和企业提供公平、公正、公开的数据信息服务。

12. **扩大广告国际交流与合作**。加快广告业对外开放步伐，不断提高广告业的国际化水平。坚持引进来和走出去相结合，打造一批具有全球服务能力的大型广告综合服务和传播集团，积极参与广告业的国际竞争。

加强国内外广告企业的交流合作，举办各类国际广告活动，办好中国国际广告节，支持广告企业和广告专业人员参加国际大型广告活动，建立广告业发展研究与国际交流平台，扩大我国广告业的国际影响力。

三、广告战略的组织实施

13. **领导机构**。国家工商行政管理总局成立实施广告战略领导小组，全面负责实施广告战略的组织领导工作。总局局长任领导小组组长，主管副局长任副组长，总局有关司局、直属事业单位负责人为领导小组成员。

14. **办事机构**。实施广告战略领导小组下设办公室，广告司承担办公室职能，广告司司长任办公室主任。领导小组办公室的主要职责为：统筹规划广告战略实施工作，制定实施广告战略的意见以及年度实施方案；指导、督促、检查广告战略实施工作情况；协调解决广告战略实施过程中的重大问题；协调与广告战略实施工作有关的其他重要事项。

15. **实施步骤**。为保证到2020年全面实现广告战略各项目标，实施广告战略分为三个阶段：

第一阶段：2012—2013年。对广告战略实施工作进行总体设计、规划和部署，对各项重点任务进行分解，落实责任制，建立领导和组织协调机制。

第二阶段：2013—2015年。在取得阶段性成果、总结前期经验的基础上，进一步完善相关政策和制度，实现行业管理与服务的规范化、标准化和程序化，督促检查广告战略实施各项工作的进展情况以及目标任务的完成情况，并提出整改意见。

第三阶段：2016—2020年。根据各地实施广告战略情况，搞好分类指导和综合平衡，全面实现各项战略目标。

16. **工作要求**。各省(自治区、直辖市)工商行政管理局，要认真落实总局的工作部署，积极主动向当地党委和政府报告实施广告战略的准备、启动和进展情况，切实把推动广告业发展纳入地方经济社会发展大局来谋划和推动，并结合本地特点和实际情况，制定或修订本地广告业发展规划，推动建立实施广告战略的工作机制。地方工商行政管理部门要主动加强与相关部门的沟通协调，建立相应的工作协调制度，共同解决工作中遇到的问题，规范广告市场秩序，推动广告业发展。在实施广告战略的各个阶段，各地要制定年度工作方案，对实施广告战略情况进行跟踪评估，每年末由实施广告战略领导小组办公室总结评估年度实施情况，确保实施广告战略的各项工作扎实、有效，实现预期目标。

国家工商行政管理总局

二〇一二年四月十一日

附录二

广告产业发展“十二五”规划

（2012年5月29日）

为贯彻落实《中华人民共和国国民经济和社会发展第十二个五年规划纲要》，以及国家促进服务业发展和文化产业发展有关规定，推动广告业健康和全面、协调、可持续发展，特制订本规划。

一、规 划 背 景

（一）产 业 地 位

广告业是我国现代服务业和文化产业的重要组成部分。

广告是引导消费、扩大内需、拉动经济增长的积极推动力量；是企业塑造品牌，开拓市场，增强自主创新能力的有力工具。大力发展广告业是提升品牌影响力、加速民族品牌国际化进程的重要手段，是带动相关产业发展、提高资源配置效率、促进产业结构升级、建设现代产业体系的有效途径。有关统计表明，我国广告经营额与国民经济发展呈明显的正相关关系。“十一五”期间，全国广告经营额对于第二产业增加值的平均弹性为1.62，对于第三产业增加值的平均弹性为1.94，即全国广告经营额每增长1个百分点，第二产业增加值增长1.62个百分点，第三产业增加值增长1.94个百分点。我国广告经营额的增长与社会消费品零售总额的增长也呈正相关关系，同期全国广告经营额每增长1个百分点，社会消费品零售总额增长1.6个百分点。广告业与国民经济诸多行业关联密切，特别是对于传媒业的发展起着重要的支撑和促进作用。

广告是传播先进文化，弘扬时代主旋律，促进社会主义核心价值体系建设，提升国民道德水平的重要载体，也是宣传各项方针政策、创新社会管理的重要途径。广告业作为我国文化产业的重要组成部分，在提升国家形象和国家软实力，构建社会主义和谐社会中发挥着重要作用。

由于广告兼具经济和文化的双重属性，广告业的发展水平已经成为衡量一个国家或地区市场经济发展程度、科技进步水平、综合经济实力和社会文化质量的重要标志。大力发展广告业，对于加强我国社会主义经济建设、政治建设、文化建设、社会建设以及生态文明建设，特别是对于加快经济发展方式转变，具有重要的现实意义。

（二）发展现状

改革开放以来，我国广告业逐步发展壮大，1979 年到 2010 年，全国广告经营额年均递增 30%左右，成为国内增长最快的行业之一。“十一五”期间，我国广告经营额年均递增 10.6%，2010 年达到 2341 亿元，广告经营单位达到 24.3 万户，广告从业人员达到 148 万人。广告市场主体涵盖各种所有制形式，广告服务专业化水平不断提高，广告新技术、新设备应用广泛。广告业对关联产业联系更加密切，与社会发展的融合度进一步增强，产业社会贡献度不断提高。广告人才培养初具规模，全国有 300 多所高校开设了广告学专业，全国统一的广告专业技术资格评价制度开始实施。公益广告作为宣传国家政策、社会主义核心价值体系和创新社会管理的重要形式进入社会生活。以《广告法》为核心的广告法制体系初步形成，广告理论创新取得一定成果。各地广告行业性组织基本建立，广告行业自律机制逐渐完善。广告业的国际交往日益紧密和广泛，国际性、全国性、区域性广告交流活动日趋活跃。按照我国加入世贸的承诺，我国广告业已经对外资全面开放。我国广告市场的总体规模已经进入世界前列，基本具备了可持续发展的基础和条件。

在广告业快速发展的同时，也应看到问题和差距。由于起步晚、起点低，受重视程度远低于市场经济发育成熟的国家和地区，我国广告业总体上还处于较低的发展水平。目前广告经营额仅相当于国内生产总值的 0.6%，低于世界平均水平，广告经营额仅占社会消费品总额的 1.75%，不及发达国家平均水平的一半，人均广告费更远低于发达国家，广告业的规模与我国世界第二大经济体和第一大出口国的地位极不相称。同时，我国广告业专业化、集约化、国际化程度不高，拥有自主知识产权少，总体服务质量有待提高。粗放经营方式普遍存在，创新能力不强、动力不足。广告市场国际竞争力较弱，区域发展不平衡。虚假违法广告、不正当竞争等问题依然存在，市场秩序需要进一步规范。国家政策支持力度亟需加大，广告市场环境需进一步改善。总之，我国广告业的发展现状与经济、社会和文化发展的要求，与推动经济发展方式转变的需要还有较大差距。

（三）发展机遇

“十二五”时期，我国广告业面临着重大发展机遇。国民经济继续保持平稳快速增长，人民收入水平和消费能力不断提高，为广告业加快发展提供了良好的经济基础和市场条件。国家一系列重大经济社会发展战略的实施，为广告业加快发展提供了强有力的政策支持与制度保障。党的十七届六中全会通过的《中共中央关于深化文化体制改革推动社会主义文化大发展大繁荣若干重大问题的决定》指出，壮大广告等传统文化产业；国家“十二五”规划纲要提出“促进广告业健康发展”；国家《产业结构调整指导目录(2011)》，已把“广告创意、广告策划、广告设计、广告制作”列为鼓励类。以数字传播为代表的新一代信息技术发展、以互联网为代表的新媒体的普及、“三网”融合步伐的加快，使得我国广告业发展与发达国家处在新一轮同一起跑线上。因此，我国广告业要以高度的历史责任感和现实紧迫感，把握机遇，锐意创新，加快发展。

二、指导思想、基本原则和规划目标

(一) 指导思想

以邓小平理论和“三个代表”重要思想为指导，深入贯彻落实科学发展观，以全面提升产业整体素质与市场竞争力为目标，以协调、健康、可持续发展为主题，以做强、做大、做精、做专为方向，以改革、创新为动力，以完善管理与服务体系为保障，加快资源整合、结构调整和产业升级，加速集约化、专业化、国际化发展进程，培育具有较强实力的市场主体，推动产业集聚，使广告业发展成为服务业及文化产业发展新的增长点，为经济社会发展、传播社会主义精神文明和促进社会和谐作出新贡献。

(二) 基本原则

经济效益与社会效益并重。广告业在提质增效、努力提高自身经济效益的同时，要积极承担社会责任、履行社会义务，在促进社会主义精神文明建设、构建社会主义和谐社会中发挥重要作用。

市场主导与政府引导并行。尊重市场资源配置的基础性作用和企业市场主体地位，将政府职能定位于编制发展规划、提供行政管理与服务、优化发展环境等方面，形成促进广告业发展的合力。

促进发展和加强监管并举。把依法监管作为推动发展的重要保障，净化广告传播环境，规范广告市场秩序，维护消费者权益，推动广告业又好又快发展。

技术创新与文化创新并进。赋予广告产品和服务更多的科技元素和文化内涵，使广告创意更具特色、广告产品更加精良、广告形式更加丰富。

区域协调与国际竞争并推。在缩小中西部与东部差距、推动区域广告业协调发展的基础上，整合国内广告资源和要素，提高整体实力与核心竞争力，积极参与国际竞争。

(三) 规 划 目 标

"十二五"期间，广告创意、策划、设计、制作水平全面提升，广告业集约化、专业化和国际化水平大幅提高，规模速度与结构质量协调发展，整体实力与核心竞争力显著增强，对经济社会和文化发展的贡献度不断加大，努力实现由传统广告业向现代广告业、由以国内市场为主向国际市场延伸、由粗放型向集约型、由布局相对分散向合理集聚、由低技术水平和低附加值向高技术和高附加值的转变。

规模与实力进一步壮大。广告经营额保持平稳较快增长。全国广告经营额年增幅在12%左右；企业规模与实力不断壮大，形成一批具有国际竞争力、年经营额在50亿元以上的广告集团，以及经营额在10亿元以上的大型广告骨干企业和一大批专业化程度高、创新能力强的优质中小型广告企业。

自主创新能力进一步提高。原始创新、集成创新、引进消化吸收再创新能力明显增强，高新技术和新一代信息技术得到广泛应用，广告创意、策划、设计和制作达到或接近国际先进水平，培养一大批国际化、创新型高端广告专业人才，建成若干个具有国际先进水平的广告研发创意基地，建立服务行业发展的公共服务平台。

产业结构进一步优化。技术结构和产业层次不断提升，自主创新能力不断增强。企业组织结构进一步优化，广告业规模化经营实现突破，具有国际影响力的广告企业集团和产业集群具备雏形，布局合理、结构优化的现代广告产业体系初步形成。区域结构更加协调，东部经济较发达地区继续保持发展优势，中西部地区广告业加快发展。

市场竞争力进一步增强。广告企业经营规模化、技术高新化、服务专业化、营销品牌化取得重大进展，形成一批拥有自主知识产权和知名品牌，以及具有较强的创新能力与核心竞争力的龙头企业，参与国内外市场竞争的能力不断提高，有更多的广告企业走向国际市场。

经济社会贡献度进一步提升。广告业服务于国家重大经济、社会、文化发展战略的能力大幅提高。拉动消费、提振内需、促进相关行业发展的作用明显增强；传播社会主义先进文化、推动社会主义和谐社会建设的作用进一步彰显，提升国家软实力的作用得到充分发挥。

三、重 点 任 务

（一）提升广告企业竞争力

打造具有全球服务能力的我国大型广告集团。鼓励有实力的国内大型媒体和广告企业通过参股、控股、兼并、收购、联盟等方式做强做大，构建股权多元化、运作市场化的广告集团化运营机制，着力提高其为大企业、大品牌、大工程提供综合策划、推介服务和海外拓展等全方位服务能力，不断增强国际竞争力。

培育大型广告骨干企业。扶持一批拥有自有知名品牌和先进技术、主业突出、创新能力强的大型骨干广告企业，提高其在品牌传播、策划创意、设计制作、公共关系、调查资讯、互动营销、媒体广告策划与投放等广告服务及相关专业领域的国际竞争力与行业影响力。到2015年，形成年广告营业额超过50亿元的大型广告骨干企业10户以上，年广告营业额超过10亿元的广告企业50户以上，年广告营业额超过亿元的广告企业100户以上。

提升中小型广告企业的专业化水平。积极扶持资质好、潜力大、有特色、经营行为规范的中小型广告企业，发挥其市场反应快捷灵活等优势，促其向专、精、特、新方向发展，不断扩大国内外广告市场的占有份额。

打造广告服务企业知名品牌。实施品牌战略，着力培育一批广告企业品牌、广告创意设计品牌、广告制作技术品牌、广告设备制造品牌、媒体代理品牌，形成特色鲜明、优势突出的广告品牌群体，以优质服务引导企业加大广告投入，增强我国广告产业的综合竞争力。

（二）优化广告产业结构

推动广告资源优化配置和企业集约化经营。坚持政府引导与市场运作相结合，鼓励和支持具有较强实力的广告企业进行跨地区、跨媒体、跨行业和跨所有制的兼并重组，促进广告资源的优化组合、高效配置和产业结构升级，不断壮大广告企业的规模与实力。

培育广告产业链和广告产业集群。推动广告创意、策划、设计、制作、发布等纵向产业环节与广告人才培养、资金支持、中介服务、信息咨询等横向服务环节的衔接，密切广告业上下游专业化企业与机构的产业联系，连接和延伸广告产业链。鼓励和支持广告企业以及为其提供服务和支撑的相关机构在一定区域内集聚，并产生产业融合效应，形成有利于广告业发展的，由广告企业、支持产业、衍生产业、配套产业构成的产业生态，使相关企业和机构优势互补、资源共享，形成紧密衔接、分工协作的广告产业集群。

积极稳妥推进广告产业园区建设。在广告业发展基础比较好的地方加快建设广告产业园区，认定一批国家广告产业园区。支持地方政府出台相应扶持鼓励政策，搭建公共服务平台，引导广告企业和项目进驻，将园区打造成为广告创意设计研发，广告产品、广告要素交流中心，充分发挥广告产业园区的示范引领作用。到2015年，建成15个以上国家广告产业园区。

促进区域协调发展。加大对中西部地区广告业发展的资金投入和政策倾斜，鼓励其发挥自身特色和比较优势，加快发展步伐，努力缩小与东部地区的差距。鼓励东部地区广告企业到中西部地区拓展市场、加大投资，积极输出先进的理念、创意、技术、管理和人才，增强中西部广告市场活力与整体实力，构建国内广告业区域性合作与协调发展的格局。

同时，注重发挥广告支持“三农”的作用，服务现代农业发展和社会主义新农村建设。

(三) 推动广告业自主创新

加快广告业技术创新。鼓励广告企业加强广告科技研发，加速科技成果转化，提高运用广告新设备、新技术、新材料、新媒体的水平，促进数字、网络等新技术在广告服务领域的应用。鼓励环保型、节能型广告材料的推广使用，支持开发低成本的替代广告材料。鼓励开发新的广告发布形式，运用新的广告载体。支持利用互联网、楼宇视频、手机网站、手机报刊、移动电视、网络广播、网络电视、电子杂志等新兴媒体的广告业态健康有序发展。支持广告业专用硬件和软件的研发，尽快形成一批具有自主知识产权的广告服务技术工具，促进广告业优化升级。

加快广告业经营方式创新。探索广告业经营的新模式，培育广告新业态，完善并积极推进广告代理制。鼓励和支持广告企业与连锁经营、特许经营、电子商务、物流配送、专卖店、专业店等新型物流组织形式相结合，推动网络、数字和新兴广告媒体发展，以及与通信网、互联网、广播电视网的融合。支持广告产业与高技术产业相互渗透，不断创新媒介方式、拓宽发布渠道，形成传统媒介与新兴媒介的优势互补与联动发展。支持具备条件的广告企业与广告客户深度战略合作，由传统广告服务向市场调查、营销诊断、资讯支持、管理咨询、整合传播等服务功能延伸拓展。

加快广告业理论创新。支持开展对广告业功能作用、发展规律、发展趋势、发展政策、广告监管制度和广告学科理论的研究。鼓励原创性、基础性研究和应用性研究，以及对广告市场热点和前沿问题的研究，构建与我国社会主义市场经济文化特征相适应的广告业理论体系，推出一批高质量的广告理论研究成果，推动我国广告理论的自主创新发展。支持成立全国性和区域性的广告研究机构，利用和整合研究资源，建设广告业发展研究与国际交流平台。

(四) 扩大广告业对外开放

坚持“引进来”与“走出去”相结合，加快广告业对外开放步伐，不断提高广告业的国际化水平。引导外商投资中国广告业，提高利用外资质量和水平。加强国内外广告企业的交流合作，积极参与广告业的国际竞争。

积极融入国际广告产业链，鼓励国内广告企业走向国际市场，以设立企业、并购、参股等形式开展对外投资合作，积极开展国际化经营，为更多的“中国制造”和“中国创造”商品与“中国服务”品牌开拓国际市场提供国际化专业服务和传播网络，使中国商品和服务在国际市场上占有更大份额。

举办各类国际性活动，支持广告企业和广告专业人员参加国际性的广告交流活动，并通过中国服务贸易大会、中国国际广告节等平台，扩大我国广告企业与广告服务在国际上的影响力。加强内地广告业与港澳台广告业的交流与合作。

(五) 发展公益广告事业

提高公益广告的社会影响力。重视公益广告事业发展，充分发挥公益广告在建设社会主义核心价值体系中的重要作用，动员政府机关、社会团体、企业和个人通过制作发布公益广告，大力倡导良好道德风尚。鼓励引导单位和个人通过公益广告树立社会形象，体现社会责任。支持、鼓励在生产、生活领域增加公益广告设施和发布渠道，扩大公益广告宣传阵地和社会影响。

健全公益广告发展机制。积极发挥政府引导作用，提高社会参与程度，支持建立促进公益广告发展的专业机构，提高广告活动主体对公益广告的贡献度，形成公益广告可持续发展的良性机制，在资金保障、法制建设、激励措施、监督管理等方面研究建立和完善相关措施，推动公益广告发展和规范公益广告运作。

完善公益广告扶持政策。多渠道筹集公益广告资金，积极探索建立公益广告基金，逐步推行公益广告政府采购制度，研究制定企业投入公益广告费用税前列支鼓励政策，调动政府、企业、媒体、广告公司、行业组织及社会各方力量的积极性。加大对公益广告创意、策划、设计、制作和传播等方面的投入，提高公益广告的思想主题、艺术表现、文化内涵和传播效果的质量水准。鼓励媒体提高公益广告的刊播比例。

鼓励开展公益广告学术研讨和公益广告作品评优工作，支持公益广告创新研究基地建设。

（六）加强广告人才培养

制定广告人才培养和发展规划，增加对广告人才培育的资金投入，完善广告人才培养体系，大力推进广告人才队伍建设。

建立广告专业人才学历教育与职业培训互补机制，推动广告人才培养产学研一体化，形成高等院校、广告行业组织、广告经营单位各展其长、互补共进的人才培养模式。鼓励普通高等院校和职业技术院校根据广告业发展的需求，建设广告学科和专业，开设广告课程，培养和输送更多符合市场需要的广告专业人才。支持有条件的高等院校、科研机构、中介服务机构和广告经营单位建立广告教育培训基地和实习实训实践基地，加强对广告从业人员的职业技能培训，不断优化广告人才结构，提高广告人才整体素质。根据广告业发展需要，有针对性地引进国际广告人才。

健全广告专业技术人员职业水平评价制度。通过考试评价，评定出具有一定理论和实践水平的助理广告师、广告师和高级广告师，并充分发挥广告专业技术职称的行业标准作用。加强广告专业人才核心能力评价指标体系建设，构建广告人才评价机制和广告人才创新激励机制。完善广告行业人才的管理制度和激励机制，促进人才合理流动，整体推进广告专业人才队伍建设。

（七）建设广告业公共服务体系

破除制约广告业发展的体制性障碍，形成有利于广告业发展的新体制和新机制。

建立广告行业服务体系与广告行业标准化体系。逐步形成包括广告创意展示、广告企业孵化、广告价值评估、广告功能推广等多种内容的广告业发展服务体系；建设广告产业链流程标准、广告技术标准、广告效果评价标准等标准体系，促进广告业规范发展。

建立广告业统计调查体系，加强与相关部门统计资源和网络资源的信息共享。科学设定统计主体、界定统计范围、设置反映广告业基本状态和发展情况的统计指标体系、调查方法和监督机制，进一步提高统计数据的准确性和及时性。开展全国广告业情况普查，形成广告业统计报告制度，加强对广告业统计数据的分析与预测，为广告业宏观调控和政策调整提供科学依据。

研究制定包括媒体广告价值评价标准和评价体系、广告企业竞争力评价体系等在内的广告业发展质量考核评价体系，定期公布广告业发展的主要指标与地区考核评价情况。

建立广告业信息数据库和信息发布制度。建立包括广告人才、广告企业资质与信用、广告企业经营情况等信息在内的广告业数据库及广告业信息发布制度，形成科学、全面、统一的信息共享平台，并实施动态管理、实时更新，为行业提供公平、公正、公开的数据信息服务。

逐步建立广告活动信用管理体系。加强对广告经营单位广告发布与合同履约行为的监督，并将其录入广告信用管理数据库，对广告活动主体发布虚假违法广告行为进行记录和公告。保护广告作品著作权，惩戒剽窃广告创意行为。完善广告活动主体失信惩戒机制和严重失信淘汰机制，规范广告经营秩序，提高行业信用度。

（八）完善广告法制和监管体系

加快《广告法》修订进程，做好《广告法》修订审议前的各项准备工作，以及修订后的宣传工作。完善市场准入与退出、广告活动规范、广告内容准则、广告市场管理等方面的规章制度，清理不利于广告业发展的行政许可和规定。重视对新媒体、新形式广告规范的立法研究，尽快出台相应规定。加强地方广告立法立规工作，制定并完善促进和规范广告业发展的地方性法规和规章。

落实建设法治政府要求，坚持依法行政，加大广告执法力度，保障广告活动主体及广告受众的合法权益。加强广告执法监督，严格落实广告行政执法责任制，切实规范广告执法行为，促进广告监管执法到位。

坚持监管与发展、监管与服务、监管与维权、监管与执法的统一，完善与国情相适应的“政府监管、行业自律、社会监督”的广告监管机制。大力推进广告监管制度化、规范化、程序化、法治化建设，依法加强对各类广告活动主体的监督管理，规范广告活动行为，严厉查处虚假违法广告和各类违法经营行为，继续整顿和规范广告市场，维护广告业健康有序的市场秩序。

完善虚假违法广告整治联席会议制度，推动联席会议制度在省、市、县的落实和作用发挥。完善和落实广告监测、违法广告公告、暂停广告发布、广告市场退出、广告执法办案、案件查办落实报告等广告监管制度。坚持事前指导、事中监控、事后惩处相结合的全过程监管，加强广告监管行政指导。建立媒体发布虚假违法广告责任追究制度，对发布虚假违法和低俗不良广告的媒体单位，追究发布单位相关当事人和有关领导的责任。实现全国广告监管系统业务联网，统一部署和协调典型违法案件查办工作。开展全国广告监测工作，统一广告监测标准，形成全国广告监测网络，及时分析违法广告动态，定期发布广告预警，并向社会公示虚假违法广告的典型案例，及时消除不良影响。建立虚假违法和低俗不良广告应急处理机制，有效控制严重违法广告行为的发生和蔓延。

四、政 策 措 施

（一）市场准入政策

打破不利于广告业发展的准入限制。允许广告企业进入政策许可的相关领域，以及根据业务需要设立分支机构。支持投资人以知识产权等非货币资产出资设立广告企业，比例最高可达企业注册资本的70%。对广告创意、广告策划、广告设计、广告制作等国家鼓励类的广告企业，在企业名称、营业场所、集团登记等方面给予重点支持。

（二）财政投入政策

积极推动各级政府加大对广告业发展的投入力度，充分发挥财政资金的引导和促进作用。

综合运用“服务业发展专项资金”、“服务业发展引导资金”、“文化产业发展专项资金”等中央财政投入，积极争取地方政府的相关投入，采取贷款贴息、项目补贴、补充资本金和奖励等多种方式，对符合条件的广告创意、广告策划、广告设计、广告制作等广告企业给予支持。支持有条件的地方设立广告业发展专项资金。

（三）投 融 资 政 策

支持金融机构为具备较高资质和较高信用等级的广告企业提供融资服务。鼓励银行等金融机构创新金融产品和服务方式，拓展贷款抵押物的范围，探索广告品牌或广告创意设计、广告知名品牌和驰（著）名商标等知识产权质押融资，以及股权、债权、动产质押办法。

加强广告业投融资担保体系建设，积极推动融资性担保公司按照风险可控和商业可持续的原则，为符合国家产业政策的中小广告企业提供短期贷款担保。发展中小广告企业联保贷款业务，为广告企业提供融资便利。倡导并支持担保和再担保机构开发支持广告业发展、推动广告企业“走出去”的贷款担保业务品种。

积极推进广告企业上市培育和推介工作，支持符合条件的广告企业在资本市场上市融资，或发行企业债券融资。

吸引社会资本和国外资本投资于国内广告业，形成投资主体多元化的格局。引导国内外金融机构、风险投资机构、担保机构、产权交易机构及相关机构以参与投融资的方式，支持国内重大广告项目的实施。支持运用高新技术进行广告创业的风险投资。鼓励广告行业组织在具备相关资质的广告企业与金融机构之间搭建合作平台。

（四）税收优惠政策

结合有关行业广告费支出特点，研究建立适合行业特点的广告费税前列支政策。对企业的公益广告投入，经核实认定为公益性捐赠后，依法享受税前扣除。对按税法规定被认定为高新技术企业的广告服务企业，按15%的税率征收企业所得税。落实国家大力发展文化产业和现代服务业的规定，促进对广告业征收的文化事业建设费的合理征收和使用。支持地方政府对进入广告产业园区的广告企业给予相应税收优惠。

（五）相关支持政策

支持各地对广告业在用电、用水、用气、用热等方面给予优惠，对列入国家鼓励类的广告业在供地安排上给予优先支持。积极推动将广告服务纳入政府采购的产品目录，落实政府采购支持中小企业的有关政策，为中小广告企业创造更多的参与机会。结合城市功能发展，科学合理规划户外广告。全面清理对广告企业的各类收费，取消不合理的收费项目。支持符合条件的广告公司申报国家重点联系广告企业，支持具备条件的产业园区申报国家广告产业园区。

五、加强对规划实施的组织领导

各地要高度重视广告业在经济社会发展中的重要作用，切实加强对促进广告业发展工作的组织领导，结合实际制定本地广告业发展规划或者落实本规划的实施意见，提出本地广告业“十二五”期间发展目标、发展重点和政策措施，把规划落到实处。

工商行政管理部门作为指导广告业发展的主管部门，要积极主动向地方党委、政府报告规划实施进展情况，把广告业发展工作作为服务地方经济社会发展大局的内容来谋划和推动。在地方党委、政府的领导支持下，制定并组织实施落实规划的政策、措施和有关标准。要主动加强与财政、税务、文化、广电、新闻出版、工业与信息化等部门的协作，建立相应的工作协调制度，共同解决广告业发展和改革中遇到的问题，加强宏观调控和政策引导，落实产业政策，推动广告业加快发展。要重视规划实施中与现代服务业、文化产业等国家专项规划的衔接部署，重视与相关行业、领域“十二五”规划以及地方实施意见的协调。加强规划实施过程的动态监测，建立规划实施评估和调整校正机制，提高规划的科学性、有效性，并组织检查落实。建立规划实施专家支持团队。组织开展对从事指导广告业发展职能工作人员的培训。及时交流各地规划实施信息，研讨解决规划实施中的问题。采取多种形式组织对规划的宣传。

广告行业组织要切实发挥“提供服务、反映诉求、规范行为”的作用，加强和改进其在加强行业自律、形成服务规范、推广技术标准、交流行业信息等方面的工作。要加强广告行业组织自身建设，规范自身行为，完善内部管理和运行机制，当好政府与企业及企业间的桥梁和纽带，积极协助政府有关部门落实规划，并为广告行业发展提供信息、培训、法律、评价认证、国际交流等方面的服务，不断提升其行业形象与公信力。

广告业要发挥行业优势，大力宣传广告业在国民经济和社会发展中的地位和作用，提高广告的社会认同感，塑造广告业良好的社会形象，形成有利于规划实施和促进广告业发展的社会氛围。

附录三

中国广告行业自律规则

（中广协〔2008〕59号）

一、总　则

第一条　为促进全国广告行业的自我约束、自我完善，维护广告市场秩序，树立良好的行业风气，更好地发挥行业组织规范行为的作用，依据国家广告管理法律、法规，并借鉴国外广告行业的自律办法，制定本规则。

第二条　广告主、广告经营者、广告发布者及其他参与广告活动的单位和个人（以下简称“广告活动主体”），应当诚实守信，增强自律意识，遵守本自律规则的要求，承担社会责任和社会义务。

第三条　广告行业自律，是指广告活动主体以行业普遍认可的行为规范，或者以行业组织依程序制定的广告活动规则为标准，进行自我约束和自我管理，使其行为符合国家法律法规、职业道德和社会公德的要求。

第四条　中国广告协会作为全国性的广告行业自律组织，加强与地方各级广告协会和相关社会团体的合作，组织广告自律规则的制定和督促实施，并接受国家工商行政管理总局的领导。

二、广告内容

第五条　广告应当符合《广告法》及其他法律法规的有关规定。

第六条　广告应当符合社会主义精神文明建设的需要，有利于维护社会公共秩序和树立良好社会风尚。

第七条　禁止虚假和误导广告，也不应对商品或服务的属性作片面的宣传；不应将科学上尚未定论的观点、现象当作产品或服务的特点用于广告；以明显的艺术夸张手法作为表现形式、不足以造成公众误解的除外。

第八条　法律法规禁止生产、销售的商品或提供的服务，以及禁止发布广告的商品或服务，不得广告。

第九条　广告诉求和信息传递，应当充分尊重消费者的知情权和受众的认知能力，不得利用信息的不对称作引人误解的宣传。

第十条 广告对商品或者服务的功效、性质和条件等内容有表示的，应当准确、客观，且能够被科学的方法所证实，不得有任何夸大；涉及商品的成分、含量及其他数据、统计资料的，应当提供有效的证明文件。

第十一条 广告应当尊重他人的知识产权，不抄袭他人的作品。在广告活动中使用他人作品的，应当依法获得权利人的许可，并支付相应的报酬。

第十二条 广告应当尊重妇女和有利于儿童身心健康，并正确引导大众消费。不适合未成年人的商品和服务，不应使用未成年人的形象和名义制作广告。

第十三条 广告应当尊重良好道德传统，弘扬健康民族文化，不应表现低俗、迷信和其他不良行为。

三、广 告 行 为

第十四条 广告活动主体之间应通过公平的方式开展竞争，认真履行各项签订的广告合同，不得以商业贿赂、诋毁他人声誉和其他不正当手段达成交易，不得利用广告进行不正当的市场营销，或干扰、损害他人合法的广告活动。

第十五条 广告主应当向广告经营者提供真实、可靠的商品或服务信息和齐备的证明材料，不得怂恿广告经营者设计、制作不实广告。

第十六条 广告主应当尊重广告公司及其他广告服务机构的合法权益，支付相应的代理费或服务费，不得无偿占有其劳动成果。

采用比稿形式选择广告公司时，应向所有提供策划、创意等方案的公司支付相应的费用。

第十七条 广告主和广告经营者不得以不正当的广告投放为手段干扰媒体节目、栏目等内容的安排。

第十八条 广告经营者应通过提高服务质量争取客户，不得恶意竞争、扰乱市场秩序，代理费的收取不得低于服务的成本费用。

第十九条 广告经营者和广告发布者应当认真履行广告的审查义务。对于各类广告证明，应查看原件，必要时还应与出证机构核实，切实把好广告制作、刊播的关口。

第二十条 广告发布者不得强制搭售广告时间、版面或附加其他不合理的交易条件。

第二十一条 广告发布者公布的广告刊播价格和折扣条件应当统一、透明，在执行中一视同仁。

第二十二条 广告代言人从事广告活动，应当自尊、自重，并事先对代言内容的真实性、合法性作必要的了解，切实对消费者负责。

第二十三条 广告社会团体组织开展的各项活动，应当注重社会效果，积极、有益、公平、公正，不应以营利为目的。

四、自律措施

第二十四条 对于涉嫌违反法律、法规和行业自律规则的广告内容和行为，任何单位和个人都可以向中国广告协会及地方各级广告协会投诉和举报。

第二十五条 对于违反本规则的相关责任者，经查证后，分别采取如下自律措施：

（一）自律劝诫；

（二）通报批评；

（三）取消协会颁发的荣誉称号；

（四）取消会员资格；

（五）降低或取消协会认定的中国广告业企业资质等级；

（六）报请政府有关部门处理。

以上处理措施，可以单独适用，也可以合并适用。

第二十六条 对于作出的自律处置有异议的，相关当事人可以向中国广告协会常务理事会提起申诉，由常务理事会作出最终自律处理决定。

第二十七条 任何单位和个人均有权对协会实施行业自律的情况进行监督，对于违规行为有权向协会的上级主管部门举报。

五、规则体系

第二十八条 广告自律规则（含守则，下同）体系包括广告行业自律规则、专项广告自律规则、地方广告自律规则，以及为实施自律规则而制定的相关办法。

本规则是制定其他广告自律规则和办法的主要依据。

第二十九条 广告自律规则的制定，应当从实际出发，深入调查研究，广泛听取政府广告监督管理部门、相关广告活动主体和其他有关方面的意见。

听取意见可采取书面征询、座谈会、专家论证会等多种形式。

第三十条 中国广告协会根据社会反映和市场规则的变革，针对不同商品和服务的广告，或者不同内容和形式的广告，可以制定相应的专项广告自律规则。

第三十一条 中国广告协会各分会可以根据本专业的实际情况，依据本规则制定相关的广告自律规则和实施办法，并报中国广告协会批准后实施。

第三十二条 地方各级广告协会可参照本规则的规定，制定适合本地区实际情况的广告自律规则，并报中国广告协会备案。

六、附　　则

第三十三条 中国广告协会颁布实施的各项广告自律规则，通过协会的网站、出版物及其他方式公布。

第三十四条 本规则的修订，须经中国广告协会常务理事会半数以上表决同意。

第三十五条 本规则由中国广告协会常务理事会负责解释。

第三十六条 本规则自 2008 年 1 月 12 日起施行，1994 年 12 月 7 日所颁布的《中国广告协会自律规则》同时废止。

题　典

名词解释

001. 中国广告法规管理
002. 中国广告法规体系
003. 广告活动的主体
004. 广告主
005. 广告经营者
006. 广告发布者
007. 广告代言人
008. 广告法律关系
009. 广告法律关系的主体
010. 广告监督管理机关
011. 广告监督管理的职权
012. 广告审查机关
013. 广告法律关系的客体
014. 商业广告
015. 公益广告
016. 名人广告
017. 儿童广告
018. 妇女广告
019. 中国广告协会
020. 广告自律制度
021. 广告监测制度
022. 广告的社会监督
023. 中国消费者协会
024. 广告审批制度
025. 广告审查
026. 广告审查制度
027. 广告审查员制度
028. 广告证明
029. 广告证明制度
030. 广告合同
031. 广告合同制度
032. 广告代理
033. 广告代理制度
034. 广告档案
035. 广告档案制度
036. 广告收费制度
037. 消费者的权益
038. 国际消费者权益日
039. 消费者个人信息
040. 经营者
041. 经营者的义务
042. 经营者的法定义务
043. 质量标准
044. 食品标识
045. 不正当竞争
046. 明码标价
047. 价格欺诈
048. 商业秘密
049. 商业贿赂
050. 比较广告
051. 专利的种类
052. 专利权
053. 专利广告
054. 商标
055. 注册商标
056. 证明商标
057. 集体商标
058. 地理标志

059. 共有商标
060. 商标的使用
061. 驰名商标
062. 注册商标专用权
063. 著作权法所称作品
064. 著作权法所称创作
065. 著作权
066. 著作权的人身权
067. 著作权的财产权
068. 信息网络传播权
069. 药品广告
070. 处方药广告的忠告语
071. 非处方药广告忠告语
072. 医疗器械广告
073. 医疗器械广告忠告语
074. 医疗广告
075. 食品
076. 食品安全
077. 食品广告
078. 保健食品广告
079. 保健食品广告忠告语
080. 化妆品广告
081. 农药广告
082. 兽药广告
083. 烟草广告
084. 烟草广告忠告语
085. 酒类广告
086. 金融广告
087. 融资广告
088. 房地产广告
089. 教育广告
090. 旅游广告
091. 临时性广告
092. 大众传播媒介广告
093. 网络商品交易
094. 互联网广告
095. 互联网广告经营者
096. 互联网广告发布者
097. 互联网广告代言人
098. 互联网信息服务提供者
099. 网络商品和服务集中促销活动
100. 网络游戏广告
101. 网络健康游戏忠告语
102. 短信息服务
103. 短信息服务提供者
104. 短信息内容提供者
105. 商业性短信息
106. 公益性短信息
107. 户外广告
108. 店堂广告
109. 印刷品广告
110. 虚假广告
111. 违禁广告
112. 新闻广告
113. 侵权广告
114. 广告的法律责任
115. 广告的行政责任
116. 广告行政责任处罚
117. 民事权益
118. 广告的民事责任
119. 民事责任的形式
120. 广告刑事责任
121. 虚假广告罪
122. 广告行政复议
123. 广告行政诉讼

单项选择题

01. 甲:“中国广告主的所有广告活动都受我国《广告法》的管辖”,乙:“中国广告主的所有广告活动只受我国《广告法》的管辖”。甲乙的上述意见 ……(　　)。

A. 甲乙都对　　B. 甲对乙错　　C. 甲乙都错　　D. 甲错乙对

02.《广告法》规定:“广告主申请广告审查,应当依照法律、行政法规向广告审查机关提交有关证明文件。”这里的“广告审查机关”应该指…………(　　)。

A. 工商总局　　B. 广告审查委员会

C. 有关部门　　D. 广告协会咨询部

03. 大众传播媒介发布公益广告,是其社会责任。关于发布“讲文明树新风”公益广告,对中央电视台综合频道每天播出和黄金时段播出的规范要求是 ……………………………………………………………………(　　)。

A. 5次以上,不少于1次　　B. 8次以上,不少于2次

C. 10次以上,不少于3次　　D. 12次以上,不少于5次

04. 下列关于发布公益广告是否可以出现企业名称或商品名称,表达正确的是……………………………………………………………………(　　)。

A. 企业名称和商品名称都可以的　　B. 企业名称和商品名称都不可以

C. 企业名称可以,商品名称不可以　　D. 企业名称不可以,商品名称可以

05. 企业冠名的公益广告可以标注企业名称,但标注企业名称,在平面作品和音频、视频作品中规范表达正确的是 ……………………………(　　)。

A. 超过版面1/4;时间超过4秒　　B. 超过版面1/5;时间超过5秒

C. 超过版面1/4;时间超过6秒　　D. 超过版面1/5;时间超过8秒

06. 前日,市民田女士看到吉野家餐馆门口的广告:招牌牛肉饭价格是13.5元,而之前的价格是17.5元。然而,田女士进入餐厅用餐时才得知13.5元的价格为中碗的儿童餐价格。田女士认为,店家在广告中未标明“儿童餐”字样,也未明确标注分量,使她上当了。店家的这种做法,是侵犯了消费者的 …………(　　)。

A. 安全权　　B. 知情权　　C. 选择权　　D. 公平权

07. 下列都是属于直接侵害消费者权益的行为,除了 ……………(　　)。

A. 以虚假的“清仓价”、“甩卖价”、“最低价”、“优惠价”表示销售商品

B. 以虚假的“有奖销售”、“还本销售”、“体验销售”等方式销售商品

C. 谎称正品却销售“处理品”、“残次品”、“等外品”等商品

D. 销售的商品或者提供的服务侵犯他人注册商标专用权

08. 网络商品经营者销售商品，消费者有权自收到商品之日起七日内退货，且无需说明理由，但是下列商品除外 ……………………………… (　　)。

A. 耐克运动鞋　　B. 苏宁高压锅

C. 长虹电视机　　D. 消费者定作

09. 经营者采用网络、电视、电话、邮购等方式销售商品，应当依照法律规定承担无理由退货义务，不得故意拖延或者无理拒绝。经营者的下列行为都可视为故意拖延或者无理拒绝，除了 ……………………………… (　　)。

A. 对适用无理由退货商品，自收到消费者退货要求之日起未办理退货手续

B. 未经消费者确认，以自行规定该商品不适用无理由退货为由拒绝退货

C. 以消费者已拆封、查验影响商品完好为由拒绝退货

D. 以销售的是鲜活产品为由拒绝退货

10. 下列售出的产品，销售者都应当负责修理、更换、退货；给购买产品的消费者造成损失的，销售者应当赔偿损失，除了 ……………………………… (　　)。

A. 不具备产品应当具备的使用性能而事先未作说明的

B. 不符合在产品或者其包装上注明采用的产品标准的

C. 不符合以产品说明、实物样品等方式表明的质量状况的

D. 将产品投入流通时的科学技术水平尚不能发现缺陷的存在的

11. 我国广告法规禁止不正当竞争，下列不属于不正当竞争行为的是

……………………………… (　　)。

A. 窃取商业秘密　　B. 假冒他人商标

C. 贬低竞争对手　　D. 伪造证明文件

12. 下列都属于经营者的不正当价格行为，除了 ……………… (　　)。

A. 相互串通，操纵市场价格，损害其他经营者或者消费者的合法权益；

B. 降价处理季节性商品或积压商品，以低于成本的价格销售

C. 捏造、散布涨价信息，哄抬价格，推动商品价格过高上涨的

D. 采取抬高等级或者压低等级等手段收购、销售商品

13. 下列利用网络技术手段或者载体等方式所从事的都是不正当竞争行为，除了 ……………………………… (　　)。

A. 以虚构交易、删除不利评价等形式，为自己提升商业信誉

B. 擅自使用、伪造社会团体电子标识，进行引人误解的虚假宣传

C. 以交易达成后违背事实的恶意评价损害竞争对手的商业信誉

D. 以虚拟物品为奖品进行抽奖式有奖销售，其约定金额未超过法规的限额

14. 下列情况下，短信息服务提供者、短信息内容提供者不得再向其发送商业性短信息，除了 …………………………………………………………（　　）。

A. 未经用户同意或者请求

B. 用户同意后又明确表示拒绝接收

C. 向用户说明拟发商业性短信息类型、频次和期限信息，用户未回复的

D. 向用户说明拟发送商业性短信息等信息，用户回复要求专项选择性发送

15. 依据《食品标识管理规定》，下列食品标识都是禁止的，除了 ……（　　）。

A. 明示或者暗示具有预防、治疗疾病作用的

B. 非保健食品明示或者暗示具有保健作用的

C. 附加的产品说明无法证实其依据的

D. 以动、植物食物为原料，采用特定加工工艺制作，用以模仿其他生物的个体、器官、组织等特征的食品，在名称前冠以"人造"、"仿"等字样的

16. 根据我国广告法规，下列广告种类都不得发布比较广告，除了（　　）。

A. 保健食品　　B. 医疗器械　　C. 人用药品　　D. 儿童玩具

17. 下列广告内容禁止涉及疾病治疗功能的是 ……………………（　　）。

A. 医疗　　B. 药品　　C. 医疗器械　　D. 保健食品

18. 医疗器械广告和兽药广告的审查批准号的法定有效期 ………（　　）。

A. 都是1年　　B. 前者1年，后者2年

C. 都是2年　　D. 前者2年，后者1年

19.《医疗广告管理办法》规定，省级卫生行政部门、中医药管理部门应对已审查的医疗广告成品样件和审查意见予以备案保存，保存时间自《医疗广告审查证明》生效之日起 ……………………………………………………（　　）。

A. 至少1年　　B. 至少2年　　C. 至少3年　　D. 至少5年

20. 下列内容的广告都不得宣传保健功能，除了 …………………（　　）。

A. 普通食品　　B. 新资源食品

C. 特殊营养食品　　D. 脑白金

21. 保健食品广告应该有明显的保健食品标志，现有的法定标志的形状是 ……………………………………………………………………………………（　　）。

A. 

B. 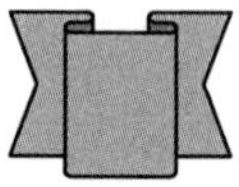

C. 

D. 

22. 保健食品广告应该有明显的保健食品标志，现有的法定标志的颜色是 ……………………………………………………………………………………（　　）。

A. 粉红色　　B. 桔黄色　　C. 淡棕色　　D. 天蓝色

23. 影视、户外显示屏广告中的保健食品标志，必须 ………………（　　）。

A. 每5秒间断出现　　B. 每4秒间断出现

C. 每3秒间断出现　　D. 不间断地出现

24. 关于目前我国广告法规准许宣传的保健品功能总数表达正确的是 ……………………………………………………………………………………（　　）。

A. 22项　　B. 23项　　C. 25项　　D. 27项

25. 下列都是《保健食品命名规定(试行)》品牌名和通用名规定所禁止的，除了 ……………………………………………………………………………（　　）。

A. 使用人体组织器官等词语

B. 使用功能名称及其谐音字或形似字

C. 以“多种维生素”命名配方由三种以上维生素组成的产品

D. 使用与功能相关联的文字以及误导消费者的词语

26. 广告主申请发布化妆品广告，除营业执照、《化妆品生产企业卫生许可证》、《化妆品生产许可证》等外，还必须持有下列证明材料，除了 ………（　　）。

A. 美容类化妆品，必须持有省级以上化妆品检测站(中心)或者卫生防疫站出具的检验合格的证明

B. 特殊用途化妆品，必须持有国务院卫生行政部门核发的批准文号

C. 化妆品如宣称为科技成果的，必须持有省级以上轻工行业主管部门颁发的科技成果鉴定书

D. 企业法人代表或总工程师的学历证明和从事化妆品行业的经历证明

27. 下列是农药广告与兽药广告的共同规范，除了 ………………（　　）。

A. 广告贬低同类产品，不得进行功效和安全性对比

B. 广告不得含有直接显示疾病症状和病理的画面
C. 广告不得出现违反安全使用规定的用语、画面
D. 广告不得含有不科学地表示功效的断言或者保证

28. 下列禁止在大众传播媒介或者公共场所、公共交通工具、户外发布广告的是……………………………………………………………………………（ ）。

A. 烟草广告 B. 白酒广告 C. 股票广告 D. 整容广告

29. 我国广告法规规定，白酒广告可以刊登在期刊的诸多位置，但除了……………………………………………………………………………………（ ）。

A. 期刊封面 B. 期刊扉页 C. 期刊封底 D. 期刊插页

30. 如《新上海生活》杂志发布非低度发酵酒广告，那么根据广告法规每期不超过……………………………………………………………………………（ ）。

A. 2 条 B. 3 条 C. 4 条 D. 5 条

31. 根据我国酒类广告的相关法规，下列酒类广告都不受"每期不得超过 2 条"这一规定限制，除了…………………………………………………………（ ）。

A. 青岛啤酒 B. 绍兴黄酒 C. 东北白酒 D. 陕西果酒

32. 下列在商品交易会的广告宣传活动中不得作为奖品或礼品的是……………………………………………………………………………………（ ）。

A. 价值 180 元的黄酒 B. 价值 400 元的毛线外套
C. 价值 500 元随身听 D. 价值 5000 元的数码相机

33. 依据相关法规，别墅类房地产广告中不得出现下列内容，除了……………………………………………………………………………………（ ）。

A. 增值保值 B. 贵族庄园 C. 风水分析 D. 一房一价

34. 下列房地产广告用语都是违法的，除了 ……………………（ ）。

A. 以时间表示距离 B. 以富人区炫耀
C. 作升学入户担保 D. 房间朝向说明

35. 下列不属于融资广告的有 …………………………………（ ）。

A. 体育彩票广告 B. 工商银行招聘广告
C. 企业债券广告 D. 中国人寿保险股票

36. 要充分认识非法集资活动广告的危害性。任何未经国家有关部门批准，以吸收存款、发行股票、债券、彩票、投资基金或者其他债权凭证的形式，向社

会公众募集资金的活动，都是非法集资活动。含有下列内容的广告活动都是法律法规所禁止的，除了 ……………………………………………………………（　　）。

A. 房地产、产权式商铺的售后包租、返租销售活动

B. 内部职工股、原始股等未经证监会核准公开或变相公开发行证券的活动

C. 国家有关部门批准发行的福利彩票、体育彩票发行活动

D. 以购买商品或者发展会员为名义获利的活动

37. 根据《广播电视广告播出管理办法》的规定，下列在广告中使用或变相使用国家领导人、领袖人物的行为都是禁止的，除了……………………（　　）。

A. 在宣传股票投资专题节目时，使用了毛泽东的名言

B. 在宣传茅台酒时，出现了周恩来的形象

C. 在销售《邓小平文选》时，出现了邓小平的签名手迹

D. 在销售某包子时，出现了习近平的名字

38. 根据《广播电视广告播出管理办法》的规定，在通常用餐时间不得播放下列容易引起受众反感的广告，除了 …………………………………………（　　）。

A. 治疗痔疮　　B. 治疗脚气　　C. 卫生巾　　D. 胃痛感冒

39. 根据《广播电视广告播出管理办法》的规定，禁止播出下列声讯服务的广播电视广告，除了…………………………………………………………………（　　）

A. 姓名解析　　B. 运程分析　　C. 缘份测试　　D. 寻找亲友

40. 按广告法规规定：固定形式印刷品广告应该有统一标志，它是（　　）。

A. "YS"　　B. "DM"　　C. "GD"　　D. "XZ"

41. 根据我国现行广告代理制度，如大陆的青岛海尔公司要到美国做广告宣传，而美国的苹果公司要到上海进行广告宣传，那么……………………（　　）。

A. 两公司都要进行广告代理　　B. 前者需要进行广告代理，后者不必

C. 两公司都不必进行广告代理　　D. 前者不必进行广告代理，后者需要

42. 如甲委托乙进行广告设计，那么乙收取广告费后开出的收费凭证，应该是…………………………………………………………………………………（　　）。

A. 国家增值税专用发票　　B. 广告经营专用发票

C. 行政事业收费专用发票　　D. 广告业务专用发票

43. 下列都是《广告法》规定的"对其明知或者应知的利用其场所或者信息传输、发布平台发送、发布违法广告的，应当予以制止"的责任者，除了 ……（　　）。

A. 公共场所管理者　　B. 手机网络信息的接受者

C. 电信业务经营者　　D. 互联网信息服务提供者

44. 下列因在广告中所用作证明材料的情况都可确定为虚假广告，除了……………………………………………………………………………………………（　　）。

A. 使用虚构科研成果　　B. 使用无法验证调查结果

C. 使用伪造统计资料　　D. 引用文摘有误，但对购买无实质影响

45. 依据《广告法》，发布虚假广告，造成消费者损害的，广告代言人应当与广告主承担连带责任责，除了 ……………………………………………………（　　）。

A. 保健食品　　B. 医疗器械　　C. 精神药品　　D. 医疗广告

46.《广告法》对未成年人作为广告代言人的年龄作出了规定，不得利用不满这个年龄的未成年人作为广告代言人。这个年龄界限是 ……………（　　）

A. 七周岁　　B. 十周岁　　C. 十二周岁　　D. 十四周岁

47. 某艺人 H 因为前年在虚假广告 Q 中作推荐、证明受到了有关的行政处罚。日前，有新的广告主找到艺人 H 希望其为广告 K 作代言人。是否利用艺人 H 为广告 K 作代言人，有多种不同意见。根据《广告法》，正确意见是 ……（　　）。

A. 艺人 H 已经吸取上次教训态度较好，可以代言

B. 艺人 H 这次代言的产品与上次不同，可以代言

C. 艺人 H 形象毁了，不再有号召力，不宜再请

D. 艺人 H 被行政处罚不满三年，不可代言

48. 新兴公司的"GH 增高鞋广告"被判为虚假广告，除停止继续发布该广告外，还被要求在相应范围内公开更正消除影响，并处以罚款。新兴公司为制作和发布"GH 增高鞋广告"总共支付了 80 万元广告费用。请问：根据我国广告法规，对新兴公司的罚金至少是多少万元？最多是多少万元？ …………（　　）。

A. 最少 80 万元，最多 400 万元　　B. 最少 160 万元，最多 400 万元

C. 最少 240 万元，最多 400 万元　　D. 最少 320 万元，最多 400 万元

49. 广告主提供虚假证明文件，根据《广告法》应由广告监督管理机关处以罚款，其金额是人民币 ……………………………………………………（　　）。

A. 5000 元至 1 万元　　B. 1 万元至 5 万元

C. 5 万元至 10 万元　　D. 1 万元至 10 万元

50. 广告违法行为情节严重，构成犯罪的，其直接罪名为 …………（　　）。

A. 虚假广告罪　　B. 扰乱市场秩序罪

C. 经济诈骗罪　　D. 伪造经济信息罪

多项选择题

01. 下列属于《广告法》立法宗旨的是 …………………………… (　　)。

A. 促进广告业的快速发展　　B. 规范广告活动

C. 保护消费者的合法权益　　D. 维护社会经济秩序

E. 保护广告主的合法权益

02. 下列不属于《广告法》管辖范围的是 ………………………… (　　)。

A. 1993 年 1 月发布的服务广告　　B. 1994 年 2 月发布的商业广告

C. 1995 年 1 月发布的服务广告　　D. 1996 年 2 月发布的商业广告

E. 1997 年 8 月发布的公益广告

03. 下列属于《广告法》管辖范围的广告种类是 …………………… (　　)。

A. 征婚广告　　B. 旅游广告　　C. 交友广告

D. 教育广告　　E. 金融广告

04. 下列属于我国广告活动主体的是 ……………………………… (　　)。

A. 广告经营者　　B. 广告审查机关　　C. 广告发布者

D. 广告监督机关　　E. 广告代言人

05. 下列属于广告监督管理机关广告监管职能的是 …………… (　　)。

A. 评选优秀广告　　B. 查处违法广告　　C. 审批广告公司

D. 指导广告协会　　E. 受理民事赔偿

06. 我国《广告法》,禁止在商业广告中使用或者变相使用中华人民共和国的……………………………………………………………………… (　　)。

A. 国歌　　B. 国徽　　C. 地图　　D. 军旗　　E. 军歌

07. 根据我国广告法规,下列不得以新闻报道形式发布广告的是(　　)。

A. 东方明珠旅游广告　　B. 北京新兴医院医疗广告

C. 复旦大学招生广告　　D. 上海文广集团招聘广告

E. 东方卫视形象广告

08. 我国广告法规规定,不得发布台湾企业广告或商业广告的媒体是……………………………………………………………………… (　　)。

A. 解放日报　　B. 人民日报(除海外版)

C. 解放军报　　　　　　　　　D. 中央电视台(除第四套)

E. 中央人民广播电台

09. 广告应当符合社会主义精神文明建设的要求，应当遵守社会公德和职业道德，有利于人民群众的身心健康，因此不得含有下列内容的是 ……(　　)。

A. 淫秽　　B. 迷信　　C. 恐怖　　D. 暴力　　E. 丑恶

10. 下列不得发布的儿童广告是 ……………………………………(　　)。

A. 有损儿童的身心健康或道德品质的

B. 利用儿童给家长施加购买压力的

C. 影响儿童对长辈和他人尊重或友善的

D. 影响父母、长辈对儿童言行进行正确教育的

E. 利用超出儿童判断力的描述，使儿童误解，或者变相欺骗儿童的

11. 在中小学生假期和未成年人相对集中的收听、收视时段，或者以未成年人为主要传播对象的频率、频道、节(栏)目中，下列不得播出的商业广告是 ……………………………………………………………………(　　)。

A. 酒类广告　　B. 药品广告　　C. 妇女卫生巾广告

D. 烟草广告　　E. 教育广告

12. 我国《消费者权益保护法》规定的消费者"选择权"是指 ……(　　)。

A. 自主选择提供商品或者服务的经营者

B. 自主进行商品的比较、鉴别和挑选

C. 自主选择商品的品种或者服务的方式

D. 自主决定是否投诉或选择投诉方式

E. 自主决定是否购买某种商品或接受某种服务

13. 《上海市消费者权益保护条例》规定，"经营者提供商品或者服务时，不得要求消费者提供与消费无关的个人信息"。这里所称的"个人信息"，包括 ……………………………………………………………………(　　)。

A. 消费者姓名、性别和联系方式　　B. 消费者的职业、学历

C. 消费者的婚姻状况　　D. 消费者的个人收入和财产状况

E. 消费者指纹、血型和病史

14. 《上海市消费者权益保护条例》规定，提供服务的经营者，应当在经营场所的显著位置设立服务标识。这里的"服务标识"内容，包括 ………(　　)。

A. 服务的具体内容　　B. 服务的质量标准

C. 服务的收费标准　　D. 服务中的限制条件

E. 服务中的有关注意事项和必要提示

15. 我国《消费者权益保护法》关于解决消费争议有下列 5 种途径：

①“仲裁”　②“诉讼”　③“申诉”　④“和解”　⑤“调解”

下列排列与该条款顺序不符的是……………………………………（　　）。

A. ①②③④⑤　B. ①③⑤②④　C. ③④⑤①②

D. ④⑤③①②　E. ⑤③②①④

16. 广告主、广告经营者、广告发布者之间所签订的广告合同内容应该包含的必要条款有……………………………………………………………（　　）。

A. 标的的数量和质量　B. 价款和酬金

C. 履行期限、地点和方式　D. 违约责任

E. 广告内容和广告证明的查验

17. 除按法律规定和国务院批准的各类带有评比性质的企业营销信息发布活动外，禁止在广告中使用排序、推荐、认定、上榜、抽查检验、统计、公布市场调查结果等对企业及其商品、服务进行排序或综合评价内容。如……………（　　）。

A. 全国销量第一　B. 市场占有率第一

C. 市场主导品牌　D. 消费者首选品牌

E. 中国公认名(品)牌

18. 根据我国相关法律法规，下列行为必定属于不正当竞争的是（　　）。

A. 以回扣争客户　B. 强制搭售时间

C. 强制指定代理　D. 低价销售商品

E. 垄断媒体购买

19. 根据《广告法》的规定，如光大广告公司接受委托制作“新克达敏”药品广告，则下列必须验证的证明文件有……………………………………（　　）。

A. 营业执照副本　B. 商标注册证书　C. 药品广告审查表

D. 质量合格证明　E. 生产许可证书

20. 根据我国广告法规，下列禁止发布广告的是……………………（　　）。

A. 兽用麻醉药品　B. 医疗用毒性药品　C. 放射性药品

D. 人用精神药品　E. 戒毒治疗的药品

21. 药品广告不得含有以下促销药品内容的用语……………………（　　）。

A. 免费治疗　B. 免费赠送　C. 有奖销售

D. 药品礼品　　　　E. 药品奖品

22. 下列属于医疗广告中禁止出现的内容有 ……………………（　　）。

A. 利用患者的名义　　B. 冠以祖传秘方　　C. 宣传治愈率

D. 宣传名医坐堂　　E. 单纯以一般通信方式诊疗疾病

23. 洗浴中心、发廊等非医疗机构的广告宣传中，下列不准使用的内容是 ……………………………………………………………（　　）。

A. 中医穴位按摩　　B. 中医推拿　　C. 中医足底按摩

D. 中医按摩　　E. 中医理疗足疗

24. 下列属于保健食品广告中禁止出现的内容或用语是 ………（　　）。

A. 最新科学技术研制　　B. 开发智力，养脑补脑

C. 营养医师特别推荐　　D. 缓解疲劳，延缓衰老

E. 按时服用抑制肿瘤

25. 根据我国广告法规，下列不得发布比较广告的是 …………（　　）。

A. 药品广告　　B. 医疗器械广告　　C. 农药广告

D. 兽药广告　　E. 保健食品广告

26. 在农药广告中，下列不得出现的用语是 ……………………（　　）。

A. 无效退货　　B. 经太平洋保险公司保险

C. 安全无毒　　D. 新农药研究所特别推荐

E. 驰名商标

27. 根据《广告法》，下列属于禁止发布烟草广告的公共场所是　（　　）。

A. 世博会议中心　　B. 南站候车室　　C. 长风公园码头

D. 上海万体馆　　E. 上海和平影楼

28. 根据我国广告法规，下列不必申请行政审查的广告是 ……（　　）。

A. 农药广告　　B. 房产广告　　C. 旅游广告

D. 兽药广告　　E. 图书广告

29. 广播电影电视广告法规规定，电影、电视剧剧场或者节(栏)目不得以治疗某些特定疾病的药品或者医疗机构作冠名，这里所指的“疾病”包括 ……………………………………………………………………（　　）。

A. 体癣　　B. 痔疮　　C. 脚气　　D. 癫痫　　E. 哮喘

30. 我国《广告法》规定，含有招商等有投资回报预期的商品或者服务的广告，应当对可能存在的风险以及风险责任承担有合理提示或者警示。组织或个人都不得利用其名义或者形象作推荐、证明，这里所指的组织或个人，包括…………………………………………………………………………（　　）。

A. 学术机构　　B. 行业协会　　C. 受益者

D. 专业人士　　E. 招商主体

简答简析题

01. 国庆来临，湖南省邵东县县城某饮食店为招揽顾客却“别出心裁”地做起“国旗广告”。他在一面五星红旗上密密麻麻地列出了蔬菜、水果、肉类、海鲜等多种菜单的名称与价格，并将它挂在饮食店门口。有人赞扬店主爱国并且有创意。也有人批评这种做法不妥。对批评意见，店主辩解说，他做的是半公益广告、半商业广告。

请问：

(1) 店主的广告是商业广告，还是公益广告？

(2) 店主的这种广告“创意”违法吗？

(3) 店主“半公益广告、半商业广告”的辩解成立吗？为什么？

02. 下面是海口市一家在建商场的大型广告宣传牌。

据售楼处符小姐介绍，如果业主今天投15万元购买了友谊商业广场面积为8平方米的铺面，55年后不仅可以白赚一个龙头旺铺，还可以赚298万元。

请问：

(1) 从广告内容讲，这是什么广告？

(2) 从广告形式讲，这是什么广告？

(3) 该广告宣传是否违法？为什么？

03. 长沙位于书院南路广厦新村的一家名为人饭锅饭店，擅自以画家董希文《开国大典》的著名油画为自己做广告宣传，还在画中特意加上了“同志们大饭锅成立了”的广告语。该饭店认为，这幅画正是自己的一大特色。在饭店二楼的

横梁上也贴满了毛泽东等党和国家领导人工作、生活的图片作为装饰。然而,有专家认为,这是违禁广告,又是侵权广告。

请问:该专家对这家饭店的这种广告宣传所作的判断,有法律依据吗?这真是一个违禁广告吗?这真是一个侵权广告吗?为什么?

04. 酒的外包装也是一种广告宣传,因此也应该符合相关的广告法规。对于下列酒的外包装①、②、③,甲与乙两人分别有如下议论:

①

②

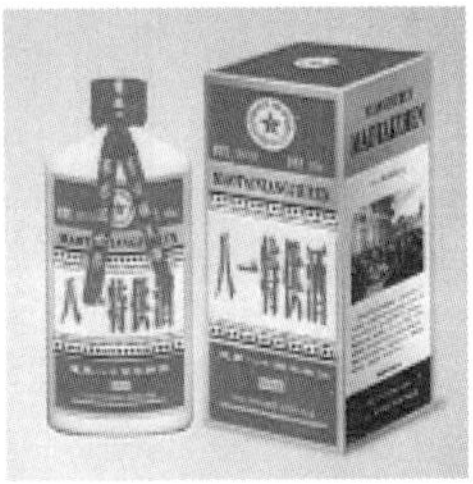

③

甲:①的外包装上写着"国家机关后勤采购特供酒",广告怎么可以用国家机关的名义呢?①肯定不对。外包装上写着"张家港市政府接待酒"的②,只说是"接待酒",没说"特供酒",所以是可以的;而③的外包装上写着"八一特供酒",这大概是拥军酒吧,应该是可以的。

乙:你说的不全对,实际上①、②、③都违反了我国相关的广告法规。

请问:①、②、③都违反了我国相关的广告法规吗?为什么?

05. 2007年11月在北京召开的"赵半狄北京国际时装周"发布会上有众多所谓"特色服装",下面是其中的两款。一款取名为"股民"的服装的主要图案是印有毛泽东头像的100元人民币,另一款取名为"奥运金牌得主"的身着运动服的模特脖子上挂着一枚硕大的奥运金牌图案。对此人们议论纷纷。

甲:“股民”服装反映了股民赚钱的心理,创意特棒。

乙:奥运金牌图案是奥运会专用的,如果没有特许,这样使用是侵权的。

请问:根据相关法规,甲与乙的议论正确吗?为什么?

06. 据《凤凰资讯》2014 年 11 月 24 日报道,在浦东的上海世博展览馆门口出现了连胜文和胡志强的竞选宣传板(下图):该幅巨大的宣传板夹杂着繁体字写道“搶救台北、台中逗陣拼”(“逗陣”,闽南方言“一起”的意思),除了连胜文和胡志强的照片,中间还放上大大的国民党党徽,署名则是“大陆台商后援总会”。

请问:

(1) 该竞选宣传板,从内容上看属于商业广告吗?属于公益广告吗?为什么?

(2) 该广告的广告主是谁?

(3) 根据我国相关广告法规的规定,该广告的设置是否合法?为什么?

07. 某贸易公司在大众传媒上发布的商业广告内容中出现了“观世音菩萨”像,引起了人们的议论。试分析,根据我国现行广告法规,该广告是否违法?为什么?

08. “乃伊组特”是上海方言,其意思就是“把他干掉(做掉)”。它的流传,最初来自周立波在一次“海派清口”中说的台词:“上海人出的是流氓(不是打手),动口不动手,……(看到对手或其他人不顺眼时)上海人就说:‘乃伊组特’,然后去做的那些都是外地人”。

有人为此设计了“乃伊组特”的广告语与相应的标志图案(内含“滴血的匕首”),并且在淘宝网做起了“乃伊组特”系列商品宣传,包括购物袋、体恤衫、打火机等。对此,有人提出了批评,也引发了争议。

请问：在淘宝网上的“乃伊组特”系列商品宣传是否违反我国广告法规？如违反，那么具体表现在哪些方面，违反了哪些规定？为什么？

09. “沙井客运中心”在旁边的人行天桥下制作并竖立了一块“旅客感言”的警示牌。

配以相关漫画头像的旁边分别有对应的话语：

“妈的，今天在路边坐车又被换假钱了，气死我啦！”

“我靠，今天坐上野鸡车又被卖猪仔了，真没良心！”

“倒霉，今天坐上黑车又被骗了 500 元，狗日的！”

“真笨，为什么不到正规车站坐车，那安全才有保障！”

最下方是“上南派出所报警电话 ********* ”。

对这一警示牌，人们议论纷纷。

请问：

(1) 从内容看，这是什么广告？

(2) 从形式看，这是什么广告？

(3) 该广告的广告主，是“沙井客运中心”，还是“上南派出所”？

(4) 依据我国广告法规，人们质疑这一广告最可能的因素是什么？为什么？

10. 下面的图一、图二摄自上海恒隆广场，而图三选自百度。

图一

图二

图三

请问：三幅图片中是否存在违反广告法规的要求？如违反，请一一指出并作分析。

11.《喜羊羊与灰太狼》是广东原创动力文化传播有限公司制作的动画片，深受广大少年儿童的喜爱。然而，武汉、昆明等地的一些医院竟然将其卡通形象制作成雷人的广告卡片分发——伴随灰太狼和美羊羊等卡通形象却宣传“男性功能检查，女性早孕检查”之类的内容。“灰太狼割包皮，美羊羊做人流……”，顿时引起了老师与家长的议论与不满。而之前，淘宝网上就有用喜羊羊图案作外包装的避孕套在销售。

(1) 请分析：最可能引起老师与家长议论与不满的原因是什么？

(2) 请思考：这样的广告行为或创意，是否恰当？为什么？

12. 依据《中华人民共和国广告法》与《广告管理条例》，完成下列表格（用“√”表示适用事项；用“×”表示不适用事项）。

事项 / 法律法规	管辖范围		法律责任		
	商业广告	非商业广告	行政责任	民事责任	刑事责任
《中华人民共和国广告法》					
《广告管理条例》					

13. 根据我国广告法规的规定，广告经营单位应该建立和完善广告审查员制度。广告审查的程序，一般有六个步骤或方面，如果说，其第二、三、四、五分别是关于内容真实、形式合法、总体效果、精神文明的审查，那么其第一和第六步骤或方面分别是什么？

14. 某市华兰公司为推销意大利新进口的兰达系列化妆品，计划将在国内3家媒体进行广告宣传。

请问：根据我国相关的广告法律法规，华兰公司在申请该广告宣传时应该提交哪些相关证明材料？

15. 一个时期“鸿茅药酒”的广告在电视上天天见面。

上图的广告，在“270 年历史传承　67 味中药配伍”的通栏文字下，左边是“主治”和“送礼”，右边是鸿茅药酒的实物照片，外包装盒上的角上有“OTC”的标记。

下图的广告，一边是形象代言人手持鸿茅药酒，另一边在“百年鸿茅”四个大字的旁边是“中华老字号”、“中国驰名商标”、“国家级高新技术企业”等文字。

请就上述广告图片，回答：

(1) 广告中的“OTC”表示什么含义？

(2) 从内容看，该广告属于什么商业广告？

(3) 根据我国相关广告法律法规，上述鸿茅药酒广告图片宣传是否违法？如果存在违法表现，请一一指出。

16. 依据我国相应广告法规，分析下页两幅名称分别为“大山楂颗粒”和“新盖中盖高钙片”广告图片所实际表达的内容，判别甲、乙的议论是否正确？为什么？

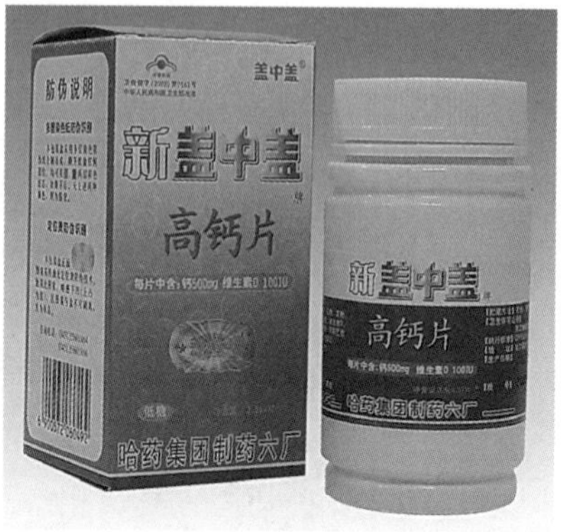

甲：它们都是药品广告，因为它们都是制药企业生产的产品，“大山楂颗粒”是“安徽仁和药业有限公司”生产的，“新盖中盖高钙片”是“哈药集团制药六厂”生产的。

乙：“大山楂颗粒”是保健品广告，因为食用山楂有利身体健康；“新盖中盖高钙片”是药品广告，因为缺钙是一种疾病。

17. 计划在《大众食品》杂志上刊登的某奶粉广告，宣称是用最新工艺按母乳成分研制的新品，为没有母乳喂养的婴幼儿带来了福音。在其相关广告中还分别使用了“中国名牌”、“国家免检”、“绿色食品”、“放心奶粉”等广告语，并且列出了相应的标志图案（广告图片右下方ABC）。

A　　B　　C

假设你是《大众食品》杂志的广告审查员，请回答：

(1) 什么是用来证明广告语中下列标志的相应图案：

中国名牌（　　）　　　　国家免检产品（　　）

(2) 计划刊登的该奶粉广告是否有违反广告法规的表现？如有，表现在哪里？为什么？

(3) 应该如何依法出具审查处置意见？

18. 请依据我国广告法律法规，划出（关键词）并分析以“上海华佗医院糖尿病研究中心”名义发布的下列医疗广告的违法表现。

糖尿病是困扰亿万中国人的疑难病症。本院与解放军 7788 部队 TNB 研究中心多年合作研制了最新特效药“克 T 浆”，受到广大糖尿病患者的欢迎。现特聘名医×××常年坐堂，运用其祖传秘方，对症下药，服务于广大病家。本中心还用中西医方法自制了“克 T 浆(J 型)”，欢迎前来就诊或邮购。(上海华佗医院糖尿病研究中心宣)

19. 下列是某网站以“名医慈善助孕公益活动”冠名的医疗信息的一个画面。

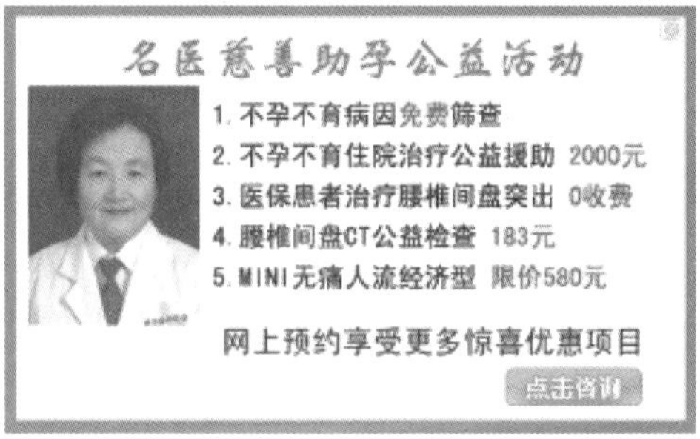

请就该画面所示内容，回答：

(1) 就其内容，这是商业广告，还是公益广告?

(2) 就其形式，这是什么广告?

(3) 根据我国相应的广告法规，该信息的发布是否有违法? 如有，表现在哪些方面? 为什么?

20. “同一个人，一会儿是医学杂志的教授，一会儿又变身为保健协会理事。”网友 liangxin2009 的《电视广告中出现的相貌一样名字不一样的一群骗子》一帖，在网络上迅速掀起声讨虚假广告的浪潮。经查，这些“变脸”专家实为影视公司的演员，取名“张国行”做的是医疗器械广告，而取名“吕青”做的是医疗广告。

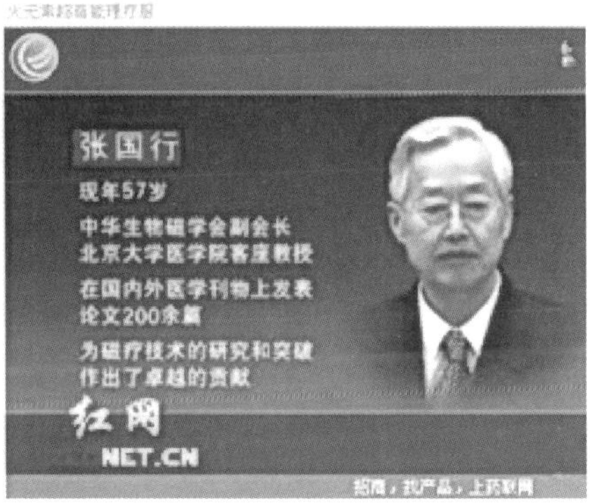

请问：

(1) 从形式上看，这是什么广告? 其广告监督管理机关是什么部门?

(2) 如果这类医疗器械广告或医疗广告，请的是真的专家，是否就合法? 为什么？

(3) 应该如何杜绝此类虚假广告在电视上的出现？

21. 根据《广告法》，OQO 广告公司的下列保健食品广告行为中，是否要承担或承担怎样的民事责任？为什么？

(1) 所制作的某保健食品广告的产品造成消费者的实际损害。

(2) 在广告审查中未察觉某广告主所提供的《保健食品广告审查表》是伪造的。

(3) 所制作和发布的虚假广告造成了消费者的实际损害，但不能提供广告主的真实姓名、地址与有效联系方式。

22. 华兰公司为推销意大利新进口的兰兰系列化妆品，计划将在国内 3 家媒体进行广告宣传。请问：根据我国相关的广告法律法规，华兰公司在申请该广告宣传时应该提交哪些相关证明材料？

23. “SOHO 中国”是潘石屹自己公司的房产品牌。下面是潘石屹发表在自己博客上的内容。

SOHO 尚都 480 米沿街商铺，150 米花园店面，500 家最时尚、最火的商铺。

SOHO 尚都周边数十万写字楼白领，聚集北京最多，最有档次，最具消费潜力的逛店淘店白领。

SOHO 中国连续三年北京房地产销售额第一、纳税额第一。

北京写字楼租金最高、空置最低的区域，充分保证租金回报高枕无忧。

北京唯一的精装修写字楼，收楼当天就能入住办公，无免租期，相当于比毛坯房多出租 3—4 美金/平米/月。

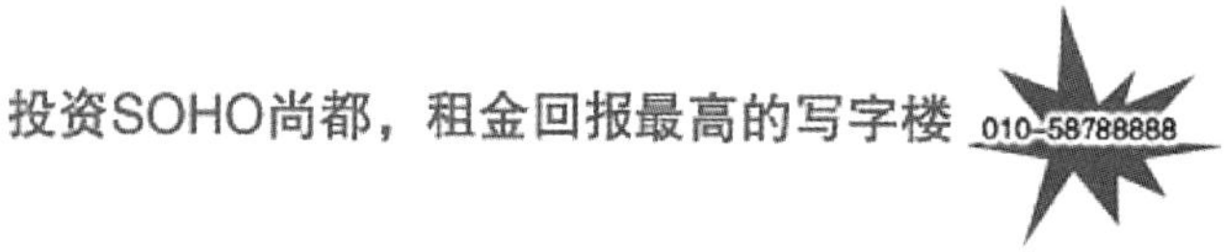

请问：

(1) 这是广告吗？如果是，那么就其内容而言，这是什么广告？就其形式而言，这是什么广告？

(2) 这些广告内容合法吗？如果存在不合法的表现，请依法一一指出。

24. 一个时期，关于“配资炒股”或“牛股推荐”之类的广告铺天盖地：有鼓动性的——“涨停，股票配资，期货配资，为您提供 10 倍资金杠杆”；有诱惑性的——“零风险必涨”，“把股市当作你的提款机，想吗？”，“先赚钱赚钱后再交学费，学吗？”，“风险低、胜率高、涨得快、简单易学、免费试学、一对一指导”；有保证性承诺的——“零风险炒股战法，盈利 30%—180%，赚不到钱请直接给我差评”，“牛股推荐，10 天盈利 50%，零风险，无效全额退款”……

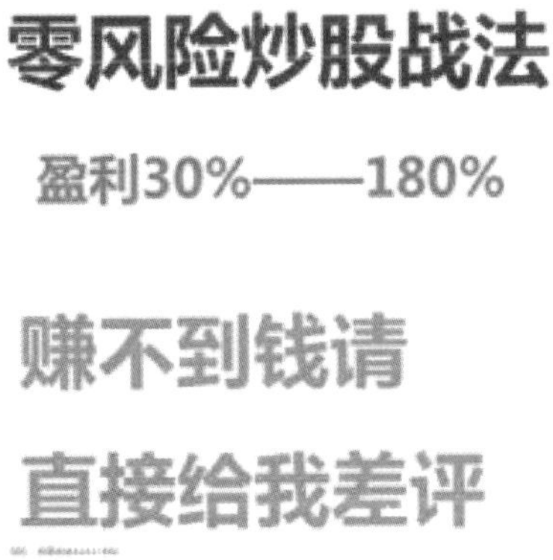

请问：

(1) 从内容看，这是商品广告，还是服务广告？

(2) 这类广告需要加警示语吗？如果需要，那么警示语是什么？

(3) 上述广告，是否违法？如违法，请一一指出。

25. 下列是设置在上海徐汇区钦州南路交通隔离栏上的的宣传板，上书“遵德守礼”、“文明过马路，礼让斑马线”等内容。

请问：

(1) 从内容看，该宣传板属于广告吗？如是，那么属于什么广告？

(2) 如是广告，那么从形式上看，该宣传板属于什么广告？

(3) 该宣传板的设置符合我国相关法律法规吗？为什么？

26. 下面是一个旅游景点的“温馨提示”。对此，有媒体评论：它非但让人看不出丝毫温馨，却让人有无名的愤懑：既然地震导致景区山体裂缝，出现危险，在未排除险情之前，为什么不关闭景点，仅凭一纸“温馨提示”就将原本景点应该给予游客的安全保障责任一股脑推卸给游客——“请游客注意安全，责任自负”？淳化县旅游文物局这一漠视生命的“提示”，其“温馨”不知道从何谈起?!

请问：

(1) 这一“提示”是广告吗？如果是，那么是商业广告，还是公益广告？为什么？

(2) 如果这一“提示”属于广告，那么广告主是谁？

(3) 我国的广告监管分四个层次，媒体的这一评论属于什么？

(4) 我国《消费者权益保护法》明确规定了消费者有九项合法权益，如果确因山体造成游客的伤害，则这一广告的广告主涉嫌侵犯了消费者的什么权益？至少需要承担什么法律责任？

27. 某广告公司计划为宝宝制药厂制作“驱虫灵”新药的广告，该公司的小张与小李有如下广告策划意见。请问：他们的意见是否符合我国相关的广告法规？为什么？

(1) 小张：应该聘用在小朋友中有影响力的“手机小强”这样的小明星来出演广告代言人，广告除在少儿频道播出外，最好还在《儿童时代》等少儿读物上刊登。

(2) 小李：这个新药主要是针对农村儿童的，应该到农村与农村的小学老师联系，把制作的印刷品到各学校去散发，最好贴到班级里的黑板报上。

28. 请阅读下列材料，并分析华麟公司的减肥广告及其制作，在哪些方面违反了我国相关的广告法规？华麟公司将承担什么类型的法律责任？

华麟公司自 1997 年上半年起，未经中央电视台与崔永元的许可，将“实话实说”栏目 1996 年 6 月 23 日播放的《该不该减肥》改编成减肥广告电视片，并在全国近百家电视台播放，还将崔永元的肖像制成广告招贴画随同其减肥产品“美福乐减肥套盒”一块广为赠送。据查，在《该不该减肥》节目中只是讨论对减肥的看法，并没有涉及任何减肥药物产品。但是，在节目中一位中年妇女拿出的前后两张介绍其减肥效果的片断却被华麟公司改编成了自己产品的广告录像带，崔永元则似乎成了这一产品的推荐人。

29. 旅游业的价格战屡禁不止。最典型的是所谓“在线旅游网”推出的“1 元游”——譬如，同程的“1 元国庆 7 天乐带你游全国”，途牛的“1 元畅游普吉岛”。1 元连瓶矿泉水都买不到，怎么可能全国游、出境游？这些虚假旅游广告的猫腻在哪里？——有的是限时限量的所谓“抢购”所致，显然仅仅是针对极少数极少数人的；有的仅仅指门票 1 元，其他照收；有的是安排大量自费项目；有的则是强制购物……目的是博人眼球，以所谓的“低价”搞垮竞争对手，抢占旅游市场份额。

请问：

(1) 从内容看，这是什么广告？

(2) 从形式看，这是什么广告？

(3) 什么是《广告法》认定的虚假广告的含义？应该如何看待这些“1 元游”

广告的虚假性？

(4)“1元游”广告是不正当竞争吗？应该如何制止这类“不合理低价游”的广告宣传？

30. 作家莫言获诺贝尔文学奖的消息传出后，有人在逍客网以烟民为核心的烟草文化互动社区里，发布了莫言代言山东烟草品牌“泰山佛光”的限量版香烟的设计底稿。每支烟均以《红高粱》、《檀香刑》、《生死疲劳》等10部莫言小说命名，并设计采用极为奢华的紫檀木包装，限量销售100套，每套售价20120元。同时曝光的“企划文案”则是：“身边的每一个人，都是书中的人物。每一本书，都是一段文学人生。你渴望怎样的人生？生死疲劳，还是丰乳肥臀？”此外，另一张宣传大图则以莫言吸烟的侧影为主角，以《莫言三支烟》为题，写到：“我其实只有三支烟，一支遥寄北国瑞典，一支珍藏故乡高密，最后一支，夹于指间……”此设计立即引起了网民的热议和质疑。随后，山东中烟工业责任有限公司发表“严正声明”进行了否定。莫言女儿则在微博上辟谣：“迄今为止，我父亲莫言没有接受任何商业代言。我父亲过去不会，现在也不会，以后也不会代言烟草。”

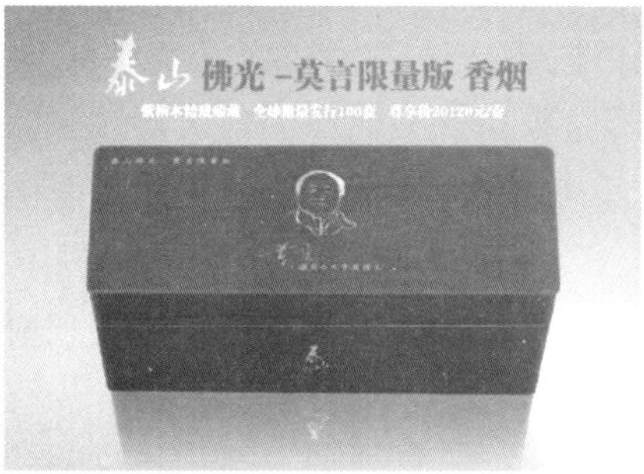

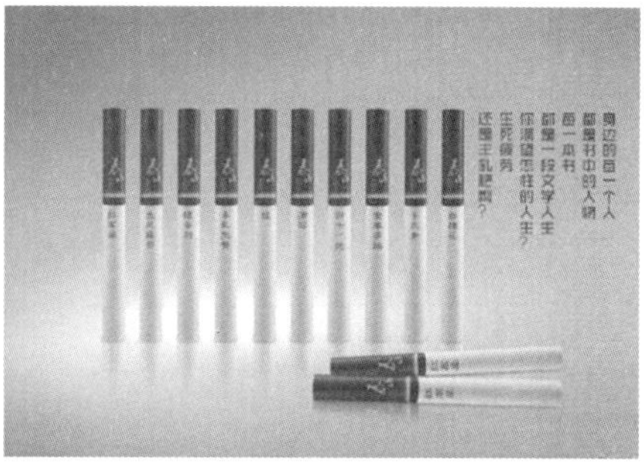

请问：

(1) 发表在逍客网的上述图片和企划文案属于商业广告活动吗？为什么？

(2) 炮制上述图片和企划文案是违法行为吗？如是违法行为，那么将承担什么法律责任？

(3) 发现上述图片和企划文案的逍客网服务提供者应该如何恰当处置？

综合分析题

01. 下面是某广告设计人员的设计。

这一包装盒用于署名“上海龙腾生物科技有限公司”生产的“绿色伟哥”保健品。外包装盒上的文字,含有这样一些内容:“采用青藏高原的纯天然药材精制而成,促进阴茎二次发育,对高血压、心脏病患者均可服用,酒后服用不影响效果”;是“纯中药制剂”,具有“生精固本·补肾延年”功效,能“补肾强身,填精固髓”,“增强性功能,抗疲劳”,“10分钟起效”,“彻底解决阳痿、早泄问题”,“对前列腺有独特疗效”;为“中国中医药协会推荐产品”。

请问:

(1) 包装盒上的上述文字所言内容,是否属于广告?

(2) 如果属于广告,那么就其内容而言,这是什么广告?在外包装盒上是否有可判定标志?

(3) 如果上述内容属于广告,那么从广告活动的主体看?谁是广告主?“中国中医药协会”是广告发布者吗?

(4) 从相关的广告法律法规看,上述内容是否存在违法的表现?如果存在,请具体指出(划出关键词)并进行简要分析?

02. 下面是某网站上的一则名为“国家三级甲等医院专家闵志廉领衔坐诊”的互动广告。

请问:(1) 从其内容看,该广告属于什么广告?

(2) 从其形式看,该广告属于什么广告?

(3) 上述广告是否存在违法表现? 如有,请一一指出。

03. 有一种名为“轻易减肥胶囊”的产品,请一家广告公司设计了如下广告:

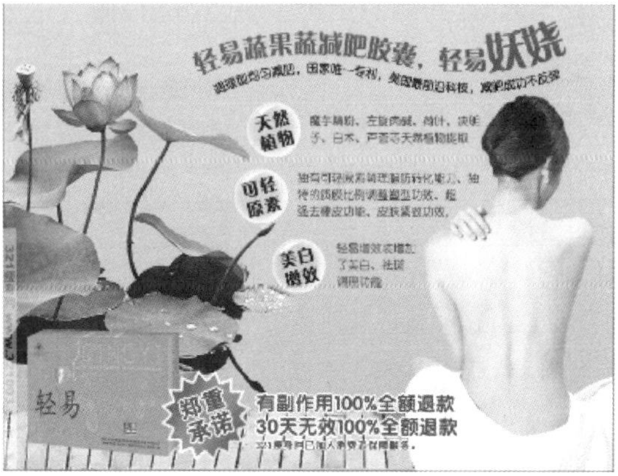

轻易减肥胶囊的优点:

1、减肥类目中唯一具有天然植物国家专利产品!唯一全年央视上榜品牌!
2、7天无理由退换货!
3、纯天然植物精华配方,绝不含西药成分!
4、淘宝唯一承诺有副作用100%退款、无条件退款商家!如:脱水、失眠、心慌、乏力、便秘现象。
5、30天无效均全额退款,(要按照要求提供照片哦)。
6、98.6%的肥胖者反馈在服用后不反弹、皮肤光滑、精神好。
7、321瘦身网是淘宝100%认证商家,消费者签约保障商家.
8、所有优点有理有据,有权威机构批准。
9、专业瘦身顾问,一对一服务,收到货联系我们,以后每周联系一次,便于我们帮你调整减肥计划。

请问：

(1) 从其广告内容而言，这是什么商业广告？这类广告需要加“忠告语”吗？如需要，其忠告语是什么？

(2) 假如上述的图片与文字表达了该广告的全部内容，那么该广告是否违法？如违法，表现在哪些方面(划出关键词)？为什么？

04. 所谓名人广告，就是以影视、歌星、体育等领域或其他社会名人的名义或形象作产品代言的广告。名人代言广告的违法事件时有发生，譬如，侯耀华所代言的10则虚假违法广告，就被中国广告协会点名批评(2009年11月02日，中国经济周刊)。其中的“方舟降压仪”，经有关部门调查发现，这则由地方药监局批准的医疗器械的广告，篡改了原广告审批文件(且原审批文件也已被国家药监局撤销)，进行了违法宣传。

在下列由侯耀华代言的“方舟降压仪”广告中，宣称该方舟降压仪“比药物更安全、更方便”，“不打针、不吃药，24小时平稳降血压”，还具有“持续释放能量，排除陈年药毒”的功效。宣称具有“独家专利”，具有“非药物平稳降压”的“最新解决之道”。“Ⅰ期高血压患者，15天可以恢复正常”，“Ⅱ期高血压患者，1个月减少服药量，两个月平稳降压不反复”，“Ⅲ期高血压患者，3个月可摆脱药物困扰”。

请依据相关广告法律法规，回答下列问题：

(1) 从这则广告宣传的内容看，这是什么广告？

(2) 根据我国广告法律法规,该广告有哪些违法表现?(请划出关键词)

(3) 根据《广告法》,对于方舟降压仪广告广告主的“篡改广告审查文件”的违法行为,应该处以多少金额的罚款?

(4) 你认为应该如何规范侯耀华等名人代言的广告行为?

05. 小学生连同学,5 岁时就被上海说唱名家黄永生收为“关门弟子”。上小学后他与师傅黄永生用上海说唱的方式为“上海 1 号(私藏菜)”做了一个上海方言广告。据说,关于该广告的播放,有两种意见:一种认为应该在柏阿姨的“老娘舅”节目中播放,因为柏阿姨说的是上海方言,接着再听上海说唱广告很顺耳;另一种意见认为应该在骆新主持的“百里挑一”相亲类节目中播放,因为在骆新的普通话主持后,大家听上一段上海说唱的方言广告,在语言上会产生反差冲击力,何况“百里挑一”的嘉宾与观众多数是上海人或新上海人。

假设:你是上海东方电视台广告部门的广告审查员。

请问:

(1) 从广告法规的角度,你认为在哪个节目中播放合适?为什么?

(2) 从广告活动主体的角度看,小学生连同学和他的师傅黄永生在他们所做的广告中,属于什么身份?

(3) 这个广告属于儿童广告吗?为什么?

(4) 有人提议,为了推广上海说唱的艺术特色和上海菜肴的饮食特色,应该加大广告投入,重新播放连同学与其师傅所做的那则“上海 1 号”的方言广告。你认为,这个提议合适吗?为什么?

06. 阅读下列材料,并按要求回答问题。

一则“刘翔代言男科”的广告出现在广州番禺一家民营医院的内刊上(如下左图),它是盗用刘翔的新闻照片(如下右图)而设计制作的。

对此，一位疑似广告专业的学生丙连连“称绝”，认为：“这个广告创意好，也符合实际，是个好广告！顶！”，并认为“图片没有脸，应该不算侵权，而大家又都知道是刘翔！经典！很贴切……有创意……是个好广告”。

请问：

(1) 广州番禺一家民营医院在其内刊上刊登这一广告，从内容看，是什么广告？

(2) 广州番禺这家民营医院的这个广告，从形式看，属于什么广告？

(3) 广州番禺这家民营医院的这个广告，违法吗？为什么？

(4) 你赞同该“称绝”丙的意见吗？为什么？

07. 一家名为“奥孚教育”的教学办学机构在网上所开设的“国家教师资格考试网”，自称是“国内首家唯一专注新教师职业发展平台”，“每 10 名通过教师资格证者就有 3 名来自奥孚”。其打出的“导游资格证”招生广告中自称：“导游资格证培训第一品牌!”、“通过率全市最高!”、“上海培训规模最大!”、“教材编委、面试考官、旅游学院教授执教!”、“特设保过　免费重读”，还“推荐就业”，并且用极富诱惑性的语言招呼：“想游山玩水不花钱？想环游世界还能赚钱？来吧，争做带团导游，挑战万元月薪!”

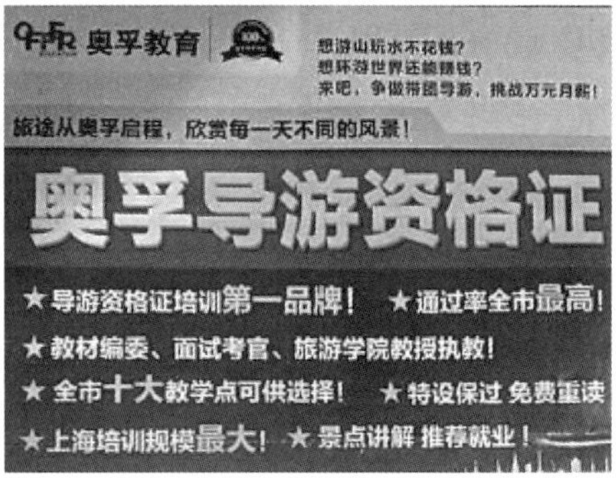

请问：奥孚教育的这类教育广告(文字与图片)是否符合我国广告法规的相关规定？如违反，请划出违反的具体表现(关键词)，并依法进行具体分析。

08. 下列是张大爷在路过某医院时，被人塞到手里的广告。广告的最右下方有一行小字，内含“仅供医生、学者阅读”。

请问：

(1) 从内容看，这是什么广告？

(2) 从形式看，这属于什么广告？

(3) 依据《广告法》和其他相关法律法规，这一广告是否存在违法表现？如违法，请一一指出。

09. 下列是"我图网"设计的浙江"湖州润泽玫瑰苑"的房产广告(如图)。

下页左图上方是"我图网"(ID：20090304221933，www. ooopic. com)自己的广告："你赚钱，我担风险"、"24％回报率，1 次性支付，惊喜!!!"

下页左图除示意图外，主要文字内容是"2770 元/M²"，"本案到湖州 20 分钟，到杭州高速 40 分钟"。

下页右图则在"投资什么好?"的标题下，作了如下描述："纵观中国经济，炒股票有风险，存银行利率低，还是买房子比较好。特别是买长三角一带市郊名镇的有档次、品质好的社区住宅，价格在每平方米 2000—3000 元左右，投资少、风险小、升

值空间大。这是有识之士长期经验积累达成的共识。如湖州的＊＊镇的住宅价格从几年前的每平方米3000元到现在已升到每平方米12000多元,实在令人惊叹!”

请根据我国房地产广告法规,划出(关键词)并分析上述“我图网”房产广告设计中的违法之处。

10. 阅读下列资料,请根据我国《广告法》和保健品广告的相关法规,分析其中是否存在违法表现?如存在违法表现,请划出关键词并进行分析。

近日,一种名为“左旋肉碱减肥胶囊”的广告十分火热。其官方网站称,这是“2010年减肥冠军产品”。复方左旋肉碱:韩国顶级配方,国家级保健品。欧美人士减肥的首选!全球公认的健康减肥食品,全球1000万人亲身体验!产品自上市以来,客户重复购买率超过30%。

湖南卫视

湖南卫视《百科全说》减肥特辑 特别推荐：

玛丽安娜左旋肉碱，含量最高，效果最好，性价比最高。热卖促销中！

在“湖南卫视《百科全说》减肥特辑”中，一位被称为“减肥专家的西木博士”特别推荐左旋肉碱。其推荐理由是：1. 国家运动队特供，供应商为国家体育总局专供左旋肉碱；2. 最高性价比，高纯度左旋肉碱，性价比最高；3. 满意100分，月销量突破6 000瓶，消费者满意度100%。

不是减肥药！效果远胜减肥药！无副作用。清脂、清肠、清血、瘦身美体，减肥一次成功，今生只此一次！服用左旋肉碱，减肥效果天天看得见，28天轻松减掉15—20斤，绝不反弹！猛吃狂喝，照样减肥，1月减掉20斤。无须运动，无须节食，安全举世公认！效果见证奇迹！

- 食用第1天：

体内微微发热，面色红润有光泽。

- 食用第3—5天：

体内发热感渐强，感觉脂肪在燃烧溶解皮肤光滑有弹性。无饥饿感，不乏力，无腹泻。全天精神饱满，活力四射。平均减重可达3斤。

- 食用10天：

腰围、臀围、大腿围尺寸明显减小！身材高挑修长，皮肤细腻，细小皱纹消失。减肥效果好的顾客可减8斤。

- 食用20天：

体形越来越接近“魔鬼”身材，回头率明显上升。痘痘不见了，减重甚至可达13斤。

- 食用1个月：

细腰瘦脸纤肢翘臀，完美身材谁能比？把昔日“闺中好友”和“死对头”统统比下去！让她们羡慕吧！心情好极了！如果超重不多，这时就可以逐步减少食用量了，由每日1到2次减为1天1餐，巩固一段时间。如果减肥前超重较多，这时还不宜减少食用量，直到减到满意为止。

- 食用2个月：

“排骨精”、“骨感美人”、“小脸美女”、“性感”，越来越多的GG赞美你，追求你，而你因为自信越来越像高傲的公主。

- 食用3个月：

随着时间的推移，减肥效果进一步得到巩固。高血脂、脂肪肝明显好转。体力增强了，身体年轻化，激情更动人。

名词解释参考答案

001. 中国广告法规管理

是指依据国家的法律法规,对广告活动所进行的监督、检查、控制、指导和自律的全过程管理。中国的广告法规管理,包含四个层次:一是政府的监管,二是行业的规范,三是企业的自律,四是社会的监督。其中,政府的监管占主导地位,因为它是国家机关依据国家的法律法规与国家的授权对广告活动的行政监管。国家关于广告的法律法规是进行广告监管的法律依据。

002. 中国广告法规体系

是指以《中华人民共和国广告法》为主干的广告法律法规体系,来源于四部分:一是国家的法律,二是国务院的行政法规,三是国务院相关部委的行政法规,四是地方人大和地方政府的法律法规。

003. 广告活动的主体

是指从事广告活动的广告主、广告经营者、广告发布者和广告代言人。

004. 广告主

是指为推销商品或者服务,自行或者委托他人设计、制作、发布广告的自然人、法人或者其他组织。

005. 广告经营者

是指接受委托提供广告设计、制作、代理服务的自然人、法人或者其他组织。

006. 广告发布者

是指为广告主或者广告主委托的广告经营者发布广告的自然人、法人或者其他组织。

007. 广告代言人

是指广告主以外的,在广告中以自己的名义或者形象对商品、服务作推荐、证明的自然人、法人或者其他组织。

008. 广告法律关系

是指在广告设计、制作、发布和管理过程中发生的社会关系,主要包括广告经营关系、广告受众关系和广告管理关系。

009. 广告法律关系的主体

是指在广告法律关系中,享受权利和承担义务的组织或个人,如广告主、广告经营者、广告发布者、广告代言人以及广告监督管理机关和广告审查机关。

010. 广告监督管理机关

是指主管全国广告监督管理工作的国务院工商行政管理部门和负责各自职责范围内广告管理相关工作的国务院有关部门;以及主管本行政区域广告监督管理工作的县级以上地方工商行政管理部门和在各自职责范围内负责广告管理相关工作的县级以上地方人民政府有关部门。

011. 广告监督管理的职权

包括(1) 对涉嫌从事违法广告活动的场所与人员实施现场检查;(2) 询问调查;(3) 限期提供有关证明文件;(4) 查阅、复制有关的合同、票据、账簿、广告作品和其他有关资料;(5) 查封、扣押与涉嫌违法广告直接相关的广告物品、经营工具、设备等财物;(6) 责令暂停发布可能造成严重后果的涉嫌违法广告;(7) 法律、行政法规规定的其他职权。

012. 广告审查机关

是指对发布医疗、药品、医疗器械、农药、兽药和保健食品广告,以及法律、行政法规规定应当进行审查的其他广告的内容进行发布前审查的有关部门。

013. 广告法律关系的客体

是指广告法律关系主体之间权利与义务所指向的对象,即广告活动,包括广告行为及其结果(广告作品、广告合同等)。

014. 商业广告

是指商品经营者或者服务提供者通过一定媒介和形式直接或者间接地介绍自己所推销的商品或者服务的广告。

015. 公益广告

是指促进社会主义核心价值体系建设,传播先进文化,树立正风正气,倡导良好道德风尚,维护国家和社会公共利益的非营利性广告。

016. 名人广告

是指以名人的名义或形象为推销商品或服务而代言的广告。

017. 儿童广告

是指儿童使用的产品或有儿童参加演示内容的广告。

018. 妇女广告

是指妇女使用的产品或有妇女参加演示内容的广告。

019. 中国广告协会

简称中广协，创立于1983年12月27日，是经国家民政部登记注册的非营利性社团组织，是国家工商行政管理总局的直属事业单位，是中国广告界的最高行业组织，负有全广告行业自律的职责。协会代表中华人民共和国参加国际广协组织。

020. 广告自律制度

指广告业者通过章程、准则、规范等形式进行自我约束和管理，使自己的广告行为符合国家法律、社会道德和职业道德的要求的一种行业管理制度。

021. 广告监测制度

是指广告监管部门为对监测范围内报刊、电视、电台、互联网等媒体所发布的广告进行定期或不定期跟踪检查，进行监测数据的采集汇总、分析整理、监测信息发布等，发现违法广告，分析广告发布违法趋势，通过《广告监测通报》和《广告违法警示公告》等方式，及时提出违法广告的社会识别预警和警示，制定监管对策和措施的一种广告管理制度。

022. 广告的社会监督

是指以消费者为主体的社会公众的监督和新闻媒体的舆论监督。

023. 中国消费者协会

经国务院批准成立的对商品和服务进行社会监督的保护消费者合法权益的全国性社会团体。

024. 广告审批制度

也称广告经营许可制度，是指广告监督管理机关对经营广告业务的申请者依法进行广告经营许可相关准入条件的审核、批复或批准的广告管理制度。

025. 广告审查

是指由广告审查机关和广告经营者、广告发布者，依据广告法律法规，在广告发布前对广告主的主体资格以及广告内容与形式是否符合相关法律法规所做的法定审查。前者称为行政审查，后者称为非行政审查。

026. 广告审查制度

是指广告审查机关在广告交付设计、制作、代理和发布前，对广告主主体资格、广告内容及其表现形式和有关证明文件或材料的审查，并出具与审查结果和审查意见相应的证明文件的一种广告管理制度。

027. 广告审查员制度

是指依据法律规定，广告经营者、广告发布者等广告经营单位设立广告审查员，明确广告审查员的法定职责和义务，通过广告审查员对其所设计、制作、代理、发布的广告进行发布前审查的法定制度。

028. 广告证明

指表明广告主主体资格和广告内容是否真实、合法的文件或证件，如营业执照、许可证、驰名商标证书、专利证书等。

029. 广告证明制度

是为验证广告主主体资格及其广告是否真实、合法而制定的一项广告管理制度，其基本内容包括确定与验证广告证明种类，提交、交验、收取、查验广告证明及其出具机关等多个方面。

030. 广告合同

是指广告主、广告经营者、广告发布者、广告代言人之间确立、变更、终止广告承办或代理关系等方面的广告协议。

031. 广告合同制度

是指广告活动的主体，包括广告主、广告经营者、广告发布者和广告代言者，在广告活动中为明确各自的权利和义务，依法必须签订相关广告协议的一种广告管理制度。

032. 广告代理

是指广告经营者接受广告主或广告发布者委托或授予的代理权限，以广告被代理人的名义所从事的广告市场调查、广告信息咨询、企业形象策划、广告战略策划、广告媒介安排等广告经营活动。

033. 广告代理制度

是指在广告主、广告经营者与广告发布者三者之间，确立以广告经营者为核心和中介的广告运作机制中，为依法规范广告代理方与广告被代理方之间代理关系的一项广告管理制度。

034. 广告档案

又称广告业务档案，是指广告经营者在承办广告业务活动中，所保存备查的广告文案图像等资料、相关证明文件、审查记录、广告合同等以及其他应该保留的各种原始记录。

035. 广告档案制度

是指为规范广告业务档案的建立、使用、保存和提取等而建立的一项广告管理制度。

036. 广告收费制度

指政府有关部门依据广告、物价、税收等相关法律法规制定的用以规范广告经营者和广告发布者在广告经营活动中收费行为的一项广告管理制度。

037. 消费者的权益

是指消费者有偿获得商品或接受服务依法享有的权利和利益。主要包括安全权、知情权、选择权、公平权、自尊权、索赔权、教育权、监督权、结社权等九项权益。

038. 国际消费者权益日

国际消费者联盟组织 1983 年确定每年的 3 月 15 日为“国际消费者权益日”。目的在于在国际范围内更好地保护消费者权益。

039. 消费者个人信息

指包括消费者的姓名、性别、职业、学历、联系方式、婚姻状况、收入和财产状况、指纹、血型、病史等与消费者个人及其家庭密切相关的信息。

040. 经营者

是指从事生产、经营商品或者提供有偿服务的法人、其他组织和个人。

041. 经营者的义务

指经营者向消费者提供商品或者服务所履行的义务,包括法定义务和约定义务。

042. 经营者的法定义务

指依据相关法律、法规的规定,经营者向消费者提供商品或者服务所必须履行的义务,包括确保安全、信息真实、表明身份、约定公平、禁止侵犯、保证质量、售后服务、出具凭证、履行约定、接受监督等十项义务。

043. 质量标准

是指产品生产、检验和评定质量的技术依据。按范围包括技术标准和管理标准两个方面,按层次包括国际标准、国家标准、行业标准(或部颁标准)、地方标准和企业标准等。

044. 食品标识

是指粘贴、印刷、标记在食品或者其包装上，用以表示食品名称、质量等级、商品量、食用或者使用方法、生产者或者销售者等相关信息的文字、符号、数字、图案以及其他说明的总称。

045. 不正当竞争

是指经营者违反法律规定，损害其他经营者的合法权益，扰乱社会经济秩序的行为。主要表现有欺诈性交易、不公平交易、不正当低成本倾销、不当有奖销售、诋毁竞争对手、侵犯商业秘密、商业贿赂、行业垄断和虚假宣传等。

046. 明码标价

是指经营者依据法律所规定的要求，对实行市场调节价、政府指导价或者政府定价的商品和服务，在收购、销售商品和提供服务时，通过标价签和价目表等方式公开标示其价格等有关情况的价格行为。

047. 价格欺诈

又称欺骗性价格表示，是指经营者利用虚假或者使人误解的标价内容及标价方式，诱骗消费者或者其他经营者与其进行交易的价格行为。

048. 商业秘密

是指不为公众所知悉、能为权利人带来经济利益、具有实用性并经权利人采取保密措施的技术信息和经营信息。

049. 商业贿赂

是指经营者以排斥竞争对手为目的，采用暗中回扣等财物手段或者其他手段进行贿赂以销售或者购买商品的不正当竞争行为。

050. 比较广告

含有以比较方式进行商品或服务宣传的广告。我国现行广告法规，禁止利用比较广告进行不正当竞争，禁止采用直接比较的方式发布比较广告的，有些商业广告则是限制比较广告的使用范围的。

051. 专利的种类

我国《专利法》规定的专利种类有：发明专利、实用新型专利和外观设计专利。

052. 专利权

指国家依法在一定时期内授予发明人等专利权人独占使用发明创造的

权利。

053. 专利广告

指涉及专利产品或者专利方法内容的广告。

054. 商标

能够将自然人、法人或者其他组织的商品(或服务)与他人的商品(或服务)区别开的标志,包括文字、图形、字母、数字、三维标志、颜色组合和声音等,以及上述要素的组合。

055. 注册商标

经商标局核准注册的商标,包括商品商标、服务商标和集体商标、证明商标。注册商标的标记是:㊟或®。

056. 证明商标

是指由对某种商品或者服务具有监督能力的组织所控制,而由该组织以外的单位或者个人使用于其商品或者服务,用以证明该商品或者服务的原产地、原料、制造方法、质量或者其他特定品质的标志。

057. 集体商标

是指以团体、协会或者其他组织名义注册,供该组织成员在商事活动中使用,以表明使用者在该组织中的成员资格的标志。

058. 地理标志

是指标示某商品来源于某地区,该商品的特定质量、信誉或者其他特征,主要由该地区的自然因素或者人文因素所决定的标志。

059. 共有商标

两个以上的自然人、法人或者其他组织共同向商标局核准注册并且共同享有和行使该商标专用权的同一商标。

060. 商标的使用

是指将商标用于商品、商品包装或者容器以及商品交易文书上,或者将商标用于广告宣传、展览以及其他商业活动中,用于识别商品来源的行为。

061. 驰名商标

是指(在中国)为使用商标所标示的某类商品或者服务有关的消费者、生产前述商品或者提供服务的其他经营者以及经销渠道中所涉及的销售者和相关人员等相关公众所熟知的商标。

062. 注册商标专用权

简称商标权，是指注册商标的所有人对其所有的注册商标享有独占的使用权。未经其许可，任何人都不准在同一种商品或者类似商品上使用与其注册商标相同或近似的商标。

063. 著作权法所称作品

是指文学、艺术和科学领域内具有独创性并能以某种有形形式复制的智力成果。

064. 著作权法所称创作

是指直接产生文学、艺术和科学作品的智力活动。

065. 著作权

也称文学艺术（包括科学技术）产权，是指作者依照法律规定对其创作的文学、艺术和科学等作品在一定期限内享有的某些专有权利，包括著作权的人身权和财产权。

066. 著作权的人身权

指发表权、署名权、修改权、保护作品完整权。

067. 著作权的财产权

包括：(1) 复制权、(2) 发行权、(3) 出租权、(4) 展览权、(5) 表演权、(6) 放映权、(7) 广播权、(8) 信息网络传播权、(9) 摄制权、(10) 改编权、(11) 翻译权、(12) 汇编权、(13) 应当由著作权人享有的其他权利。

068. 信息网络传播权

即以有线或者无线方式向公众提供作品，使公众可以在其个人选定的时间和地点获得作品的权利。

069. 药品广告

指凡利用各种媒介或者形式发布的含有药品名称、药品适应症（功能主治）或者与药品有关的其他内容的广告。

070. 处方药广告的忠告语

本广告仅供医学药学专业人士阅读。

071. 非处方药广告忠告语

请按药品说明书或者在药师指导下购买和使用。

072. 医疗器械广告

指用于人体疾病诊断、治疗、预防，调节人体生理功能或替代人体器官的仪器、设备、装置、器具、植入物、材料及其相关物品的广告。

073. 医疗器械广告忠告语

(1) 推荐给个人自用的医疗器械的广告，应当显著标明“请仔细阅读产品说明书或者在医务人员的指导下购买和使用”。(2) 医疗器械产品注册证明文件中有禁忌内容、注意事项的，广告中应当显著标明“禁忌内容或者注意事项详见说明书”。

074. 医疗广告

指利用各种媒介或者形式直接或间接介绍医疗机构或医疗服务的广告。

075. 食品

指各种供人食用或者饮用的成品和原料以及按照传统既是食品又是中药材的物品，但是不包括以治疗为目的的物品。

076. 食品安全

指食品无毒、无害，符合应当有的营养要求，对人体健康不造成任何急性、亚急性或者慢性危害。

077. 食品广告

包括普通食品广告、保健食品广告、新资源食品广告和特殊营养食品广告。

078. 保健食品广告

指宣传具有特定保健功能，适宜于特定人群，具有调节机体功能，不以治疗疾病为目的的食品广告。

079. 保健食品广告忠告语

保健食品广告中必须说明或者标明“本品不能代替药物”的忠告语；电视广告中保健食品标识和忠告语必须始终出现。

080. 化妆品广告

是指宣传以涂擦、喷洒或者其他类似方法，散布于人体表面(皮肤、毛发、指甲、口唇等)、牙齿以及口腔粘膜，以清洁、保护、美化、修饰以及保持其处于良好状态为目的的产品的广告。

081. 农药广告

指利用各种媒介或形式发布关于防治农、林、牧业病、虫、草、鼠害和其他有害生物(包括病媒害虫)以及调节植物、昆虫生长的药品广告。

082. 兽药广告

指利用各种媒介或者形式发布用于预防、治疗、诊断畜禽等动物疾病，有目的地调节其生理机能并规定作用、用途、用法、用量的物质（含饲料药物添加剂）的广告。包括：血清、菌（疫）苗、诊断液等生物制品；兽用中药材、中成药、化学原料药及其制剂；抗生素、生物药品、放射性药品。

083. 烟草广告

是指烟草制品生产者或者经销者发布的，含有烟草企业名称、标识，烟草制品名称、商标、包装、装潢等内容的广告。

084. 烟草广告忠告语

烟草广告中必须标明“吸烟有害健康”的忠告语。忠告语必须清晰、易于辨认，所占面积不得少于全部广告面积的10%。

085. 酒类广告

是指含有酒类商品名称、商标、包装、制酒企业名称等内容的广告。

086. 金融广告

包括银行业、证券业、保险业、信托业、租赁业、金银、外汇买卖，以及各种社会融资活动的广告。

087. 融资广告

是指企业法人或其他组织以融资为目的，通过发行、转让股票、债券等有价证券等多种形式向社会有偿筹集资金而发布的广告。

088. 房地产广告

指地产开发企业、房地产权利人、房地产中介服务机构发布的房地产项目预售、预租、出售、出租、项目转让以及其他房地产项目介绍的广告。

089. 教育广告

指利用各种媒介或者形式直接或间接宣传教育（培训）机构和推销教育服务的广告。

090. 旅游广告

指利用各种媒介或者形式直接或间接宣传旅游服务机构和推销旅游服务的广告。

091. 临时性广告

是指出资者资助某项活动并且借助该活动宣传商品或服务的广告，包括体育比赛或表演活动、文艺演出或表演活动、影视片制作活动、展览会或博览会或交易会等活动、评比或评选或荐活动、纪念庆典活动等。

092. 大众传播媒介广告

指通过大众传播媒介形式所发布的广告，主要包括报纸、杂志等印刷类广告和广播、电视、互联网等电子类广告。

093. 网络商品交易

是指通过互联网(含移动互联网)销售商品或者提供服务的经营活动。

094. 互联网广告

也称网络广告，是指通过各类互联网网站、电子邮箱以及自媒体、论坛、即时通讯工具、软件等互联网媒介资源，以文字、图片、音频、视频及其他形式发布的各种商业性展示、链接、邮件、付费搜索结果等的广告。

095. 互联网广告经营者

是指为广告主提供互联网广告设计、制作、代理服务的自然人、法人或者其他组织。

096. 互联网广告发布者

是指为广告主或者广告主委托的互联网广告经营者，在自有或者他人互联网媒介资源发布广告的自然人、法人或者其他组织。

097. 互联网广告代言人

是指广告主以外的，在互联网广告中对商品、服务作推荐、证明的自然人、法人或者其他组织。

098. 互联网信息服务提供者

是指通过信息网络向公众提供信息或者为获取网络信息等目的提供服务的机构，包括网络上的一切提供设施、信息和中介、接入等技术服务的个人用户、网络服务商以及非营利组织。根据其提供的“服务”不同，网络服务提供者具体可以分为网络接入服务提供者、网络平台服务提供者、网络内容及产品服务提供者。

099. 网络商品和服务集中促销活动

简称“网络集中促销”，是指在特定时间内网络集中促销组织者组织网络集中促销经营者在互联网上，通过提供优惠条件开展销售商品或者提供服务的经营活动。

100. 网络游戏广告

也称“在线游戏广告”，简称“网游广告”，指通过各种媒介或形式直接或间接宣传推销以互联网为传输媒介，以游戏运营商服务器和用户计算机为处理终端，以游戏客户端软件为信息交互窗口的，旨在实现娱乐、休闲、交流和取得虚拟成就的具有可持续性的个体性多人在线游戏服务的广告。

101. 网络健康游戏忠告语

“抵制不良游戏，拒绝盗版游戏。注意自我保护，谨防受骗上当。适度游戏益脑，沉迷游戏伤身。合理安排时间，享受健康生活。”（国家新闻出版总署 2003 年发布）

102. 短信息服务

是指利用电信网向移动电话、固定电话等通信终端用户，提供有限长度的文字、数据、声音、图像等信息的电信业务。

103. 短信息服务提供者

是指提供短信息发送、存储、转发和接收等基础网络服务，以及利用基础网络设施和服务为其他组织和个人发送短信息提供平台的电信业务经营者（包含但不限于基础电信业务、增值电信业务中的信息服务业务和移动通信转售业务经营者）。

104. 短信息内容提供者

是指将其短信息通过短信息服务提供者发送的组织或者个人。

105. 商业性短信息

是指用于介绍、推销商品、服务或者商业投资机会的短信息。

106. 公益性短信息

是指各级人民政府相关部门等单位向用户发送的，旨在服务社会公共利益，倡导社会公序良俗、预防或处置突发事件、提醒群众防灾避灾等非盈利性质的短信息。

107. 户外广告

是指利用户外场所、空间、设施等发布的广告，如路牌广告、霓虹灯广告等。

108. 店堂广告

是指利用商店、商场或其他各类营业厅（室）、场所的空间、设施及建筑物控制地带所设置发布的牌匾等各类广告。

109. 印刷品广告

是指广告主自行或者委托广告经营者利用单页、招贴、宣传册等形式发布介绍自己所推销的商品或者服务的一般形式印刷品广告，以及广告经营者利用有固定名称、规格、样式的广告专集发布介绍他人所推销的商品或者服务的固定形式印刷品广告（固定印刷品广告统一标志：为“DM”）。

110. 虚假广告

指以虚假或者引人误解的内容欺骗、误导消费者的广告。

111. 违禁广告

指发布广告法律法规在内容上禁止（如《中华人民共和国广告法》第九条、第十条等）或形式上禁止（如《中华人民共和国广告法》第二十条、第三十九条、第四十条等）的广告。

112. 新闻广告

指法律所禁止的任何利用新闻报道形式变相发布的广告。

113. 侵权广告

指广告活动主体在广告活动中违反相关法律法规侵犯他人合法权益的民事违法行为。

114. 广告的法律责任

指广告活动的主体（广告主、广告经营者、广告发布者和广告代言人），在广告活动中违反广告法律法规所承担的法律后果，包括广告行政责任、广告民事责任和广告刑事责任。

115. 广告的行政责任

指广告活动的主体（广告主、广告经营者、广告发布者和广告代言人），在广告活动中，因违反广告行政法规所承担的法律后果，包括行政处罚和行政处分。

116. 广告行政责任处罚

包括（一）停止发布广告；（二）责令公开更正；（三）通报批评；（四）没收非法所得；（五）罚款；（六）停业整顿；（七）吊销营业执照或者广告经营许可证。

117. 民事权益

主要指生命权、健康权、姓名权、名誉权、荣誉权、肖像权、隐私权、婚姻自主权、监护权、所有权、用益物权、担保物权、著作权、专利权、商标专用权、发现权、股权、继承权等人身、财产权益。

118. 广告的民事责任

指广告活动的主体(广告主、广告经营者、广告发布者和广告代言人),在广告民事活动中,因其广告行为违反了相关法律法规所承担的民事法律后果。

119. 民事责任的形式

主要包括:(1) 停止侵害;(2) 排除妨碍;(3) 消除危害;(4) 返还财产;(5) 恢复原状;(6) 赔偿损失;(7) 赔礼道歉;(8) 消除影响、恢复名誉。

120. 广告刑事责任

广告法律关系主体(广告主、广告经营者、广告发布者、广告监督管理机关及其工作人员、广告审查机关及其工作人员)因广告活动或广告管理而犯罪,依据《刑法》规定所承担的法律后果。

121. 虚假广告罪

广告活动的主体(广告主、广告经营者、广告发布者、广告代言人)违反国家规定,利用广告对商品或者服务作虚假宣传,情节严重的刑事犯罪。

122. 广告行政复议

是指广告活动主体(广告主、广告经营者、广告发布者和广告代言人)因不服广告监督管理机关作出的行政行为,以被侵犯合法权益为由,向上一级广告监督管理机关提出复议申请,由上一级广告监督管理机关依法进行审查,并作出行政复议决定的行为。

123. 广告行政诉讼

是指广告活动主体(广告主、广告经营者、广告发布者和广告代言人)认为广告监督管理机关作出的行政行为侵犯其合法权益而直接向人民法院提起诉讼,由人民法院受理依法作出裁决的行为。

单项选择题参考答案

01. C	02. C	03. C	04. C	05. B
06. B	07. D	08. D	09. D	10. D
11. D	12. B	13. D	14. D	15. D
16. D	17. D	18. A	19. B	20. D
21. D	22. D	23. D	24. D	25. C
26. D	27. B	28. A	29. A	30. A
31. C	32. A	33. D	34. D	35. B
36. C	37. C	38. D	39. D	40. B
41. A	42. D	43. B	44. D	45. C
46. B	47. D	48. C	49. D	50. A

多项选择题参考答案

01. BCD	02. ABCE	03. BDE
04. ACE	05. BCD	06. ABDE
07. ABCDE	08. BCDE	09. ABCDE
10. ABCDE	11. ABCD	12. ABCE
13. ABCDE	14. ABCDE	15. ABCE
16. ABCDE	17. ABCDE	18. ABCE
19. ABCDE	20. ABCDE	21. ABCDE
22. ABCDE	23. ABCDE	24. ABCE
25. ABCDE	26. ABCDE	27. ABCDE
28. BCE	29. ABCD	30. ABCD

简答简析题参考答案(要点)

01. (1) 这是商业广告,目的是为了推销店主提供的餐饮服务。

(2) 这种广告"创意"违法,因为我国的《广告法》与《国旗法》都禁止中华人民共和国国旗用于商业广告;同时在国旗上写菜单的做法是一种损坏国旗的行为。

(3) 店主的辩解不成立。不存在所谓"半公益广告、半商业广告";我国相关法律法规规定,公益广告是为公益事业服务的广告,不允许夹杂商品介绍与推销。

02. (1) 从广告内容讲,这是房产地广告。

(2) 从广告形式讲,这是户外广告。

(3) 该广告违法:

① 是利用和变相利用国歌(谐音)为其商业推销服务。

② 是违法宣传房地产投资升值。

03. (1) 这是一个违禁广告,违反《广告法》,因为《广告法》禁止利用国家机关和国家机关工作人员的名义做广告,这是违反广告的文明性准则的庸俗化表现。

(2) 这是一个侵权广告,违反《著作权法》,因为该广告侵犯了著名画家董希文《开国大典》的著作权,应当承担相应的民事责任。

04. (1) ①与②利用国家机关的名义作商业广告,违反《广告法》的相关规定。

(2) ①与③宣传"特供酒",违反《广告法》的文明性准则,不符合精神文明建设的要求,助长腐败风气。

(3) ②宣传"市政府接待酒",涉嫌垄断或不正当竞争。

(4) ③宣传"(冠名)八一",涉嫌利用军队的名义做商业广告。

05. (1) 甲的议论错误,因为商业广告活动不得使用或变相使用人民币图案。

(2) 乙的议论正确,只有得到奥运组委会特许,才能使用奥运金牌图案。

06. (1) 该广告既不是商业广告,也不是公益广告。

(2) 广告主是"大陆台商后援总会"。

(3) 该广告违反我国台湾地区广告在大陆发布的相关规定,台湾企业或个人不得在大陆发布政治广告。

07. (1) 商业广告中违法出现宗教图像“观世音菩萨”。

(2) 我国相关广告法规规定,商业广告不得作含有宗教内容的宣传,宗教活动只能在宗教场合进行,不能借助于大众传媒。

08. (1) “乃伊组特”是上海方言,网络广告、平面广告不得使用方言;

(2) “乃伊组特”是流氓切口或粗口,淘宝网上的“乃伊组特”系列商品含有“滴血的匕首”图案,违反我国广告法规关于广告要有利于社会主义精神文明建设的要求。我国《广告法》明确规定:广告不得“妨碍社会安定,损害社会公共利益”、不得“危害人身、财产安全”、不得“妨碍社会公共秩序或者违背社会良好风尚”、不得“含有淫秽、迷信、恐怖、暴力、丑恶的内容”。

09. (1) 这是公益广告,不是商业广告,其意图是规劝人们不要坐“黑车”。

(2) 这是户外广告。

(3) 这一广告的广告主是“沙井客运中心”,而不是“上南派出所”。

(3) 人们质疑这一广告最可能的主要原因是,广告中使用了不文明的语言(粗口)——“妈的”、“我靠”、“狗日的”、“真笨”。

10. (1) 图一与图三违反国家法律法规的规定,使用了繁体字“廣場”、(足)“療”。

(2) 图二违反国家法律法规的规定,使用全外文作店名店标。

(3) 图三故意使用错别字或者篡改成语,“食全食美(十全十美日)”。

(4) 图三非医疗机构宣传使用医疗术语,“足疗”。

11. (1) 最可能引起老师与家长议论与不满的原因是,借助喜羊羊与灰太狼动漫形象所制作的广告,对少年儿童的不良影响。原本不适合少年儿童内容的广告,可能因其动漫卡通形式而吸引少年儿童。

(2) 这样的广告创意有失偏颇,没有考虑到对未成年人身心健康的可能不良影响。

(3) 这样的广告行为,还涉嫌侵犯了《喜羊羊与灰太狼》作者的著作权。

12.

事项 / 法律法规	管辖范围		法律责任		
	商业广告	非商业广告	行政责任	民事责任	刑事责任
《中华人民共和国广告法》	√	×	√	√	√
《广告管理条例》	√	√	√	×	×

13. (1) 第一,查验各类证明文件的真实性、合法性和有效性。

(2) 第六,签署同意、不同意或修改的书面意见。

14. (1) 提交国务院食品药品监督管理部门批准的化妆品进口相关文件。

(2) 国家商检部门检验化妆品合格的证明文件。

(3) 意大利批准生产该化妆品的证明文件,并附有中文译本。

15. (1) 广告中的“OTC”表示非处方药。

(2) 从内容看,该广告是药品广告。

(3) 根据药品广告宣传的相关规定,作为药品的“鸿茅药酒”,不可以在广告中宣传“有面子、够大气”的“礼品”功能。

(4) 根据《商标法》,“中国驰名商标”不可在广告中宣传。

16. (1) 甲的议论错误,乙的议论错误。

(2) “大山楂颗粒”是非处方药广告,其标志是“OTC”。

(3) “新盖中盖高钙片”是保健食品广告,有“保健品”标志。

17. (1) 中国名牌(A),国家免检(B)

(2) 该奶粉广告违反广告法规的地方表现为:

① 食品广告禁用“国家免检”标志。

② 宣称“绿色食品”,却没有绿色食品的证明商标。

③ 该奶粉广告计划在《大众食品》杂志刊登广告,没有法律依据,因为《广告法》禁止在大众传播媒介发布替代母乳的奶粉广告。

(3) 应该依法出具不予刊登该广告的审查意见。

18. (1) 医疗广告不得出现疾病名称,该广告出现“糖尿病”。

(2) 医疗广告中使用了解放军名义,如“解放军 7788 部队 TNB 研究中心”。

(3) 医疗广告不得出现药品名称,该广告出现“最新特效药‘克 T 浆’”。

(4) 医疗广告不得宣传自制药品,该广告出现自制药品“克 T 浆(J 型)”;

(5) 医疗广告不得邮购售药。

(6) 医疗广告不得宣传“祖传秘方”。

(7) 医疗广告不得出现“特聘名医”、“常年坐堂”。

(8) 医疗广告不得以内部科室名义发布,“上海华佗医院糖尿病研究中心”不是该医疗机构第一名称。

19. (1) 就其内容,这不是公益广告,是商业广告;这是医疗广告,因为其宣传医疗服务。

(2) 就其形式,这是网络广告。

(3) 这一医疗广告中的“名医”、“不孕不育病”、“腰椎间盘 CT 检查”、“MINI 无痛人流”等涉及疾病名称、医疗技术和诊疗方法内容是医疗广告法规禁止宣传的。

(4) 该医疗广告没有表明医疗机构的名称,也没有按要求注明医疗广告审查证明文号等。

20. (1) 这是电视广告。广播影视行政部门对广播电视广告播出活动实行属地管理、分级负责。国务院广播影视行政部门负责全国广播电视广告播出活动的监督管理工作。县级以上地方人民政府广播影视行政部门负责本行政区域内广播电视广告播出活动的监督管理工作。

(2) 根据相关的法规,医疗器械广告与医疗广告都不允许以专家的名义作推荐和证明,即使是真专家,也是违法的。

(3) 杜绝此类虚假广告在电视上的出现,应该进一步完善广告审查员制度,加强电视广告的事先审查;加强电视广告的事后监督;提高消费者的社会监督意识,完善举报机制。

21. (1) 根据《广告法》,因为保健食品是“关系消费者生命健康的商品”,既然造成消费者损害的,那么该 OQO 广告公司应当与广告主承担连带责任。

(2) 在广告审查中未察觉某广告主所提供的《保健食品广告审查表》是伪造的,不承担民事责任;因为该行为本身未造成民事侵害。

(3) OQO 广告公司不能提供广告主的真实名称、地址和有效联系方式的,如果消费者提出要求,则 OQO 广告公司应该承担先行赔偿的民事责任。

22. (1) 提交国务院食品药品监督管理部门批准的化妆品进口批准文件。

(2) 提交国家商检部门检验化妆品合格的证明。

(3) 提交意大利批准生产该化妆品的证明文件,并附中文译本。

23. (1) 就其内容而言,这是房地产广告。

就其形式而言,这是网络广告。

(2) 这些广告内容不合法的表现是:

① 广告违法宣传回报收益,如“回报最高”。

② 广告违法使用大量绝对性语言,如“最时尚、最火的商铺”、“最多,最有档次,最具消费潜力”。

③ 广告违法宣传无法验证的排名,如“销售额第一、纳税额第一”。

24. (1) 从内容看,这些广告都是金融投资方面的服务广告。

(2) 这些股票、期货投资广告,应当依据《广告法》对可能存在的风险以及风险责任承担有合理提示或者警示,如“股市有风险,入市须谨慎”之类。

(3) 上述这些金融广告的违法表现主要是:

① 在“涨停”的诱惑下,以远远超出国家相关规定的“10倍资金杠杆”配资炒股炒期货。

② 完全排除对未来可能存在风险的提示或警示,相反却毫无根据地明示或暗示“零风险”。

③ 对未来收益,作明示或暗示的高收益保证性承诺:“10天盈利50%”,“盈利30%—180%”。

④ 对所提供的服务,作没有具体风险责任承担或免除自己风险责任的赌咒性承诺:“无效全额退款”,“赚不到钱请直接给我差评”。

⑤ 这些发布指导股票投资交易的广告主,都没有在广告中出具能证明合法从事相关证券业务的资格证明。

25. (1) 从内容看,该宣传板属于广告,是公益广告。

(2) 该广告在形式上看是户外广告。

(3) 该宣传板的设置不符合我国相关法律法规,因为《广告法》禁止利用交通设施发布户外广告。

26. (1) 这是商业广告,不是公益广告,因为用于推销旅游服务,而不是为了什么公益事业。

(2) 广告主是淳化县旅游文物局。

(3) 我国的广告监管分四个层次(企业自律、行业制约、政府监管、社会监督),媒体的这一评论属于社会监督。

(4) 我国《消费者权益保护法》明确规定了消费者有九项合法权益,如果确因山体造成游客的伤害,则这一广告的广告主涉嫌侵犯了消费者的安全权。

(5) 如果确因山体造成游客的伤害,广告主至少应该承担民事责任。

27. (1) 小张的意见违法。《广告法》规定,“不得利用不满十周岁的未成年人作为广告代言人。”,而“手机小强”是不满十周岁的未成年人;《广告法》规定,在针对未成年人的大众传播媒介上不得发布药品广告等广告,而少儿频道与《儿童时代》是针对未成年人的大众传播媒介,“驱虫灵”新药广告是药品广告。

(2) 小李的意见违法,《广告法》规定,“不得在中小学校、幼儿园内开展广告活动，不得利用中小学生和幼儿的教材、教辅材料、练习册、文具、教具、校服、校车等发布或者变相发布广告。”《广告审查标准》规定，也不得利用老师在学生中的影响来推销广告。

28. (1) 华麟公司的减肥广告及其制作侵犯了中央电视台的著作权。
(2) 华麟公司的减肥广告侵犯了崔永元名称权和肖像权，因为未经崔永元许可。
(3) 华麟公司的减肥广告以虚假广告内容进行了不正当竞争。
(4) 华麟公司为此，应当承担相应的行政责任。
(5) 华麟公司为此，应当承担相应的民事责任。

29. (1) 从内容看，这是旅游广告。
(2) 从形式看，这是网络广告。
(3)《广告法》规定：广告以虚假或者引人误解的内容欺骗、误导消费者的，构成虚假广告。“1元游”广告，把极少数人偶然的“1元游”夸大为似乎极大多数人普遍的“1元游”，以个别项目的“1元游”冒充为所有项目合计的“1元游”，还有的以所谓“堤内损失，堤外补”的方式安排大量自费项目或强制购物……以虚假或引人误解的内容，侵犯了消费者的知情权或选择权。
(4)“1元游”广告是不正当竞争的表现，是以搞垮竞争对手、抢占市场为目的的低价倾销。它违反“旅游服务广告不得以低于接待和服务成本的报价招徕旅游者”的相关规定，是扰乱旅游市场秩序的违法行为。应该通过政府的监管，旅游行业组织的制约，社会的监督、企业的自律，来制止这类“不合理低价游”的广告宣传行为。

30. (1) 发表在逍客网的上述图片和企划文案不属于商业广告活动。因为没有确定的广告主(山东中烟工业责任有限公司否认)，没有确定的被推销商品与服务(泰山佛光—莫言限量版香烟不存在)。
(2) 上述图片和企划文案的炮制者网络侵权了，侵犯了莫言的姓名权、肖像权和名誉权，侵犯山东中烟工业责任有限公司的名称权或名誉权，如果确认具体炮制者，莫言和山东中烟工业责任有限公司起诉，那么炮制者将承担相应的民事方面的法律责任。
(3) 逍客网服务提供者，如果发现上述图片和企划文案是虚假的，应该要求发布者或上传者将其删除；如果无法具体确认发布者或上传者应该采取技术手段终止网络侵权。如果网络服务提供者知道有人在其平台上发布侵权信息而未采取措施的，将承担连带责任。

综合分析题参考答案(要点)

01. 划出关键词(略)

(1) 包装盒上的上述文字所言内容属于广告。

(2) 就其内容而言,这是保健品广告,因为在外包装盒上有保健品专用标志。

(3) 从广告活动的主体看,“上海龙腾生物科技有限公司”是广告主,“中国中医药协会”不是广告发布者,是广告代言人。

(4) 从相关的广告法律法规看,上述内容存在如下违法表现:

① 保健品广告含有药品用语。

② 保健品广告宣传疗效。

③ 保健品广告功能宣传超出相关规定,如“增强性功能”。

④ 没有保健品批准文号。

⑤ 保健品广告没有法定忠告语“本品不是药品(药物)”。

⑥ 保健品广告中有相关专业机构违法推荐。

02. (1) 从其内容看,该广告属于医疗广告。

(2) 从其形式看,该广告属于网络广告。

(3) 该广告违法:

① 广告违法使用国徽、党徽。

② 广告违法出现“国务院津贴专家”、“坐诊”。

③ 广告中“男性疾病咨询中心”不是第一医疗单位。

④ 广告中“全国十佳重点”,系违法排名。

⑤ 广告中违法使用不当用语“精确诊断”、“优质高效”。

03. (1) 属于保健品广告,因为标有保健品标志;保健品广告要加忠告语,其内容是“本品不是药品(药物)”。

(2) 该广告违法,具体表现在:(划出关键词:略)

① 号称“国家专利产品”,却没有依法标明国家专利的种类与专利号。

② 出现众多“唯一……”用语,以排斥其他产品,涉嫌不正当竞争。

③ 用作背景的中国地图不完整,遗漏台湾和南海诸岛等,违反相关法规。

④ 违法宣传“有效率”(98.6%)等,含有绝对性语言。

⑤ 违法宣传“纯天然”。

⑥ 违法宣传“无效退货”等。

⑦ 违法宣传“美国最前沿科技”。

⑧ 没有忠告语、没有保健品批准文号。

04. (1) 侯耀华代言的这一广告是医疗器械广告。

(2) 根据我国广告法律法规,该广告有如下违法表现:

① 虚假宣传有“排除陈年药毒”的功效。

② 违法宣传疗效“Ⅰ期……”、“Ⅱ期……”、“Ⅲ期……”。

③ 宣称具有“独家专利”,却没有指明专利种类与专利号。

④ 违规采用比较广告方式,贬低其他(“比药物更……”,不打针、不吃药),涉嫌不正当竞争。

⑤ 宣传无法验证的“国内唯一”,涉嫌不正当竞争。

(2) 根据《广告法》,对“篡改广告审查文件”的行为,应该处于一万以上至十万以下的罚款。

(3) 该广告是医疗器械广告,根据相关法规的规定,医疗器械广告中,不得以专家、患者等进行推荐和疗效的证明。因此,侯耀华也不得以名人的身份代言。

05. (1) 我国相关的广告语言法规规定,方言广告只能在方言节目中播放。因为柏阿姨的“老娘舅”节目是方言节目,可以在该节目中播放;而骆新主持的“百里挑一”节目不是方言节目,不可以在该节目中播放。

(2) 小学生连同学和他的师傅黄永生是“上海1号(私藏菜)”的广告代言人。

(3) 这个广告属于儿童广告,因为有儿童参加演示。

(4) 这个提议不合法,因为2015年9月1日实施的新《广告法》禁止“利用不满十周岁的未成年人作为广告代言人”。

06. (1) 这是医疗广告。

(2) 这是印刷品广告。

(3) 发布医疗广告必须依法申请进行事先的行政审查,显然该医院在其内刊上发布医疗商业广告并没有事先申请,而医院的内刊是不可以刊登商业广告的。

(4) “刘翔代言男科”是广告侵权行为;涉及刘翔的名义与形象的广告,应事先得到刘翔的书面同意;刊登这样的刘翔照片,让刘翔“被代言”男科,有损刘翔形象。

(5) 该广告擅自将刘翔摔倒的新闻照片制作成广告,也侵犯了该摄影记者的著作权。

(6) 据上,不能同意疑似学生丙"称绝"的意见,因为它完全不符合实际,是个虚假广告,也是低劣的广告创意。

(7) 当地的工商部门应该对这个违法广告进行查处。

(8) 刘翔与新闻照片的作者可以依法追究虚假广告侵权的民事法律责任。

07. 划出关键词(略)

(1) 在商业广告中违禁使用了国旗。

(2) 违法宣传自说自话的"首家唯一……",涉嫌贬低他人,进行不正当竞争。

(3) 宣传没有根据或无法验证的"通过率全市最高"等内容。

(4) 涉嫌违法排序,宣传"第一品牌"、"上海培训规模最大"等自吹自擂的内容。

(5) 对培训效果作保证性承诺,而"保过"与"免费重读"是逻辑矛盾的。

(6) 明示或暗示相关考试人员("面试考官"等)参与教学或培训。

(7) 明示或暗示以不确实的"月薪万元就业"为诱饵招揽培训生。

08. (1) 从内容看,这是药品广告。

(2) 从形式看,这属于印刷品广告。

(3) 依据《广告法》和其他相关法律法规,这一广告的违法表现如下:

① 该药品广告没有标明药品生产企业或者药品经营企业名称。

② 该药品广告没有忠告语、药品广告批准文号、药品生产批准文号。

③ 该药品广告写有"仅供医生、学者阅读"(疑似"处方药"广告),却又向公众派发。

④ 该药品广告违法以"中国癌症研究基金会"等名义进行推荐。

⑤ 该药品广告中违法引用了国家机关领导人的"题词"。

⑥ 该药品广告涉嫌利用"专家咨询"活动进行推荐、证明、推销。

⑦ 该药品广告含有"免费赠送"的违法内容。

⑧ 该药品广告出现"独家秘方药"等违法内容。

09. (1) 陈述房产价格没有标明"一房一价"或没有标明是否"基价"。

(2) 在陈述"每平方米"的单位时,没有明确是建筑面积或者套内建筑面积。

(3) 用"时间表示距离"(本案到湖州、杭州的距离)。

(4) 以其他房产项目作投资升值的不当宣传(我图网“24%回报率”亦然)。

(5) 将房产与其他投资作不可比的“比较广告”。

10. 划出违法关键词(略)

(1) 使用“最高”等绝对性语言。

(2) 含有“国际级”等绝对化的用语和表述。

(3) 含有评比、获奖等综合评价内容。

(4) 与药品进行对比,贬低其它产品。

(5) 利用和出现国家机关的名义和形象为产品功效作证明。

(6) 以专家名义和形象为产品功效作证明。

(7) 含有无法证实的所谓“实验或数据证明”等方面的内容。

(8) 含有表示产品功效的断言或者保证。

(9) 含有该保健食品具有疾病治疗的作用。

(10) 含有“安全”、“无毒副作用”、“无依赖”等承诺的。